نزهـة القلم

(قراءة نقدية في الموسوعة الحسينية)

بيت العلم للنابهين

ص.ب ١٤/٥٧٣٣ المزرعة ـ بيروت ١١٠٥٢٠٧٠ لبنان ـ هاتف ٠١/٥٥٠٩٩٢

الدكتور نضير الخزرجي

نزهـة القلم

(قراءة نقدية في الموسوعة الحسينية)

بيت العلم للنابهين

بيروت ـ لبنان

بسم الله الرحمن الرحيم

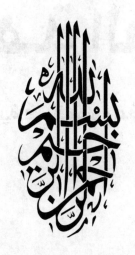

مقدمة الناشر

تنبثق قيمة أي شيء من مكنوناته، أو من جوهره، أو من فعله وتأثيره، أو من جماله وحلاوته، أو من طيبه وعذوبته، وربما من كل ذلك مجتمعاً، لذا لا يمكن مساواة الذهب بالفضة، ولا الفضة بالحديد، كما لا يمكن مساواة الأرض الخصبة بالأرض المجدبة، أو الشجرة المثمرة بالشجرة التي لا ثمر فيها.

والأشياء التي تمتاز بقيمتها العالية لها أمكنتها ومنازلها عند الناس فالذهب مكانه فوق الترائب، أو في المعاصم، بينما الحديد أو مثيله أو ما هو دونه له مكان آخر، ومن المستغرب بل من الشواذ وضع هذا في مكان ذاك وبالعكس.

من هذه الاعتبارات انطلق مؤلف دائرة المعارف الحسينية سماحة آية الله الشيخ الدكتور محمد صادق محمد الكرباسي حفظه المولى في موسوعته، فلأنها تتناول عظيماً من العظماء، ونهضة كبرى من أجل الدين، كانت خاتمتها فاجعةً أليمة، لم يسجل التاريخ في صفحاته أكثر منها فجاعة وألماً، آثر أن تكون مثلاً له ولها، فإضافة لسعيه الدؤوب من أجل المعلومة الدقيقة والصحيحة، وجهده الجهيد من أجل البحث عن الحقيقة، وانتزاعها من بين صفحات الماضي وسطور التاريخ وطيات الكتب مطبوعة ومخطوطة، وأصر على أن تتحلى هذه الموسوعة بحلّة قشيبة ورونق جميل من حيث الطباعة والإخراج، واعتماد الألوان، مهما كان الثمن كبيراً، وفوق هذا وذاك أبى سماحته إلا أن يضفي عليها ما هو أكثر من ذلك كله، فجال الأقطار بحثاً عن كتابٍ من تلك الأقطار عرباً وأجانب، مسلمين وغير مسلمين لتقريظ كل جزء من أجزائها.

٥

فالمتنزه بين حقول وجنائن هذا الكتاب يجد أسماءً لامعة في مجال الفكر والعلم، والأدب والسياسة من أقطار العالم، ومن مذاهب وديانات مختلفة، أكاديميين وغير أكاديميين زادوا بما قرظوا به أجزاء هذه الموسوعة من كلماتهم وآرائهم التي تنم عن معرفة تامة بالإمام الحسين عليه السلام ونهضته المباركة، لا بل حتى عن إيمان به وبأحقية نهضته المباركة، زادوها رونقاً فوق رونقها، وروعة فوق روعتها، وصدقية فوق صدقيتها، وأهمية فوق أهميتها.

والمتتبع لما كتبوا ودونوا يتيقن من أمر هام قد غفل عنه كثيرون إما جهلاً أو تجاهلاً، ألا وهو عالمية الإمام الحسين عليه السلام، وعالمية قضيته، وهذا ما أراد سماحة المؤلف أن يوصل القارىء والباحث إليه، مع يقيننا بأن ما ساهم ويساهم في عالمية قضية الإمام الحسين عليه السلام، هو هذه الموسوعة العملاقة والفريدة في هذا القرن، وربما في القرون القادمة بغض النظر عن القرون السابقة.

وتقديراً لهذه الموسوعة الراقية انبرى الباحث العراقي الدكتور نضير بن رشيد الخزرجي إلى عمل قراءة نقدية وبأسلوب أدبي مميز لعشرين جزءاً من أجزاء الموسوعة الحسينية، وبياناً لرأي لهؤلاء الكتّاب والمفكّرين والأدباء والباحثين والسياسيين الكبار ووفاءً لهم، عمل الخزرجي على اقتطاع تلك المقدمات والتقاريظ ورصفها في كتاب مستقل، مع ترجمتها من لغاتها الأم إلى اللغة العربية، ووضع ترجمة موجزة لكل كاتب من كتابها، ليتمكن القارئ العربي من قراءة أفكارهم ونظراتهم.

ونحن بدورنا، وللغاية ذاتها قررنا إصدار هذا الكتاب بحلّته هذه مساهمة منّا في إعطاء كل ذي حقٍّ حقّه، من شخصية الموسوعة العظمى إلى شخصية مؤلفها إلى الذين أتحفوها بتقاريظهم إلى جامعها في هذا الكتاب، آملين نيل رضا المولى عز وجل بركاته، والله ولي التوفيق.

٢١/ جمادى الأولى/ ١٤٣١هـ

٥/ أيـــار/ ٢٠١٠م

المقدمة
قراءات فوق قباب مقدسة

لقراءة الكتاب متعة لا تضاهيها متعة أي جليس من قريب أو بعيد، بيد أن للكتاب قراءة من نوع آخر، فيها جنبات مختلفة، فمرة يقرأ الكتاب من جانبه الأدبي، ومرة اللغوي، وأخرى المعرفي، وهلم جرا وفقاً لطبيعة الكتاب ومحتواه، والبعض يقرأه ويلخصه، أو يقرأه ويعلق عليه أو يضيف إليه، والبعض الآخر يقرأه وينقده، فكل قارئ لكتاب ما يتناوله بالنقد والقراءة من الجهة التي يراها مناسبة، وقد يكون الكتاب فيه ما يشده إلى قراءته أو استعراضه أو تلخيصه أو نقده، أو التحقيق فيه، أو الإضافة إليه، والبعض الآخر يتناول كل هذه الأمور وغيرها في الكتاب الواحد.

والقراءة النقدية والمعرفية والتحليلية للكتاب فن من فنون الكتابة والأدب النثري، وهي معرفة مزدوجة يتلقاها المتلقي من متون الكتاب، وإضافة من القارئ والناقد، يثري بها القارئ بأن يعرض عليه خلاصة الكتاب ومعالم أفكار الكاتب بصفحات قلائل وبصورة فنية ممتعة، فيكون القارئ وبوقت قصير قد وقف على أهم محتويات الكتاب، وخرج بحصيلة مفيدة، بخاصة إذا كان الكتاب من أمات الكتب والمراجع المعرفية القائمة في تحريرها على كم من المعلومات التي صرف المؤلف جهدا ووقتا في غربلتها واستخلاص

٧

ما يراه صحيحا بالاعتماد على أدوات تحقيقية سليمة ومنهجية أكاديمية تتحاشى الحشو، وتأتي بأفكار جديدة.

وكان من نعم الله أن وهب لي قلما بريته في تناول الأجزاء المطبوعة من دائرة المعارف الحسينية، وغيرها من الكتب والكتيبات في موضوعات شتى، فقلبتها من أوجه مختلفة بأسلوب جديد يجمع بين زوايا العرض والنقد والتلخيص والتقرير في آن واحد، بحيث تمثل قراءة الكتاب إضافة جديدة تعين القارئ على تلمس محتويات الكتاب وموضوعاته، وهي في الوقت نفسه تشكل منهجاً عملياً في التعاطي المعرفي مع الكتاب وقراءته من أوجه متنوعة، أي أنها تعرض وبصورة تطبيقية الخطوات المهمة في كيفية تناول الكتاب وقراءته قراءة مستفيضة ناجزة.

ولا يخفى أن القراءة النقدية والتحليلية لأي كتاب وفي أي حقل من حقول المعرفة، هي واحدة من فنون الكتابة والتحرير، لها أسلوبها ومنهجها، وهي من الأهمية بمكان، بحيث تشكل في بعض المعاهد العلمية ركناً أساسياً في المعرفة، كما هو الحال في المعاهد العلمية الدينية (الحوزات)، حيث يقوم الطلبة بتحرير دروس الأستاذ، ومن مجموع العشرات بل المئات من الطلبة ينجح عدد قليل من الطلبة لا يتعدون أصابع اليدين في الإجادة في تحرير الدروس الملقاة، وهي التي تجد طريقها للنشر والتداول بين الطلبة والمهتمين، لأن القراءة أو إعادة تحرير أفكار الكاتب في صفحات قليلة من بين الكثير من الصفحات هو فن بحد ذاته لا يجيده كل صاحب قلم، مثلما هو فن تحرير الخبر أو تحرير التقرير الإخباري، فكل ناقد كاتب وليس كل كاتب ناقد، وإن كان يفترض بالكاتب أن يتوفر على ملكة النقد والتحليل.

وفي الواقع وجدت سعادة ما بعدها سعادة في قراءة المجلدات المطبوعة من الموسوعة الحسينية، فكل مجلد يمثل باباً مستقلاً من أبواب الموسوعة

الستين، أي التنقل من حقل معرفي إلى آخر جديد، وإن كان المحور الأصلي هو نهضة الإمام الحسين عليه السلام، ولعل هذا التنقل عبر دوائر معرفية متنوعة هو من علامات تميّز الموسوعة الحسينية والدالة على تميز المؤلف سماحة البحاثة الفقيه الدكتور آية الله الشيخ محمد صادق بن محمد الكرباسي، الذي برع في كل باب جديد بما أتى به من جديد، يحترم سدنة العلم الراحلين ولكنه يأبى أن يتسمّر عند أبوابهم يتسكع على ما أنتجوه، لأن الجدة في الإنتاج المعرفي تتطلب التحرر من أسر تبجيل الماضي دون إخضاعه للنقد والفحص، فالرجال الذين أنتجوا العلوم هم دون المعصوم، ولذلك يصيبهم ما يصيب الآخرين من الخطأ والنسيان والسهو، فهم مجتهدون واجتهادهم هو الآخر خاضع للاجتهاد، وهذه هي ميزة العلوم المنتجة وتطورها.

وهذه الجدة في الأبواب أسبغت على القراءات ـ فيما أعتقد ـ رونقاً خاصاً أخرجها من أية رتابة، جعل اليراع يتنقل مع تنقلات المؤلف من محور إلى آخر وبشغف شديد إلى معرفة كل جديد، ولذلك فإن القراءات قرأت التاريخ، والفقه، والأدب المنثور والمنظوم، والسياسة، والفنون المختلفة، والعمارة، والرجال، والسيرة، والحديث، وأبواباً عدة، يجدها القارئ في هذا الجزء والأجزاء التي تليه.

ولما كان كل جزء قد ختمه المؤلف بمقدمة لأحد أعلام البشرية بلغة من اللغات الحية أو الثانوية، فإن هذا الكتاب ضم في بداية كل قراءة، السيرة الذاتية للناقد أو المقيّم مع الترجمة العربية لما خطه يمينه، زيادة في توثيق وجهة نظرهم في الإمام الحسين عليه السلام وفي نهضته المباركة وفي عموم دائرة المعارف الحسينية وخصوص الجزء الذي بين أيديهم.

نضير رشيد الخزرجي

١٤٣١هـ ـ ٢٠١٠م

موسوعة العالم الأكبر

طالما كان أستاذي الأول في فن الكتابة الفقيد سعد مهدي البرقعاوي (١٣٦٨ ـ ١٤٠٠هـ = ١٩٤٩ ـ ١٩٨٠م)، يشحذ مسامعنا وهممنا ونحن متسمّرون حوله في الطابق الأرضي من مقبرة السيد محمد المجاهد وسط كربلاء المقدسة، بمقولة ذات حكمة مفادها أن قراءة ألف مقالة تنتج مقالة مقبولة واحدة، ومن يريد أن يؤلف كتاباً مقروءاً ومرضيا لدى القراء، وله دوي وصدى، فما عليه إلا أن يقرأ ألف كتاب.

هذه واحدة من وصايا الكتابة الناجحة التي علقت في ذهني يوم كان لي من العمر ستة عشر عاماً، ولاشك أن الرقم كبير، ولكنه يقترب من الحقيقة، لأن الكتابة الرزينة لا تأتي فجأة وبضربة حظ، ولا بمطالعة بضعة كتب، ولا تستطيع الدراسة الجامعية بمفردها أن تنشئ كاتبا ألمعياً، فربما قدمت له عوامل مساعدة في ذلك، لكن الأمر خاضع للجهد الذاتي والمداومة عليه، وكلما ازدادت القراءة وتنوعت تم صقل موهبة الكاتب ونضجت الكتابة، فمحل القراءة من الكاتب محل المبرد من الذهب، كلما مرّ عليه شع، وهي مثل الزكاة تنمي المال ولا تنقصه.

ولكن هل لهذه القاعدة من استثناءات؟

بالطبع هناك استثناءات، لكنها محدودة للغاية، وبحساب الألف بواحد،

فإن من يعمد إلى تأليف مجلد عليه أن يطالع ألف كتاب مطالعة بحثية لا للتسلية ولا لقتل الوقت، ولكن ماذا عمّن يعمد إلى تأليف موسوعة عن النهضة الحسينية في ستين باباً في حقول معرفية شتى في أكثر من ستمائة مجلد! لاشك فإن مثل هذا الكاتب النحرير وبقياس الواحد قبال الألف بحاجة إلى قراءة آلاف الكتب والمراجع والموسوعات على مدار أربعة عشر قرناً هي تاريخ النهضة الحسينية، وهذا ما لا يتوفر له أو لغيره، ليس اقل من ناحية الزمن والعمر والمادة.

إذن فهناك سر بل أسرار، وإلا فإنه من المستحيل أن يصار إلى تأليف موسوعة كبيرة بيراع واحد، ما لم يتوفر اليراع على صفات نادرة قادرة على تفجير المكنون في ذات الإنسان، ومن خلال تعاملي اليومي ولسنوات غير قليلة مع مؤلف دائرة المعارف الحسينية المحقق الفقيه آية الله الشيخ محمد صادق الكرباسي، فإنني وجدته التلميذ النجيب لإمام الموحدين أمير المؤمنين علي بن أبي طالب عليه السلام الذي يخاطب الإنسان: «أتحسب أنك جرم صغير وفيك انطوى العالم الأكبر»، فكان الكرباسي أهلا له ومصداقه، يحدوه يقين تام بأن الإنسان هو إبن إرادته إذا رام شيئاً وسعى له سعيه وصل إليه كله أو بعضه، فترجم هذا المأثور إلى واقع وحقيقة عبر موسوعة تتربع صدر الموسوعات وتحتل واجهة المكتبات، ناهيك عن تمرسه في البحور والأوزان الشعرية، ونظم الشعر، والتفسير والشريعة.

والسر الآخر، يكمن في العناية الربانية والرعاية الإلهية التي شملت يراع المؤلف وشخصه، والإلهام الذي طرق فؤاده في واحدة من ليالي الصفاء الذهني والعطاء الحسيني عندما انقدحت شرارة الانطلاق في كتابة الموسوعة الحسينية في ليلة الحادي عشر من محرم العام ١٤٠٨هـ (٥/ ٩/ ١٩٨٧م)، فشمّر عن ساعد الجد في تدوينها بحثاً وتحقيقاً.

في مثل هذه الليلة من عام ٦١هـ، وفي عرصات كربلاء، غضبت السماء لاستشهاد سيد شباب أهل الجنة وسبط النبي الأكرم الإمام الحسين بن علي عليه السلام مع أهل بيته وصحبه، فمطرت دماً عبيطاً، وبعد قرون ومن مدينة لندن غضب الشيخ الكرباسي لتراث النهضة الحسينية المتوزع هنا وهناك، المطمور هنا والمحبوس هناك، وقرر تلبية نداء الإمام الحسين عليه السلام في عصر عاشوراء: (ألا هل من ناصر ينصرنا)، فكانت النصرة بموسوعة يتيمة دهرها ونادرة عصرها، حاكت السيوف التي ارتفعت بين يدي الحسين عليه السلام تذب عنه وتدفع عن الإسلام غائلة الذين اتخذوا دين الله دخلاً ومال الله دولاً وعباد الله خولاً.

ومنذ تلك الليلة حيث يطفئ المعزون أنوار المصابيح إيذاناً ببدء المصاب على الإمام الحسين عليه السلام، أشعل المؤلف مصباح القلم ولم يطفئه حتى يأذن الله، فإذا ما نام سويعات كان الكتاب شريك فراشه، وإذا ما سار من بيته إلى حيث مقر دائرة المعارف الحسينية وبالعكس، كانت الموسوعة والتفكير فيها رفيق دربه، يدس في جيبه الورقة والقلم، ويحررهما من أسر جبته كلما جالت في ذهنه فكرة من أدب منثور أو برقت في مخيلته حزمة من ضوء منظوم.

كانت البداية من حجرة نومه ولسنوات طوال في بيت مستأجر، ثم في غرفة في بيت مستأجر هو الآخر، حتى هيأ الله للموسوعة مكاناً أوسع في بيت هو الآخر موقوف لدائرة المعارف الحسينية وبأقساط بعيدة الأجل، ليستوعب التوسع الذي فرضته أبواب الموسوعة التي بدأت بتصور من ثلاثمائة مجلد لتصل إلى خمسمائة مجلد ثم فاقت الستمائة مجلد، حيث انصهر التصور في بوتقة الإمكان فكانت مخطوطات تزدحم بها الرفوف التي تتوسد الأرض وتعانق أسقف الغرف.

انطلقت الموسوعة من إرادة حديدية تظللها سحب العناية الإلهية ومباركة أهل البيت عليهم السلام، فجاءت الاندفاعة قوية، حيث استقل المؤلف سفينة هي بين سفن أولياء الله الصالحين أوسع وفي لجج البحار أسرع، ومنذ أول شمعة أُنيرت وحتى يومنا هذا رأى النور ستون مجلداً، فضلاً عن عدد غير قليل من الأبحاث والدراسات لمحققين وباحثين عرب ومسلمين، استلوا من الموسوعة مباحث وفصولاً وأعدوها في كتب مستقلة.

ولا يخفى أن الموسوعة الحسينية بين جنباتها أكثر من ستمائة مجلد في ستين باباً من أبواب المعرفة حسب مناحي العلوم والفنون، يختلف كل باب تماماً عن الباب الآخر اصطلاحاً واختصاصاً، ولكنه يرتبط بالإمام الحسين عليه السلام شخصاً وقضية، وقد فاقت أجزاؤها الستمائة مجلد، كل مجلد لا تقل صفحاته عن ٤٠٠ صفحة، ولا تزيد على ٨٠٠ صفحة، صدر منها أكثر من ٦٠ مجلداً، وهي تستجلي الموسوعة صورة النهضة الحسينية بأسمى معانيها وخطوطها عبر التنقيب والتحقيق في جزئيات التاريخ بكل ألوانه، وسد النقص في حلقات التاريخ، وملاحقة المعلومة أينما وجدت وبأية لغة كانت، بما يقدم للباحث والكاتب والخطيب وطالب العلم والأكاديمي والمؤرخ والقارئ مادة محققة في أبواب العلم المختلفة، وفي كل باب أو فصل رئيس من الموسوعة مزدان بمقدمة ضافية عن ذلك العِلم أو الفن الذي خصص به ذلك الباب أو الفصل، بحيث تعد المقدمة دراسة شاملة حول ذلك الموضوع، ومن هنا قام عدد من الأكاديميين بفصل هذه المقدمات وطباعتها في كتاب مستقل، ليكون في متناول أرباب ذلك الفن أو العلم. كما أن كل باب أو فصل ينتهي بخاتمة، الغرض منها الوصول إلى النتائج التي وضع من أجلها ذلك الباب أو الفصل، وهي بمثابة عصارة لاستنتاجات هذا البحث بشكل مفصل. وحرص المؤلف على أن يحمل كل جزء من أجزاء

الموسوعة إلى القارىء قراءة نقدية في صفحات عدة، لأحد علماء الغرب أو الشرق بمختلف معتقداتهم عن الجزء، وينشر في نهاية ذلك الجزء، وبلغة تلك الشخصية التي حاولت دراسة ذلك الجزء.

وصدر عن الموسوعة تعريفان بخارطة محتوياتها الرئيسة، الأول من إعدادنا (نضير الخزرجي) بعنوان «دائرة المعارف الحسينية.. تعريف عام»، والثاني من إعداد الإعلامي العراقي الأستاذ علاء الزيدي بعنوان «معالم دائرة المعارف الحسينية»، كما صدرت كتب ومجلات عنيت بدائرة المعارف الحسينية والمركز الحسيني للدراسات، منها: مجلة المرشد الدمشقية لمؤسسها الشيخ حسين الفاضلي، الزنبقة للدكتور الشيخ حسين شحادة، المنهاج للدكتور وليد البياتي، والقراءات للأستاذ عبد الزهرة الأسدي، العين الباصرة في المطبوع من الدائرة للشيخ صالح الكرباسي، والعمل الموسوعي في دائرة المعارف الحسينية من إعدادنا (نضير الخزرجي) إلى غيرها.

ولا يخفى أن تنظيم تسلسل الكتب تم وفق سنة الصدور من المطبعة، وليس حسب تسلسلها الرقمي من حيث تتابع أجزاء العنوان الواحد، كما هو الحاصل في دواوين القرون أو في ديوان الأبوذية.

لقد بدأت دائرة المعارف الحسينية بفكرة في هدأة الليل، وأصبحت واقعاً تحت ضوء الشمس، وهي بلا شك شجرة مباركة زيتونة لا شرقية ولا غربية تؤتي أُكلها كل حين بإذن ربها.

الوجيز في سيرة الكرباسي

تمثل مدينة كربلاء المقدسة مسقط رأس سماحة البحاثة آية الله الدكتور محمد صادق بن محمد الكرباسي الذي يعود بنسبه الكرباسي إلى الصحابي والحواري الجليل مالك بن الحارث الأشتر النخعي الشهيد بمصر، حيث ولد فيها يوم الخميس في الخامس من ذي الحجة عام ١٣٦٦هـ (٢٠/١٠/ ١٩٤٧م)، وهي حاضنته التي نشأ وأنهى فيها مرحلة الابتدائية والثانوية، وتخرج من حوزتها العلمية عام ١٩٧٠م، وفي العام التالي تخرج من الحوزة العلمية في النجف الأشرف، وفي العام اللاحق تخرج من الحوزة العلمية في طهران، وفي العام الذي بعده تخرج من الحوزة العلمية في مدينة قم المقدسة، وقد نال في الفترة (١٩٧٠ ــ ١٩٨٠م) شهادة الاجتهاد والرواية من علماء العراق وإيران.

أخذ العلم عن علماء أعلام ومراجع كبار، منهم: والده الشيخ محمد الكرباسي، الشيخ محمد الشاهرودي، الشيخ يوسف البيارجمندي، السيد محمد الشيرازي، السيد أبو القاسم الخوئي، السيد روح الله الخميني، السيد أحمد الخونساري، السيد أبو الحسن رفيعي، الشيخ محمد باقر الآشتياني، السيد محمد رضا الگلبايگاني، السيد محمد كاظم شريعتمداري، الشيخ مرتضى الحائري، الشيخ كاظم الشيرازي، الشيخ هاشم الآملي، والشيخ محمد حسين الكرباسي.

وفي سنوات لاحقة ذاعت شهرته بخاصة بعد شروعه في كتابة أجزاء دائرة المعارف الحسينية في العام ١٤٠٨هـ، ونال شهادة دكتوراه الإبداع من دمشق وباريس في العام ٢٠٠٥م، وفي العام ٢٠٠٥م نال شهادة دكتوراه في القانون (التشريع) من جامعة روجفيل (Rochville University) بولاية ميريلاند بالولايات المتحدة الأمريكية، وفي العام نفسه ومن الجامعة نفسها نال شهادة دكتوراه في العلوم الإسلامية، وفي العام ٢٠٠٦م منحته جامعة الحضارة الإسلامية المفتوحة دكتوراه الإبداع.

تنقل في البلدان دارساً ومدرّساً ومبلّغاً ومرشداً وفقيهاً وموجّهاً ومؤلّفاً ومؤسّساً ومبدعاً، فسكن على التوالي: العراق، إيران، لبنان، سوريا، وأخيراً المملكة المتحدة، التي في عاصمتها لندن ولدت فكرة دائرة المعارف الحسينية في أكثر من ستمائة مجلد في ستين باباً صدر منها حتى يومنا هذا ٦٠ مجلداً.

وخلال سني عمره الشريف المليء بالعطاء البناء والإبداع الأخاذ، مارس تدريس العلوم الإسلامية والعربية في الحوزات العلمية في كربلاء (العراق)، طهران، قم (إيران)، دمشق (سوريا)، بيروت (لبنان)، كما مارس إمامة الجماعة في كربلاء، وفيها أدار مدرسة بادكوبة في الفترة ما بين ١٩٦٢ ـ ١٩٧١ م، وفي دمشق تولى عمادة الحوزة الزينبية في الفترة ما بين ١٩٨٠ ـ ١٩٨٥م، إلى جانب عضويته في تأسيسها مع فقيد الإسلام السيد حسن بن مهدي الشيرازي المستشهد في بيروت عام ١٩٨٠م، فضلاً عن عضويته في جميع مؤسساته.

وعلى مدار عقود تولى المحقق الكرباسي الأمانة العامة لعدد من المؤسسات الاجتماعية والثقافية والسياسية في البلدان التي حلّ فيها، كما هو

عضو في الكثير من المؤسسات الاجتماعية والثقافية والسياسية في مواطن الهجرة، كما شارك في العديد من الندوات الفكرية فيها، فضلاً عن تأسيسه مؤسسات عدة، من كربلاء حتى لندن، والمشاركة في تأسيس بعضها الآخر، ومن المؤسسات التي استقل بإنشائها: مؤسسة الوفاء للطباعة والنشر والتوزيع في بيروت، مؤسسة جنان الأطفال للتأليف والنشر في بيروت، مؤسسة التراث للنشر في بيروت، مؤسسة هدي القرآن للنشر في بيروت، مركز التثقيف الإسلامي في لندن، مكتبة الإمام الحسين الخاصة في لندن، دار المعلمين في دمشق، المدرسة الدراسية لطلاب العلوم الدينية في دمشق، المجمع الزينبي في دمشق، المدرسة الداخلية الأولى والثانية في دمشق، والمركز الحسيني للدراسات في لندن الذي تصدر عنه أجزاء الموسوعة الحسينية تباعاً.

ومن المشاريع الإعلامية والثقافية والإنسانية في مواطن الهجرة والسكن، والتي كان له قصب السبق في تأسيسها أو المشاركة في تأسيسها أو العضوية في الإدارة والتحرير والكتابة فيها: مجلة الإيمان (عربية ـ لبنان)، مجلة منابع الثقافة الإسلامية (عربية ـ كربلاء)، مجلة مبادىء الإسلام (إنكليزية ـ كربلاء)، مجلة الرأي الآخر الجديد (عربية ـ لندن)، مجلة رازدل (فارسية ـ لندن)، مجلة آكاهي (أردوية ـ لندن)، مجلة فوريو (إنكليزية ـ لندن)، مجلة الإمامية (عربية ـ جنيف)، مجلة صحيفة ولايت (اردوية ـ لاهور)، مجلة خبر نامة إمامية (أردوية ـ كراتشي)، جماعة العلماء في بيروت، الهيئة المشرفة في مدرسة الإمام المهدي في بيروت، اللجنة الفكرية لإرسال المبلّغين إلى أفريقيا في بيروت، المنظمة العالمية للدفاع عن الأماكن المقدسة (لندن)، مجلس القضاء الإسلامي (لندن)، مركز كربلاء للبحوث والدراسات (لندن)، مجلس علماء المسلمين (لندن)، المجلس العالمي لشؤون الإمامية (لندن)، المنظمة

الإسلامية العالمية لحقوق الإنسان للدفاع عن الإمامية (جنيف)، لجنة الدفاع عن المرجعية (برلين)، والمجلس العالمي لشؤون الخطباء (لندن)، إلى غيرها.

له مؤلفات كثيرة إلى جانب الموسوعة الحسينية، في مجال التفسير والتشريع والأصول والأدب والاجتماع، فله التفسير المسترسل، والوسيط، والموضوعي، والأخير في ثلاثين جزءاً، وله سلسلة (الشريعة) في نحو ألف عنوان، وله سلسلة (الإسلام في العالم) حسب بلدان الكرة الأرضية، وله دواوين شعر، فضلاً عن تفرده بابتكار بحور جديدة ضمنها في كتابه (بحور العروض) وإبداعه في (هندسة العروض)، إلى جانب كتاب (الأوزان).

ولأهمية أجزاء الموسوعة الحسينية والجديد الذي جاء به في كل باب، صدرت الكثير من المؤلفات لأقلام وأعلام تتناول جانبا من أجزاء الموسوعة، وبعضها يتناول شخص المؤلف كمبدع، منها: بصائر النور، التشريع الإسلامي في مناهله، دور المراقد في حياة الشعوب، الرؤيا بين الحقيقة والوهم، شمس المرأة لا تغيب، الموّال في دراسة معمقة، المنهاج، العين الباصرة في المطبوع من الدائرة، قراءات، الخطابة في دراسة نوعية شاملة، المرأة والدماء الثلاثة، الأدلة القرآنية، حوار مع دائرة المعارف الحسينية للكرباسي (العقل والنقل)، أنت السفينة والبحار، مجلة المرشد، مشروعية الأحزاب في الإسلام، والزنبقة في التقاريظ المنمقة، إلى غيرها.

نشأة المركز الحسيني للدراسات

تأسس المركز الحسيني للدراسات في لندن، العام ١٤١٤هـ الموافق للعام ١٩٩٣م، حيث اتخذ الدكتور الشيخ محمد صادق محمد الكرباسي من منزله مقراً له، يستقبل رجال الفكر والثقافة والسياسة والإعلام، ويعقد الندواتِ الثقافية والسياسية، ثم استقل المركز في مقر جديد في العام ١٤٢٤هـ الموافق للعام ٢٠٠٣م.

ويضم المركز صالة للندوات العامة، مع غرف للمطالعة والتحقيق والترجمة، حيث يستقبل المركز طلبة الدراسات العليا للاستفادة من مكتبته العامرة التي تضم أكثر من عشرين ألف عنوان في أمّات المصادر والمراجع العربية في أبواب العلوم المختلفة، إضافة إلى مصادر ومراجع بلغات العالم الحية، حيث تنفرد المكتبة العامة بجناح خاص للمخطوطات النادرة في مختلف العلوم، وهي ذات قيمة علمية وأثرية، يعود بعضها إلى مئات السنين.

يستقبل المركز وبانتظام النخب العلمية والأكاديمية وحملة الشهادات العليا وكبار الباحثين وأرباب العلم والمعرفة، للتداول في مستجدات العلوم وتطورات الحياة، ويساهم وباستمرار في تغذية رسائل وأطروحات جامعية لمن يقصده من الجامعيين والباحثين، من خلال الفكر الموسوعي الذي يحمله الفقيه والمحقق الكرباسي، والغناء الذي تتميز به المكتبة العامة، كما

يُرجع أساتذة الدراسات الأكاديمية والدراسات العليا طلبتهم من جامعات في بريطانيا وكندا وألمانيا وغيرها للاستعانة بفيوضات المركز العلمية.

ويمتلك المركز علاقات طيبة وتعاوناً ثقافياً وعلمياً، مع مؤسسات علمية وأكاديمية كثيرة في نقاط العالم المختلفة، مع تعاون أكاديمي متميز مع جامعيين وأكاديميين في الكويت والمملكة العربية السعودية، والبحرين وفلسطين وإيران وروسيا ولبنان وسوريا والعراق وفرنسا والنمسا وكندا والمملكة المتحدة والسويد وسويسرا وإيطاليا وأستراليا واليابان والجزائر وطاجيكستان وأميركا وجنوب أفريقيا والنرويج، وغيرها.

وتصدر عن المركز تباعاً مجلدات دائرة المعارف الحسينية للمحقق الدكتور محمد صادق الكرباسي، حيث نشأت فكرة التأليف عنده عام ١٤٠٠هـ (١٩٨٠م)، ولكن الانبثاقة الأساس كانت ليلة السبت ١١/ محرم/ ١٤٠٨هـ الموافق لـ ٥/ أيلول/ ١٩٨٧م، إثر تجلي عظمة الإمام أبي عبد الله الحسين عليه السلام في حادثة وقعت يوم عاشوراء في لندن هزّت مشاعر المؤلف، فعَهِدَ مع نفسه أن يُبرز عظمة هذا الإمام الشهيد بشكل يليق بساحته المقدسة.

مثلث الولاء الصادق

ما أحلى البدء ببسم الله والحمد للبارئ المنعم، وما أحلى الإسم العظيم إذا ما اقترن بنعمة الله الدائمة على البشرية محمد المصطفى المبعوث رحمة للعالمين، وما أحلاهما إذا ما اجتمع إليهما خيرة الله في خلقه أهل بيت العصمة والإمامة، الذين قرن الله طاعتهم بطاعته وطاعة نبيه، إذ قال في محكم كتابه المجيد: ﴿يَٰٓأَيُّهَا ٱلَّذِينَ ءَامَنُوٓاْ أَطِيعُواْ ٱللَّهَ وَأَطِيعُواْ ٱلرَّسُولَ وَأُوْلِي ٱلْأَمْرِ مِنكُمْۖ﴾ [النساء: ٥٩].

فثلاثي التوحيد والنبوة والإمامة، حلقات متصلة الواحدة بالأخرى لا تنفك عن بعضها، فإن الله وملائكته يصلون على النبي، والأمة مأمورة بالصلاة على النبي محمد ﷺ والسلام عليه تسليماً، بنص القرآن القطعي: ﴿إِنَّ ٱللَّهَ وَمَلَٰٓئِكَتَهُۥ يُصَلُّونَ عَلَى ٱلنَّبِيِّۚ يَٰٓأَيُّهَا ٱلَّذِينَ ءَامَنُواْ صَلُّواْ عَلَيْهِ وَسَلِّمُواْ تَسْلِيمًا﴾ [الاحزاب: ٥٦]، والنبي الأكرم ﷺ ردّ الصلاة البتراء، وأبان عن تمامية الصلاة المأمور بها العباد: «تقولون اللهم صلّ على محمد وتمسكون، بل قولوا: اللهم صلِّ على محمد وعلى آل محمد».

بهذا الإيمان وبهذا الولاء للنبي وآله، تعاهد البحاثة الكرباسي مع نفسه، أن يدخل إلى كل جزء جديد من الموسوعة الحسينية من باب الربوبية حامداً منفتحا على باب النبوة مصلياً، وعلى باب الإمامة مسلماً، معتمداً أسلوب السجع المحبب إلى النفوس، الذي طالما استخدمه المعصوم في أدعية الأيام

والأسابيع والأشهر، وجرى عليه القرآن الكريم في الكثير من سوره، وبخاصة القصار منها .

* ديوان القرن الأول :

حمداً للبارئ كما حمد نفسه

وصلاةً على نبيه كما خصَّه

وسلاماً على آله كما أراده

شتاء ١٤١٤هـ ـ ١٩٩٤م

* ديوان القرن الثاني :

الحمد لله عدد ما لا يحصيه إلا نفسه

والصلاة على محمد نبيه وخاتم رسله

والسلام على أشرف آلٍ لخير خلقه

صيف ١٤١٥هـ ـ ١٩٩٤م

* ديوان القرن الثالث :

الحمد والثناء على من برأ النسمة

والصلاة على من اصطفاه لنفسه

والسلام على من هم خير خلقه

ربيع ١٤١٥هـ ـ ١٩٩٥م

* ديوان القرن الرابع :

الحمد لله رب العالمين

والصلاة على محمد خاتم النبيين

والسلام على عترته المنتجبين

ربيع ١٤١٦هـ ـ ١٩٩٦م

* ديوان القرن الخامس :

الحمد كله للخالق ذي المجد والكبرياء

والصلاة على خاتم الرسل والأنبياء

والسلام على أهل بيته الأصفياء

خريف ١٤١٦هـ ـ ١٩٩٥م

* ديوان الأبوذية :

الحمد لله الذي جعل الحمد ثمناً لنعمائه

والصلاة على رسوله وفاءً لحسن أدائه

والسلام على ذوي القربى تلبية لندائه

ربيع ١٤١٦هـ ـ ١٩٩٦م

* تاريخ المراقد :

تعاليت يا رب يا ذا العز والعلى

واصطُفيت يا نبيّ الله من بين المَلا

وسموتم يا سادتي يا أهل الوِلا

١٤١٨هـ ـ ١٩٩٧م

* معجم خطباء المنبر الحسيني :

اللهم أحمدك يا رب فاعصمني من شطط اللفظْ

واجعلني متعظاً بما جاء به نبيك من الوعظْ

وحببني أولياءك المعصومين وجنبني الوكَظْ^(١)

خريف ١٤١٩هـ ـ ١٩٩٨م

* معجم المصنفات الحسينية :

الحمد لله العظيم مالك يوم الدين

والصلاة على المصطفى الأمين

والسلام على آل طه وياسين

شتاء ١٤١٧هـ ـ ١٩٩٧م

_____

(١) الوكظ: الدفع والتنحية والطرد، وتوكظ عليه أمره: التوى.

٢٦

*** معجم الشعراء:**

أحمدك اللهم يا سابغ الفضل والنعم

وأصلي عليك يا نبي العرب والعجم

وسلام عليكم يا صفوة الخلق والأمم

صيف ١٤١٧هـ - ١٩٩٦م

*** الرؤيا مشاهدات وتأويل:**

إلهي بلطفك اكشفْ عني الشدّة والبَرْح

وبحق نبيِّك الكريم أسألك الرحمة والرَوْح

وبجاه آلِه الأطهار أوْلني العفو والصَّفحْ

خريف ١٤٢٠هـ - ١٩٩٩م

*** الحسين والتشريع الإسلامي:**

اللهم لك الحمد حمد العارفين

والصلاة على رسولك نبي المفلحين

والسلام على آل نبيك الصادقين

شتاء ١٤١٧هـ - ١٩٩٧م

*** المدخل إلى الشعر الحسيني:**

الحمد والثناء للإله الواحد الأحَدْ

والصلاة على الرسول الخاتم المُسَدَّدْ

والسلام على أهل العصمة والسؤدد

خريف ١٤١٨هـ - ١٩٩٧م

*** ديوان القرن السادس:**

الحمد والمجد لك يا ولي النعمة

والصلاة عليك يا نبي الرحمة

والسلام عليكم يا هداة الأمَّة

ربيع ١٤١٧هـ - ١٩٩٦م

*** ديوان القرن السابع:**

لك حمدي يا إلهي يا صمد

وعليك صلاتي يا شافعي يا محمد

وإليكم سلامي يا سادتي يا هُجّد

صيف ١٤١٧هـ - ١٩٩٦م

*** ديوان القرن الثامن:**

حمداً للباري العظيم

وصلاة على نبيه الكريم

وسلاماً على آل حاميم(1)

خريف ١٤١٧هـ - ١٩٩٦م

---

(١) آل حاميم: نسبة إلى عائلة السور التي تبدأ بالحروف المقطعة (حم)، وهي سبع: غافر، فصلت، الشورى، الزخرف، الدخان، الجاثية، والأحقاف. ومن معاني (حم) شخص النبي محمد ﷺ، فيقال آل حاميم أي آل محمد ﷺ، وفي الوقت نفسه، هي اشارة لقوله تعالى في الآية ٢٣ من سورة الشورى: ﴿قُل لَّآ أَسْـَٔلُكُمْ عَلَيْهِ أَجْرًا إِلَّا ٱلْمَوَدَّةَ فِى ٱلْقُرْبَىٰ﴾، والقربى هم أهل البيت عليهم السلام وهم آل محمد وآل حاميم، وفي ذلك يقول الشاعر علي بن محمد الحماني المتوفى بين عامي ٢٦٠ و٢٧٠هـ، من بحر الكامل:

يا آل حاميم الذين بحبهم حكم الكتاب منزلٌ تنزيلا

أو قول الكميت بن زيد الأسدي المتوفى سنة ١٢٦هـ من الطويل:

وجدنا لكم في آل حاميم آيةً تأوّلها منا تقيٌ ومعربُ

تنوع زاهر

حرص المؤلف على أن تكون دائرة المعارف الحسينية جديدة في كل شيء، ومن ذلك المقدمات التي كتبها الباحثون والأكاديميون والمستشرقون، فتقصى في كاتب المقدمة تنوع الكفاءة والمهارة واللغة والبلد والدين، وهذا جدول يبين اسم الكتاب المقروء وعدد صفحاته واسم مقيّمه، واللغة التي كتب بها، وموطن الولادة والإقامة، ومعتقده ومذهبه.

الرقم	اسم الكتاب	الصفحة	مقيّم الكتاب	اللغة	البلد	المعتقد
١	ديوان القرن الأول ج١	٤٣٢	البروفيسور جون فرانك كوبر	الانكليزية	المملكة المتحدة - كامبردج	مسلم إمامي
٢	ديوان القرن الأول ج٢	٤٦٠	د. محمد عبد الجبار بيك	الانكليزية	المملكة المتحدة - كامبردج	مسلم زيدي
٣	ديوان القرن الثاني	٣٩٦	د. بيير جون لويزارد	الفرنسية	فرنسا - باريس	مسيحي
٤	ديوان القرن الثالث	٣١٢	البروفيسور بيير لوري	الفرنسية	فرنسا - باريس	كاثوليكي

الرقم	اسم الكتاب	الصفحة	مقيّم الكتاب	اللغة	البلد	المعتقد
٥	ديوان القرن الرابع ج١	٤٢٢	البروفيسور جان آرفيد هنينغسون	السويدية	السويد - آبسالا	مسيحي
٦	ديوان القرن الرابع ج٢	٤٠٨	البروفيسور كودمار كرستينا أنير	السويدية	السويد - غوتنبرغ	مسيحي
٧	ديوان القرن الخامس	٤٤٠	البروفيسور آيان كيث هوارد	الانكليزية	المملكة المتحدة - ويلز	رومان كاثوليك
٨	ديوان الأبوذية ج١	٥٦٤	البروفيسور قسطنطين ماتفييف	الروسية	روسيا - موسكو	آشوري
٩	تاريخ المراقد ج١	٤٢٤	عبد الملك بدر الدين إيغل	الانكليزية	المملكة المتحدة - دُرهام	مسلم إمامي
١٠	معجم خطباء المنبر الحسيني ج١	٥٤٢	د. جوزف محمد لانسل	الألمانية	النمسا - كلوسترنيوبورغ	مسلم إمامي
١١	معجم المصنفات الحسينية ج١	٤٨٨	د. رام روشن جي كمار	الأردوية	باكستان - لاهور	هندوسي
١٢	معجم الشعراء الناظمين في الحسين ج١	٥٦٢	البروفيسور نويل كيونتون كنغ	الانكليزية	أميركا - كاليفورنيا	سيخي
١٣	ديوان الأبوذية ج٢	٦١٠	د. اسحاق دانيال	الآشورية	المملكة المتحدة - كارديف	آشوري

الرقم	اسم الكتاب	الصفحة	مقيّم الكتاب	اللغة	البلد	المعتقد
١٤	ديوان الأبوذية ج٣	٤٤٤	مارونا بنيامين أرسانيس	الروسية	روسيا ـ موسكو	آشوري
١٥	الرؤيا مشاهدات وتأويل ج١	٥٤٠	البروفيسورة ليندا غاري كلارك	الانكليزية	كندا ـ مونتريال	مسلمة
١٦	الحسين والتشريع الإسلامي ج١	٥٤٠	البروفيسورة صابرينا ليون ميرفن	الفرنسية	فرنسا ـ باريس	مسيحية
١٧	المدخل إلى الشعر الحسيني ج١	٥٦٤	أنطون يوسف بارا	العربية	الكويت	أرثوذكسي
١٨	ديوان القرن السادس	٤٨٦	د. سلفيا ألبرتو نايف	الفرنسية	سويسرا ـ جنيف	مسيحية
١٩	ديوان القرن السابع	٣٧٠	مير شاؤول بصري	العربية	المملكة المتحدة ـ لندن	يهودي
٢٠	ديوان القرن الثامن	٥٢٠	احمد أجنيو بيلانيك	الاسبرانتو	المملكة المتحدة ـ ساوث أمبتون	مسلم

البروفيسور جون بن فرانك كوبر

(John Frank Cooper)

* ولد سنة ١٣٦٦هـ (١٩٤٧/٨/٢٤م) في مدينة برايتون (Brighton) جنوب بريطانيا، ونشأ في لندن.

* درس الرياضيات المتقدمة، والفيزياء، والفيزياء الرياضية، وعلم النفس.

* تخرّج من جامعة أوكسفورد (Oxford University) ـ كلية سانت جونز (St John's College).

* اعتنق الإسلام بعدما عمل فترة خمس سنوات في جامعة كازابلانكا (الدار البيضاء) في المغرب مديراً لدراسات اللغة الإنجليزية.

* عمل في إيران منذ عام ١٣٩٥هـ (١٩٧٥م) محاضراً للغة الانجليزية متنقلاً بين مدينة مسجد سليمان وجامعة جندي شابور في أهواز ودار التبليغ الإسلامي بقم المقدسة.

* التحق عام ١٣٩٧هـ (١٩٧٧ م) بجامعة قم المقدسة لدراسة فصول في القانون الإسلامي والفلسفة.

* نال درجة الدكتوراه في الفلسفة عام ١٤٠١هـ (١٩٨١ م) من معهد الدراسات الشرقية (The Oriental Institute) في أوكسفورد.

* التحق بعضوية المعهد البريطاني للدراسات الفارسية، كما التحق بمعاهد المخطوطات للتعرف على اللغات الساميّة واللاتينية وغيرها في عام ١٤١٠هـ.

٣٥

* شغل وظيفة محاضر في مركز الدراسات الفارسية في جامعة كامبريدج (Cambridge University).

* له بحوث ومقالات نشرت في الصحف البريطانية بخاصة ضمن نشرات ودوريات جامعة كامبريدج.

* له عدد من المؤلفات جلّها في المعتقدات والتطبيقات الإسلامية.

* ترجم مؤلفات عدة من العربية والفارسية إلى الانكليزية، منها: عقائد الإمامية للمظفر، أصول الكافي للكليني، وعدل إلهي للمطهري.

* توفي في مدينة ريمز (Reims) شمال شرق فرنسا عام ١٤١٨هـ (٩/١/١٩٩٨م).

(ديوان القرن الأول ـ الجزء الأول)

المجهود الحاذق

قضى أحد عشر إماماً من أئمة الشيعة الإثني عشر نحبهم على أيدي الأعداء، إما علانية بالسيف أو سراً عن طريق السّم، وأحد القتيلين بالسيف، هو الإمام الأول والخليفة الرابع علي بن أبي طالب[1]، أمير المؤمنين الذي ضُرب بالسيف في ١٩ رمضان ٤٠هـ الموافق لعام ٦٦١ م، في الكوفة، أثناء سجوده وهو مؤدياً صلاة الصبح. أما قاتله، فكان عبد الرحمان بن ملجم[2] الموالي للخوارج، الذين بدأت معاداتهم لعليّ مع بدء تشكيل حزبهم، على أثر تحكيم عليّ مع معاوية[3]، والذي عُمل به في السنة التالية لمعركة صفّين في عام ٣٧هـ / ٦٥٧ م.

---

(١) علي: هو إبن عبد مناف (أبو طالب) بن عبد المطلب الهاشمي، ولد في مكة سنة ٢٣ قبل الهجرة في بطن الكعبة، تربى في بيت النبي محمد ﷺ وأول المؤمنين به كان منه كما كان هارون من موسى عليه السلام، وأول الأوصياء، وهو أبو الأئمة.

(٢) عبد الرحمان بن ملجم: المرادي، أدرك الجاهلية وحضر المدينة بعد رحيل النبي ﷺ، قُتل بعد استشهاد الإمام علي عليه السلام، وفيه قال النبي ﷺ: «يا على أشقى الأولين عاقر الناقة، وأشقى الآخرين قاتلك»، وفى رواية: «من يخضب هذه من هذا».

(٣) معاوية: هو إبن صخر (أبو سفيان) بن حرب الأموي (٢٠ ق.هـ ـ ٦٠هـ)، أسلم عام ١٠هـ قبل خمسة أشهر من وفاة الرسول ﷺ، ولاّه عمر دمشق وأقره على ذلك عثمان، وعزله الإمام علي عليه السلام لكنه عصى وحارب خليفة المسلمين في حرب صفين، واستولى على الخلافة عام ٤١هـ وحوّلها إلى ملوكية.

توفي علي بعد يومين من جرحه بسبب السّم الذي غُطي به حدّ السيف. وعلى الرغم من ذلك، فقد بَهر المسلمين مقتل ابنه الحسين، وهو الإمام الثالث، واعتُبر منذ ذلك الحين رمزاً للشهادة في سبيل الله.

وكان الحسين بن علي قد خلف أخاه الحسن[1]، إثر وفاة الأخير في ٥٠هـ/ ٦٧٠ م، وكان معاوية قد أقنع الحسن بالموافقة على اتفاق يتخلى فيه عن الخلافة التي أقرّ بها حوالى أربعين ألف كوفي بعد مقتل والده. وكان تنازل الحسن عن الخلافة بدايةً لحكم الأمويين، كأول أسرة ملكية في الإسلام، حيث استخلف معاوية ابنه يزيد[2] الذي تولى الخلافة بعد موت أبيه عام ٦٠هـ/ ٦٨٠ م، وهذه هي المرة الأولى التي تنتقل فيها الخلافة بناءً على وصية الوالد وولاء العشيرة بشكل بحت، دون الاهتمام بأي امتياز آخر، فيزيد لم يكن يتّقي الله أو يخافه، في حين أن ذلك كان من الصفات الضرورية للمنصب.

وعقب وفاة علي، أصبحت الكوفة مركزاً لشيعة علي، أو شيعة أهل البيت، كما صاروا يُعرفون فيما بعد. وشهد عام ٥١هـ/٦٧١م تمرّداً ضدّ معاوية، الذي رفض الحسين أن يسانده، لتلقّيه دعوات لقيادة تمرّداتٍ ضد الأمويين خلال فترة حياة معاوية.

―――――――――――

(١) الحسن: هو إبن علي بن أبي طالب الهاشمي (٣ ـ ٥٠هـ)، ولد ومات مسموما في المدينة المنورة ودفن في مقبرة البقيع، تولى الخلافة بعد أبيه سنة ٤٠هـ، تصالح مع معاوية بن أبي سفيان سنة ٤١هـ وسلّمه الحكم حقناً لدماء المسلمين، كان يحج إلى بيت الحرام ماشيا.

(٢) يزيد: هو إبن معاوية بن أبي سفيان الأموي (٢٥ ـ ٦٤هـ)، تولى الحكم بعد أبيه سنة ٦٠هـ، كان نزقا خرقا يلعب القمار ويشرب الخمر ويلاعب القرود، وتظهر أشعاره إلحاده ناهيك عن انتهاك حرمة الرسول ﷺ في قتله سبطه وسيد شباب أهل الجنة وأسر عياله.

وعلى أي حال، فعندما دعاه زعماء الشيعة وآخرون في الكوفة للقدوم، وقيادتهم ضد يزيد، بعد موت معاوية، أرسل الحسين ـ الذي رفض الاعتراف بحق يزيد في الخلافة ـ ابن عمّه مسلم بن عقيل[١] للاطلاع على جليّة الأمر في الكوفة. وعندما بعث له الأخير بتقرير جيد حول مدى الدعم الذي يمكن أن يتوقعه من الكوفيين، قرّر الانطلاق من مكة. ولكن قبل وصول الحسين إلى الكوفة، علم يزيد بالتطورات التي كانت تحدث، وعيّن والي البصرة ذا الصيت المرعب «عبيد الله بن زياد»[٢] والياً على الكوفة، كجزء من إجراءاته للقضاء على أي تمرّد في بدايته، فأعدم عبيد الله، مسلم بن عقيل، وبهذا العمل، إضافة إلى إجراءات قاسية أخرى، أرهب الكوفيين وأجبرهم على سحب تأييدهم للحسين، وهكذا فعندما وصل الحسين إلى مشارف الكوفة مع القليل ممن معه من أهل بيته وأتباعه، والتقى بقوّةٍ أمويّة قوامها أربعة آلاف مقاتل[٣]، لم يلتحق به إلا البعض من شيعة الكوفة. وفي مجزرة كربلاء، التي أعقبت ذلك، والتي حدثت في ١٠ محرم (عاشوراء) عام ٦١هـ الموافق لـ (١٠ أكتوبر/ تشرين الأول ٦٨٠ م)، ذُبح الحسين مع مجموعته الصغيرة بشكل وحشي، ولم يُخْلَ سبيل أحدٍ سوى النساء وبعض الأطفال، ومن بينهم

---

(١) مسلم بن عقيل: وهو حفيد أبي طالب (ن ٣هـ ـ ٦٠هـ)، انتدبه الإمام الحسين عليه السلام رسولاً إلى أهل العراق، فخذله الناس، وقتله عبيد الله بن زياد، وقبره في الكوفة يُزار.

(٢) عبيد الله بن زياد: وهو حفيد إبن أبيه، ولد في البصرة سنة ٢٨هـ، وينسب إلى أمه مرجانة، ولاه معاوية خراسان ثم البصرة، وأقره على ذلك يزيد وولاه الكوفة أيضا، هرب من البصرة بعد موت يزيد واستقر في دمشق، وعاد إلى العراق يقود جيش الأمويين فتصدى له إبراهيم بن مالك الأشتر وقتله في خازر من ضواحي الموصل سنة ٦٧هـ.

(٣) أول قوة عسكرية أموية واجهها الإمام الحسين عليه السلام في كربلاء هي قوة من ألف مقاتل بقيادة الحر بن يزيد الرياحي، قبل أن يتحول إلى معسكر الحق ويستشهد بين يدي الإمام الحسين عليه السلام. انظر: مقتل الحسين لأبي مخنف: ٦٧. =

إبن الحسين الصغير في السن[1]، علي زين العابدين[2]، الذي أصبح إماماً بعد والده.

شكلت مذبحة كربلاء، أكثر من أي حدث آخر، هوية للشيعة، من خلال التركيز على عدم الرضا عن الأمويين والتمرّدات المتوالية ضدّهم، بل أكثر من ذلك، فقد ترسّخت هذه المذبحة ـ كأعلى رمزٍ للشهادة ـ فاحتلت موقعاً رئيساً في العقل الشيعي.

عُرف الإمام الحسين لاحقاً بسيد الشهداء[3]، وصار إحياء الذكرى السنوية لوفاته وأصحابه، في الأيام العشرة الأُولى من السنة الإسلامية (الهجرية) الجديدة، كل عام، الظاهرة التي تطبع الشيعة أينما وجدوا بطابعها.

= ولما خرج عمر بن سعد الزهري إلى حرب الإمام الحسين عليه السلام كان معه أربعة آلاف مقاتل، وفي اليوم السادس من المحرم بلغ عدد جنده عشرين ألفا، ولما يزل عبيد الله بن زياد يمده بالمقاتلين حتى أصبح عددهم ثلاثين ألفا. انظر: مقتل الحسين للمقرّم: ٢٠٠.

(١) كان للإمام علي بن الحسين السجاد عليه السلام يوم استشهاد والده ٢٨ عاماً، حيث ولد عام ٣٣هـ وتوفي عام ٩٢هـ كما هو المحقق لدى البحاثة الكرباسي على خلاف المشهور (٣٨ ـ ٩٥هـ).

(٢) علي زين العابدين: هو إبن الحسين بن علي الهاشمي ولد في المدينة وفيها توفي، لقب بزين العابدين لكثرة عبادته، حضر كربلاء، وخطب في الشام خطبته المشهورة، تولى تربية الأمة عبر سلسلة الأدعية والمناجات التي جمعت تحت اسم «الصحيفة السجادية» كما ترك «رسالة الحقوق»، عاصر ستة من حكام بني أمية أولهم معاوية بن أبي سفيان وآخرهم الوليد بن عبد الملك الذي دس إليه السم، ودفن في مقبرة البقيع.

(٣) سيد الشهداء: في حوارية بين النبي الأكرم صلى الله عليه وآله وسلم وابنته فاطمة عليها السلام، قال صلى الله عليه وآله وسلم: «شهيدنا سيد الشهداء، وهو حمزة بن عبد المطلب، وهو عمّ أبيك، قالت: يا رسول الله وهو سيد الشهداء الذين قتلوا معك؟ قال: لا بل سيد شهداء الأولين والآخرين، ما خلا الأنبياء والأوصياء، وجعفر بن أبي طالب ذو الجناحين الطيار في الجنة مع الملائكة». انظر: بحار الأنوار: ٢٢/ ٢٨٠.

ويأتي الشهداء بعد الأوصياء والأئمة رتبة، حيث ورد عن الإمام علي عليه السلام: «إن خير الخلق يوم يجمعهم الله الرسل، وإن أفضل الرسل محمد وأن أفضل كل أمّة بعد نبيها وصي نبيها حتى يدركه نبي، ألا وإن أفضل الأوصياء وصي محمد صلى الله عليه وآله وسلم، ألا وإن أفضل الخلق بعد الأوصياء=

ومهما كان الحال، فإن الشيعة ليسوا وحدهم الذين يحملون مثل هذا التبجيل لشهادة الحسين، إذ إن كلاً من رواة الحديث السُنّة والشيعة رووا الأحاديث المختلفة حول المودّة الخاصة التي أظهرها الرسول^(١) لحفيديه الاثنين الحسن والحسين، والرابطة الروحية الفريدة بين الرسول وابنته فاطمة^(٢)، وزوج ابنته علي، والحسن والحسين (هؤلاء الخمسة

=الشهداء، ألا وإن أفضل الشهداء حمزة بن عبد المطلب وجعفر بن أبي طالب . . ». انظر: بحار الأنوار: ٢٢/ ٢٨٢.

ولما كان الإمام الحسين عليه‌السلام من الأوصياء والأئمة، فهو سيد الشهداء من الأولين والآخرين جميعاً، وقد جاء في تفسير الآية ٦٠ من سورة البقرة: ﴿وَإِذِ ٱسۡتَسۡقَىٰ مُوسَىٰ لِقَوۡمِهِۦ فَقُلۡنَا ٱضۡرِب بِّعَصَاكَ ٱلۡحَجَرَۖ فَٱنفَجَرَتۡ مِنۡهُ ٱثۡنَتَا عَشۡرَةَ عَيۡنٗاۖ قَدۡ عَلِمَ كُلُّ أُنَاسٖ مَّشۡرَبَهُمۡۖ كُلُواْ وَٱشۡرَبُواْ مِن رِّزۡقِ ٱللَّهِ وَلَا تَعۡثَوۡاْ فِي ٱلۡأَرۡضِ مُفۡسِدِينَ﴾، أن بني إسرائيل لما لحقهم العطش في التيه، وضجوا بالبكاء إلى موسى وقالوا: هلكنا بالعطش، فقال موسى: «إلهي بحق محمد سيد الأنبياء، وبحق علي سيد الأوصياء، وبحق فاطمة سيدة النساء، وبحق الحسن سيد الأولياء، وبحق الحسين سيد الشهداء، وبحق عترتهم وخلفائهم سادة الأزكياء لما سقيت عبادك هؤلاء». انظر: بحار الأنوار: ١٣/ ١٨٤.

وفي حوارية بين الإمام جعفر بن محمد الصادق وأم سعيد الأحمسية التي كانت قادمة من العراق إلى المدينة المنورة وقد اكترت حماراً لتدور على قبور الشهداء، قال عليه‌السلام لها: «أفلا أخبرك بسيد الشهداء؟ قلت بلى، قال: الحسين بن علي عليه‌السلام، قلت: وإنه لسيد الشهداء، قال: نعم . . ». انظر: كامل الزيارات: ١١٠. وفي الصفحة نفسها قال الصادق عليه‌السلام لأم سعيد الأحمسية: «ما أعجبكم يا أهل العراق تأتون الشهداء من سفر بعيد وتتركون سيد الشهداء لا تأتونه؟ قالت: قلت له: مَن سيد الشهداء؟ فقال: الحسين بن علي عليه‌السلام».

وعن الإمام الصادق عليه‌السلام في زيارة الإمام الحسين عليه‌السلام: «زوروا الحسين عليه‌السلام ولا تجفوه فإنه سيد شباب أهل الجنة من الخلق وسيد الشهداء». أنظر: كامل الزيارات: ١٠٩.

(١) الرسول: هو محمد بن عبد الله بن عبد المطلب الهاشمي، ولد في مكة في عام الفيل (٥٣ ق. ه)، ومات في المدينة سنة ١١هـ، بلّغ برسالة الإسلام في مكة ثلاثة عشر عاما وفي المدينة عشرة أعوام، وهو خاتم الأنبياء ورسالته خاتمة الرسل والأديان.

(٢) فاطمة: هي بنت محمد بن عبد الله الهاشمية المولودة في مكة عام ٥ بعد البعثة النبوية وماتت عام ١١هـ في المدينة المنورة، وقبرها في حجرتها المجاورة لقبر النبي محمد ﷺ كما أثبت ذلك البحاثة الشيخ محمد صادق الكرباسي في تاريخ المراقد: ١/ ٢٢٩.

مذكورون في حديث الكساء) لهو أمر معترف به عند كل المسلمين[١].

وتتضح فضيلة الحسين الخاصة من خلال حديث الرسول المروي في «صحيح الترمذي»[٢]: (حسين منّي وأنا من حسين، أحبّ الله من أحبّ حسيناً).

وقد أضحت زيارة قبر الحسين في كربلاء أحد الطموحات الرئيسة أو الرغبات الشديدة لدى كل شيعي، ولكن ما يزال جامع رأس الحسين في القاهرة يحتفظ بشعبيته وأهميته.

يقدّم الحديث المادّة التي من خلالها فهم العالم الإسلامي (المتأخر عن بدايات الإسلام) تاريخ حياة ومقتل الحسين، ولكن الحديث أيضاً، وكما قيل، هو الذي يقرر السياق الذي يُفسر التاريخ.

بالنسبة لأهل السنّة، فإن رواية الحديث عن الرسول هي التي تعطي قمّة الضمان والموثوقية. إذاً ففضائل الحسين مقبولة تماماً لديهم من خلال كلام رسول الله. وأحاديثه لا توجد فقط في الصحاح الرئيسة كتلك لابن حنبل[٣] والترمذي[٤]، بل وكذلك في كل كتب السنّة، وفي طليعتها تفاسير القرآن.

---

(١) حديث الكساء: انظر: بحار الأنوار: ٣٧/ ١٠٠. وانظر: صحيح الترمذي: ١٣/ ٢٤٨، باب مناقب فاطمة بنت محمد ﷺ، وفيه: «عن أم سلمة أن النبي صلى الله عليه (وآله) وسلّم جلّلَ على الحسن والحسين وعلي وفاطمة كساءً ثم قال: اللهم هؤلاء أهل بيتي وخاصّتي أذهب عنهم الرجس وطهرهم تطهيرا. فقالت أم سلمة وأنا معهم يا رسول الله، قال: إنك إلى خير». وختم الترمذي الحديث بقوله: هذا حديث حسن وهو أحسن شيء رُوي في هذا الباب.

(٢) صحيح الترمذي: ١٣/ ١٩٥، باب مناقب الحسن والحسين، وتكملة الحديث النبوي الشريف: «.. حسينٌ سبطٌ من الأسباط».

(٣) إبن حنبل: هو أحمد بن محمد بن حنبل الشيباني (١٦٤ ـ ٢٤١هـ) ولد في بغداد وفيها مات، تنقل بين الحجاز والشام لرواية الحديث، من مصنفاته: مسند أحمد، السنن في الفقه، والعلل ومعرفة الرجال.

(٤) الترمذي: هو محمد بن عيسى بن سورة السلمي (٢٠٩ ـ ٢٧٩هـ) ولد في قرية يوغ من نواحي=

وفي معظم الأحيان، لا تُذكر فضائل الحسين فقط، بل وفضائل أصحاب الكساء الخمسة أيضاً والمكانة الخاصة التي احتلتها المودّة في قلب الرسول لحفيديه واضحة بشكل خاص أيضاً، وكما دعا الرسول ابنته فاطمة بسيدة نساء الجنة[١]، فقد دعا هذين الاثنين أيضاً بسيديّ شباب الجنة[٢].

إن قسماً كبيراً من أحاديث الشيعة، ومن ضمنها المتعلقة بفضائل الإمام الحسين، مرويّة عن أئمتهم، حيث إنهم يعتبرون الأئمة مصادر موثوقة للحديث إلى جانب الرسول، وأكثر الأئمة شهرة في هذا المجال، بالطبع، هو والد الحسين، أي عليّ.

ولم يكن الحديث وحده، فالأدب على صلة بالحسين، فالشعر كان دائماً المادة الأدبية الرئيسة ليس للغة العربية فحسب، بل وللغاتٍ رئيسة أخرى أيضاً في العالم الإسلامي، كالفارسية والتركية واللغات الهندية مثل السِنْديّة، ومؤخراً الأُردويّة. وقد كان الشعر استخُدم وما زال يُستخدم لإيصال عمق الشعور المستحضَر إلى المتلقّي عن طريق صور حياة وشهادة الحسين.

لقد أصبحت المرثيّة ـ نوع من الأدب، معروف في اللغة العربية حتى قبل مجيء الإسلام، ويكتب بطريقة القصيدة، التي غالباً ما تكون طويلة وذات قافية واحدة ـ مرتبطة بالتعبير عن الحزن على وفاة الحسين، وما أعقبها من شعور المسلمين بالفقدان.

=ترمذ الواقعة شرق تركمنستان على نهر جيحون، وفيها مات، تنقل في البلدان لرواية الحديث، من مصنفاته: الجامع للسنن، الشمائل المحمدية، والعلل الكبرى.

(١) انظر: صحيح الترمذي: ١٣/ ٢٥٠، في مناقب فاطمة بنت محمد ﷺ مرويا عن عائشة بنت أبي بكر، أن النبي محمد ﷺ أخبر فاطمة الزهراء عليها السلام عند موته أنك سيدة نساء أهل الجنّة.

(٢) انظر: صحيح الترمذي: ١٣/ ١٩١، في مناقب الحسن والحسين، أن النبي محمد ﷺ قال: «الحسن والحسين سيدا شباب أهل الجنّة».

واستحضر الشعر أيضاً ما يمكن وصفه بالشعور الجماعي وحتى الفردي، بالذنب الذي شعر به المسلمون، وخاصة الشيعة، لسماحهم بوقوع مأساة بمثل هذا الحجم في المجتمع الإسلامي. ونؤكد ثانية، على أن شعراء الشيعة ليسوا هم الوحيدون الذين ساهموا في هذا الأدب، بل والسنّة أيضاً، فمرثية الشافعي[1]، مؤسس المذهب الشافعي، خير مثال على ذلك.

إن الشخصية المثالية التي يمثلها الحسين في العالم الإسلامي تكاد تقترب من الأسطورة، إذ لا يمكن إنكار حقيقته التاريخية، ولا كونه واحداً من مُثُل الإسلام الأساسية.

لقد كان الإمام الحسين سنداً للرجل المسلم والمرأة المسلمة المضطهدَين من قبل القويّ، إنه رفضٌ للباطل، ورمزٌ للحرية والكرامة، وقوّة دافعة بالحيوية في وجه الاضطهاد والمعاناة، بل وأكثر من هذا، فقد نظر المسلمون إلى استشهاد الحسين على يد يزيد البذيء الكلام، الزنديق، على انه الدافع الأكثر إلحاحاً لإعادة تأصيل القيم الأساسية للإسلام، في أوقاتٍ تتعرض فيها ـ هذه القيم ـ إلى أقوى تهديد، كما نظروا إلى الحسين كنموذج للشجاعة في مثل تلك الظروف.

---

(١) الشافعي: محمد بن إدريس بن العباس المطّلبي (١٥٠ ـ ٢٠٤هـ)، ولد في غزة ومات في القاهرة، اشتهر إلى جانب الفقه والحديث بالأدب والشعر، من مصنفاته: الأم، المسند، وأحكام القرآن، وله ديوان شعر، تعرض في طبعاته المتأخرة للاعتداء بحذف قصائد ومقطوعات في مدح أهل البيت عليهم السلام.
وللشافعي في الإمام الحسين عليه السلام مرثية وقصيدة ولائية.
مطلع الأولى من بحر الطويل:
تأوَّبَ همِّي والفؤادُ كئيبُ　　وأرَّقَ عيني فالرُّقادُ عجيبُ
وجاء في الثانية من بحر الوافر:
إذا في مجلسٍ ذكروا علياً　　وسبطيه وفاطمة الزكيهْ
انظر: ديوان القرن الثالث للكرباسي: ٢٩ (مقطوعة ٢) ـ ١٧٣ (مقطوعة ٥٤).

وهكذا يحتلّ الحسين مكانته، ليس فقط في الحديث والشعر فحسب، بل وفي أشكال الأدب الأخرى أيضاً، منذ البداية وحتى الوقت الحاضر، وها هو مقتله يتجسّد في عصرنا الراهن في الرواية (أو القصة الطويلة) والسينما.

ولكن ينبغي على المرء أن يلتفت إلى الأشكال الأقدم، ليرى كيف امتدّت جذور هذا الرمز المقتدر. ولقد نذر محمد صادق محمد الكرباسي سنوات عدة من حياته لجمع هذا المؤلف الضخم.

وهذا الكتاب الذي نحن في صدد مقدمته الآن، ما هو إلا واحد من السلسلة الكاملة التي جمع الكاتب فيها نتائج بحثه، وقد جعل العنوان العام لعمله «دائرة المعارف الحسينية» وهذه ليست مبالغة أبداً، إذ إنها المرة الأولى في الفترة المعاصرة، التي يُنهض فيها بمشروع هام وكبير مثل هذا، وربما كانت المرّة الوحيدة التي يؤتى فيها بكل المصادر المتوافرة معاً إلى مكان واحد.

إن النطاق الضخم للعمل، يغطي كل شيء ذا صلة بموضوعه، سواء أكان حديثاً، أو شعراً، أو خُطباً، أو مواعظ، أو كتاباتٍ لعلماء ذات طبيعة سياسية، أو ثقافية، أو تاريخية، أو أدبية، أو قانونية مناسبة، وكل هذه الوثائق رُتّبت في أكثر من ستين باباً رئيساً.

جَمَعَ محمد الكرباسي كل مادة مكتوبة باللغة العربية[١] حول الحسين، بالإضافة إلى ما صدر عن الحسين نفسه من توسلات وتضرع، والأدب الديني أو العبادي المتعلق به، وباختصار، فقد أُطلق اسم «حسينيّة» على مجموع تلك المادة الأدبية.

(١) ولا تقتصر تحقيقات المؤلف على اللغة العربية، فهناك اللغة الفارسية والأردوية وغيرهما.

كل ذاك، احتوى حتى الآن، على أكثر من ثلاثمائة كتاب مخطوط[١]، وقد بدأتْ كتابة هذه الكتب في عاشوراء ١٤٠٨هـ الموافق لأيلول (سبتمبر) ١٩٨٧ م. ومع ذلك، فلم يتم إكمال العمل بعدُ[٢].

والكتاب الحالي «ديوان القرن الأول» هو واحد من كتب عدة تتضمن الشعر المتعلق بالإمام الحسين وقيامه منذ القرن الأول للهجرة، وسوف تكون هناك كتب إضافية مخصصة للقرن الأول، وسوف يغطّى شعر القرون اللاحقة في كُتب أخرى، وقد رُتّب الشعر بشكل تقليدي أو عُرفي تبعاً للحرف الأخير في قافية القصيدة، والكتاب الحالي يبدأ من الهمزة إلى حرف الشين.

وفي مقدمته لهذا الكتاب، يعطي الكاتب بعض الملاحظات المفيدة حول شعر هذه الفترة المبكرة. إنه أصعب إيجاداً ـ نوعاً ما ـ من أشعار القرون اللاحقة، وهو يتّسم بالصدق، إلى نهاية أدب الفترة، وهناك غياب ملحوظ للقصيدة. وبدلا من ذلك، يتضمن العمل أشعاراً قصيرة، معظمها على بحر الرجز، الذي يوصف أحياناً بأنه أسهل وأبسط بحور اللغة العربية، ويقال إنه مناسب لإثارة حماس الجنود قبل المعركة.

وبالإضافة إلى ذلك، فالمؤلف يبيّن وجود أشعار متعددة تنتقد أعمال الحسين، وهي كما يبدو منسوبة غالباً إلى أقلام الشعراء المرتبطين بالبلاط الأموي، وجدير بالذكر أن هذا النوع من الشعر المستخفّ أو المزدري، لم يعد يُنظم، بعد نهاية القرن الأول.

وثمّة شيء من الشعر للإمام عليّ وآخرين من أهل البيت، ولكن المؤلف كان انتقائياً في هذا المجال، حيث ترك الكثير من الشعر، على أساسٍ أدبي

---

(١) فاقت أجزاء الموسوعة الستمائة مجلد.

(٢) صدر من الموسوعة حتى يومنا هذا ٦٠ مجلداً.

لضعف بيّن في البناء الأدبي يخالف ما عُرف عن عليّ وبراعته في الخطابة، كما عُرفت زوجته فاطمة وأولادهما وأحفادهما بذلك أيضاً، ويعتقد المؤلف انه ينبغي إهمال الكثير مما وصلنا منسوباً إليهم، لكونه شعراً أدنى من أن يُنسب إليهم، أما بالنسبة لشعر الحسين نفسه، فقد أفرد المؤلف كتاباً لذلك، وسوف يصدر في حينه[١].

ويجد المؤلف نفسه مضطراً لتضمين موسوعته شعراً ليس بالمستوى الرفيع، ذلك لأن طبيعة هذا العمل الذي سعى لأن يكون كاملاً وشاملاً قدر الإمكان، افترضت أن لا تكون الجودة الأدبية عاملاً مؤثراً في اختيار المادة.

إننا نهنئ محمد الكرباسي على ظهور الكتاب الأول من موسوعته. فهذا الكتاب الذي يجمع ـ بمفرده ـ أشعار القرن الأول[٢] لهو نتيجة لمجهود مواظب ومدهش.

أما عند انتهاء المشروع كاملاً ـ كما نتمنى ذلك في المستقبل القريب، فسوف يكون المجهود خارقاً، إنه شيء رائع حقاً، وإسهام في مكانه، يهدف إلى أن تبقى ذكرى وروح الحسين وجهاده حية، لإبقاء شعلة الإسلام تتّقد بألَقٍ.

جون كوبر

المملكة المتحدة

٢٦/ ١١/ ١٩٩٥م

(١) صدر الجزء الأول من ديوان الإمام الحسين عليه السلام في طبعته الأولى عام ١٤٢٢هـ/ ٢٠٠١م.

(٢) صدر من دواوين القرون حتى يومنا هذا الجزء الأول من ديوان القرن الثاني عشر الهجري.

معالم الشعر العربي
في القرن الأول الهجري

لا يخامر الشك أحدا، أن الكلمة أسيرة صاحبها ما أن يطلقها حتى تأسره، وإذا كانت الكلمة طيبة أسرت سامعها واستلقت به على وسادتها، كما تأسر الوردة النحل تحط عليها، تشمها وتمتص رحيقها منشئة عسلاً يأخذ في طعمه سنخية الوردة العطرة.

ولما كان أعذب الكلام ما قفز من شغاف القلب معزوفاً على أوتار الوزن والقافية، فإنَّ الشعر الذي يمثل أحد جناحي البيان العربي إلى جانب النثر والذي بهما يطير إلى سماء الرقي الأدبي، هو ذلك العسل المصفى الذي يشفي الصدور الحرى، التواقة إلى عذب الكلام وحلوه، به يخلد الشاعر وتخلد الوقائع والأيام ما حسن القريض وصلح الوزن والقافية.

وقد يقال إن ضوء الشعر قلَّ سطوعه وخف ضوؤه في بدء الرسالة الإسلامية عما كان عليه في الجاهلية، لاعتماد النثر في المخاطبات والخطابات والمرافعات، لكن بريق الشعر ظل يسطع عند الوقائع والحوادث المهمة، وبخاصة الحوادث التراجيدية المأساوية، لأن الشعر يخاطب الوجدان والقلب قبل مخاطبة العقل، فتراه ينبض بالحياة والإنتاج في مواقع المأساة وعند مصارع الكرام، ولذلك فلا عجب أن يكون الثلث الثالث من

القرن الأول الهجري الذي شهد مقتل سبط النبي محمد ﷺ في كربلاء المقدسة الإمام الحسين في العام ٦١ هجرية، حافلا بالأدب المنظوم، ومزدحما بالشعراء الذين فاقت أعدادهم شعراء مرحلة دولة الرسول ﷺ والخلفاء من بعده.

هذه الحقيقة يؤرخها الدكتور الشيخ محمد صادق الكرباسي في الجزء الأول من كتاب «ديوان القرن الأول» الصادر في لندن عن المركز الحسيني للدراسات، في ٤٣٢ صفحة من القطع الوزيري، حيث يشكل هذا الجزء والجزء الذي يليه مجموع ما نظم في القرن الأول الهجري، من وحي شخصية الإمام الحسين عليه السلام أو من وحي نهضته المباركة وحوادث معركة الطف وما بعدها، ويحمل هذا الجزء الرقم التسلسلي (١٢٤) من أجزاء الموسوعة الحسينية التي بلغت حتى يومنا هذا نحو ٦٠٠ مجلد، صدر منها ٣٢ جزءاً، إلى جانب نحو عشرين دراسة صدرت عن أجزاء الموسوعة بقلم أعلام وأكاديميين عرب ومسلمين من جنسيات ومذاهب مختلفة، كما وضع المصنف لدواوين القرون مقدمة طويلة استقلت بجزأين من أجزاء الموسوعة.

قصيدة وشاعر

مضى الشيخ الكرباسي إلى تنظيم القصائد والمقطوعات في هذا الديوان والدواوين التي تليه وفق الحروب الهجائية للقوافي، مع ترتيب سلسلة الشعراء حسب تاريخ الوفاة عندما تكون تحت حركة القافية من فتحة وضمة وكسرة وسكون أكثر من شاعر، وابتكر طريقة لترميز القطعة إلى جانب ترقيمها بأن أوجد لها عنواناً من وحي أبياتها، مع تحريك مفردات الأبيات وتقديم الشروح الضافية وتذليل ما استعصى على الفهم، وبيان موضع الخلل في اللغة أو النحو أو العروض أو التاريخ أو المعتقد، وقد ضم هذا الجزء

١٥٠ قصيدة وقطعة ابتداءً من حرف الألف إلى نهاية حرف الشين، لمائة وأربع عشرة شخصية، بينهم شعراء من الرعيل الأول.

ومع إن الرقم ١٥٠ ليس بقليل قياساً إلى العقود الأربعة الأخيرة من القرن الأول، إلا أن المحقق يلاحظ على الأدب المنظوم: «قلة نظم الشعر خلال القرن الأول في الإمام عليه السلام رغم أن ولادته المباركة واستشهاده المأساوي وقعا فيه»، وهذا برأيه يعود إلى كساد سوق الشعر منذ ظهور الإسلام قياساً إلى مرحلة الجاهلية، وإلى وقوع الاضطهاد على أهل البيت عليهم السلام، وإلى بعد عصرنا عن تلك العصور صاحبه عمل دؤوب مارسته السلطات المتعاقبة في القرن الأول وما بعده على اغتيال الأدب الحسيني عبر مطاردة الشعراء أو إبادة المدونات والكتب.

كما يلاحظ حلول المقطوعات بديلاً عن المطولات، فضلاً عن غلبة الرجز في مجمل الديوان، إذ كان من عادة العرب استخدام الشعر الحماسي في الحروب وعند سوق الجمال، فاشتهر الرجز للحروب والحدي للجمال، ولما كانت واقعة الطف وذيولها في معركة عين الوردة بقيادة سليمان بن صرد الخزاعي (ت ٦٥هـ) ومعركة الخازر بقيادة المختار بن أبي عبيدة الثقفي (ت ٦٧هـ) ضد النظام الأموي، قد وقعت في هذا القرن، كان من الطبيعي غلبة الرجز عليه، بيد أن الذي وقع فيه الخلاف، هو ما إذا كان الرجز أو الحداء، البذرة الأولى لشجرة الشعر العربي القريض، حيث اقترن تاريخ العرب بالحروب فضلاً عن تداخل حياتهم مع سفينة الصحراء «الجمل» الذي يمثل أقدم وسيلة نقلية عبر الصحاري والقفار، وهو رفيق درب أمين وصبور.

قصة وقصيدة

في الواقع إن قيمة الجهد المبذول في إخراج الديوان من بطون الكتب

وأمّاتها، لا يمكن تصوره إلا بقراءة الديوان كله وملاحظة الشروحات والتفاصيل المدرجة في الهوامش، لأنَّ العمل المعرفي المبذول في هذا الديوان لا يمكن إدراك قيمته إلا بقراءة الهوامش التي هي من الديوان كالمتن من الكتاب.

وبالإمكان عند قراءة الديوان ملاحظة جملة أمور، أهمها:

* اشتغل المحقق الكرباسي بإرجاع البيت أو القطعة أو القصيدة إلى صاحبها، بخاصة في التي اختلف الرواة والمؤرخون في قائلها، بما يمتلكه من أدوات معرفية غير قليلة مكنته من النجاح في هذه المهمة الشاقة.

* أعمل المصنف في كتابه، النظام المعرفي الخاص بتفسير القرآن بملاحظة سبب نزول الآية، فلم يترك بيتاً أو مقطوعة أو قصيدة إلا وتبحّر في بيان سبب إنشائها وإنشادها والظروف المحيطة بها، ولما كان القسم الأكبر من المقطوعات هو من الرجز، فانَّ الديوان في حقيقة الأمر حاكٍ عن حوادث ووقائع ويؤرخ لمعارك وتفاصيلها، وبخاصة واقعة الطف، ولذلك فانَّ الكتاب بمتنه وشروحاته يجعلك تعيش الحدث بنفسك وتعايشه كأنك في عرض مسرحي حي وعلى الهواء، فعلى سبيل المثال جاء أعرابي وطرق باب الإمام الحسين عليه السلام يسأله حاجته، وهو ينشد من الكامل، والمعنون بـ «نعم المشتري»:

لم يبق عندي ما يُباع ويُشترى يكفيك ظاهر منظري عن مخبري

إلا بقيةُ ماءِ وجهٍ صنته عن أن يُباع ونعم أنت المشتري

فأعطاه الإمام الحسين عليه السلام، وهو ينشد من البحر والقافية نفسهما:

عاجلتنا فأتاك عاجل برِّنا نَزرا ولو أمهلتنا لم نقتُر

فخذ القليل وكن كأنك لم تكن بعت المصونَ وأننا لم نشتر

* كان من بين المنشدين في الحسين ﷺ عدد من الصحابة وفطاحل الشعراء في العهد الإسلامي الأول، منهم الشاعر حسان بن ثابت الأنصاري (ت نحو ٣٥هـ)، المشهور بشاعر الرسول ﷺ، كما في قوله من بحر المتقارب، المعنون بـ «سبط النبي»:

وإن مريم أحصنت فرجها   وجاءت بعيسى كبدر الدجى

فقد أحصنت فاطم بعدها   وجاءت بسبطي نبي الهدى

وللأعداء شعرهم

لم يقتصر الكاتب في إيراد شعر الموالين، فالحق له جبهته والباطل له جبهته، حيث اشترط المصنف على نفسه أن يحقق في الأدب الحسيني بزينه وشينه، متخلقاً في العرض بأخلاق القرآن الذي يستعرض آراء المخالفين ويقدم آراءه تاركاً للمرء حرية إعمال عقله لاختيار الأنسب والموافق للفطرة والسليقة، لإيمانه أن المقطوعة أو القصيدة الصادرة عن جبهة الباطل تعكس أخلاقيات قائلها والجبهة التي يناصرها، ذلك أن الكلام في أحد فوائده، والشعر منه، يكشف عن دواخل المرء ونوازعه، من قبيل قول الحصين بن نمير السكوني (ت ٦٧هـ) وهو يقاتل حبيب بن مظاهر الأسدي المستشهد يوم عاشوراء ٦١هـ، من الرجز المشطور والمعنون بـ «نزال الأقران»:

دونك ضرب السيف يا حبيب

واتاك ليث بطل نجيب

في كفه مهنّد قضيب

كأنه من لمعه حليب

أو قول شمر بن ذي الجوشن الضبابي (ت ٦٦هـ) من الرجز المشطور

المعنون بـ «سيد أهل الحرمين»، وهو يطالب عبيد الله بن زياد (ت ٦٧هـ) بالجائزة لقتله الحسين عليه السلام:

إملأ ركابي فضة أو ذهبا ... إني قتلت السيدَ المهذبا
قتلت خير الناس أمّا وأبا ... وأكرم الناس جميعاً حسبا
وخيرهم جدّا وأعلى نسبا ... ومَن على الخلق معاً منتصبا
طعنته بالرمح حتى انقلبا ... ضربته بالسيف ضربا عجبا

وقد خلا الديوان من قصائد ومقطوعات منسوبة للإمام الحسين عليه السلام، حيث أفرد لها المؤلف جزأين سماهما «ديوان الإمام الحسين».

مادة خصبة

يعتبر الديوان بشروحاته مادة خصبة لبيان واقعة الطف أو ما اشتهر في أدب المنبر الحسيني بـ «المقتل»، فالمقاتل التي تقرأ في العاشر من شهر محرم الحرام، ينقصها الكثير من الوقائع، كما لم يجهد بعض الخطباء نفسه في تجديد عرضها وتقديمها، ولهذا فإن المسلم الذي دأب على سماع المقتل كل عام، انطبع في ذهنه أن واقعة الطف في كربلاء المقدسة مقتصرة على ما يسمعه من على المنبر فقط، في حين أنها مليئة بالحوادث والمشاهد التي صارت في عداد النسيان أو كادت أن تموت، لولا أن قيض الله لهذه النهضة المباركة من يزيح عنها غبار الجهل والنسيان.

إعتاش المسلمون بعامة والشيعة بخاصة على معرفة سيرة الإمام الحسين عليه السلام من تحت المنابر الحسينية المجالس، وقلّما يجهد الخطيب نفسه في عرض قصائد حسينية غير التي حفظها عن غيره، ولذلك لم يتطور المجلس الحسيني من حيث الأدب المنظوم، فضلاً عن وجود قصائد تحكي لسان الحال ولا تتطابق مع الواقع، في حين أن قراءة الديوان ينبيك عن

مقطوعات وقصائد لها أصالتها، لكن الخطباء يحجمون عن حفظها وإلقائها من على المنبر، كما يحجم عدد غير قليل من الكتاب عن ذكرها وإيرادها. وربما يعود ذلك لقلة الباع، أو جرياً على التقليد، أو القصور في البحث والتنقيب.

وتأسيساً على ذلك، فإن المحقق الكرباسي يقدم عبر الديوان خدمة جليلة للمنبر الحسيني بخاصة والأدب العربي بعامة، وتبقى المسؤولية على الخطيب للاغتراف من هذا المعين، كما إن من حق المستمع عليه أن يجدد في مادته الأدبية بالرجوع إلى أصول المقطوعات والقصائد التي تعتبر مادة دسمة لبيان نهضة الإمام الحسين عليه السلام، فعلى سبيل المثال يندر سماع مقطوعة «الموت الكريم» المنسوبة للعباس بن علي بن أبي طالب عليه السلام التي أنشأها عندما حمل القربة على عاتقه الأيمن يوم عاشوراء وهو يريد تبريد عطش الأطفال، حيث أنشد من البسيط:

لله عينٌ رأت ما قد أحاط بنا ... من اللئام وأولاد الدعيّاتِ

يا حبذا عصبةٌ جادت بأنفسها ... حتى تحُلَّ بأرض الغاضرياتِ

الموت تحت ذُباب السيفِ مكرُمةٌ ... إذ كان من بعده سُكنى لجناتِ

شخصيات لها تاريخ

يعتمد الرجز على الفخر بالنسب والعشيرة ورجالاتها والاعتزاز بالنفس، ويلاحظ في عدد غير قليل من رجز أصحاب الإمام الحسين عليه السلام الافتخار بشخصية سيد الشهداء حمزة بن عبد المطلب عليه السلام والشهيد الطيار جعفر بن أبي طالب عليه السلام، مما يعطي الانطباع العام أن هذا النهج هو الامتداد الطبيعي للأهمية التي كان يوليها النبي محمد صلى الله عليه وآله وسلم من خلال قوله وفعله لهاتين الشخصيتين، لا لكونهما من قرابة النبي صلى الله عليه وآله وسلم فالأول عمه والثاني ابن

عمه، على أن هناك شخصيات قريبة أخرى، كما إن النبي الذي لا ينطق عن الهوى والمسدد بالوحي الإلهي لا ينقاد للعاطفة النسبية بقدر اعتزازه بالشخصية التي تقدم كل ما تملك من أجل إحياء الإسلام ورسالته، غير أن اهتمامه بهاتين الشخصيتين يعكس حجم دورهما الكبير في خدمة الإسلام والمسلمين وتركيز أوتاد خيمة الإسلام في أرض الواقع، فكان لهما الفضل الكبير في صلابة العمود الفقري للإسلام وللدولة الإسلامية، بخاصة وان الطيار كان يمثل سفير الدبلوماسية الإسلامية خارج جزيرة العرب، ولذلك استمر هذا الاعتزاز حتى بعد نصف قرن من رحيلهما كما وجدنا ذلك في أراجيز المقاتلين، فعلى سبيل المثال يذكرهما إبراهيم بن الحصين الأسدي المستشهد في كربلاء العام ٦١، وهو في قلب المعركة بقوله من الرجز المشطور، في أرجوزته المعنونة بـ «أقدم حسين»:

أقدِم حسينُ اليومَ تلقى أحمدا — ثمَّ أباك الطاهرَ المؤيّدا
والحسن المسموم ذاك الأسعدا — وذا الجناحين حليف الشهدا
وحمزة الليث الكميَّ السيّدا — في جنة الفردوس فازا سُعدا

أو قول الشهيد سويد بن عمرو الخثعمي من الرجز المشطور، في أرجوزته المعنونة بـ «اليوم يوم الصبر»:

أقدم حسينُ اليومَ تلقى أحمدا — وشيخك الحَبرَ عليّاً ذا الندى
وحسناً كالبدر وافى الأسعُدا — وعمّك القرم الهمام الأرشدا
حمزة ليثّ الله يُدعى أسدا — وذا الجناحين تبوَّا مقعدا
في جنة الفردوس يعلو صُعُدا

وهذا الاهتمام غير الطبيعي تلخصه واحدة من خطب الإمام الحسين عليه السلام في المعركة، حيث ذكّر القوم بأصله وفصله حماية لهم من الاجتراء على الله والإقدام على قتل وليه في الأرض، فأشار إلى حمزة

وجعفر عليهما السلام بوصفهما من رجالات الإسلام وعلى أكتافهم قامت قواعده، فمما قال لهم: «أيها الناس انسبوني من أنا ثم ارجعوا إلى أنفسكم وعاتبوها وانظروا هل يحل لكم قتلي وانتهاك حرمتي، ألست ابن بنت نبيكم وابن وصيه وابن عمه وأولى المؤمنين بالله والمصدق لرسوله بما جاء من عند ربه؟ أو ليس حمزة سيد الشهداء عمّ أبي؟ أوَ ليس جعفر الطيار عمّي؟ أوَ لم يبلغكم قول رسول الله لي ولأخي هذان سيدا شباب أهل الجنة؟».

وللتوبة وقعها

* يكتشف المرء من خلال المفردات المستعملة في الرجز أثناء معركة عين الوردة في العام ٦٥هـ ومعركة الخازر في العام ٦٧هـ حجم الندم الذي أصاب من لم يشترك في نصرة الإمام الحسين في كربلاء المقدسة، إما لأنه كان خارج المنطقة أو انه كان رهين السجون التي نصبها عبيد الله بن زياد والي الكوفة الجديد، والحصار الذي فرضه على مدينة الكوفة واعتقال الخارج منها. من ذلك أرجوزة قائد حركة التوابين سليمان بن صرد الخزاعي المستشهد في معركة عين الوردة في العام ٦٥هـ، ضد جيش بني أمية بقيادة والي العراق عبيد الله بن زياد، وهي من الرجز المشطور، معنونة بـ «إليك ربي تبت»:

إليك ربّي تبتُ من ذنوبي

فقد أحاطت بي من الجُنوب

وقد علاني في الورى مشيبي

فارحم عُبيداً غير ما تكذيب

واغفر ذنوبي سيدي وحوبي

أو قول عبيد الله بن سعد الأزدي المستشهد في العام ٦٥هـ، والمعنونة بـ «إرحم عبدك يا إلهي»، وهي من الرجز المشطور كان يرددها في معركة عين الوردة:

إرحم إلهي عبدك التوابا

ولا تؤاخذه فقد أنابا

وفارق الأهلين والأحبابا

يرجو بذاك الفوزَ والثوابا

وللموعظة حظها

اشتمل الديوان على مقطوعات وقصائد، فيها مواعظ وحكم، معظمها منسوبة للإمام علي بن أبي طالب عليه السلام يوصي بها ابنه الإمام الحسين عليه السلام، من ذلك، من الكامل تحت عنوان «النصائح الخالصة» في ثلاثين بيتاً:

أحسينُ إني واعظٌ ومؤدبُ　　فافهم فأنت العاقل المتأدبُ

واحفظ وصية والد متحنن　　يغذوك بالآداب كيلا تعطبُ

إلى أن يقول:

واخفض جناحك للصديق وكن له　　كأبٍ على أولاده يتحدَّبُ

أو قوله عليه السلام من الطويل تحت عنوان «المرء حيث وضع نفسه»:

تردَّ رداء الصبر عند النوائب　　تنل من جميل الصبر حسن العواقب

إلى أن يقول:

وما المرء إلا حيث يجعل نفسه　　فكن طالبا في الناس أعلى المراتب

أو قوله من المتقارب تحت عنوان «قس الغد بالأمس»:

حسينُ إذا كنت في بلدةٍ غريباً فعاشر بآدابها

إلى أن يقول:

حسينُ فلا تضجرن للفراق فدنياك أضحت لتخرابها

وللمرأة دورها

لم يكن نظم الشعر ذكوريا، رغم أن قلة من النساء ذاع صيتهن في الآفاق مثل الخنساء، وهذا ما يؤكده الديوان، الذي ضم قصائد كثيرة لشخصيات نسوية، وبخاصة من الهاشميات مثل زينب بنت علي بن أبي طالب عليها السلام وشقيقتها أم كلثوم وعمتهما أم هاني، وغيرهن، من قبيل الشعر المنسوب إلى السيدة زينب عليها السلام من الخفيف، المعنون بـ «يا شقيق فؤادي»:

يا هلالا لما استتم كمالا غاله خسفه فأبدى غروبا

أو قولها من الوافر المعنون بـ «على الطف السلام»:

تمسّك بالكتاب ومَن تلاه فأهل البيت هم أهل الكتاب

بهم نزل الكتاب وهم تَلَوه وهم كانوا الهداة إلى الصواب

مفردات تتجدد

تضم قصائد القرن الأول الهجري مفردات، تكاد تموت مع الزمن، ولكن حوادث الأيام ترجعها، وإذا رجعت بدت غريبة على الأذهان، احتاج لمعرفتها لغة واصطلاحا، الرجوع بها إلى معاجم اللغة، وهذا عائد إلى ضعف تداول هذه المقطوعات، والانقطاع عن الأدب العربي بشطريه النثري والمنظوم، من ذلك على سبيل المثال، مصطلح (العلوج) الذي اشتهر في أيامنا أثناء الحرب الاميركية العراقية في العام ٢٠٠٣، حيث كان وزير إعلام

نظام بغداد، محمد سعيد الصحاف يكثر من استخدام كلمة «العلوج» في وصف القوات الأميركية، حتى اشتهر بوزير العلوج، وقد بدت الكلمة غريبة جداً، على أنها مستخدمة في الأدب العربي وهي تطلق على الرجل الشرس من غير العرب، وقد تطلق على الحمار الوحش لاستعلاج خلقه وغلظه، من ذلك الشعر المنسوب إلى الإمام علي بن الحسين السجاد عليه السلام من البسيط المعنون بـ «يا للعجب»:

ساد العلوج فما ترضى بذا العرب   وصار يقدُم رأس الأمة الذنبُ
يا للرجال وما يأتي الزمان به   من العجيب الذي ما مثله عجبُ
آل الرسول على الأقتاب عارية   وآل مروان تسري تحتهم نجبُ

ومما يضفي على الديوان قيمة هو تعاهد المصنف على تذليل المعلومة للقارئ، فوضع له فهارس غنية بالمعلومات، يتابع من خلالها: فهارس المتن: فهرس الأعلام والشخصيات، القبائل والأنساب والجماعات، القوافي والروي، البحور والأوزان. ونقرأ في فهارس الهامش: فهرس الأبيات وأنصافها، التأريخ، الناظمين والشعراء، الأعلام والشخصيات، القبائل والأنساب والجماعات، اللغة. وفي الفهارس المشتركة بين المتن والهامش: نقرأ: فهرس الآيات المباركة، الأحاديث والأخبار، الأمثال والحكم، مصطلحات الشريعة، المصطلحات العلمية والفنية، الطوائف والملل، الوظائف والرتب، الآلات والأدوات، الإنسان ومتعلقاته، الحيوان ومتعلقاته، النبات ومستحضراته، الفضاء ومتعلقاته، الأرض ومتعلقاتها، المعادن، الأماكن والبقاع، الزمان، الوقائع والأحداث، المؤلفات والمصنفات، المصادر والمراجع، ومؤلفو المراجع.

ولأن ديدن البحاثة الكرباسي، معرفة آراء الأعلام من جنسيات ومذاهب وأديان مختلفة في أجزاء الموسوعة، فإن هذا الجزء ضم عرضاً للأكاديمي في

جامعة كامبردج البريطانية البروفيسور جون كوبر (John Cooper) (ت ١٩٩٨م)، قال فيه: «وهذا الكتاب ما هو إلا واحد من السلسلة الكاملة التي جمع الكاتب فيها نتائج بحثه، وليست مبالغة أبداً لو قلنا إنها المرة الأولى في الفترة المعاصرة التي يُنهض بمشروع هام وكبير مثل هذا، وربما كانت المرة الوحيدة التي يؤتى فيها بكل المصادر المتوافرة معاً إلى مكان واحد»، مثنيا على الجهد المبذول بوصفه: «جهداً خارقاً، انه شيء رائع حقاً وإسهام في مكانه يهدف إلى بقاء ذكرى الحسين وجهاده حيين لإبقاء شعلة الإسلام تتقد بألق».

في الواقع إن هذا الديوان يمثل تحفة جمالية وقيمة أدبية، بلحاظ الجهد الذي بذله المحقق الكرباسي لإخراجه بهذا النسق المنضود بحيث يجعلك لا تقوم من قراءته حتى تنهيه، تبدأ بعَبرة وتختم بعِبرة.

الجمعة ٢/٣/٢٠٠٧م
١٢/٢/١٤٢٨هـ

الدكتور
محمد بن عبد الجبار بيك

* ولد عام ١٣٦٣هـ (١٩٤٤ م) في مدينة ديناجبور في الهند.

* تخرج من جامعة راجه شاهي في الهند، ونال شهادة البكالوريوس
فالماجستير في التاريخ والثقافة الإسلامية.

* كما تخرج من جامعة كامبريدج ـ المملكة المتحدة (Cambridge University)
عام ١٣٩١هـ (١٩٧١م) وحاز على شهادة الدكتوراه في تاريخ العلوم
العربية والإسلامية.

* عمل في قسم التعليم في المفوضية الباكستانية في لندن، كما اشتغل في
المتحف البريطاني كخبير في اللغة عام ١٣٩٢هـ (١٩٧٢ م).

* عمل في قسم الإلهيات في الجامعة الوطنية (كبانغسان) (Kebangsaan
University) في ماليزيا عام ١٣٩٤هـ (١٩٧٤ م) كمدرس لمادة التاريخ
الإسلامي. نال كرسي التدريس بقسم الدراسات العربية والحضارة
الإسلامية في الجامعة الوطنية نفسها في الفترة ١٣٩٨ ـ ١٤٠٥هـ (١٩٧٨ ـ
١٩٨٥ م).

* نال كرسي التدريس بجامعة بروني دار السلام (University Brunei
Darussalam) في مدينة سري ببكادان ـ بروناي، وذلك في العام ١٤٠٦هـ
(١٩٨٦ م).

⁎ أستاذ زائر بجامعة كامبريدج في تاريخ الشرق الأوسط في القرن العشرين.

⁎ له مقالات حول الإسلام نُشرت في كل من دائرة المعارف الإسلامية الصادرة من ليدن، ومن استانبول، بالإضافة إلى مقالات عن العالم الإسلامي الحديث نشرت في موسوعة أكسفورد الصادرة من نيويورك.

⁎ شارك في ندوات فكرية عدة تحدث فيها عن الحضارة الإسلامية.

⁎ له مؤلفات عدة باللغة الانكليزية، منها:

ـ تصورات في الحضارة الإسلامية (The Image of Islamic Civilization).

ـ الحكمة في الحضارة الإسلامية (Wisdom of Islamic Civilization).

ـ مفهوم الحضارة عند الإسلام والغرب (Islamic and Western Concepts of Civilization).

(ديوان القرن الأول ـ الجزء الثاني)

الكتاب الكنز

نشأ الشعر العربي في الجزيرة العربية قديماً، حيث ولد العرب أحراراً، ودأبوا على التجوال في الصحراء لاصطياد الغزلان، وجمع العلف لجمالهم، وعلى السفر نهاراً، وضرب الخيام تحت قبة السماء ليلاً، وكانوا ـ كلما كانت الظروف مؤاتية ـ يسافرون في قوافل عبر الصحراء العربية القاحلة، التي تتناثر فيها الواحات، وخصوصاً على السواحل الغربية لشبه الجزيرة العربية، من اليمن إلى سوريا عبر مكة. ولقد عاش العرب الحرية بكل معانيها، إما كبَدوٍ رُحّل، أو كحَضَرٍ مستقرين في واحةٍ ما، وكانوا يسيّرون أمور حياتهم بواسطة العادات القبلية القديمة والحكم العرفي، ولكن دون الخضوع لسلطة ملكٍ معين، ولم يكونوا من دافعي الضرائب لأي دولة، وهم لم يقرأوا الكتب، لأن معرفة القراءة والكتابة كانت غير مألوفة ـ تقريباً ـ ، بَيْدَ أنهم تناقلوا الأمثال والأقوال المأثورة شفهياً، وأنشدوا الشعر المنظوم من قبل شعرائهم القَبَليين.

وقد قامت نظرة العرب التقليدية إلى العالم، على أساس من الحكمة القديمة المتناقلة عبر تراث شفهي، فخيالهم واسع، وقد عبدوا أصناماً تمثل آلهتهم، منحوتة من الخشب والحجارة. وكان لديهم عدد كبير من الآلهة في

مكة[١]، الواقعة في الحجاز، حيث كانوا يجتمعون للحج والطواف حول الكعبة المقدسة.

كان القبليون من غير القرشيين يؤدّون جزءاً من شعائر الحج عراة. وقد وصف المصطلح العربي طريقة الحياة العربية هذه بكونها «جاهلية» صريحة[٢]. ولقد اتسمت الجزيرة العربية قديماً بجهلها بالتنوير الروحي قبل قدوم الإسلام، كصياغة جديدة للروحانية.

وكان عرب ما قبل الإسلام متمرّسين في الشعر والأمثال والأنساب، وبالرغم من ذلك عاشوا حياة بدائية، ولقد كان للشعر العربي القديم باع طويل من التطور والنمو قبل نشوء نظام سياسي واجتماعي في الجزيرة العربية، ومن الغريب حقاً، أن الشعر العربي قد ازدهر في وقت لم يعط الدين نوراً هادياً لأولئك الوثنيّين.

في تلك الأيام، كان للشعر العربي قافية منتظمة، وقد قُسّم إلى ثلاثة أنواع أو موضوعات رئيسة: المدح والهجاء والفخر، وكان ذلك الشعر مستودعاً للمفردات العربية، ومعبّراً عن الحسّ الجمالي للعرب، وشعورهم الإنساني بالكبرياء والكرامة.

وكان لكل قبيلة شاعرهم المقتدر، للاحتفال بانتصارات القبيلة في الحروب بين القبائل، فيحثّ رجال قبيلته على الحفاظ على سمعة القبيلة

---

(١) كانت الأصنام ثلاثمائة وستين بعدد أيام السنة كلها مثبتة بالرصاص والحديد. انظر: السيرة النبوية لنجاح الطائي: ٢/ ١١٨. وجاء في السيرة الحسينية للكرباسي: ٢/ ٨٤: وبقي المسلمون في مكة خمسة عشر يوماً، فحطم (النبي) الأصنام التي كانت في داخل الكعبة حيث حمل ابن عمه علياً على كتفه وكسّر الأصنام.

(٢) قال تعالى: ﴿إِذْ جَعَلَ ٱلَّذِينَ كَفَرُواْ فِى قُلُوبِهِمُ ٱلْحَمِيَّةَ حَمِيَّةَ ٱلْجَـٰهِلِيَّةِ..﴾ [الفتح: ٢٦]. وقال تعالى: ﴿أَفَحُكْمَ ٱلْجَـٰهِلِيَّةِ يَبْغُونَ ۚ وَمَنْ أَحْسَنُ مِنَ ٱللَّهِ حُكْمًا لِّقَوْمٍ يُوقِنُونَ﴾ [المائدة: ٥٠].

ويمجّد أبطالهم، وهكذا فإن الشعراء كانوا يروّجون للعصبية القبلية، وفي وقت السلم، كان الشعراء يرفّهون عن أبناء قبائلهم ويقومون بتسليتهم عبر ذِكر أنساب تلك القبائل، الأمر الذي يثير الفخر والاعتزاز، وعندما افتقد الشعراء المُثل، انشغلوا بموضوعات عبثية، وهكذا، فقد كان الشعراء فنانين قبليين في الجزيرة العربية قديماً.

ومع قدوم الإسلام، حدثت ثورة اجتماعية، إذ امتلأ أتباع الدين الجديد بالإحساس المرهف بالمثالية والفضيلة، وأخذ الناس ـ في ظل النظام الاجتماعي الجديد ـ يستهجنون القيم التقليدية التي وردت في القصائد القديمة، وفقد الشعراء موقعهم القديم. ولكن الشعر بقي أثيراً على النفوس، كفن شعبي من شأنه التعبير عن التجربة الجمالية الجديدة، في الوسط الاجتماعي الإسلامي، وفي حين احتفظ الشعراء بفنِّهم التقليدي، لكنهم غيّروا محتويات شعرهم لتتحدث عن مجد الإسلام.

وقد بادر علماء عرب معاصرون إلى جمع نماذج من الشعر الإسلامي في بواكيره، وأعدوا مقتطفات أدبية مختارة من تلك الأشعار، تضمّنتها كتب من مثل: (الشعر والدعوة في عصر الرسول)[١]، وتتضمن مجموعة شعرية مماثلة جرى تحقيقها واستقصاؤها من مصادر عربية قديمة، أشعار عهد الرسول والخلفاء الأربعة، وقد جمعت هذه المختارات الأدبية عيّنات من الأشعار العربية القديمة، مبرهنة على أن الشعر العربي كان بمثابة فن شعبي، بين

(١) الكتاب ليوسف محيي الدين أبو هلالة، صادر عن دار العاصمة، بالرياض عام ١٩٨٨ م. وهناك كتب كثيرة في هذا المجال، من قبيل: الشعر الإسلامي في صدر الإسلام لعبد الله حامد الحامد، الصادر عن مطابع الإشعاع التجاري في الرياض العام ١٩٨٠. وكتابه الآخر: شعر الدعوة الإسلامية في عهد النبوة والخلفاء الراشدين، الصادر عن دار الأصالة في الرياض، العام ١٩٨٥ م.

أوساط الصحابة، وأنَّ العديد من أتباع الرسول كانوا شعراء، وفي مقدمتهم حسان بن ثابت[1]، عبد الله بن رواحة[2]، وكعب بن مالك[3].

ولقد كان من بين أشهر الصحابة العديد من الشخصيات التي كانت تمتلك عبقرية شعرية، ومن هؤلاء:

علي بن أبي طالب (ت ٤٠هـ)، حمزة بن عبد المطلب[4]، المقداد بن الأسود[5]، عمار بن ياسر[6]، وأبو بكر[7]، وخالد بن الوليد[8]، والزبير بن

---

(١) حسان بن ثابت: هو حفيد المنذر الخزرجي الأنصاري (٦٠ ق.هـ ـ ٤٠هـ)، ولد في المدينة، كان شاعرا مكثرا في الجاهلية والإسلام، واختلفوا في تاريخ وفاته.

(٢) عبد الله بن رواحة: وهو حفيد ثعلبة الخزرجي الأنصاري المستشهد في معركة مؤتة في مدينة الكرك الأردنية عام ٨ للهجرة، وقبره يُزار، كاتب وشاعر وفارس، حضر بيعة العقبة الأولى والثانية وشهد بدراً وأُحداً والخندق، آخاه الرسول مع المقداد، وله ديوان شعر.

(٣) كعب بن مالك: وهو حفيد عمرو الخزرجي الأنصاري (٢٧ ـ ٥٠هـ) ولد في المدينة، كان شاعرا وراويا، حضر العقبة الثانية وشهد أُحداً، آخاه الرسول مع طلحة بن عبيد الله، فقد بصره في سنواته الأخيرة.

(٤) حمزة بن عبد المطلب: وهو حفيد هاشم القرشي (٥٥ ـ ٣هـ)، وهو ابن عم الرسول ﷺ وأخوه من الرضاعة، أسلم مبكرا وهاجر إلى المدينة، وهو ممن آخاه الرسول مع مولاه زيد بن حارثة، شهد بدراً واستشهد في معركة أحد خارج المدينة، وقبره يُزار.

(٥) المقداد بن الأسود: هو إبن عمرو بن ثعلبة الكندي (٣٧ ق.هـ ـ ٣٣هـ)، وينسب إلى مولاه الأسود بن عبد يغوث، ولد في حضرموت ودفن في الجرف شمال غرب المدينة، أسلم مبكراً، شهد بدراً وثبت في أحد، ورفض السقيفة، وشهد فتح مصر.

(٦) عمار بن ياسر: هو حفيد عامر المذحجي (٥٤ ق.هـ ـ ٣٧هـ)، أسلم مبكرا، وهاجر إلى المدينة وشهد مشاهد الرسول ﷺ، عارض السقيفة، وولي الكوفة في عهد الخليفة عمر، وشهد مع الإمام علي عليه السلام مواقفه، واستشهد في معركة صفين، وقبره يُزار في مدينة الرقة السورية.

(٧) أبو بكر: هو عبد الله بن أبي قحافة عثمان بن عامر التيمي (٥١ ـ ١٣هـ)، ولد في مكة وتوفي في المدينة، حكم في الفترة (١١ ـ ١٣هـ)، له في كتب الحديث ١٤٢ حديثاً.

(٨) خالد بن الوليد: وهو حفيد المغيرة المخزومي، ولد في مكة ومات في حمص سنة ٢١هـ، أسلم متأخرا، وشارك في حروب فارس والروم والشام، كان على رأس الجيوش الإسلامية، ولما حكم الخليفة عمر عزله.

العوام[1]، وعمر بن الخطاب[2]، وعمرو بن معديكرب[3]، وغيرهم، كما كان هناك العديد من الصحابيات الشاعرات.

وهكذا فقد وُظّفَ فنّ الشعر لخدمة الأهداف الإسلامية. إذ تضمّن الشعر العربي خلال عهد الرسول وصدر الإسلام مفاهيم عن الله ورسوله، والصلاة، وفضائل الشخصية النبيلة، والمهاجرين والأنصار، والأخوّة، والشهادة، وحياة ما بعد الموت، ومباهج الفردوس وويلات الجحيم، والرحمة والمغفرة الإلهية.

ومجموعة الأشعار الحالية التي جمعها الشيخ الكرباسي، تنتمي إلى حدٍ ما، إلى ذلك الصنف نفسه، إضافة إلى أنها تتضمن رسالة دينية وأخلاقية. لقد كانت مفاجأة سارّة لي أن يُطلب مني كتابة مقدمة الجزء الثاني الذي يحتوي على مختارات من القصائد العربية، تحت عنوان «ديوان القرن الأول» للشيخ محمد صادق محمد الكرباسي.

وتعود أشعار الكتاب إلى العديد من الأشخاص المعاصرين للجيلين الأولين من المسلمين (الصحابة والتابعين)، الذين كانت لديهم عبقرية شعرية، خلال القرن الإسلامي الأول، الموافق للقرن السابع الميلادي، وعمل المؤلف بدأب، ليس فقط على المقارنة بين الأبيات المقتطفة والأشعار

---

(١) الزبير بن العوام: وهو حفيد خويلد الأسدي القرشي (٢٨ ـ ٣٧هـ)، أسلم مبكرا، وشهد معارك النبي ﷺ، وهو واحد من الستة الذين وضعهم الخليفة عمر للشورى، شارك بالضد من الإمام علي عليه السلام في معركة الجمل، قيل إن مروان بن الحكم قتله غيلة.

(٢) عمر بن الخطاب: هو حفيد نفيل العدوي (٤٠ ق.هـ ـ ٢٣هـ)، في عهده بنيت البصرة والكوفة، حكم في العام ١٣هـ حتى وفاته في المدينة، له في كتب الحديث ٥٣٧ حديثاً.

(٣) عمرو بن معديكرب: وهو حفيد ربيعة الزبيدي (٧٥ ق.هـ ـ ٢١هـ) من فرسان اليمن وشعرائها، أسلم متأخرا ثم ارتد ثم عاد وأسلم، شارك في حروب العراق والشام، وله ديوان شعر.

القصيرة المعبّرة عن عاطفة وتبجيل إسلامي أصيل وحب لأهل البيت، وتقييمها، بل وقدّم في الهامش أيضاً معلومات تاريخية موجزة عن كل شاعر ورد شيء من شعره في الكتاب.

إن رسالة هذه المختارات ذات طبيعة تتّسم بتقديسها لشخصية الإمام الحسين بن علي بن أبي طالب وشهادته، والإمام الحسين ليس بحاجة إلى تعريف للمسلمين به، ولكن أشعار الديوان هي تذكرة للمودة التي تشعر بها الأمة الإسلامية (أو جزء منها) نحوه، وتخدم مقتطفات الأبيات المستَشهد بها في الديوان، الهدف العام لمدح ورثاء الحسين كشهيد إسلامي عظيم، من الجيل الشاب للمسلمين الأوائل.

ولقد تميّز الإمام الحسين بأشياء عدة:

أولاً: لقد كان السبط المحبوب لرسول الإسلام وواحداً من أهل البيت، كما كان ـ أيضاً ـ ابناً لوالدين عظيمين (هما إبنا عمّ) من الصحابة الذين كانوا وما زالوا محترمين من قبل المسلمين في كل أنحاء العالم.

ثانياً: كان الإمام الحسين ذاته، هو من دعاه العلماء المسلمون بالصحابي الصغير ـ في العمر ـ حيث ولد بعد هجرة الرسول من مكة إلى المدينة، وبعبارة أخرى كان صحابياً وابن صحابي.

ثالثاً: كان الإمام الحسين أكثر شهداء الإسلام رثاءً، وقد استشهد في كربلاء في محرم عام ٦١هـ الموافق لأكتوبر (تشرين الأول) عام ٦٨٠م.

رابعاً: لقد كان له الشرف النادر لكونه شهيداً وابن شهيد، وكما ورد في سيرته، فلقد كان كل من الإمامين الحسن بن علي (ت ٥٠هـ) والحسين بن علي سيداً لشباب أهل الجنة، لقد حصل الإمام الحسين بن علي على مرتبة

من الشرف والمودّة لم يُسجل التاريخ مثلها، حيث تحيي ذكرى استشهاده في العاشر من محرم (عاشوراء) كل عام، في أنحاء العالم الإسلامي، وبلدان العالم.

ولم تنظم الأشعار العربية المخلدة لشهادة الإمام الحسين من قبل بني هاشم وأهل البيت فقط، بل وكذلك من قبل أبناء صحابة الرسول، مثل عبد الله بن الزبير[١]، ومصعب بن الزبير[٢]، وعبد الله بن العباس[٣] وأخيه الفضل بن العباس[٤]، الخ... ومن بين أصحاب الأشعار المذكورة في الكتاب من له شخصيته التاريخية مثل محمد ابن الحنفية[٥]، والمختار بن

---

(١) عبد الله بن الزبير: هو حفيد العوام الأسدي القرشي (٢ ـ ٧٣هـ)، ولد في المدينة وفيها نشأ، شارك في حروب أفريقيا، وقف بالضد من الإمام علي عليه السلام في معركة الجمل، طلب البيعة لنفسه بعد موت معاوية، وتولاها عام ٦٤هـ في الحجاز واليمن والعراق ومصر وخراسان وجانب من الشام، قتله الحجاج الثقفي داخل الحرم المكي في عهد عبد الملك بن مروان الأموي.

(٢) مصعب بن الزبير: وهو حفيد العوام الأسدي القرشي (٣٢ ـ ٧١هـ)، نشأ في المدينة، شارك أخاه في تولي حكم المسلمين، ولي لأخيه حكم العراق وقتل المختار الثقفي، حارب الجيش الأموي بقيادة عبد الملك بن مروان وقتل في المعركة التي وقعت عند دير الجاثليق في بغداد.

(٣) عبد الله بن العباس: وهو حفيد عبد المطلب القرشي (٣ ق.هـ ـ ٦٨هـ)، ولد في مكة ونشأ في المدينة ومات في الطائف، غزير العلم اشتهر بتفسير القرآن، ولي البصرة في عهد الإمام علي عليه السلام، روى عن الرسول صلى الله عليه وآله وسلم ١٦٦٠ حديثا.

(٤) يعد الفضل بن العباس بن عبد المطلب أسن الأبناء، وقد مات في العام ١٣هـ في وقعة أجنادين في فلسطين وقيل مات في ناحية الأردن. والقصيدة الواردة في ديوان القرن الأول: ٢/ ٢٠٠، هي للفضل بن عباس المطلبي المتوفى سنة ٦٣هـ، وقد ذكر القمي في الكنى والألقاب: ١: ٢٣٢، القصيدة منسوبة إلى الفضل بن عبد الرحمان بن ربيعة بن الحارث بن عبد المطلب المتوفى عام ١٢٩هـ، بينما ذكرها في منتهى الآمال: ١/ ٦٥١، منسوبة إلى الفضل بن عباس بن ربيعة بن الحارث بن عبد المطلب كما عليه سائر المصادر، وهو ما يذهب إليه المحقق الكرباسي.

(٥) محمد بن الحنفية: هو إبن علي بن أبي طالب الهاشمي (١٦ ـ ٨١هـ) وينسب إلى أمه خولة بنت جعفر الحنفية، نشأ في المدينة، كان عالما وخطيبا وفارسا، شارك أباه في حرب الجمل وصفين، مات في المدينة وقيل في الطائف.

أبي عبيدة الثقفي[١]، وإبراهيم بن مالك الأشتر[٢]، وآخرين. وقد ذُكرتْ أيضاً أبيات مكتوبة من قبل خمسة أو نحو ذلك من شعراء البدو (الأعراب) غير المعروفين.

ولكن أكثر الأبيات المذكورة إثارة للدهشة والاستغراب تاريخياً، هي تلك التي زُعم أن معاوية بن أبي سفيان (ت ٦٠هـ) ألّفها، وكذلك تلك المنسوبة لمروان بن الحكم[٣]، وأمويين آخرين. حيث تمّ ضمهم إلى من يُثني على شهيد أهل البيت العظيم. ومن الغريب تاريخياً أن نقرأ في هذا الديوان بعض الأبيات المادحة للإمام الحسين، والتي يُزعم أن ناظمها هو الملك الأموي يزيد بن معاوية (ت ٦٤هـ) والمذكورة في الديوان (أنظر الصفحات ١٢٧، ١٤١، ١٥٢، ١٥٥، ٢٣٤، ٢٣٥، ٢٦٣). وليس ثمة شك في أن يزيد السيّئ جداً كان شاعراً مفوّهاً، وقد نشر صلاح الدين المنجد[٤] مؤخراً

(١) المختار بن أبي عبيدة الثقفي: هو حفيد مسعود الطائفي (١ ـ ٦٧هـ)، ثار بالضد من الحكم الأموي، تولى الحكم في الكوفة عام ٦٦هـ، وقتل قتلة الإمام الحسين عليه السلام، قتله مصعب بن الزبير، وقبره في الكوفة يُزار.

(٢) إبراهيم بن مالك الأشتر: وهو حفيد الحارث النخعي، فارس وخطيب وشاعر، شارك أباه مع الإمام علي عليه السلام في حرب صفين، تولى قيادة جيش المختار الثقفي في العراق، واجه الجيش الأموي في الموصل وقتل عبيد الله بن زياد عند نهر الخازر عام ٦٦هـ، قتله عبد الملك ابن مروان الأموي في منطقة الدجيل شمال بغداد عام ٧١هـ، وقبره يزار.

(٣) مروان بن الحكم: وهو حفيد أبي العاص الأموي (٢ ـ ٦٥هـ) ولد في مكة ومات في دمشق، شارك في حرب الجمل ضد الإمام علي عليه السلام، ولي المدينة لمعاوية الأموي، وتولى حكم الدولة الأموية بعد وفاة معاوية بن يزيد، وخلفه من بعده ابنه عبد الملك المرواني.

(٤) صلاح الدين المنجد: وهو إبن عبد الله بن محمد سليم الدمشقي، أديب ومؤرخ سوري معاصر، منحته السعودية وأهله جنسيتها، ولد في دمشق ونشأ فيها وأكمل تعليمه العالي في باريس، وعمل في معهد المخطوطات العربية في الجامعة العربية، واهتم بمخطوطات المكتبة الظاهرية في دمشق، له نحو ١٥٠ مصنفا، منها: مخطط دمشق القديمة، قواعد تحقيق المخطوطات، والتضليل الاشتراكي.

أشعاره لإثبات ذلك[١]، ولكن هناك شكاً يرتكز على نسبة بعض هذه الأشعار لهذا الشخص أو لغيره.

ومن المحتمل أن تكون هنالك أشعار نظمت من قبل شعراء مزيّفين ونُسبت إلى شخصيات سياسية، فمن غير المحتمل جداً أن يرثي شمر بن ذي الجوشن[٢]، الإمام الحسين بن علي، حيث إن قرّاء تاريخ الإسلام المبكّر يعرفون حق المعرفة أن شمراً هذا، هو الذي ذبح الإمام الحسين في كربلاء، كما ذكر المؤرخ اليعقوبي[٣]، كيف يمكن لمثل هذا القاسي أن ينظر بشفقة إلى الإمام الحسين؟ من ذا الذي سمع عن قاتل يثني على ضحيته ويرثيها، بعد ارتكابه الجريمة الشنعاء؟ إن مثل هذه الأبيات يمكن أن تكون مزوّرة، ومع ذلك فقد أفرد المؤلف بحثاً كاملاً حول أصالة أو موثوقية تلك الأبيات في فصل (نقاشات ناشئة عن الأشعار التي ستظهر لاحقاً في السلسلة). على أية حالة، فباب السؤال مفتوح أمام القراء، وجيل المستقبل من النقّاد، وفي سِيَر القدّيسين، يُصرف النظر، طبعاً، عن التناقضات، طالما أن المادة الأدبية تخدم الغرض المطلوب.

إن مؤلف «ديوان القرن الأول» يستحق الشكر لجهوده التي بذلها في

---

(١) إشارة إلى كتاب صلاح المنجد «شعر يزيد بن معاوية بن أبي سفيان» الصادر عن دار الكتاب الجديد في بيروت عام ١٩٨٢م.

(٢) شمر بن ذي الجوشن: قيل اسمه شرحبيل بن قرط الضبابي الكلابي من هوازن، سكن الكوفة، كان على ميسرة الجيش الأموي في كربلاء ومن المشاركين المباشرين في قتل الإمام الحسين عليه السلام، طارده المختار الثقفي أثناء حكومته، وقتل سنة ٦٦هـ.

(٣) اليعقوبي: أحمد بن أبي يعقوب إسحاق بن جعفر المتوفى سنة ٢٨٤هـ ويكنى بإبن واضح نسبة إلى جده الثالث، وهو مولى بني هاشم، رحالة وكاتب، سكن بغداد وعمل في كتابة الدواوين في الدولة العباسية واشتهر بالكاتب العباسي، له كتاب البلدان في جزأين الذي اشتهر بتاريخ اليعقوبي.

مقارنة الأبيات ببعضها، وتقييمها، وكذلك لتقديمه شروحاتٍ لكلماتٍ عربية صعبة ونادرة، وملاحظات ذات صلة بسير حياة ناظمي الأبيات، التي أنشأوها إجلالاً لفضائل شهيد الإسلام العظيم، الحسين بن علي بن أبي طالب.

إن رثاء الأمة الإسلامية لتضحية الحسين العظيمة في سبيل قضية الإسلام، مازال حياً حتى يومنا هذا، كما كان خلال القرون الأربعة عشر المنصرمة من تاريخ الإسلام.

وفي الواقع، إن أبيات الديوان وأشعاره ليست إلا النزر اليسير مما كان موجوداً في وقتٍ ما، ولكنه ضاع لعدم تسجيل الأجيال السابقة له.

ويُقدّم الكتاب (بجزأيه) كنزاً يحتوي على ٣٢٠ قصيدة ومقطعاً ومقتطفاً مختلفاً من الأشعار، والتي تُعد جزءاً من التراث الإسلامي، وتذكرةً بالمنزلة السامية للإمام الحسين في سير القديسين في الإسلام.

إن دور الإمام الحسين بن علي، كمثلٍ يُحتذى من قبل الشباب المسلم سوف يستمر في إلهام الأجيال المسلمة القادمة، وسيلعب هذا الديوان دوراً هاماً في إحياء ذكرى الشهادة العظيمة لشخصية مقدسة.

إن السادة الحقيقيين، الذين لعبوا دوراً هاماً في التاريخ الإسلامي، هم من نسل الإمام الحسين، ويتعيّن عليهم أن يستمروا في لعب دورهم في الحفاظ على التراث والدعوة إليه، والكفاح المتواصل من أجل الإسلام الذي ضحّى من أجله جدّهم الحسين بن علي، شهيد كربلاء العظيم.

الدكتور محمد عبد الجبار بيك
المملكة المتحدة ـ كامبرج

محطات نوعية
من شعر القرن الأول الهجري

يشكل الأدب خزيناً وجدانياً ومصرفاً مشاعرياً، يفيض من لسان الأديب أو ينسال على يراعه في كل هاجس يتوقد من داخله أو توقد مشعله حادثة أو واقعة، فيكون النتاج الأدبي ابن لحظته يؤرخ للحدث ويبقى معه ما كان الحدث مغروساً في وجدان التاريخ وضمائر الناس تتناقله جيلاً بعد آخر.

وعندما يكون الحدث قنبلة تتشظى هنا وهناك ولا ينقطع صداها ما دارت الأيام والقرون، فإن الأدب الناقل للمشاعر والأحاسيس لا ينفك يحتك مع دوائر الحدث المتموجة مكاناً وزماناً، فتتولد من هذه الانفعالات روائع أدبية تخلد الحدث. ومثل هذا الانفجار الأدبي حصل مع ثورة الطف في كربلاء المقدسة في العام ٦١ هجرية عندما سقط على الأرض ولي من أولياء الله المقربين وسبط أفضل الأنبياء والمرسلين الخاتم محمد بن عبد الله ﷺ، وتروّت عرصات كربلاء بدماء الإمام الحسين عليه السلام وأهل بيته العظام وأصحابه الكرام، فانبرى الوجدان الأدبي يرسم بريشة مشاعره الجيّاشة لوحة النهضة الحسينية ومآثرها شعراً ونثراً.

حياة الأديب

بيد أن الأمر مع النهضة الحسينية اختلف كثيراً، فالأديب يؤرخ الحدث

فيعيش الحدث بِنَفَس الأديب ومشاعره، لكنما في النهضة الحسينية وتفاعلاتها وآثارها القريبة والبعيدة، فإن الحدث هو الذي ينفث في الأديب الروح والحياة، لأن الحسين عليه السلام حدث قائم يتجدد على جبهات الصراع المستديم بين الحق والباطل في كل عصر ومصر، فالقلم الذي ينظم الحسين نثراً أو شعراً يتلألأ نصله بنور الحسين عليه السلام الذي حطم نواصل الأعداء في كربلاء وإن داست الخيل صدره ورفعوا فوق القناة رأسه، وقادوا إلى الشام رحله، وسَبَوا نساءه، وانتهكوا حُرمه، وصدق الأديب والخطيب الدكتور الشيخ أحمد بن حسون الوائلي (ت ١٤٢٤هـ)، وهو ينشد من بحر الكامل الثاني:

ظنوا بأن قتل الحسينَ يزيدُهم   لكنما قتل الحسينُ يزيدا

هذه الصورة المتألقة في سماء النهضة الحسينية، نستبين خطوطها وملامحها من خلال الجزء الثاني من كتاب «ديوان القرن الأول» المختص بالحسين في الشعر القريض، للمحقق الدكتور محمد صادق بن محمد الكرباسي الصادر في لندن عن المركز الحسيني للدراسات، في طبعته الأولى في ٤٦٠ صفحة من القطع الوزيري. وهذا الجزء هو مكمل للجزء الأول الذي تناول الأبيات والمقطوعات والقصائد التي نظمت في القرن الأول الهجري (١٦/ ٧/ ٦٢٢ ـ ٢٣/ ٧/ ٧١٩م) من مركز النهضة الحسينية ووحيها والدوائر المحيطة بها، وتم تنظيم قوافيها مع شروحاتها المستفيضة حسب الحروف الهجائية، حيث يبدأ الجزء الثاني من حيث انتهى الجزء الأول بحرف الشين، فتتصدره قافية العين حتى الياء لانعدام القوافي (ص، ض، ط، ظ)، وقد برع المحقق في نسبة البيت إلى صاحبه أو رده عنه، وبخاصة في الروايات المتضاربة، ليس بملاحظة سلسلة الرواة، أو معاينة الواقعة بمنظار التاريخ فحسب، بل باعتماد أسلوب تشريح مفردات النص الشعري

وشرحها ومقارنتها بما تواتر عن الشخصية من نصوص، فيحكم بعائدية النص إليها من عدمه.

ومن يقرأ الأشعار التي أعطى المصنف لكل قطعة أو مقطوعة عنواناً خاصاً بها، يخرج بحصيلة وافرة من الاستنتاجات نشير إلى أهمها:

ملهمة حركات الإصلاح

كانت كربلاء ولا زالت ملهمة لكل الحركات والنهضات الإصلاحية الساعية لإرجاع الحق إلى نصابه وتخليص الأمة من شرور الظالمين، ولذلك فإن الشعراء تناولوا واقعة كربلاء وهم يخلدون للحوادث التي حصلت بعد العام ٦١هـ، وبخاصة الوقائع العسكرية الهامة مثل حركة سليمان بن صرد الخزاعي (ت ٦٥هـ) في الكوفة والشهيرة بحركة التوابين وقيادته لمعركة عين الوردة (أكبر منابع نهر الخابور) في العام ٦٥هـ ضد جيش الشام، ونهضة المختار بن أبي عبيدة الثقفي (ت ٦٧هـ) وتوليه حكم الكوفة في العام نفسه بإيعاز من محمد ابن الحنفية ابن الإمام علي (ت ٨١هـ) وتأييد الإمام السجاد علي بن الحسين (ت ٩٥هـ)، ومعركة نهر الخازر قرب الموصل في العام ٦٧هـ بقيادة إبراهيم بن مالك الأشتر (ت٧١هـ) ضد جيش المخلوع عبيد الله بن زياد (ت ٦٧هـ) والي الأمويين على العراق، وحركة عبد الله بن الزبير (ت ٧٣هـ) وإسقاط حكومة المختار في العام ٦٧هـ، وما توالت من حوادث جمة. من ذلك قول وهب بن زمعة الجمحي (ت ٦٤هـ)، في قصيدة من بحر الطويل:

عجبتُ وأيام الزمان عجائب ... ويظهرُ بين المعجباتِ عظيمُها

تبيتُ النشاوى من أمية نُوَّماً ... وبالطف قتلى ما ينام حميمها

أرجوزة الردع العسكري

يلاحظ من الأراجيز التي كانت تلقى في المعارك، وجود نوع من الإشهار والتعريف بنوع السلاح الذي يحمله المبارز والتغني به، إلى جانب التغني بالنسب والافتخار بشخصية المبارز نفسه، وهذه سمة الأراجيز، وكأن المبارز يحاول بذلك إدخال الرعب في الخصم وهو نوع من الإغواء للطرف الآخر لدفعه إلى التهور والمجازفة، أو ربما دعوة لحمله على إخراج آخر مبتكراته العسكرية وما يمتلك من عتاد، أو ربما من قبيل الردع الذاتي يستخدمه الجيش في ساحة المعركة، وهو أشبه بوسائل الردع التي تستخدمها الحكومات في الوقت الحاضر، حيث تظهر بعض أسلحتها العسكرية الحديثة أمام عدسات وسائل الإعلام من أجل إيصال رسالة إلى القوى المنظورة وغير المنظورة وفي سبيل خلق توازن عسكري مع الجيران والدول الإقليمية وأطراف دولية منظورة وغير منظورة. ومن ذلك قول احمد بن الحسن بن علي عليه السلام المستشهد في كربلاء في العام ٦١هـ، من الوافر:

إليكم من بني المختار ضَرباً ... يشيبُ لِهوله رأسُ الرضيعِ
يُبيدُ معاشرَ الكفّار جمعاً ... بِكلِّ مُهنّدٍ عضبٍ قطيعِ

فالمبارز هنا ينشر الرعب في صدر الخصم بما يمتلكه من الحسام المهنّد، حيث كان السيف المصنوع في الهند، أو المطبوع من حديد هندي، يسمى مهنّدا، وهو مشهور بحد سنانه وصلابة عوده في المعارك ومرونة المناورة به، ثم انه من الغلاء لا يستعمله إلا الفارس المغوار، فالمهند هنا إشارة إلى قوة السلاح ومهارة حامله وموقعه العسكري والاجتماعي، وربما إشارة إلى القوة بشكل عام.

ومن ذلك أيضا، قول علي الأكبر ابن الحسين بن على عليه السلام المستشهد في كربلاء في العام ٦١هـ، من الرجز المشطور:

أضربكم بالسيف حتى يُفلَلِ

ضَربَ غلام هاشمي بطلِ

أطعنُكم بالرمح وسط القَسطَلِ

فالمبارز هنا لا يفاخر بنفسه وحسبه ونسبه كونه من أكرم القبائل العربية أرومة فحسب، وإنما يفاخر بسلاحه، وبخاصة استعماله للرمح وسط القسطل أي الغبار الذي تثيره حوافر الخيل من شدة وقع الحرب، فهو لمهارته لا يمنعه الغبار المتصاعد من خوض المعركة برمحه، أي يلفت نظر الآخر إلى ما يتملكه من مهارة التصويب واصطياد الهدف رغم الظروف البيئية المحيطة وقلة الرؤية أو انعدامها.

كهولهم شباب!

يكثر في أدب الحروب استعمال المبارز في أرجوزته مفردة «الغلام» أو «الفتى»، حتى وإن كان المبارز من الكهلة أو الشيوخ، مع أن الغلام من حيث اللغة هو الشاب الطارّ الشارب، والفتى الشاب الحدث، بيد أن هذا الوصف هو إشارة إلى العنفوان والشبابية رغم الشيخوخة البدنية، وهو نوع من التفاخر الذاتي واستشعار القوة البدنية والنفسية في المبارز نفسه، وقذف الرعب في روع الطرف الآخر وقلبه. ومن ذلك قول الحر بن يزيد الرياحي المستشهد في كربلاء العام ٦١هـ من الرجز المشطور:

أضرب في أعراضكم بالسيف

ضَربَ غلامٍ لم يخف من حيف

أنصرُ مَن حَلّ بأرض الخيف

نَسلُ علي الطهر مقري الضيف

وهذا النوع من الاستخدامات كان قائما في الأدب العربي قبل وبعد الإسلام للدلالة على الشجاعة ورفض الظلم، ولذلك فإن القرآن الكريم وصف أهل الكهف رغم تقدمهم بالعمر بأنهم فتية، قال تعالى في سورة الكهف: ١٣: ﴿نَّحْنُ نَقُصُّ عَلَيْكَ نَبَأَهُم بِالْحَقِّ إِنَّهُمْ فِتْيَةٌ ءَامَنُوا بِرَبِّهِمْ وَزِدْنَاهُمْ هُدًى﴾.

ديوان النهضة

لم يبتعد عن قوس الحقيقة، من وصف الشعر العربي بأنه ديوان العرب، وهذا ما نلاحظه من خلال قراءة قصائد ديوان القرن الأول من الشعر العربي القريض الخاص بالإمام الحسين عليه السلام بجزئيه الأول والثاني، فبعض المقطوعات والقصائد تجد فيها اشارات واضحة إلى القيادات البارزة المشاركة في معركة الطف أو المعارك والوقائع الحاصلة من وحي النهضة الحسينية، وتفاصيل عن العشائر المساهمة في هذه المعركة أو تلك، ونوع الفعاليات التي كانت تقوم بها ومواقعها على أرض المعركة، وهذه التقارير الشعرية في واقع الحال لها شبه كبير بالتقارير الإخبارية في عالم الصحافة والإعلام اليوم، أي إن قارئ الشعر أشبه بالمتلقي يجلس خلف المذياع أو قبالة الشاشة الفضية يستمع إلى نشرة خبرية عن حادثة أو واقعة يلخصها له المراسل أو المندوب الإعلامي، من ذلك قصيدة لعبد الله بن همّام السلّولي المتوفى حدود عام ١٠٠هـ يسرد فيها بأسلوب منظوم وقائع سيطرة المختار الثقفي على حكم الكوفة والعشائر المشتركة ضمن قطعات جيشه وما حلّ بقتلة الإمام الحسين عليه السلام والحوادث التي حصلت خلال السيطرة على قصر الإمارة، حيث ينشئ السلولي من بحر الطويل:

وفي ليلة المختار ما يُذهل الفتى ... ويلهيه عن رُؤد الشباب شموع

دعا يا لثارات الحسين فأقبلت ... كتائب من همدان بعد هزيع

ويأتي الشاعر على ذكر كل قبيلة وعشيرة شاركت في حرب التحرير وقياداتها، وما آل الأمر بها فيما بعد، أي أن الشاعر لم يكن لسان حال العشيرة أو الفئة التي ينتسب إليها فقط، وإنما هو مراقب وإعلامي وربّان يقود سفينة الشعر ينقل الحدث والواقعة إلى الأجيال عبر بحور النظم وأوزانه.

توبة وندم فخر وحزن!

يتصف الشعر الذي تبع واقعة كربلاء وبخاصة المنطلق من أفئدة الموالين لأهل بيت النبي ﷺ، كما يقرر المحقق الكرباسي ومن خلال المتابعة، اتصافه بالندم والتوبة، كما يتصف في كثير منه بالدعوة إلى الثأر من النظام الأموي، فضلاً عن سمة الفخر والحماس بخاصة أثناء المعارك، وتشبع المقطوعات والقصائد بالرثاء والحزن العميق على المصاب الجلل الذي حلّ بالإسلام والمسلمين بقتل سيد شباب أهل الجنة، أو قتل من يناصر النهضة الحسينية. ومن ذلك قول رفاعة بن شداد البجلي (ت ٦٥هـ) في معركة عين الوردة، من الرجز المشطور:

يا ربّ إني تائب إليكا

قد اتكلت سيدي عليكا

قِدما أرجّي الخير من يديكا

فاجعل ثوابي أملي لديكا

أو قول عبيد الله بن الحر الجعفي (ت ٦٨هـ) من بحر الطويل يقول في بعضها مخاطبا الحسين عليه السلام عند زيارته لقبره عليه السلام:

فيا ندمي أن لا أكون نصرتُهُ ... ألا كلُّ نفس لا تُسددُ نادمه

وإني لأني لم أكن من حُماته ... لذو حسرة ما أن تفارق لازمه

ولليمن دورها

اشتهرت عشائر عربية بالقتال والمبارزة، وبخاصة عشائر اليمن التي نزحت إلى المدينة المنورة قبل الإسلام، ونزحت إلى العراق بعده، فكان ذكر اسمها يرعب الآخرين، وقد استفاد أبناء هذه العشائر من هذه الصفة، في الاعتزاز بالعشيرة وبيان موقعهم النسبي فيها، بخاصة عند المعارك والأزمات، وهذا ما نلاحظه في الأدب العربي بعامة، والأدب الحسيني بخاصة. من ذلك قول نافع بن هلال الجَملي المستشهد في كربلاء العام ٦١هـ، حيث اخذ يرتجز من (المشطور) حين نفذت سهامه:

أنا الغلام اليمنيُّ الجَمَلي ... ديني على دين حسينٍ وعلي
إن أُقتل اليومَ فهذا أملي ... أضربُكم حتى ألاقي أجلي

أو قول عبد الرحمان بن عبد الله اليزني المستشهد في كربلاء العام ٦١هـ، وهو يرتجز من (المشطور):

أنا ابن عبد الله من آل يزن ... ديني على دين حسينٍ وحسن
أضربكم ضرب فتى من اليمن ... أرجو بذاك الفوز عند المؤتمن

وقائع لها عودة

وردت في مقطوعات وقصائد كثيرة، تؤرخ لحركة المختار الثقفي مصطلح «شرطة الله»، وهذا ما كان يطلق على شرطة الكوفة تمييزاً لها وتعظيما إذ كانت هذا الكتيبة تتقدم جيش المختار في حركته العسكرية وخططه لبسط سيطرته على العراق انطلاقاً من مدينة الكوفة، فهي في عالم اليوم أشبه بالقوات الخاصة عالية التدريب.

وربما استفادت «حركة قاضي السماء» في مدينة الكوفة والتي وأدتها السلطات العراقية في مهدها في الثامن والتاسع من محرم الحرام العام

١٤٢٨هـ (٢٨ ـ ٢٩/ ١/ ٢٠٠٧م)، من بعض مفاصل حركة المختار، ومنها التسمية، ذلك أن قائدها مدّعي المهدوية ضياء بن عبد الزهرة الگرعاوي المولود في الحلة عام ١٩٦٨م (١٣٨٧هـ) الذي قتل في الهجوم، أطلق على أفراد حركته اسم «جند السماء» ووصف السرايا الخمس التي شكلها في بساتين منطقة «الزرگة» بجند الرعب، استحضاراً للإشارات التراثية القائلة بأن الإمام المهدي المنتظر عليه السلام منصور بالرعب ومؤيد بالنصر.

بين مدرستين

في الوقت الذي يقرر الإمام الحسين بن علي عليه السلام في وصيته لأخيه محمد ابن الحنفية (ت٨١هـ): (وإني لم أخرج أشراً ولا بطراً ولا مفسداً ولا ظالماً، وإنما خرجت لطلب الإصلاح في أمة جدي صلى الله عليه وآله وسلم أريد أن آمر بالمعروف وأنهى عن المنكر وأسير بسيرة جدي وأبي علي بن أبي طالب عليه السلام، فمن قبلني بقبول الحق فالله أولى بالحق ومَن ردّ علي هذا أصبر حتى يقضي الله بيني وبين القوم وهو خير الحاكمين)، يلاحظ في الطرف الآخر نكران صريح لرسالة الإسلام وجحود بنبوة النبي محمد صلى الله عليه وآله وسلم وإقرار بأن معركة كربلاء هي معركة أخذ ثارات بدر وحنين، حيث كان للإمام علي عليه السلام (ت ٤٠هـ) قصب السبق بالإطاحة برؤوس الشرك والكفر والنفاق في معظم حروب الإسلام الدفاعية. ومن ذلك، قول يزيد بن معاوية (ت ٦٤هـ) عندما أُدخل على مجلسه في دمشق رأس سيد الشهداء الإمام الحسين عليه السلام، فأنشد من الرمل، مضمناً أبياتاً من قصيدة الشاعر المخضرم عبد الله ابن الزبعرى السهمي (ت ١٥هـ)، في قصيدة له يوم أحد، منها:

ليت أشياخي ببدر شهدوا   جَزع الخزرجِ مِن وقع الأسل

لو رأوه لاستهلوا فرحا   ثم قالوا يا يزيد لا تُشل

لـسـت مـن خِـنـدفَ إن لـم أنـتـقـم   مـن بـنـي أحـمـد مـا كـان فـعـل

لـعـبـت هـاشـم بـالـمـلـك فـلا   خـبـرٌ جـاء ولا وحـيٌّ نـزل

قـد أخـذنـا مـن عـلـيٍّ ثـأرنـا   وقـتـلـنـا الـفـارس الـلـيـث الـبـطـل

أو قوله من الكامل:

نَعَب الغرابُ فقلت صِح أو لا تصِح   فلـقـد قضيت من النبي ديـونـي

أو قوله من الرجز المشطور، وقد وضع رأس الإمام الحسين عَلَيْهِ السَّلَام في طست أمامه:

شفيتُ غِلّي من دم الحسين

كيف رأيت الضربَ يا حسين

وقد قضيتُ منك كلَّ دَين

فالأبيات حاكية بصريح العبارة عن عصبية جاهلية لم ينزع النظام الأموي قميصها، وحوّل نظام الخلافة الإسلامية إلى ملك عضوض.

المرأة ريادة وبطولة

لم تخل قافية من قوافي الشعر التي تضمنها القرن الأول في جزأيه الأول والثاني، وبشكل عام من مقطوعة أو قصيدة منسوبة للسيدة زينب الكبرى بنت الإمام علي بن أبي طالب عَلَيْهِ السَّلَام (ت ٦٢هـ) التي رأت في كربلاء مصارع إخوانها وأبنائها وأبناء إخوانها وعمومتها، كما شهد لها التاريخ بخطبها في الكوفة والشام، ولذلك لم يعدم الصواب من وصفها بأنها رائدة الإعلام الحسيني، واليها يعود الفضل الكبير في نشر مظلومية الإمام الحسين عَلَيْهِ السَّلَام، كما كان لها من قبل قصب السبق بنشر كامل خطبة أمها فاطمة الزهراء عَلَيْهَا السَّلَام في محضر الخليفة أبي بكر في ١١هـ، التي نتلمس من خلالها خيوط العلاقة

بين البيت العلوي وسدة الخلافة، ومعالم الواقع الاجتماعي والسياسي والاقتصادي الذي كانت عليه الجزيرة العربية قبل وأثناء وبعد رحيل والدها النبي محمد ﷺ.

من هنا فحينما ألقت خطبتها الشهيرة في الكوفة، وقلبت على السلطة ظهر المجن، ردّ عليها واليها عبيد الله بن زياد، وقال: هذه سجّاعة ولعمري لقد كان أبوها سجاعاً شاعراً. فقالت: (يا بن زياد ما للمرأة والسجاعة، وان لي عن السجاعة لشغلاً). وصدقت لأن أهل البيت عليهم السلام منطقهم القرآن وقد زقوا العلم زقاً، كبيرهم وصغيرهم رجالهم ونساؤهم، وتخرج الكلمات عندهم على سجيتها من غير تكلف، وفي «المجازات النبوية» و«نهج البلاغة» برهانان من محمد ﷺ وعلي عليه السلام. ولعل الشيخ الكوفي الذي كان يستمع إليها وقد اخضلت لحيته من الدموع كان اقرب إلى الحقيقة عندما قال: «بأبي أنتم وأمي كهولكم خير الكهول، وشبابكم خير الشباب، ونساؤكم خير النّساء ونسلكم خير نسل..».

وحدة الولاء الديني

تكتشف من خلال المقطوعات والقصائد، أن ولاء أصحاب الحسين عليه السلام هو ولاء علوي محمدي، يجمع بين النبوة والإمامة، فلا ازدواجية في الولاء، فالدين الذي يسيرون عليه هو دين الحسين عليه السلام وهو دين علي عليه السلام وهو دين محمد ﷺ، كما أن السنّة التي يعملون بهداها هي سنة النبي محمد، وإنما ظهرت التنوعات المذهبية في القرن الثاني الهجري، ولم يتعد دائرة الصواب من وصف أتباع أهل البيت عليهم السلام والشيعة الإمامية بأنهم أهل السنّة، وهذا ما نلمسه بين طيات الأبيات. ومن ذلك قول المعلى بن العلى البجلي المستشهد في كربلاء العام ٦١هـ، من الرجز المشطور:

أنا المعلّى حافظاً لأجلي

ديني على دين النبي وعلي

أو قول نافع بن هلال الجَملي المستشهد في كربلاء العام ٦١هـ من منهوك الرجز:

أنا الهِزبرُ الجَمَلي

أنا على دين علي

ودينه دين النبي

أو قول عون الأكبر ابن عبد الله بن جعفر المستشهد في كربلاء عام ٦١، من الرجز المشطور:

أقسمت لا أدخل الاّ الجَنّة

مواليا لأحمد والسُّنّة

أو قول عمير بن مطيع المستشهد في كربلاء عام ٦١، من الرجز المشطور:

أقسمتُ لا أدخل إلا الجنة

مع النبي وقسيم الجنّة

مصدّقاً بأحمد والسّنّة

ثنائية الولاء السياسي

لا ينحصر الفخر والاعتزاز عند النظم بالمرء وعشيرته أو سلاحه، وإنما يتعداه إلى الولاء السياسي والديني، وقد استطاع الإعلام الأموي أن يخلق

تياراً مناصراً للخليفة عثمان بن عفان المقتول في العام ٣٥هـ على يد الجموع الغاضبة القادمة من مصر والعراق والجزيرة العربية، ولهذا اشتدت في العصر الأموي الولاءات والعصبيات لهذا الشخص أو ذاك، وكما يؤكد المحقق الكرباسي: «كان أكثر المسلمين بعد فتنة عثمان على قسمين، قسم مع الإمام علي عليه السلام وكانوا يعرفون بشيعة علي وآخرون كانوا مع عثمان بن عفان فكانوا يعرفون بشيعة عثمان، واستمر هذا المصطلح إلى ما بعد استشهاد الإمام الحسين عليه السلام» بعقود كثيرة، وهذه الولاءات كانت ظاهرة في الشعر بشكل جلي. ومن ذلك قول رفاعة بن شداد البجلي (ت ٦٦هـ) من الرجز المشطور أنشدها وهو يقاتل أعداء الإمام الحسين عليه السلام إلى جانب المختار الثقفي:

أنا ابن شدادَ على دين علي　　　لست لعثمان بن أروى بِولي

لأصلينَّ اليوم فيمن يصطلي　　　بِحرٍّ نار الحرب غير مؤتل

وكان زهير بن القين المستشهد بين يدي الإمام الحسين عليه السلام عام ٦١هـ، معروفا بمناصرته للخليفة عثمان، وكان يشار إليه بأنه عثماني ومن قيادات الحزب العثماني، وقد التقاه الإمام الحسين عليه السلام في منطقة «زرود» وهو في طريقه إلى الكوفة، فانحاز إلى الحسين عليه السلام وغيّر من ولائه السياسي مع أول لقاء مباشر به، ولهذا أنشد في معركة الطف قائلاً من الرجز المشطور:

فدتك نفسي هاديا مهديا

فاليوم ألقى جدّك النبيا

وحسناً والمرتضى عليّا

وذا الجناحين الفتى الكَميا

وأسد الله الشهيد الحيّا

وأخيراً

ضمّ هذا الديوان، ١٦٩ قطعة شعرية لمائة وخمس عشرة شخصية، مع قطعة مستدركة من الجزء الأول تحت قافية الراء، وهو يحمل التسلسل رقم ١٢٥ من سلسلة دائرة المعارف الحسينية في ٦٠٠ مجلد، وقد صدر منها حتى يومنا هذا ٣٤ مجلداً.

وأنهى المحقق الكرباسي ديوان القرن الأول في الجزء الثاني كما في جزئه الأول بمجموعة فهارس تقود القارئ إلى المعلومة الواردة بين دفتي الكتاب على مركب سهل، فيتابع من خلال فهارس المتن: فهرس الأعلام والشخصيات، القبائل والأنساب والجماعات، القوافي والروي، البحور والأوزان. ويتابع في فهارس الهامش: فهرس الأبيات وأنصافها، التأريخ، الناظمون والشعراء، الأعلام والشخصيات، القبائل والأنساب والجماعات، اللغة. وفي الفهارس المشتركة بين المتن والهامش، يتابع: فهرس الآيات المباركة، الأحاديث والأخبار، الأمثال والحكم، مصطلحات الشريعة، المصطلحات العلمية والفنية، الطوائف والملل، الوظائف والرتب، الآلات والأدوات، الإنسان ومتعلقاته، الحيوان ومتعلقاته، النبات ومستحضراته، الفضاء ومتعلقاته، الأرض ومتعلقاتها، المعادن، الأماكن والبقاع، الزمان، الوقائع والأحداث، المؤلفات والمصنفات، المصادر والمراجع، مؤلفو المراجع.

وكما هو دأبه، ضمّن في نهاية الديوان قراءة نقدية بقلم الدكتور محمد عبد الجبار بيك الأكاديمي في جامعة كامبردج البريطانية، وهو مسلم بريطاني من طائفة السنّة، خلص فيها إلى: «إن المؤلف عمل بدأب ليس فقط على إجراء المقارنة بين الأبيات المقتطفة والأشعار القصيرة المعبرة عن عاطفة

وتبجيل إسلامي أصيل وحب لأهل البيت وتقييمها، بل وقدّم في الهامش كذلك معلومات تاريخية موجزة عن كل شاعر وردَ شيء من شعره في الكتاب.. وكذلك تقديمه شروحات لكلمات عربية صعبة ونادرة، وملاحظات ذات صلة بسير حياة ناظمي الأبيات»، ووجد في نهاية تقييمه: «إن الكتاب يقدم كنزاً ويعد جزءاً من التراث الإسلامي»، وهو كذلك، بيد أن التراث يتجدد، لأن النهضة الحسينية حية في قلوب الناس، ولذلك فلا عجب أن يفوق عدد زوار الإمام الحسين عليه السلام في يوم الأربعين للعام الجاري ١٤٢٨هـ (٢٠٠٧م) التسعة ملايين مسلم، ازدحمت بهم شوارع وأزقة مدينة كربلاء المقدسة، أتوا من كل حدب وصوب من داخل العراق وخارجه، في أول سابقة من نوعها تشهدها البشرية منذ أبينا آدم عليه السلام وإلى يومنا هذا، ولذلك يصح أن تقيد هذه الظاهرة المليونية في موسوعة «غينس» للأرقام القياسية.

السبت ١٠/ ٣/ ٢٠٠٧م
٢٠/ ٢/ ١٤٢٨هـ

الدكتور بيير جون لويزارد

(Pierre - Jean Luizard)

* ولد في باريس عام ١٣٧٣هـ (١٩٥٤م).

* باحث ومستشرق متخصص بالتاريخ الإسلامي المعاصر في الشرق الأوسط العربي.

* أستاذ في المعهد الوطني الفرنسي للغات والحضارات الشرقية (the - Institute National des Langues at Civilizations Orientals - INALCO) فـــي باريس.

* باحث في المركز الوطني للغات والبحوث العلمية (the Centre National des - Langues et Civilizations Scientifique - CNRS) في باريس.

* تنقل وعاش في بلدان عربية عدة.

* عضو في مجموعة المجتمعات والأديان (Groupe Sociétés, Religions, Laïcités) (G.S.R.L) في باريس.

* عضو في مجموعة التحولات الدينية والسلطة (Les Transformations de l'autorité religieuse) حتى عام ١٤٢٥هـ (٢٠٠٤م).

* نشـر مقالات ودراسات عدة في الصحف العربية والغربية منها: «الأزهر والإخوان الصوفية»، «العراق وتاريخ الإصلاح الإسلامي»، و«كربلاء: مركز الحكومة الثورية وعاصمة ثورة العشرين».

* له مؤلفات عدة باللغة الفرنسية، منها:

- أخبار العراق الحديث.. الدور السياسي لعلماء الشيعة في نهاية الهيمنة العثمانية وحتى إعلان الدولة العراقية ("La formation de l'Irak contemporain. Le role politique des ulema chiites a la fin de la domination ottomane et au moment de la creation de l'etat Irakien").

- مسألة العراق (La Question irakienne).

- تصادم الاستعمار والإسلام: السياسة الدينية والقوى الاستعمارية في المنظور الإسلامي (Le Choc Colonial Et L'islam: Les Politiques Religieuses Des Puissances Coloniales En Terres D'islam).

(ديوان القرن الثاني الهجري)

العمل الموسوعي المدهش

بعد مقتل علي، الإمام الأول والخليفة الرابع، وبعد تنازل ابنه الأول الحسن، الإمام الثاني، عن الخلافة، وبعد القضاء على ثورة الحسين، الإمام الثالث، بدأت قضية أنصار أهل بيت النبي تبدو وكأنها قضية خاسرة، فالجروح البالغة التي تركتها فاجعة كربلاء عام (٦٨٠م) ظلت مهيمنة على القرن الثاني للهجرة، إلى درجة أصبح فيها هذا القرن يمثل بشكل واضح فترة انقطاع الأمل في مستقبل التشيع. فهناك مخاطر عديدة تهدد وجود التشيع نفسه، وقد وجد الأئمة الذين أعقبوا الحسين أنفسهم محاصرين من كل الجوانب، فمن ناحية، كانت هناك السلطة الاستبدادية، سواء الأموية أو العباسية ومن ناحية ثانية كانت هناك الضغوطات الداخلية من قبل أنصار الإمام علي، من أصحاب التوجهات المتطرفة، أما المشكلة الأخرى فهي ظهور عدد من الرجال الذين ادعوا الإمامة أو أنهم «الإمام المهدي»، لذلك فإن أئمة الشيعة وبوجه خاص علي زين العابدين[(١)]، محمد الباقر[(٢)]، جعفر

---

(١) علي زين العابدين: مضت ترجمته.

(٢) محمد الباقر: هو إبن علي بن الحسين الهاشمي المولود سنة ٥٧هـ في المدينة والمتوفى فيها سنة ١١٣هـ كما هو المختار لدى المحقق الكرباسي، لقب بالباقر لأنه بقر العلم بقراً، حضر=

الصادق[١]، وموسى الكاظم[٢]، عانوا كثيراً كي يعرّفوا الناس بهم وبحقهم الشرعي في الإمامة.

إن الحزن الذي سببه مصرع الإمام الحسين وأصحابه، ظل يرفد تياراً كبيراً من المتعاطفين مع أبناء علي، رغم جور السلطة الأموية خلال قرن كامل من حكمها، كما انه لم يثن الأمة من المطالبة بالتغيير، فمن خلال السعي والمطالبة بتنصيب أحد أبناء علي للخلافة بدلاً عن الأمويين، ظهرت حركات تُعتبر من إفرازات الأفكار المتطرفة، من أهمها حركة «التوابين»[٣] في الكوفة، وهي تشكل أول مظهر من مظاهر التعاطف الشيعي بعد مجزرة كربلاء، التي قضى عليها الأمويون عام (٦٨٥م)، ثم عاد التوابون ليلتفوا حول المختار الذي ثار ضد الأمويين باسم «محمد ابن الحنفية» وهو أحد أبناء الإمام علي،

=كربلاء وكان صغيرا، روى عنه أبو حنيفة والأوزاعي والزهري وابن جريج، عاصر ستة من حكام بني أمية أولهم الوليد بن عبد الملك وآخرهم هشام بن عبد الملك الذي دس إليه السم، ودفن في مقبرة البقيع.

(١) جعفر الصادق: هو إبن محمد بن علي الهاشمي (٨٣ ـ ١٤٨هـ) ولد في المدينة وفيها مات ودفن في البقيع، عاصر خمسة من حكام بني أمية أولهم هشام بن عبد الملك وآخرهم مروان ابن محمد الأموي، وعاصر السفاح العباسي والمنصور العباسي الذي دسّ إليه السم، اشتهر بمدرسته الفقهية وإليه تنسب مدرسة أهل البيت عليهم السلام الفقهية.

(٢) موسى الكاظم: هو إبن جعفر بن محمد الهاشمي (١٢٨ ـ ١٨٣هـ) ولد في الأبواء بين مكة والمدينة ونشأ في المدينة وفيها عاش، عاصر أربعة من حكام بني العباس أولهم المنصور وآخرهم هارون، قضى ربع عمره في سجون بني العباس حتى قتل في سجن هارون العباسي في بغداد ودفن في مقابر قريش في مدينة الكاظمية.

(٣) حركة التوابين: وهي الحركة التي انطلقت من الكوفة بقيادة الصحابي سليمان بن صرد الخزاعي (٢٨ ق.هـ ـ ٦٥هـ) لمواجهة الحكم الأموي الذي أعمل السيف في الإمام الحسين عليه السلام وأصحابه وأهل بيته، فاجتمعوا في النخيلة ثم توجهوا إلى مرقد الإمام الحسين عليه السلام وتعهدوا عنده على الموت، وفي طريقهم إلى الشام وفي منطقة عين وردة شمال شرق دمشق اصطدموا بالجيش الأموي وجرت معركة كبيرة كان في نهايتها استشهاد الصحابي سليمان الخزاعي وجمع كبير من أصحابه.

وقد حظيت هذه الثورة بتعاطف شيعي كبير، وحتى بعد القضاء على حركة المختار ومقتله عام (٦٨٧ م)، فإن التعاطف الشيعي مع محمد ابن الحنفية لم يتوقف، فإن ثورة المختار شكلت ولادة الفرقة «الكيسانية»[١] والتي كانت تمثل، قبل ظهور «الزيدية»[٢] بمدة طويلة، الوجود الشيعي الأكثر نشاطاً خلال الفترة ما بين نهاية القرن الأول وبداية القرن الثاني الهجري.

ظهرت بعد ذلك حركات وحوادث عدة جعلت من القضية الشيعية الأكثر شعبية، وفي الوقت نفسه ضاعفت عليها المخاطر من قبل أولئك الذين يدّعون القيادة الدينية، وقد تغنّى شاعران، هما: كثير عزة[٣] المتوفى عام (٧٢٤م) والسيد الحِميَري[٤] المتوفى عام (٧٨٩م) بأماني هذا العصر، في نهاية الحكم الأموي وبداية سلطة العباسيين، كما كانت ظاهرة بروز الفرق الشيعية المتطرفة، والتي سُميت فيما بعد بـ «الغُلاة» ومدَّعي الإمامة، تمثل إشكالية كبيرة في التعرف على الأئمة.

فبالرغم من أن كل الفرق الشيعية كانت متَّفقة على خلافة الإمام الحسن للإمام علي، ومن ثم خلافة الإمام الحسين، إلا أن الخلافات التي نشأت بعد مقتل الإمام الحسين كانت كثيرة، فأغلبية الشيعة ساندوا المختار ومحمد ابن الحنفية، ولم يساندوا علياً زين العابدين، الإمام الرابع، والحال نفسه فيما

---

(١) الفرقة الكيسانية: وهي من الفرق المنقرضة تنسب إلى كيسان مولى الإمام علي بن أبي طالب عليه السلام أو كيسان وهو أحد أمراء جيش المختار الثقفي، وقالت بإمامة ومهدوية محمد ابن الحنفية بن أبي طالب.

(٢) الفرقة الزيدية: نسبة إلى زيد بن علي بن الحسين المستشهد في الكوفة عام ١٢١هـ، قالت إن الإمامة في زيد ونسله، ويكثر أتباعها في اليمن.

(٣) كثير عزة: هو كثير بن عبد الرحمن بن الأسود الخزاعي (٤٠ ـ ١٠٥هـ)، من أهل المدينة أقام في مصر ومات في الحجاز، كثير الشعر، كان متيما بعزة بنت جميل الكنانية وإليها نسب.

(٤) الحِميَري: هو إسماعيل بن محمد بن يزيد الحميري (١٠٥ ـ ١٧٣هـ) ولد في عُمان، وحلّ في العراق وانتقل بين البصرة والكوفة، كان سيدا شخصية وشعراً، مات في بغداد.

يخص محمد الباقر، الإمام الخامس، حيث أغلبية الشيعة كانت تناصر إما أبا هاشم ابن محمد ابن الحنفية[1]، وإما شقيق محمد الباقر، زيد بن علي[2]، الذي قام بأكبر الثورات الشيعية بعد المختار والتي تسبَّبت بنشوء الفرقة الزيدية فيما بعد، والتي اعتبرت الإمام زيداً هو الإمام الخامس، بعد إمامة زين العابدين. ولا نعلم ما إذا كان هناك من يطالب بإمامة خلفاء الإمام الحسين، وزين العابدين، ومحمد الباقر، وحتى مجيء الإمام السادس، جعفر الصادق، حيث بدا واضحاً أن خطّاً دينيا في طريقه للتشكيل والبناء.

كان علي زين العابدين، المعروف بالسجاد والزكي، الوحيد من الرجال، الذي بقي حيا بعد واقعة كربلاء، وعاش حياته بالتقوى والزهد والبكاء على شهداء كربلاء، وحسب مؤرخي الشيعة، فإن عليا زين العابدين توفي عام (٧١٢م) أو (٧١٣م)، بعد أن دُسّ إليه السّم[3]، بأمر الخليفة الأموي الوليد[4]، أو بأمر أخيه هشام[5].

---

(١) أبو هاشم: هو عبد الله بن محمد الحنفية بن علي الهاشمي المتوفى في الشام سنة ٩٨هـ، وإليه تنسب إمامة الفرقة الكيسانية ولم يعقب.

(٢) زيد بن علي: وهو حفيد الحسين بن علي الهاشمي (٧٥ ـ ١٢١هـ) ثار ضد الحكم الأموي، قتل في الكوفة وصلب وذري جسده، وله قبر يزار، من مصنفاته: مسند الإمام زيد، تفسير غريب القرآن، ومناسك الحج والعمرة.

(٣) جاء في معجم أنصار الحسين ـ الهاشميون ـ للكرباسي: ٢/ ٣٨٣: «وقرر ـ هشام ـ أن يغتال الإمام فاتفق مع أخيه الوليد فدبرا سماً قاتلاً عبر عامله أو احد المرتزقة».
وفي الهامش: جاء في مناقب آل أبي طالب: ٤/ ١٧٦: «سمّه الوليد بن عبد الملك»، وفي بحار الأنوار: ٤٦/ ١٥٣: «سمّه هشام بن عبد الملك، وكان في ملك الوليد بن عبد الملك» وليس بينهما تناقض راجع الفصول المهمّة لإبن الصباغ: ١٩٤.

(٤) الوليد: هو إبن عبد الملك بن مروان الأموي (٤٨ ـ ٩٦هـ) سادس حكام بني أمية، أخذ الحكم عن أبيه المتوفى سنة ٨٦هـ، وخلفه أخوه سليمان الأموي (٥٤ ـ ٩٩هـ).

(٥) هشام: هو إبن عبد الملك بن مروان الأموي (٧١ ـ ١٢٥هـ) عاشر حكام بني أمية، أخذ الحكم عن أخيه الوليد، وخلفه إبن أخيه الوليد بن يزيد الأموي (٨٨ ـ ١٢٦هـ).

عاش محمد الباقر، كأبيه، بعيداً عن المطالبة بالإمامة، وحسب المؤرخين الشيعة فإنه توفي هو الآخر مسموما، عام (٧٣٢م) أو (٧٤٣م)، بأمر من هشام أو بأمر من ابن الوليد[١].

الإمام السادس جعفر الصادق، الوحيد بين الأئمة الذي يقارنه الشيعة بالإمام علي من حيث التقوى والعلم[٢]. ومن بين تلامذته، أبو حنيفة[٣]، ومالك بن أنس[٤]. وفي فترة إمامته، سقطت الخلافة الأموية، وكثر مدَّعو الخلافة من العلويين. أما بالنسبة للشيعة فقد ساندوا بالتسلسل: ثورة زيد بن علي عام (٧٤٠م)، ثم ثورة عبد الله بن معاوية[٥] (من نسل جعفر الطيار)

---

(١) إبن الوليد: هو إبراهيم بن الوليد بن عبد الملك المرواني، وهو الثالث عشر من بني أمية حكم ثلاثة أشهر بين عامي ١٢٦ ـ ١٢٧هـ بعد وفاة أخيه يزيد، وخلع لصالح مروان بن محمد بن مروان الأموي، قيل قتله مروان وقيل قتل سنة ١٣٢هـ مع سقوط الحكم الأموي.

(٢) أئمة أهل البيت كلهم سلالة واحدة، وكلهم معصومون، وأحاديثهم سلسلة ذهبية، يحدثون عن آبائهم عن علي بن أبي طالب عليه السلام عن النبي الأكرم محمد صلى الله عليه وآله وسلم عن جبريل عليه السلام عن الله سبحانه وتعالى، وقد استفاد الإمام جعفر الصادق من الظروف الاستثنائية لسقوط الدولة الأموية وقيام الدولة العباسية في نشر تعاليم الرسالة المحمدية كأبيه الإمام محمد الباقر، ولهذا يشار بالبنان إلى مدرسته العلمية.

(٣) أبو حنيفة: هو النعمان بن ثابت النعماني (٨٠ ـ ١٥٠هـ) ولد في الكوفة ومات في بغداد، وإليه ينسب المذهب الحنفي، تعرض لأذى المنصور العباسي بسبب موقفه الايجابي من الحركات العلوية المناهضة، وقيل مات من جراء السجن والتعذيب، من مصنفاته: المخارج في الفقه، والفقه الأكبر.

(٤) مالك بن أنس: وهو حفيد مالك الأصبحي المدني (٩٣ ـ ١٧٩هـ) ولد في ذي المروة من نواحي المدينة، ومات في المدينة ودفن في البقيع، وإليه ينسب المذهب المالكي، من مصنفاته: الموطأ، الرد على القدرية، وتفسير غريب القرآن.

(٥) عبد الله بن معاوية: وهو حفيد عبد الله بن جعفر الطيار نزل الكوفة سنة ١٢٦هـ، بايعه الناس بعد وفاة الحاكم الأموي يزيد بن الوليد بن عبد الملك، وقف ضد الحكم الأموي سنة ١٢٧هـ، حوصر في الكوفة وانسحب منها سنة ١٢٨هـ، ذهب إلى ايران وثار سنة ١٣٠هـ، ثم انكسر فذهب إلى كرمان ومنها إلى هرات وقتل.

عام (٧٤٤م)، ثم بداية الانقلاب العباسي على الأمويين عام (٧٤٧م)، ثم ثورة محمد ذي النفس الزكية[١]، وهو أحد أحفاد الإمام الحسن ضد العباسيين وذلك عام (٧٦٢م). لكن الإمام جعفر الصادق اتبع نفس سلوكية أبيه وجده المطمئنة، وحتى في الوقت الذي عرض عليه أبو سلمة[٢]، منظر السياسة العباسية، الخلافة، فقد رفضها، ويمكننا من أن نقسم فترة إمامة جعفر الصادق إلى مرحلتين: الأولى تحت الحكم الأموي، حيث ظل يدّرس في المدينة، أما في المرحلة الثانية تحت حكم المنصور العباسي[٣] (٧٥٤ ـ ٧٧٥م) فإن الإمام السادس بدأ يحسّ بالقلق.

هذه الفترة تعتبر حرجة جداً بالنسبة للشيعة، إذ إن ثورة العباسيين كان لها الأثر العميق في صفوف الشيعة، حيث أثارت مشاعرهم ضد الأمويين، فأبو

---

(١) محمد ذي النفس الزكية: هو إبن عبد الله بن الحسن الثاني (٩٣ ـ ١٤٥هـ)، ثار في المدينة ضد الحكم العباسي وبسط حكمه مع أخيه إبراهيم على الحجاز واليمن والأهواز والبصرة وفارس، خرج من المدينة لقتال الجيش العباسي بقيادة عيسى بن موسى بن محمد العباسي (١٠٣ ـ ١٦٨هـ)، وجرح ثم احتز رأسه.

(٢) إشارة إلى أبي سلمة الخلال حفص بن سليمان (ت ١٣٢هـ)، وكان قد بعث برسالة إلى الإمام الصادق عليه السلام وأخرى مشابهة إلى عبد الله بن الحسن بن الحسين بن علي بن أبي طالب يدعو كل واحد منهما إلى الشخوص إليه في الكوفة ليصرف الدعوة إليه ويجتهد في بيعة أهل خراسان له، ولما وصلت الرسالة بيد الإمام الصادق قال للرسول: ما أنا وأبو سلمة؟ وأبو سلمة شيعة لغيري، قال: إني رسول فتقرأ كتابه وتجيبه بما رأيت، فدعا أبو عبد الله الصادق بسراج ثم أخذ كتاب أبي سلمة فوضعه على السراج حتى احترق، وقال للرسول: عرِّف صاحبك بما رأيت، ثم أنشأ يقول متمثلا بقول الكميت بن زيد (ت ١٢٦هـ):

أيا موقداً ناراً لغيرك ضوؤها ... ويا حاطباً في غير حبلك تحطب

انظر: مروج الذهب للمسعودي: ج٣ ص٢٥٤.

(٣) المنصور العباسي: هو عبد الله بن محمد بن علي العباسي (٩٥ ـ ١٥٨هـ)، الثاني من بني العباس، ولي الحكم سنة ١٣٦هـ، ولد في الحميمة من معان الأردنية ومات قرب مكة، تولى الحكم من بعده ابنه محمد المهدي (١٢٧ ـ ١٦٩هـ).

مسلم[1] الذي أجج الثورة في خراسان عام (٧٤٧م) لمصلحة أبي العباس[2]، كان من أتباع «الكيسانية» كما أشاع العباسيون أن أبا هاشم ابن الحنفية، قد نقل الإمامة إلى بني العباس، وأتباع ابن الحنفية عرفوا بـ «الكيسانية» وهم من أوائل الفرق الشيعية التي كانت تنشر الدعوة الشيعية، وقد استغلهم العباسيون لإنجاح ثورتهم، لذا فقد اعتُبرت ثورة العباسيين، بالنسبة لكثير من أنصار «الكيسانية» و«الزيدية» أنها جاءت محققة لآمالهم، لكنها في الواقع كانت مجرد سبب لهزيمة الأمويين وتثبيتاً لحكمهم، بدعوى نصر العلويين الذين ذاقوا الأمرّين على يد الأمويين. وبعد استتباب أمرهم، أقدم الخليفة العباسي المنصور، بعد الاستحواذ على العواطف الشيعية، على قتل أبي مسلم الخراساني، فكانت بداية العد التنازلي.

إن استقرار الخلافة العباسية وظهور بدايات التسنّن، تسبب في ظهور الفرق «المهدوية» العديدة والمتزايدة، والتي كانت أداة للضغط على العباسيين وتغيير أسلوبهم في الحكم، كما أن عداوة بعض الخلفاء العباسيين لأئمة الشيعة وظهور الفرق المتطرفة «الغُلاة» سببت إيجاد مصاعب للأئمة الذين كانوا يواجهون يومياً أدعياء الإمامة. وقد أثرت مفاهيم الغُلاة على التشيع مدة طويلة حتى مجيء الإمام جعفر الصادق، حيث بدأت هذه الأفكار تضمحل وتُرفض، وبخاصة فكرة التناسخ الإلهي.

---

(١) أبو مسلم: هو عبد الرحمن (إبراهيم) بن مسلم الخراساني (١٠٠ ـ ١٣٧هـ)، قاتل الجيش الأموي وهزمه ومهد لقيام الحكم العباسي ووطد له، خافه المنصور العباسي، وقتل قرب المدائن.
(٢) أبو العباس: هو عبد الله الأصغر ابن محمد بن علي العباسي (١٠٥ ـ ١٣٦هـ) ولد في الحميمة من معان الأردنية، الأول من بني العباس، ولي الحكم لأربع سنوات، وسكن الأنبار سنة ١٣٤ وفيها مات، لقب بالسفاح لسفكه الدماء.

كل هذه المخاطر، دفعت بالشيعة إلى وضع القواعد لمبادئهم، فإن جعفر الصادق ومن أجل التعرض لكل هؤلاء ممن يدعون الإمامة من العباسيين وغيرهم، قام بتطوير نظرية «النص»[(١)]، أي تحديد الإمامة بالوصية نصا لمن يخلفه بالإمامة، ومن هذا الوقت بدأ الشيعة بالاعتماد على قيادة أئمتهم فيما يخص العبادات والمعاملات، ورفض التعليمات الموضوعة من قبل عمر وغيره من المحدثين. كما طرح جعفر الصادق الإمامة كأصل من أصول العقيدة الشيعية، فالإمام بعد وفاة النبي وانقطاع الوحي، هو الذي يمثّل القانون، وهو المنفذ لهذا القانون والمدافع عنه، لأن القرآن والسنّة لا يطرحان جميع الحالات، ومن واجب الإمام قيادة المؤمنين في كل مجالات وجودهم، وأسوة بالنبي يجب أن يكون معينا من الله، فالإمام مثل النبي، يمثل حالة التواصل، فهو إذن عهد إلهي، فللأئمة حق الولاية، رغم أن عليا هو الوحيد الذي مارس السلطة التي تميز بها النبي، وأخيراً فإن ما يُميّز الإثني عشرية عن بقية الشيعة، هي سياسة التقية، التي وضعها جعفر الصادق، كدليل على ما كان يعيشه الأئمة من القلق في مراحل الخطر.

وحسب المؤرخين الشيعة، فإن جعفر الصادق مات مسموما بأمر الخليفة العباسي المنصور عام (٧٦٥م). في هذه الأثناء بدأ ظهور الانقسامات لدى الشيعة، فالإمام السابع موسى الكاظم عاش تنافساً شديداً مع أخيه إسماعيل[(٢)]،

---

(١) في واقع الأمر إن النص حقيقة قائمة وأظهرها واقعة غدير خم في حجة الوداع، ناهيك عن نصوص القرآن في أكثر من موضع وأحاديث النبي الأكرم ﷺ المتواترة، وانتقال الإمامة إلى الإمام الصادق هي جزء من سلسلة النص كما أن انتقالها من بعده إلى ابنه موسى الكاظم يدخل في هذا الإطار.

(٢) ولا يخفى أن إسماعيل ابن الإمام جعفر الصادق مات أثناء حياة والده عام ١٤٣هـ في منطقة العريض من ضواحي المدينة، وكان قد ولد في المدينة سنة ١١٠هـ، وأن الإمام موسى الكاظم تولى الإمامة بعد رحيل أبيه الصادق عام ١٤٨هـ.

الذي اعترف به أغلب الشيعة، كإمام، مما تسبب بانقسام شديد في قلب التشيع. فالإسماعيلية أتباع إسماعيل، اختلفوا عن الشيعة الإثني عشرية في الإمام السابع، ولهذا سموا بالسبعية، من ناحية أخرى فإن خلافة موسى الكاظم الذي حصل على بيعة عدد من الشيعة، أصبحت صعبة جداً، حيث إن البعض اعتقد بأنه آخر الأئمة وانه المهدي. لذا فقد عاش الإمام السابع فترة العداوة الشرسة من قبل الخلفاء العباسيين وخصوصا هارون الرشيد[١] (٧٨٦ ـ ٨٠٩م) حيث بلغ اضطهاد الشيعة في عهده ذروته. والمؤامرة التي قام بها الوزير البرمكي، يحيى بن خالد[٢]، كانت تهدف إلى اغتيال الإمام موسى الكاظم بدس السّم وذلك عام (٧٩٩م) حيث كان الوزير يصرّح بأن الإمام الكاظم يبشّر بنهاية البرامكة، بعد وفاة هارون الرشيد.

قسّم هارون الرشيد إمبراطوريته بين ولديه الأمين[٣] والمأمون[٤]، لكن

---

(١) هارون الرشيد: هو إبن محمد بن عبد الله العباسي (١٤٨ ـ ١٩٣هـ) ولد في الري ومات في طوس، شارك في حروب أبيه كما حارب الروم، وولي الحكم سنة ١٧٠هـ بعد وفاة أخيه موسى العباسي حتى وفاته.

(٢) يحيى بن خالد: وهو حفيد برمك البلخي (١٢٠ ـ ١٩٠هـ)، كان بالنسبة لهارون العباسي أباً حيث رضع مع الفضل ابنه، كما كان له مربيا، شارك في تثبيت السلطة العباسية وولي للمنصور آذربايجان سنة ١٥٨هـ، حبسه هارون مع ابنه الفضل في الرافعة قرب مدينة الرقة السورية وقتل ابنه جعفر في بغداد مع جماعة كبيرة من القادة البرامكة سنة ١٨٧ بما يعرف بنكبة البرامكة، مات في سجنه.

(٣) الأمين: هو محمد بن هارون بن محمد العباسي (١٧٠ ـ ١٩٨هـ)، تولى الفضل بن يحيى البرمكي تربيته، وولي لوالده الشام، ثم ولي الحكم في بغداد بعد وفاة أبيه في خراسان عام ١٩٣هـ، دخل في حرب مع أخيه المأمون، حوصر في بغداد لأكثر من عام ثم وقع في الأسر وقتل في سجنه.

(٤) المأمون: هو عبد الله بن هارون بن محمد العباسي (١٧٠ ـ ٢١٨هـ)، سابع بني العباس، وولي لوالده خراسان وحكم من مرو واتخذها عاصمة بعد تولي الحكم عام ١٩٨هـ حتى وفاته، مات في طرطوس في سوريا.

الحرب سرعان ما نشبت بينهما، فاستغلها بعض الشيعة للقيام بثورة ضد العباسيين، مستغلين ضعفهم. فبعد موت الأمين، منح المأمون ولاية العهد للإمام الثامن علي الرضا[١]، وذلك عام (٨١٦م)، لكن الإمام علي الرضا، توفي بشكل مباغت عام (٨١٨م) مقتولا بالسم، حسب مؤرخي الشيعة، بأمر من المأمون، الذي كان يخشى من الشعبية التي حصل عليها، ولأنه أراد الذهاب باتجاه رد الفعل السنّي الذي تأكد بعد عام (٨١٣م) وتمثّل بالمعتزلة.

كان القرن الثاني للهجرة مليئاً بالاضطرابات، وقد تحمّل فيه أنصار أهل بيت النبي أنواع الاضطهاد من قبل أكثر السلطات المتعاقبة، سواء الأموية أو العباسية، وقد كان السيد الحِميَري قد وضع قصيدة عصماء تُعتبر لسان حال الشكوى الشيعية، وفي هذا العصر مات على أثرها، ولم يُدفن كسائر المسلمين[٢]. لذلك فليس من العجيب أن يكون الشعر العربي الذي وصلنا من هذا العصر، والذي كُتب تخليداً للإمام الحسين، حاملاً لهذه المشاعر والمعاناة التي ظلت معاصرة ومعاشة منذ فاجعة كربلاء، الذي سيطرت عليه شخصية الإمام الحسين. وفي هذا العصر، حيث المشاعر العلوية كانت متوهجة كما تؤكد على ذلك الحركات المناوئة للأمويين والعباسيين، لم يصلنا إلا القليل من ذلك الشعر الذي نُظم في رثاء الإمام الثالث، والكثير منه لم يصلنا، وما وصل إلينا هو أبيات بالعربي الفصيح أو العامي، تصور فيها

---

(١) علي الرضا: هو إبن موسى بن جعفر الهاشمي (١٤٨ ـ ٢٠٣هـ) ولد في المدينة ومات في طوس مسموما، دعاه المأمون عام ٢٠٠هـ للقدوم إلى خراسان، وفي عام ٢٠١هـ تمت له ولاية العهد.

(٢) لما مات إسماعيل بن محمد الحِميَري في بغداد سنة ١٧٣ للهجرة، قدم الكوفيون سبعين كفنا، لكن هارون العباسي بعث بأخيه علي بن المهدي ومعه أكفان وطيب كثير فأمر برد أكفان الناس وتولى الصلاة عليه علي بن المهدي وكبّر خمساً ووقف على قبره حتى سطح.
أنظر: أعيان الشيعة للأمين: ج٣ ص ٤١٨.

مشاعر المحبة تجاه حفيد النبي، إلا أن العمل الموسوعي للشيخ محمد صادق محمد الكرباسي يبدو مدهشاً، حيث إن جهوده قد أثمرت، من خلال القصائد التي كان من الصعب جمعها وتقديمها، بإخراج الموضوع إخراجاً رائعاً.

بيير جون لويزارد

Par Piere - Jean LUIZARD

فرنسا ـ باريس

١٠/٥/١٩٩٦م

دلائل الاحتباس الشعري
في القرن الثاني الهجري

يحمل التاريخ فوق ظهره كتبا جمة، يطوي بعض سجلاتها تارة ويترك أخرى مفتوحة تارة أخرى، بعضها مدونة بأحبار سود مطرزة على جلد ذي نفس غير عاقلة تحكي فترة رخاء وأخرى حبّرتها النصول بالقاني من الدماء على جلد ذي نفس عاقلة، وشكلت السياط في بعضها خطوط الصفحات يكتب فوقها الجلاد ما يريد، تحكي فترة شدة وعناء. وتاريخ المسلمين تقلب بين هذين النوعين من الجلود، ومالت الكفة إلى جلود البشر، فشهدت المجتمعات المسلمة على مدى أربعة عشر قرناً سماءً صافية في بعضها وفي أكثرها تلبدت بالحالك من الغيوم تمطر عذابات.

ومثلَ القرن الثاني الهجري علامة فارقة في تاريخ المسلمين، حيث شهد الثلث الأول منه تنازع روح الدولة الأموية إلى الترقوة صاحبتها عمليات قمع شديدة للثورات والانتفاضات حتى خرجت، وانهار جسد الدولة الأموية لتحل الروح في جسد الدولة العباسية مؤذنة بعهد جديد ومعلنة عودة الحكم إلى الفرع العباسي من قريش، بدلاً من علويّها، وكما قام الحكم الأموي على الدم لمدة قرن من الزمان ابتدأ الحكم العباسي بالدم.

هذه التحولات الكبيرة في تاريخ المسلمين، كان للشعراء حضورهم في

تسجيل وقائعها وتضمينها في صدور قصائدهم وأعجازها، وبخاصة ما يتعلق بالنهضة الحسينية التي كانت تغذي حركات المعارضة، أعمل الدكتور الشيخ محمد صادق محمد الكرباسي جهده وسجلها في كتابه «ديوان القرن الثاني» قسم «الحسين في الشعر العربي القريض» من سلسلة دائرة المعارف الحسينية، الذي صدر عن المركز الحسيني للدراسات في لندن، في ٣٩٦ صفحة من القطع الوزيري، والذي غطى الفترة الزمنية (٢٤/ ٧/ ٧١٩م ـ ٢٩/ ٧/ ٨١٦م).

الإحتباس الشعري

ولكن رغم التحولات الكبيرة والخطيرة التي شهدها المسلمون في القرن الثاني، وبخاصة قبل وبعد سقوط الأمويين في العام ١٣٢هـ، فإن الشعر العربي الخاص بالنهضة الحسينية، تقلصت مساحته، ويعزو المؤلف ذلك إلى شدة البطش الذي كان يمارسه النظام الأموي، صحيح أن عهد عمر بن عبد العزيز (١٠١هـ) شهد رفع سب الإمام علي وأهل بيته عليهم السلام ولعنه من على المنابر، ولكن هذه الفترة استمرت ثلاثين شهراً فقط، وعاد الظلم من جديد على شيعة أهل البيت عليهم السلام بصورة أشد، ولما كان الشعراء يمثلون الطبقة الواعية من المجتمع فمن باب أولى أن يكون الظلم الواقع عليهم أشد قسوة، ولهذا فإن الموالين من الشعراء انكفأوا على أنفسهم أو إنهم تعرضوا للتهميش، وهاجر بعضهم أو هجّر وأُبعد، وضاع عدد غير قليل من المقطوعات في زحمة الظلم والمطاردة، كما كان العهد الأموي يمارس الدس والدجل من جانب ومن جانب آخر يشتري الذمم لإنتاج الأحاديث الكاذبة أو القصائد المضادة لفضائل أهل البيت عليهم السلام، ولذلك اقتصر الشعر الحسيني على الولائيين لأهل بيت النبي صلى الله عليه وآله وسلم وكان هذا واحداً من أسباب

انحسار رقعة الشعر الحسيني، واحتباس حرارته في صدور الموالين، ولعل أبا الفرج الأصفهاني (ت ٣٥٦هـ) خير من عبّر عن هذه الظاهرة الأدبية بقوله: «وقد رثى الحسين بن علي صلوات الله عليه جماعة من متأخري الشعراء أستغني عن ذكرهم في هذا الموضوع كراهية الإطالة، وأما من تقدم فما وقع إلينا شيء رثي به، وكان الشعراء لا يقدمون على ذلك مخافة من بني أمية وخشية منهم».

ولم يختلف الحال بعد زوال العهد الأموي، فالظلم الواقع على شيعة أهل البيت ﵇ ازدادت وطأته، وبخاصة بعد أن توسد العباسيون الحكم واقتعدوا نمارقه، مع إنهم دخلوا قصر الرئاسة من بوابة الثأر لدماء الإمام الحسين ﵇ والرضا من أهل البيت ﵇، فعلى سبيل المثال وصل الأمر بهارون العباسي (ت ١٩٣هـ) أن طلب من وزيره الفضل بن الربيع (ت ٢٠٨هـ)، بنبش قبر الشاعر منصور بن سلمة النمري (ت ١٩٠هـ)، حتى يستخرج جثته ويحرقها، لأن هارون تناهت إلى سمعه أبيات للنمري في رثاء الإمام الحسين ﵇، أزعجته كثيراً، وهي من بحر المنسرح ومطلعها:

شـاءٌ مـن الـنـاس راتـع هـامـل   يـعـلـلـون الـنـفـوس بـالـبـاطـلْ

وفار تنور غضبه عند البيت:

ألا مـسـاعـيـر يـغـضـبـون لـهـا   بـسِـلّـة الـبِـيـض والـقـنـا الـذابـلْ

وقد بلغ الظلم الزبى، وضيقوا الدائرة على أئمة أهل البيت ﵇ بين سجن وقتل وسمّ، حتى قال الشاعر من بحر الكامل:

واللـه مـا فـعـلـت أمـيـة فـيـهـم   مـعـشـار مـا فـعـلـت بـنـو الـعـبـاس

ولكن البيت وإن كان يقدم صورة للواقع الذي كان عليه أبناء الرسول ﷺ في العهد العباسي، لكن العهد الأموي أسس لهذا العدوان

بقتله الإمام الحسين عليه السلام ولذلك صدق قول الإمام السجاد علي بن الحسين (ت ٩٢هـ): «لا يوم كيوم الحسين».

وبشكل عام فإن طبقات الشعراء في القرن الثاني الهجري يحصرهم المحقق الكرباسي في أربع: طبقة موالية للحكم، وثانية موالية للرسول صلى الله عليه وآله وسلم وأهل بيته عليهم السلام، وثالثة مستقلة لا إلى هؤلاء ولا إلى هؤلاء وقفت على أعراف الحياة، ورابعة سائرة وراء مصالحها ترى حياتها في تجنب الإنشاد في الإمام الحسين عليه السلام لما قد يجلبه الحق من همّ وحرمان وإبعاد.

مفاهيم خاطئة

عندما يتناهى إلى سمع المرء كلمة «الرفض والروافض» سيقوده ذهنه إلى شيعة أهل البيت عليهم السلام ويسوقه فكره إلى سقيفة بني ساعدة التي جرت فيها «بيعة الفلتة» للخليفة أبي بكر التيمي (ت ١٣هـ) والنبي محمد صلى الله عليه وآله وسلم بعد لم يدفن، ورفض شيعة علي عليه السلام أمثال عمار بن ياسر وسلمان الفارسي وأبو ذر الغفاري لمثل هذه البيعة. وعندما يتناهى إلى السمع كلمة السُنّة والسنيون، فإن الذهن سيقود المرء إلى السقيفة نفسها واصطفاف قادة من المهاجرين إلى جانب الخليفة، ولكن الحقيقة مختلفة جداً، فلا السقيفة أنتجت المسلمين الروافض ولا هي ابتدعت المسلمين السنّة، فالروافض كما يؤكد البحاثة الكرباسي مصطلح نشأ في القرن الثاني الهجري، على يد المغيرة بن سعيد المقتول في العام ١١٩هـ إشارة إلى الرجال الذين رفضوا الالتحاق بثورة زيد بن علي السجاد المستشهد في العام ١٢١هـ، فكما يقول السجستاني سهل بن محمد (ت ٢٥٠هـ) والنوبختي الحسن بن موسى (ت ٣١٠هـ) ما حاصله: «إن المغيرة بن سعيد هو الذي سمّاهم الرافضة لمّا رفضوا زيداً وفارقوه في الكوفة وتركوه حتى قتل»، ولذلك يقول ابن منظور

محمد بن مكرم (ت ٧١١هـ) في لسان العرب: ٥/ ٢٦٧: «والروافض جنود تركوا قائدهم وانصرفوا، فكل طائفة منهم رافضة والنسبة إليهم رافضي، والروافض قوم من الشيعة سموا بذلك لأنهم تركوا زيد بن علي».

ومثل ذلك يقال في مصطلح السنّة، فمن الوهم المعرفي والخطأ الشائع القول إن المصطلح إشارة إلى سنّة الرسول محمد ﷺ، أو إن المصطلح من إفرازات السقيفة، بل هو من مبتدعات الماكنة الإعلامية الأموية، أطلق لأول مرة على الذين امتنعوا من سبّ الإمام علي عليه السلام في خلافة عمر بن عبد العزيز (ت ١٠١هـ)، فكان الواحد منهم يلتقي صاحبه في السر ويسأله هل أنت سُنِّي يعني ممن يعمل بسنّة معاوية في سب الإمام علي وسبطيه عليهم السلام، وكان الواحد إذا امتنع من السب عمداً أو سهواً التفت إليه جليسه وقال له: نسيت السنّة يا شيخ! مما يدل أن اللعن كان يتم بصوت مسموع في أثناء الصلاة وخارجها!!، ثم استقرت التسمية تدريجيا، ويعبر الفقيه الكرباسي عن أسفه، لأن: «التسميتين انحرفتا عن مسمّيهما فقيل لأتباع مدرسة أهل البيت عليهم السلام رافضة ولأتباع المدارس الأخرى سنّة».

الاختبار الصعب

في الواقع أن حب أهل البيت عليهم السلام والولاء لهم ليس من الأمور الهينة، فالولائي الحقيقي يختبر عند الامتحان، والشاعر الملتزم يبان التزامه عند الملمات والشدائد، ولذلك فلا عجب أن الإنشاد في حق بيت النبوة من المنازل الكبيرة والمراتب السامقة، ولذلك ورد عن الإمام جعفر بن محمد الصادق عليه السلام (ت ١٤٨هـ): (من قال فينا بيت شعر بنى الله له بيتاً في الجنة). وهذه المنزلة صعبة، بخاصة عندما تكون السيوف مصلتة على الرقاب، ولهذا لا يخفي الشاعر يوسف بن لقوة الكوفي المتوفى في القرن

الثاني إحساسه بذلك في قصيدة من الخفيف تحت عنوان «مالي مجير سواهم» يقول في مطلعها:

أحمد الله ذا الجلال كثيراً وإليه ما عشت ألجي الأمورا

إلى أن يقول:

إنّ صرف الزمان ضعضعَ رُكني ما أرى لي من الزمان مجيرا
ليس ذنبي إلى الزمان سوى أنني أحببت شُبّرا وشبيرا
وعليا أباهما أفضل الأمة بعد النبي سبقا وخيرا
فعلى حبهم أموت وأحيا وعلى هديهم أُلاقي النشورا

فالشاعر هنا لا يبالي إن وقع الموت عليه، وهذه من طبيعة الشعراء الملتزمين الذين يدركون حقيقة الولاء لأهل البيت النبوي عليهم السلام وما يجر عليهم من ابتلاءات، لأنهم يؤمنون في الوقت نفسه أن مآلهم إلى خير، من هنا فإن الشاعر كميت بن زيد الأسدي (ت ١٢٦هـ) مات على الولاء شهيداً على يد والي الكوفة يوسف بن عمر الثقفي (ت ١٢٦هـ)، وقد اشتهر بلاميته، عندما أنشدها على الإمام جعفر بن محمد الصادق عليه السلام، حيث رفع الإمام عليه السلام يديه بالدعاء وقال: (اللهم اغفر للكميت ما قدّم وما أخّر وما أسرّ وما أعلن وأعطه حتى يرضى)، ووقع الدعاء في محله، لأن الشهادة في سبيل الحق منزلة عظيمة لا يلقّاها إلا ذو حظ عظيم. فاللامية المعنونة بـ «عجب لا ينقضي» من بحر الطويل، ومطلعها:

ألا هل عم في رأيه متأمل وهل مدبر بعد الإساءة مقبل

اختص ١٥ بيتاً منها في وصف الإمام الحسين عليه السلام في معركة الطف وما حل به وبأهل بيته، إلى أن يقول:

كأنّ حسينا والبهاليلُ حوله لأسيافهم ما يختلي المتبقِّلُ

يخضن به من آل أحمدَ في الوغى دماً طُلّ منهم كالبهيم المحجلُ
وغاب نبيُّ الله عنهم وفقدُهُ على الناس رُزءٌ ما هناك مُجلَّلُ
فلم أرَ مخذولا أجلَّ مصيبةً وأوجبَ منه نُصرةً حين يُخذلُ

ومن مفارقات الدهر وصروفه، وبعد قرون من الإهمال المتعمد للحكومات المتعاقبة، قررت وزارة الدولة للسياحة والآثار العراقية في عهد ما بعد ٩/ ٤/ ٢٠٠٣م، في بيان صادر عن رئاسة الوزراء في العشرين من آذار مارس العام ٢٠٠٧، إجراء مسح لإعمار قبر الشاعر المنسي، الواقع على تل كميت غرب ناحية الكميت على بعد ٤٠ كيلومتراً من مركز مدينة العمارة، عرفاناً بالجميل لدور هذا الشاعر الشهيد في الدفاع عن مقدسات الأمة الإسلامية بعامة والشعب العراقي بخاصة، ودفاعاً عن العراق الذي ولد في كنفه وقدم له أدبه وما يملك، واستشهد على صعيده بسيوف أعدائه التي هوت على بطنه وبقرته حتى مات محتسبا صابراً، وكانت آخر كلماته قبل أن تفيض روحه إلى بارئها «اللهم آل محمد اللهم آل محمد اللهم آل محمد».

سيد القرن

ما يلفت النظر في قصائد الولاء، أن الشاعر إسماعيل بن محمد الحِميَري المتوفى في العام ١٧٨هـ كان سيد الموقف الشعري في القرن الثاني الهجري، جاهر بفضائل أهل البيت عليهم السلام: «وأعلن مناقبهم دون تهيّب أو تردّد، فلم يدع منقبة وردت إلاّ ونظمها، وكثرة ما في هذا القرن من شعره يبيّن ذلك»، إذ كانت له ٣١ مقطوعة شعرية من مجموع ٩٤ مقطوعة لـ ٣٩ شخصية وقف الشيخ الكرباسي عليها من بين مئات المصادر وأمات المراجع التاريخية، يليه الكميت وله ٧ مقطوعات، وسديف ابن ميمون المكي (١٤٦هـ) وله ٥ مقطوعات، وكل من الشاعر كثير عزة الخزاعي (١٠٥هـ) وأبو نؤاس الحكمي

(١٩٨هـ) ولهما أربع مقطوعات، وتوزعت البقية بين ثلاث واثنين ومقطوعة أو بيت واحد. كما استدرك المؤلف بمقطوعتين من شعر القرن الأول الهجري.

ولعل من أشهر ما يتصف به شعر القرون الأولى القريبة من عصر النبوة والإمامة، أنه يترجم أحاديث الرسول أو وقائع حصلت في عهده، فيأخذ الشعر دوره القديم فيكون ديوان عهد الرسالة كما كان من قبل ديوان العرب، وهكذا كان شعر الحِمَيَري المتصف بالجرأة والشجاعة وتنوع الأغراض، ومن ذلك بيتان من البحر الكامل تحت عنوان: "نعم الراكبان» يصف طلب أبي بكر من النبي ﷺ حمل الحسن أو الحسين لما رآهما والنبي يحملهما، فرد عليه ﷺ: «نعم المطي مطيهما ونعم الراكبان هما»، فينشد من الكامل:

مَن ذا الذي حمل النبي برأفة ... ابنيه حتى جاوز الغمضاءا

مَن قال نِعم الراكبان هما ولم ... يكن الذي قد قال منه خفاءا

أو قصيدة في وصف ما جرى في كربلاء أنشدها في محضر الإمام جعفر بن محمد الصادق عليه السلام بطلب منه حيث أجلس حرمه خلف ستر فبكى الإمام عليه السلام وارتفع الصراخ والبكاء من داره، والحميري ينشد من مجزوء الكامل تحت عنوان «الأعظم الزكية»:

أُمرر على جدَث الحسيـ ... ـن وقل لأَعظُمه الزكيّة

يا أعظُماً لا زلتِ من ... وطفاءَ ساكبة رويّة

ما لذّ عيشٌ بعد رضِّكِ بالجياد الأعوجيّة

قبرٌ تضمّن طيِّباً آباؤه خيرُ البريّة

الوسيلة وأشياء أخرى

من الأمور التي خضعت للجدال بعد فترة من عصر الرسالة الإسلامية هي مسألة الشفاعة والتوسل بالنبي وأهل بيته الكرام، ففي حين يقر القرآن الكريم مسألة الوسيلة، بقوله سبحانه في سورة المائدة: ٣٥: ﴿يَٰٓأَيُّهَا ٱلَّذِينَ ءَامَنُواْ ٱتَّقُواْ ٱللَّهَ وَٱبۡتَغُوٓاْ إِلَيۡهِ ٱلۡوَسِيلَةَ﴾، وقوله سبحانه في سورة الأنبياء: ٢٨: ﴿وَلَا يَشۡفَعُونَ إِلَّا لِمَنِ ٱرۡتَضَىٰ﴾، غير أن بعض المدارس الفكرية المتأخرة، حاولت تحت دعوى التوحيد نسف مسألة الوسيلة التي مَنّ الله بها على بعض عباده الذين اصطفى من باب اللطف بالبشرية، ومنهم النبي محمد ﷺ وأهل بيته الكرام عليهم السلام الذين أذهب الله عنهم الرجس وطهرهم تطهيرا، وأكدتها الروايات والأحاديث.

وقد كانت هذه المسألة في العصر الأول من المسلمات بحيث وردت في أبيات الشعراء ولم يجدوا في ذلك حرجا، من ذلك قصيدة للفرزدق (ت ١١٠هـ) في مدح أهل البيت عليهم السلام يقول في بعضها من البسيط:

من معشر حبُّهم دِينٌ وبغضهم — كُفرٌ وقربهم منجى ومعتصمُ
يُستدفعُ السوءُ والبلوى بحُبِّهم — ويُستَرَبُّ به الإحسانُ والنِّعمُ
مُقدَّمٌ بعد ذكر الله ذكرُهُمُ — في كل بدءٍ ومختوم به الكَلِمُ
إن عُدّ أهلُ التقى كانوا أئمتهم — أو قيلَ مَن خيرُ أهلِ الأرض قيلَ همُ

ومن ذلك قصيدة لأبي نؤاس (ت ١٩٨هـ) في الشفاعة، من الكامل تحت عنوان «الحصن الحصين» يقول فيها:

مُتمسِّكاً بمحمد وبآله — إن الموفَّقَ مَن بهم يستعصمُ
ثمّ الشفاعة من نبيِّك أحمدٍ — ثم الحماية مِن عليٍّ أعلمُ
ثم الحسينُ وبعده أولاده — ساداتنا حتى الإمام المُكتمُ
سادات حُرٍّ ملجأٌ مُستعصَمٌ — بِهم ألوذُ فذاك حِصنٌ مُحكم

لباس الحزن

ومما تؤرخه المقطوعات، هو لون اللباس الذي كان يرتديه المعزون بفقد قريب أو عزيز، إذ كان الأسود والأخضر إشارة إلى الحزن والمصاب، وهذا ما نستبينه من قصيدة سيف بن عميرة النخعي المتوفى في القرن الثاني الهجري، من بحر الكامل في مائة وستة أبيات حملت عنوان: «جلّ المصاب»، وتعتبر هذه القصيدة من أطول القصائد في ديوان القرن الثاني أنشئت في رثاء الإمام الحسين عليه السلام، يقول الشاعر في بعض أبياتها:

إبكِ الحسينَ بلوعةٍ وبعبرةٍ ... إن لم تجدها ذُب فؤادك واكثِرِ
وٱمزج دموعَك بالدماء وقلَّ ما ... في حقه حقًّا إذا لم تَنصُرِ
والبس ثياب الحزن يوم مُصابِهِ ... ما بين أسودَ حالكٍ أو أخضرِ
فعساك تحظى في المعاد بِشِربةٍ ... مِن حوضهم ماءٍ لذيذٍ سُكَّرِ

بيد أن الأقوام عند العزاء تختلف في ملبسها، فبعض يرتدى الأبيض وآخر الأصفر، ويكثر استعمال الأسود، ويقل استخدام الأخضر، والشاعر يؤرخ لتلك الفترة حيث كان الأسود والأخضر هما اللونان المستعملان عند المسلمين، وبمرور الزمن اختص الأخضر بنسل أهل البيت عليهم السلام والذين يطلق عليهم لقب السادة، حيث يضعون في مجالس العزاء على الإمام الحسين عليه السلام قطعة خضراء على الكتف أو حول الخاصرة إلى جانب رداء اسود، فيما يكتفي غيرهم بالأسود.

ويصاحب الملبس البكاء، لأن البكاء في واقع الأمر إظهار للحزن الشديد على ما حلّ بالإسلام من قتل سيد شباب أهل الجنة عليه السلام، حيث يمثل البيت النبوي عدل القرآن، وهما وصية رسول الله صلى الله عليه وآله وسلم في أمته، ولهذا أصاب الشاعر جعفر بن عفان الطائي المتوفى حدود عام ١٥٠هـ كبد الحقيقة في قصيدته من الطويل بعنوان «ليبك على الإسلام»، عندما أنشد:

ليبكِ على الإسلام مَن كان باكيا　　فقد ضُيِّعَت أحكامُهُ واستُحِلَّتِ
غداةَ حُسينٌ للرماح دَريئةٌ　　وقد نَهِلَت منه السيوفُ وعَلَّتِ

كما تحرى الشاعر خالد بن معدان الطائي المتوفى حدود عام ١٠٣هـ، صدقا في قصيدته من البسيط المعنونة «جاؤوا برأسك» عندما أنشد:

فكأنما بكَ يا بنَ بنت محمدٍ　　قتلوا جهاراً عامدين رسولا
قتلوكَ عطشاناً ولم يترقَّبوا　　في قتلكَ التأويلَ والتنزيلا
ويُكبِّرون بأن قُتلتَ وإنما　　قتلوا بك التكبيرَ والتهليلا

ولذلك فلا عجب أن تمطر السماء دما على الإمام الحسين عليه السلام كما بكت من قبل على النبي يحيى بن زكريا عليه السلام، ويخلد الشاعر سيف النخعي هذه الواقعة في ملحمته «جلّ المصاب» من بحر الكامل:

وعليه أمطرت السماءُ وقبلَهُ　　يحيى دماً وسواهما لم تُمطرِ

بين عصرين

يشكل القرن الثاني الهجري علامة فارقة تفصل بين عصرين من حيث الإنتاج الأدبي في جانبيه المنثور والمنظوم، بين العصر الجاهلي وعصر المخضرمين (من البعثة حتى نهاية عصر الخلافة الراشدة في العام ٤٠هـ)، إذ أصاب العربية اللحن وتهجنت بعض مفرداتها، وكان هذا من آثار اختلاط المسلمين بالثقافات واللغات الأخرى وورود غير العرب ولحنهم في اللغة، ولذلك كما يقول المصنف: «فقد بدأت اللغة العربية تشعر أنها لم تعد على أصالتها الأولى بل امتزجت بمفردات جديدة بدأت تنعكس على الأدب العربي» ولذلك ضعف الاستشهاد بقول الشاعر في بيان اللغة وقواعدها وآدابها: «فكان أن انتهت فترة الاحتجاج بقول الشاعر بعد بشار بن برد المتوفى عام ١٦٨هـ»، لكن القرآن الكريم ظل هو المعين الذي لا ينضب والذي لن يتسنّه ماؤه.

ويستظهر المحقق الكرباسي من مجمل ديوان القرن الثاني الهجري أمور عدة، أهمها:

أولاً: غلب الاتجاه السياسي على الكثير من القصائد، وبخاصة لدى الكميت بن زيد الأسدي الذي يمثل في هذا الجانب وبحق فارس الحلبة.

ثانياً: غلبت صبغة المعارضة والتمرد على الواقع السيئ، على الكثير من القصائد، بخاصة وان القرن شهد تحولات سياسية خطيرة كان السيف هو الحاكم فيها والدماء تسيل من تحت شفرتيه، وكان الشاعر منصور بن سلمة النمري فارس الميدان فيه.

ثالثاً: سعى شعراء الولاء إلى تخليد كل منقبة لأهل البيت وردت في القرآن أو على لسان النبي محمد ﷺ في قصائد ومقطوعات، وكان الشاعر إسماعيل بن محمد الحِميَري سيد الموقف.

رابعاً: ولأن النهضة الحسينية تتجدد، فإن باب الرثاء ظل مفتوحا للشعراء على مصراعيه، وقد أبدع فيه عدة من الشعراء، كالنمري والحِميَري، واشتهر الشاعر سليمان بن قتة التميمي الدمشقي (ت ١٢٦هـ) بقصيدته المعنونة «وإنّ قتيل الطف» من بحر الطويل، ومطلعها:

مررتُ على أبياتِ آلِ محمدٍ فلم أرَها أمثالَها يومَ حُلَّتِ

وأخيراً

لا يخلو أي مجلد من مجلدات دائرة المعارف الحسينية البالغة نحو ٦٠٠ مجلد وصدر منها حتى اليوم حوالى الستين مجلداً، من فهارس قيّمة في أبواب كثيرة، تختلف من مجلد إلى آخر حسب الباب الذي يطرقه الكاتب، وفي هذا الديوان، نتابع من خلال: فهارس المتن: فهرس الأعلام والشخصيات، القبائل

والأنساب والجماعات، القوافي والروي، البحور والأوزان. ونتابع في فهارس الهامش: فهرس الأبيات وأنصافها، التأريخ، الناظمون والشعراء، الأعلام والشخصيات، القبائل والأنساب والجماعات، اللغة. وفي الفهارس المشتركة بين المتن والهامش، نتابع: فهرس الآيات المباركة، الأحاديث والأخبار، الأمثال والحكم، مصطلحات الشريعة، المصطلحات العلمية والفنية، الطوائف والملل، الوظائف والرتب، الآلات والأدوات، الإنسان ومتعلقاته، الحيوان ومتعلقاته، النبات ومستحضراته، الفضاء ومتعلقاته، الأرض ومتعلقاتها، المعادن، الأماكن والبقاع، الزمان، الوقائع والأحداث، المؤلفات والمصنفات، المصادر والمراجع، مؤلفو المراجع، وفهرس الخطأ والصواب.

وفي سبيل أن يقف القارئ على وجهات نظر غربية واستشراقية للنتاج الشعري الولائي في القرن الثاني الهجري، ختم الدكتور محمد صادق الكرباسي كتابه بقراءة نقدية للدكتور بيير جون لويزارد (Pierre - Jean LUIZARD)، وهو مستشرق فرنسي مسيحي المعتقد، باحث في المركز الوطني الفرنسي للأبحاث والعلوم، وبروفيسور في المؤسسة الوطنية للغات الشرقية، قال فيه: «وفي هذا العصر ـ القرن الثاني للهجرة ـ حيث المشاعر العلوية كانت متوهجة، كما تؤكد على ذلك الحركات المناوئة للأمويين والعباسيين، لم يصلنا إلا القليل من ذلك الشعر الذي نظم في رثاء الإمام الثالث، وما وصلنا فهو تصور فيه مشاعر المحبة تجاه حفيد النبي»، وعبر عن كبير تقديره للجهد المبذول في الكتاب، ذلك: «أن العمل الموسوعي للشيخ محمد صادق الكرباسي يبدو مدهشا، حيث أثمرت جهوده من خلال القصائد التي كان من الصعب جمعها وتقديمها بإخراج الموضوع إخراجاً رائعاً».

السبت ٢٤/ ٣/ ٢٠٠٧م
٥/ ٣/ ١٤٢٨هـ

البروفيسور بيير لوري

(Pierre Lory)

* ولد في باريس عام ١٣٧٢هـ (٢٢/٤/١٩٥٢م)، ونشأ في بروكسل (بلجيكا).
* درس العلوم السياسية واللغة العربية والحضارة الإسلامية في باريس.
* انتقل عام ١٣٩٣هـ (١٩٧٣م) إلى الشرق الأوسط وقضى سنوات عدة في لبنان وسوريا ومصر وإيران لدراسة الحضارة الإسلامية عن قرب وبخاصة التصوف.
* نال شهادة الدبلوم العالي سنة ١٣٨٩هـ (١٩٧٠م) من المدرسة الدولية الأوروبية (European International School) في بروكسل.
* نال شهادة الليسانس في العلوم السياسية من معهد الدراسات السياسية (Institute Detudes Politiques) في باريس عام ١٣٩٢هـ (١٩٧٣م).
* نال شهادة الليسانس في اللغة العربية والحضارة من جامعة السوربون (Sorbonne University) عام ١٣٩٤هـ (١٩٧٥م).
* تخرج من جامعتي السوربون وبوردبوكس (University of Bordeaux)، ونال عام ١٤٠١هـ (١٩٨١م) وعام ١٤١١هـ (١٩٩١م) على التوالي شهادتي دكتوراه في تاريخ الفكر الإسلامي.
* أستاذ محاضر في جامعة السوربون قسم العلوم الدينية.
* له كرسي التصوف الإسلامي بجامعة السوربون.

* له عشرات المقالات والدراسات والبحوث في مختلف الشؤون الإسلامية.

* له مؤلفات عدة باللغة الفرنسية، منها:

ـ تدبير الإكسير الأعظم عند جابر بن حيان - (L'élaboration de l'Elixir Suprême
Quatorze traités de Jâbir ibn Hayyân sur le Grand Oeuvre alchimique).

ـ علم الكيمياء القديمة والتصوف في الإسلام Alchimie et mystique en terre)
d'Islam).

ـ الرسائل العلمية في الإسلام (La science des lettres en terre d'Islam).

(ديوان القرن الثالث)

أفق أخروي

في ذاكرة المسلمين الشيعة مناسبتان رئيستان، واحدة سارة والثانية مأساوية، يتعاهدون بالاحتفال بهما كل عام منذ القرون الأولى، تتعلق الأولى بإمامة علي بن أبي طالب وتسليم النبي محمد الولاية له في منطقة غدير خم[1]، والثانية تخص مقتل الحسين وأصحابه على يد الأمويين في كربلاء عام (٦٨٠م).

وحول هذه المناسبة الثانية، تعرض (دائرة المعارف الحسينية) مضامينها ببلاغة وقوة، تدعو إلى التأمل، وهنا يجدر التساؤل: لماذا تقوم الطائفة الشيعية بإعطاء هذه القيمة الكبيرة لحادثة كانت تبدو هزيمة؟ ولماذا تُجدد مراسم الحزن الشديد وبمرارة متزايدة على مرّ العصور؟ هذه الأسئلة تحملنا كي نعيش في قلب الإشكالية السياسية الحساسة لحياة الإمامية.

من الناحية التاريخية، فإن النصر العسكري للطائفة الشيعية، والاعتراف بعقيدتهم من قبل أغلبية المسلمين أصبح حلماً بعيداً وصعب التحقق إلا في

---

(١) غدير خم: نسبة إلى عين ماء واقع في وادي خم أو قرية الغربة في الطريق بين مكة والمدينة على بعد ٨ كم من مسجد ميقات الجحفة الواقعة على بعد ١٨٣ كم من مركز المدينة المنورة، وعلى بعد ٢٦ كم جنوب مدينة رابغ التابعة إداريا لمكة المكرمة وتبعد عنها نحو ١٨٠كم.

الأفق الأخروي، وكرسي الخلافة قد انفلت عام (٧٥٠م)[١] ليقع في أيادي بني أمية ثم بني العباس، ورغم الوعود العباسية للعلويين خصوصا أثناء ثورتهم على الأمويين فإنهم استولوا بمفردهم على السلطة وأزاحوا الشيعة عن طريقهم، لذا فإن الضغوطات والاضطهاد الذي عاشته الشيعة، جعلها تُقدّم كربلاء النموذج الأمثل الذي على الشيعة أن يعيشوه.

ما الذي حدث فعلا في كربلاء؟ وما هو الدرس الذي يجب أن نستقيه منه؟ وهل رمى الإمام نفسه في هذه الحملة الفاشلة؟ وكيف يحارب وهو يعلم نتائج الحرب؟

إن الاحتفال باليوم العاشر من محرم يجيب على الكثير من هذه التساؤلات وغيرها، ففيما يخص القيمة الإيثارية التي تصل إلى حد الشهادة، هناك ملاحظة، فأية قراءة غربية من أصل مسيحي لهذه الحالة تشعر أنها على أرضية معروفة لديها، فالتراث الديني المسيحي يجعل من مصير المسيح على أنه شخص رفض كل السلطات السياسية وانتهى الأمر إلى حكم غير عادل، مصاحب بالتعذيب، انتهى بصلبه ليؤكد أن ذلك الشخص الضعيف والمغلوب على أمره بنظر الناس قد ساهم روحيا بنصرة الحق حسب منطق لا بشري، وعذابات المسيح قد حملت معاني عميقة للفداء، فإن المسيح إذ يقبل العذاب رغم براءته، فذلك ليأخذ على كاهله ذنوب البشرية وخطاياها منذ أن خُلق آدم، والمؤمنون عليهم أن يسلكوا هذا السلوك، وأن يقبلوا بدورهم في العذاب المكتوب، وإن كانوا لا يستحقونه، لأن قبولهم لهذا يمسح ذنوبهم.

---

(١) وهذا التاريخ يوافق سنة ١٣٢ للهجرة، وهي سنة سقوط الحكم الأموي وقيام الحكم العباسي، في حين أن الخلافة الإسلامية آلت من الإمام الحسن بن علي عليه السلام إلى معاوية بن أبي سفيان عام ٤١هـ الموافق للعام ٦٦١م وبه تحول حكم الأمة الإسلامية إلى ملوكية أسرية.

يبدو لنا بشكل عام أننا نخطئ خطأً كبيراً حين نقارن بين إحياء الشيعة لمعاناة الحسين وبين آلام المسيح عند النصارى، لأن هناك حتما نقاط اختلاف، فالشهادة في الوعي الإسلامي تحمل قيَماً عالية وهي تمحو ذنوب الشهيد وتمنحه ثوابا أبديا. ومعاناة الحسين وقتله جعلت منه شهيداً في علّيين وشفيعاً لأتباعه المخلصين ومَن يحبه ومَن يتبعه بشكل خاص، هنا لا تصح المقارنة، لأن آلام المسيح قد اكتسبت صفاتها المذكورة عند المسيحية باعتباره ابن الربّ، وهذا المفهوم غريب على الوعي الإسلامي الذي يرفض حتى موت المسيح (القرآن: سورة النساء، الآيتان ١٥٧ ـ ١٥٨)[1].

إن الفكرة القائلة بأن معاناة إنسان ما يمكن أن يستفيد منها أناس آخرون (قربان القديسين) ليس لها وجود في الدين الإسلامي الذي يؤكد على أن الإنسان ذاته هو الذي يتحمّل خطاياه، وإن شفاعة الأنبياء والأئمة والقديسين يوم القيامة موجودة في التراث، لكنها تعبر عن خطوة عزم من قبلهم، وليس تضامناً منظماً على الطريقة البشرية.

إنَّ إحياء مناسبة استشهاد الحسين في الوقت نفسه تمثل ثقلاً ذا معان روحية، فكل إمام يحمل رسالة خفية خاصة (باطنية) مكمّلة لقانون الشريعة السماوية، ولكن لا الرسالة ولا صفات الأئمة تتطلب بالضرورة كمّاً كبيراً، بل هي على الأغلب محصورة بحلقة ضيقة من الأنصار، فشهادة الحسين في كربلاء بحد ذاتها تعتبر رسالة من هذا النوع، كعمل يوجّه المؤمن إلى حقيقة أعمق، وهذا المعنى العميق يعالج القيمة الحقيقية للشهادة العقائدية، ذلك أن

---

(١) في قوله تعالى: ﴿وَقَوْلِهِمْ إِنَّا قَتَلْنَا الْمَسِيحَ عِيسَى ابْنَ مَرْيَمَ رَسُولَ اللَّهِ وَمَا قَتَلُوهُ وَمَا صَلَبُوهُ وَلَكِن شُبِّهَ لَهُمْ وَإِنَّ الَّذِينَ اخْتَلَفُوا فِيهِ لَفِي شَكٍّ مِّنْهُ مَا لَهُم بِهِ مِنْ عِلْمٍ إِلَّا اتِّبَاعَ الظَّنِّ وَمَا قَتَلُوهُ يَقِينًا * بَل رَّفَعَهُ اللَّهُ إِلَيْهِ وَكَانَ اللَّهُ عَزِيزًا حَكِيمًا﴾.

الدين الإسلامي لم يمنح قيمة خاصة للعذاب المكتسب في حدّ ذاته، فكل ما يحصل للإنسان أو الجماعة في الحياة الدنيا، هو بإرادة ورغبة الخالق، إذا كان سعادة أو شقاءً، وكلاهما لا يستبعدان أو يرفضان، بل يستقبلان كنوع من البلاء، ومفهوم البلاء هذا أساسي، فهو ليس عقابا، بل على العكس. إن غياب البلاء قد يعني لعنة على غير المؤمنين، حيث إن عدم البلاء قد يقودهم إلى العقاب، وقد يحمل البلاء على العكس رحمة إلهية، إذ يمكنه أن يتجلى كفرصة للمؤمن يُكفِّر فيها عن سيئاته ويتطهر ويتقرب إلى الله.

في إطار هذا المعنى فإن المؤمنين مدعوون إلى عدم اليأس والإحباط، وأن يحافظوا على ثقتهم بالله، فالشهادة العقائدية التي يحملها أثناء البلاء لها قيمة أعلى بكثير من عقيدة الناس الميسورين ماديا والمرتاحين جسديا، لذلك فالشهادة العقائدية هي أفضل أعمال الإنسان المسلم، وكل الفرائض الأخرى ثانوية، وهنا المفارقة إذ إننا نشهد عادة بشيء رأيناه أو سمعناه بشكل أكيد، في حين أن الله لا يُرى، ويتجاوز السمع البشري.

إذاً لماذا ولمن وكيف يشهد المؤمن؟ هو يشهد من خلال العقيدة بالله الواحد الذي لم يلد ولم يولد، وكل المفهوم الباطني للشهادة نراه منبثقاً من الشهادة بالوحدانية لله، والله وحده القادر على الشهادة لنفسه، فعندما ينطق المؤمن بالشهادة «أشهد أن لا إله إلا الله» ففي الحقيقة إن الله هو الذي يمنحه الثقة والقدرة على أن يكون مسلما، والمسلمون يرددون هذه العبارة دائماً، وبشكل روتيني، أما الشهادة بمعناها الآخر فتختلف تماما وهي أن يكون الإنسان مستعداً لتقديم حياته من أجل عقيدته، فرسالة الله ليس لها معنى في أفواه الناس إلا هؤلاء الذين يجعلون من الحسين أسوة لهم، يجاهدون في سبيل الله من أجل العقيدة، ويكشفون القناع عن الكفر في الوقت نفسه.

إن الثقة في إرادة الله على البشر تتجسد في شهادة الحسين، والقصائد العديدة التي نظمت في حق الإمام الحسين ومصرعه المأساوي، والمذكورة في ديوان القرن الثالث من دائرة المعارف الحسينية، تشهد على رد الفعل الحيوي الذي يعيشه المؤمنون تجاه فاجعة كربلاء، فهم يعبّرون عن الألم والحزن والغضب والثورة، وحبّ مخلص لأهل بيت محمد، وأنهم ثابتون على العقيدة الحقّة لله تعالى، التي ستبعث لهم بالمهدي المنتظر، بهذا المعنى فإنهم يترجمون حالة كل إنسان مسلم أمام العذاب والألم بشكل شعر روائي، فليس عليه إلا أن يتقبّلها في ليل الروح الذي لا تضيئه سوى أنوار العقيدة. فالظلم الذي يعيشه الإنسان من أناس آخرين، والفراق بين الأحبة وغيرها مقبولة، ولكنها ليست مخففة، فالحزن وراحة البال، والدموع والأمل، حالات معاشة وبكثافة، ولكن على المستوى الروحي يكون الحزن «لله» وفي «الله» ويمكّن بـ «الله».

إن التلاوة الشعرية لمأساة كربلاء، تتناول حالات عدة ليست بالضرورة أليمة وحزينة، وعلى كل حال، فإن الإطار الخلفي لهذه المقاطع الشعرية ليس فقط الحزن والإحباط، فإن كل العذابات المنتجة لهذا النوع من الأدب تقف وراء أفق أخروي، ألا وهو قدوم الإمام الشرعي، حامل الحق الذي يأتي ليُظهر المعنى الحقيقي للبلاء الذي يعيشه المؤمنون.

ومعركة كربلاء تشكّل رواية المأساة، وليس فاجعة، لأنها ما فتئت تكثف الانتظار للوعد السرمدي.

بيير لوري
Pierre LORy
باريس (جامعة السوربون) ـ فرنسا

تنضيد قوافي الوجدان
في ترشيد المعارضة السياسية

يجد المرء متعة في قراءة كتب التاريخ والسير، ليستعرض أمام ناظريه طبيعة الحياة التي عاشها الأجداد أو الشعوب والأمم الأخرى، وقلما يعتبر المرء، ولكن المتعة تكون أشد عند تذوق الشعر وهو يتعرض للمراحل التاريخية نفسها، فالقصيدة وان لم تكن تنقل الحوادث كما تنقلها عدسة الكاتب والراوي بتفاصيلها، لكنها تشير إليها إشارات ومضية بأسلوب أدبي شيق، تجعل المرء يستذوق التاريخ ومجرياته وربما يعتبر به أكثر.

وإذا تمحورت قصيدة أو مجموعة قصائد لشعراء عدة في مرحلة زمنية، حول حدث واحد طار صيته في الآفاق، فإن هذه القصائد ستكون بمثابة كشاف ضوئي تستدل به الأجيال عما حصل في تلك الفترة الزمنية وان تباعدت زمنيا بقرون عدة، لأن الشعر من خاصيته انه يحفظ في الصدور قبل أن يقيد على الورق، فهو يملك حافظتين إحداهما أثبت من الأخرى.

الدكتور محمد صادق محمد الكرباسي، في كتابه المعنون «ديوان القرن الثالث» ضمن سلسلة مجلدات دائرة المعارف الحسينية في نحو ٦٠٠ مجلد من ستين باباً، صدر منها حوالى الستين مجلداً حتى الآن، يتابع الوضع السياسي والاجتماعي والديني الذي كان عليه العراق بخاصة والعالم

الإسلامي بعامة في القرن الثالث الهجري (٣٠/ ٧/ ٨١٦ ـ ٧/ ٨/ ٩١٣م)، من خلال تقصي القصائد التي نظمت بخصوص النهضة الحسينية، لاسيما وان القصائد تؤرخ للمائة الثانية من حكم الدولة العباسية، والانتفاضات والثورات التي حصلت في تلك الفترة والتي كانت تستمد مادتها الأولى في المعارضة من نهضة الإمام الحسين عليه السلام وتتأسى باستشهاده في كربلاء المقدسة.

ملامح عامة

يختلف بداية القرن الثالث الهجري عن منتصفه عن نهايته، بالنسبة لعلاقة الحكم العباسي مع البيت العلوي، ففي مطلعه: «كان هنا شيء من المتنفس لخط آل محمد صلى الله عليه وآله وسلم وسواء أكان ذلك مراداً واقعاً أم محاولة لتثبيت الأركان، فإن البداية كانت مريحة لكنها كبركان يوشك على الانفجار غيظا»، ولم يستمر الأمر طويلاً وهو خاضع بشكل عام لطبيعة الشخصية التي تتولى الحكم من بني العباس، ولهذا نرى أن الأئمة من ولد الإمام علي بن موسى الرضا (ت ٢٠٣هـ) الذي تسلم ولاية العهد خلال حكم المأمون العباسي (ت ٢١٨هـ): «لم يعمروا أكثر من دور الشباب أو في الكهولة فقد قضى الإمام الجواد عليه السلام محمد بن علي الرضا وهو ابن خمس وعشرين سنة، وقضى ابنه الهادي علي بن محمد عليه السلام وهو ابن اثنتين وأربعين سنة، وقضى ابنه العسكري الحسن بن علي عليه السلام وهو ابن ثمان وعشرين سنة، وغاب ابنه الحجة المهدي المنتظر (عج) وله من العمر خمس سنوات»، فالإمام الرضا دس المأمون العباسي إليه السم، والإمام الجواد (ت ٢٢٠هـ) دس المعتصم العباسي (ت ٢٢٨هـ) إليه السم، والإمام الهادي (ت ٢٥٤هـ) دس المعتز العباسي (ت ٢٥٥هـ) إليه السم، والإمام العسكري (ت ٢٦٠هـ) دس المعتمد العباسي (ت ٢٧٩هـ) إليه السم.

ومع إن «هناك الكثير الكثير مما قيل في أهل البيت عموما وفي الإمام الحسين عليه السلام خاصة قد حكم عليه عامل الرعب بالفناء إما لعدم تدوينه خوفا من أن يكون وثيقة تؤدي إلى الموت أو انه دُوّن ثم جعل في طوامير حتى تلف كما أتلفت مطامير السجون شيعة أهل البيت، ولا أدل على ذلك من قلة ما وصل إلينا من الشعر المتعلق بهذا القرن»، فإن المحقق الكرباسي يؤكد في الوقت نفسه: «كان الشاعر يعرض نفسه للموت حتى يذكر الحق المتمثل في أهل البيت عليهم السلام فلم يردعه ذلك من المضي في هذا المسلك»، وكان الشاعر دعبل بن علي الخزاعي (ت ٢٤٦هـ) نموذجا للشاعر الرسالي الذي جهر بمعارضته لظلم بني العباس، حتى اشتهر عنه فحوى القول: «لي خمسون سنة أحمل خشبتي على كتفي أبحث عمن يصلبني عليها فما أجد من أحد»، وقد هجا المعتصم محمد بن هارون (ت ٢٢٧هـ) وهو الثامن من بني العباس، بقوله، من بحر الطويل:

ملوك بني العباس في الكتب سبعة
وما جاءنا عن ثامن لهم في الكتب
وكذلك أهل الكهف في الكهف سبعة
كرام إذا عدوا وثامنهم كلب
على إني أعلي كلبهم عنك رفعة
لأنك ذو ذنب وليس له ذنب

ولعل الرحالة والأديب أبا بكر الخوارزمي محمد بن عباس (ت ٣٨٣هـ)، خير من يعرفنا بالملامح العامة لعهد بني العباس وموقفهم من أئمة أهل البيت عليهم السلام، ومن طبقة الشعراء، حين أكد في «كتاب الرسائل» أنه: «يموت إمام من أئمة الهدى وسيد من سادات بيت المصطفى فلا تتبع جنازته ولا تجصص مقبرته ويموت ضراب لهم أو لاعب أو مسخرة أو ضارب فتحضر

جنازته العدول والقضاة ويعمر مسجد التعزية عنه القواد والولاة، ويسلم فيهم من يعرفونه دهرياً أو سوفسطائياً ولا يتعرضون لمن يدرس كتاباً فلسفياً أو مانوياً ويقتلون من عرفوه شيعياً ويسفكون دم مَن سمّى ابنه علياً وإن بعض شعراء الشيعة يتكلم في ذكر مناقب الوصي، بل في ذكر معجزات النبي ﷺ فيقطع لسانه ويمزق ديوانه..».

الشعارات الحائطية

تعتبر كتابة الشعارات الجدارية أو الحائطية وسيلة من وسائل المعارضة السياسية ضد النظام القائم، وهي وسيلة متاحة للجميع عبر الكتابة أو الرسم، وقد يظن البعض أن هذا الأسلوب حديث، ولكن الشيخ الكرباسي من خلال بحثه وتقصيه توصل إلى أن الشعارات الحائطية أسلوب ابتدعه أهل بغداد للتعبير عن معارضتهم للسلطة العباسية بخاصة في عهد المتوكل العباسي (ت ٢٤٧هـ)، ذلك: «أنه لما شاع ظلم المتوكل وذاع خبر هدمه قبر سبط الرسول ﷺ بين الناس كتب أهل بغداد، ولأول مرة في تاريخ الإسلام، شتمه على الحيطان، ومنذ ذلك اليوم استخدم كتابة الشعارات على الحيطان».

وقد تعرض قبر الإمام الحسين عليه السلام للهدم حتى نهاية عهد المتوكل العباسي ست مرات، فأول مرة هدمه المنصور العباسي (ت ١٥٨هـ) وذلك في العام ١٤٦هـ، والمرة الثانية هدمه هارون العباسي (ت ١٩٣هـ) وذلك عبر واليه على الكوفة موسى بن عيسى الهاشمي، وأربع مرات في عهد المتوكل، في الأعوام ٢٣٣هـ عبر عمر بن فرج الرخجي، والعام ٢٣٦هـ عبر إبراهيم الديزج، والعام ٢٣٧هـ عبر هارون المعري، والرابعة عام ٢٤٧هـ عبر إبراهيم الديزج أيضاً.

وقد أرخ الشعراء هدم القبر الشريف في قصائدهم، منهم الشاعر ابن السكيت يعقوب بن إسحاق الأهوازي (ت ٢٤٤هـ)، يقول فيها تحت عنوان «أسِفوا» من بحر الكامل:

تالله إن كانت أميةُ قد أتت قتلَ ابن بنت نبيها مظلوما

فلقد أتاه بنو أبيه بمثله فغدا لعمرُك قبره مهدوما

أسفوا على أن لا يكونوا شاركوا في قتله فتتبعوه رميما

وممن أرخ لهدم القبر الشريف، الشاعر ابن الرومي علي بن العباس البغدادي (ت ٢٨٣هـ)، في قصيدة تحت عنوان «ديزج» من الطويل، مطلعها:

أمامك فانظر أي نهجيك تنهج طريقان شتى مستقيم واعوج

إلى أن يذكر الشاهد:

ولم تقنعوا حتى استثارت قبورهم كلابكم منها بهيم وديزج

في إشارة إلى إبراهيم بن سهل الديزج (ت ٢٤٧هـ)، وهو يهودي الأصل استخدمه المتوكل في تشديد الخناق على زوار الإمام الحسين عليه السلام، حتى تجرأ على هدم القبر الشريف لمرتين.

أسماء لامعة

ضم ديوان القرن الثالث أسماءً لامعة لشعراء وأدباء وعلماء وأرباب مذاهب إسلامية، رثوا الإمام الحسين عليه السلام، أو أشاروا إليه، منهم دعبل الخزاعي والبحتري، وأبو مقاتل، والصولي، وأبو تمام، والبلاذري، وابن بسام، والضحاك الباهلي، وديك الجن، والمجنون البصري، وابن الرومي، وابن المعتز، والإمام الشافعي، وغيرهم.

فالشاعر دعبل الخزاعي اشتهر بتائيته المعنونة «منازل آيات» في قصيدة من ١٢٢ بيتاً من بحر الطويل، يقول في مطلعها:

تـجـاوبـن بـالإرنـان والـزفـرات   نوائح عجم اللفظ والنطقات

إلى أن يقول:

نفوس لدى النهرين من أرض كربلا   مُعـرَّسُهـم فـيـهـا بـشـط فـرات

تُوُفُّوا عطاشا بالفرات فليتني   تُوُفِّيت فيهم قبل حيـن وفاتي

وقد استأثر الديوان بأربع عشرة قطعة لدعبل من بين ٥٩ بيتاً وقطعة وقصيدة، أي بنحو ربع الديوان، مما يعكس غزارة شعره وصلابة موقفه، يليه الشاعر أبو تمام حبيب بن أوس الطائي (ت ٢٣١هـ) بثمان قطع ثم عبد السلام بن رغبان الكلبي (ت ٢٣٥هـ) بخمس قصائد.

يقول أبو تمام تحت عنوان «صبر الحسين» من الطويل:

جرى الأجلُ المحتومُ ينشدُ رَبعها   ألا أيها الـرَّبـع الـذي خفَّ آهِـلُـه

بصبر حُسين الحِلمِ حَلفةَ صادقٍ   لقد أدركتْ فيه النوى ما تُحاوله

وهنا يثبت الشاعر حقيقة هامة، وهو أن صبر الإمام الحسين ﷺ في واقعة كربلاء كان من السعة وهو يرى أهل بيته وأصحابه يقتلون الواحد بعد الآخر عطاشا، بحيث صار مضرب الأمثال ومحط حلف الرجال، وقد قال فيه بعض الرواة كما ينقل المجلسي (ت ١١١١هـ) في بحار الأنوار: ٤١/ ٥٠: «فوالله ما رأيت مكثوراً قط قد قتل ولده وأهل بيته وصحبه أربط جأشاً منه، وإن كانت الرجال لتشد عليه فيشد عليها بسيفه فتنكشف عنه انكشاف المعزى إذا شدّ فيها الذئب، ولقد كان يحمل فيهم وقد تكملوا ألفا فينهزمون بين يديه كأنهم الجراد المنتشر، ثم يرجع إلى مركزه وهو يقول: لا حول ولا قوة إلا بالله العلي العظيم».

ومن شعراء المرحلة أبو مقاتل النصر بن نصر الحلواني، أنشد تحت عنوان «الحسنان» من الرجز:

محمد المختار ثم صنوه والحسنان ولدا سِتّ النِّسا

ويستظهر الدكتور الكرباسي من استخدام الشاعر لكلمة «ست» وهي من اللهجات المحلية إشارة إلى سيدة نساء العالمين فاطمة الزهراء عليها السلام، أن اللهجات المحلية تم تداولها منذ القرون الأولى. وهو ما يعكس الأثر السلبي الذي تركته لغات الشعوب الداخلة في الإسلام على اللغة العربية.

ومن رواد المرحلة الشافعي محمد بن إدريس (ت ٢٠٤هـ)، إمام المذهب الشافعي، الذي رثى الإمام الحسين عليه السلام وعبر عن ولائه لأهل البيت عليهم السلام، فمن شعر له من الطويل تحت عنوان «تزلزلت الدنيا»، ينشد:

تأوّب همي والفؤاد كئيب وأرق عيني فالرقاد عجيب

إلى أن يقول:

فمن مبلغ عني الحسين رسالة وإن كرهتها أنفس وقلوب
ذبيح بلا جرم كأن قميصه صبيغ بماء الأرجوان خضيب

ويؤكد الإمام الشافعي على مفهوم الشفاعة الذي أصّلته نصوص القرآن الكريم والسنة الشريفة، فيضيف:

لئن كان ذنبي حب آل محمد فذلك ذنب لست عنه أتوب
هم شفعائي يوم حشري وموقفي إذا ما بدت للناظرين خطوب

وينشد في قصيدة أخرى من بحر الوافر تحت عنوان «حب أهل البيت» ومطلعها:

إذا في مجلس ذكروا عليا وسبطيه وفاطمة الزكية

إلى أن يقول:

برئت إلى المهيمن من أناس يرون الرفضَ حبَّ الفاطمية
على آل الرسول صلاةُ ربي ولعنته لتلك الجاهلية

مفارقات مؤلمة

يعكس عدد غير قليل من القطع الشعرية، مفارقات مؤلمة عن وضع أهل البيت عليهم السلام من نساء ورجال بما ينبغي أن يكون بوصفهم وصية النبي محمد صلى الله عليه وآله وسلم في أمته، حيث أثبت القرآن هذه الوصية كما في الآية ٢٣ من سورة الشورى: ﴿قُل لَّآ أَسۡـَٔلُكُمۡ عَلَيۡهِ أَجۡرًا إِلَّا ٱلۡمَوَدَّةَ فِي ٱلۡقُرۡبَىٰۗ﴾، مقارنة بالوضع الذي كان عليه البيتان الأموي والعباسي، حيث يصل الهبوط والإسفاف إلى إقامة العزاء لموت قرد أو عاهرة، وتساق المحصنات من أهل البيت عليهم السلام أسارى إلى الكوفة ثم الشام.

ومن ذلك قطعة للشاعر زيد المجنون البصري التي أنشأها بعدما زار كربلاء المقدسة في العام ٢٤٧هـ، يقول فيها من المتقارب تحت عنوان «أيُحرث قبر الحسين»:

أيُحرثُ بالطفِّ قبرُ الحسين ... ويُعمَرُ قبرُ بني الزانية
لعلّ الزمان بهم قد يعود ... ويأتي بدولتهم ثانية
ألا لعن الله أهل الفساد ... ومن يأمن الدنية الفانية

وهنا يشير الشاعر إلى ما فعله المتوكل العباسي عندما ماتت له جارية حبشية تسمى ريحانة وكان مولعاً بها حزن عليها ودفنها في قبر جديد وفرش لها الورد والرياحين والمسك والعنبر وبنى على قبرها قبة عالية!

ومن ذلك قصيدة لابن الرومي من الطويل، يقول فيها:

أفي الحق أن يمسوا خماصا وأنتم ... يكاد أخوكم بطنه يتنعج
وتمشون مختالين في حجراتكم ... ثقال الخُطى اكفالكم تترجرج
وليدهم بادي الطوى ووليدكم ... من الريف ريان العظام خدلج

أو قول دعبل الخزاعي في تائيته الشهيرة:

فكيف أُداوى من جوى لي والجوى أميـة أهـل الـفـسـق والـتـبـعـات
بـنـات زيـاد فـي الـقـصـور مـصـونـة وآل رســول الله مـنــهــتــكــات
وآل زيـاد فـي الـحـصـون مـنـيـعـة وآل رســول الله فــي الــفــلــوات

ومن المفارقات المؤلمة، أن يكون أذى بني العباس على أهل البيت عليهم السلام وهم من شجرة نسبية واحدة أكثر من أذى بني أمية، ولذلك فإن مما يظهره المحقق الكرباسي في الخاتمة من خلال معاينته للمقطوعات الشعرية: «ظاهرة المقارنة بين الجورين ـ جور بني العباس وبني أمية ـ وبيان ما حلّ بالعالم الإسلامي جراء تسلط هاتين السلسلتين من الحكام، فبدأ بعضهم بتبيان مدى حقد العباسيين ومشاركتهم سلفهم من الأمويين في ما اقترفوه ضد أهل البيت عليهم السلام وأشياعهم».

من ذلك قول دعبل الخزاعي من البسيط تحت عنوان «إربع بطوس» يقول في مطلعها:

تـأسـفـت جـارتـي لـمـا رأت زَوَري وَعَـدَّت الـشـيـبَ ذنـبـا غـيـر مُـغـتـفـر

ثم يقول:

أرى أمـيـة مـعـذوريـن إن قـتـلـوا ولا أرى لـبـنـي الـعـبـاس مـن عـذر
أبـنـاء حـرب ومـروان وأسـرتـهـم بـنـو مـعـيـط ولاة الـحـقـد والـوغـر

ويقول:

قبران في طوس خير الناس كلهم وقـبـر شـرهـم هـذا مـن الـعـبـر

وهو يشير إلى مرقد الإمام علي بن موسى الرضا عليه السلام في طوس بخراسان وإلى جنبه قبر هارون العباسي (ت ١٩٣هـ) الذي دسّ السم للإمام موسى بن جعفر عليه السلام (ت ١٨٦هـ) المدفون في مدينة الكاظمية في بغداد.

التضمين القرآني والنبوي

كان من شأن القرآن الكريم، أن حفظ للعرب لغتهم، وكان من شأن الشعر أن حفظ للعرب تاريخهم، وقد اصطبغت قوافي الشعر العربي مع مجيء الإسلام بصبغة القيم الإسلامية، كما وجد الشعراء من آيات القرآن الكريم كنزاً أدبياً، فجاء تضمين الآيات في صدر الأبيات وعجزها، كتعبير عن هذا الكنز الذي لا ينضب، كما أن التراث الذي تركه النبي محمد ﷺ كان ولازال مادة خصبة للشعراء فضلاً عن الكتاب والأدباء.

وهذا ما نلحظه في ديوان القرن الأول والثاني والثالث ودواوين القرون اللاحقة حتى يومنا هذا، حيث احتوى الشعر الذي أنشد في الإمام الحسين عليه السلام الكثير من الأدلة والشواهد القرآنية والنبوية، تضمنتها قصائد الشعراء على مر التاريخ، وسبق للأديب الأردني محمود عبده فريحات، أن استل الشواهد القرآنية التي وردت في احد عشر ديواناً من دواوين دائرة المعارف الحسينية التي غطت القرن الأول الهجري حتى التاسع منه، وجمعها وشرحها في كتاب مستقل حمل عنوان: «الأدلة القرآنية في الشعر الحسيني من دائرة المعارف الحسينية للكرباسي»، صدر في العام ٢٠٠٤م عن بيت العلم للنابهين في بيروت، في ٢٤٨ صفحة من القطع الوزيري.

وفي ديوان القرن الثالث أدلة قرآنية ونبوية عدة، فعلى سبيل المثال، أنشد علي بن حسن العسكري المتوفى قبل العام ٣٠٠ هجرية في رثاء شهداء الطف، من بحر الكامل تحت عنوان «خير البرية»، يقول في أحد أبياتها:

قوم هدى الله العباد بجدهم ... والمؤثرون الضيف بالأزواد

فهنا تضمين لقوله تعالى في الآية ٩ من سورة الحشر: ﴿وَيُؤْثِرُونَ عَلَىٰٓ أَنفُسِهِمْ وَلَوْ كَانَ بِهِمْ خَصَاصَةٌ﴾ التي نزلت في حق أهل البيت عليهم السلام، وتضمين لقوله تعالى في الآية ٨ من سورة الدهر: ﴿وَيُطْعِمُونَ ٱلطَّعَامَ عَلَىٰ حُبِّهِۦ مِسْكِينًا وَيَتِيمًا

﴿وَأَسِيرًا﴾ التي نزلت في البيت العلوي عندما مرض الحسن والحسين ﵇
ونذر الإمام علي وفاطمة الزهراء ﵍ صوم ثلاثة أيام لشفائهما، فطرق
بابهما في هذه الأيام وعلى التوالي المسكين واليتيم والأسير، فوهبوا لهم ما
عندهم من طعام وباتوا جوعى لثلاث ليال، حتى نزلت فيهم سورة الدهر،
ولقد أحسن الشاعر عبد الباقي بن سلمان العمري (ت ١٢٧٩هـ) عندما أنشد
من بحر البسيط:

وسائل هل أتى نص بحق علي   أجبته «هل أتى» نص بحق علي
فظنني إذ غدا مني الجواب له   عين السؤال صدى من صفحة الجبل
وما درى لا درى جدا ولا هزلا   أني بذاك أردت الجد بالهزل

ومن التضمين النبوي، قول الشاعر علي بن محمد الحماني المتوفى ما
بين ٢٦٠ ـ ٢٧٠هـ، من الكامل تحت عنوان «ودّ الآل»:

أخذ النبي يدّ الحسين وصنوه   يوماً وقال وصحبُه في مجمع
مَن ودّني يا قوم أو هذين أو   أبويهما فالخلد مسكنُه معي

وهذا تضمين لقول النبي محمد ﷺ في الحسن الحسين وأهل
البيت ﵇: (من أحبني وأحب هذين وأباهما وأمهما كان معي في درجتي
يوم القيامة)، كما في صحيح الترمذي: ٥/٦٤١.

مضامين بلاغية

ومما يعطي لهذا الديوان أهمية، جملة فهارس لا غنى للباحث عنها،
حيث نقرأ في فهارس المتن: فهرس الأعلام والشخصيات، القبائل والأنساب
والجماعات، القوافي والروي، البحور والأوزان. ونقرأ في فهارس الهامش:
فهرس الأبيات وأنصافها، التأريخ، الناظمون والشعراء، الأعلام
والشخصيات، القبائل والأنساب والجماعات، اللغة. وفي الفهارس المشتركة

بين المتن والهامش، نقرأ: فهرس الآيات، الأحاديث والأخبار، الأمثال والحكم، مصطلحات الشريعة، المصطلحات العلمية والفنية، الطوائف والملل، الوظائف والرتب، الآلات والأدوات، الإنسان ومتعلقاته، الحيوان ومتعلقاته، النبات ومستحضراته، الفضاء ومتعلقاته، الأرض ومتعلقاتها، المعادن، الأماكن والبقاع، الزمان، الوقائع والأحداث، المؤلفات والمصنفات، المصادر والمراجع، مؤلفو المراجع، فهرس الخطأ والصواب لديوان القرن الأول الجزء الأول، فهرس الخطأ والصواب لديوان القرن الأول الجزء الثاني، فهرس الخطأ والصواب لديوان القرن الثاني .

هذا إلى جانب قراءة نقدية للديوان قدمها أستاذ التصوف الإسلامي في جامعة السوربون، الفرنسي الجنسية، الكاثوليكي المعتقد، الدكتور بيير لوري (Pierre Lory)، الذي أشار إلى : «دأب الشيعة سنويا على إحياء مناسبتين رئيستين، الأولى تسليم النبي الولاية لعلي في غدير خم، والثانية مقتل الحسين وأصحابه على يد الأمويين في كربلاء»، معتبرا: «إن شهادة الحسين بحد ذاتها تعتبر رسالة عمل توجه المؤمن إلى حقيقة أعمق، وهذا المعنى العميق يعالج القيمة الحقيقية للشهادة العقائدية»، وكان من رأيه: «أن دائرة المعارف الحسينية تعرض مضامين النهضة الحسينية ببلاغة وقوة تدعو إلى التأمل» .

في الواقع إن «ديوان القرن الثالث» الصادر عن المركز الحسيني للدراسات في لندن، في طبعته الأولى في ٣١٢ صفحة من القطع الوزيري، وضم ٣٢ شاعراً، يمثل لوحة مترامية الأبعاد ومتنوعة الأغراض لوقائع وحوادث رسمها الشعراء بريشة القوافي، نفض عنها الدكتور الكرباسي غبار التاريخ، وقدمها زاهية مضيئة .

الأحد ٢٠٠٧/٤/١٥م
١٤٢٨/٣/٢٧هـ

البروفيسور يان بن آرفيد هنينغسون
(Jan Arvid Henningsson)

* ولد في مدينة آبّسالا (Uppsala) وسط السويد عام ١٣٦٩هـ (١٩٥٠/٨/٢م).

* تخرج من جامعة آبسالا (Uppsala University) من قسم اللغات السامية والعربية.

* عمل أستاذا للغة العربية والدراسات الإسلامية في قسم اللغات الأفروآسيوية وتاريخ الأديان في جامعة آبسالا.

* تولى الأمانة العامة في اللجنة الفكرية في مجلس الكنائس السويدي في مدينة آبسالا.

* عمل مستشاراً لوزارة الخارجية السويدية لشؤون الشرق الأوسط وشمال أفريقيا.

* عمل أستاذاً زائراً في معهد هنري مارتن (Henry Martyn Institute) في مدينة حيدر آباد في جنوب الهند.

* عمل أستاذاً زائراً في كلية ومعهد الدراسات اللاهوتية اللوثرية (Gurukul Lutheran Theological College and Research Institute) في مدينة شينّاي الهندية.

* مدير عام المعهد السويدي في الإسكندرية ـ مصر.

* رئيس حركة مناهضة الفصل العنصري في السويد.

* نشر ثلاثة كتب والكثير من المقالات والدراسات حول حوار الأديان والعلاقة بين الدين والعلم.

* ترجم نصوصا نثرية وشعرية من اللغة العربية والأردوية إلى اللغة السويدية والانجليزية.

* من مؤلفاته وترجمتها باللغة العربية:

ـ الاعتقاد يقابل الاعتقاد (Tro möter tro: ett kristet perspektiv på andra religioner).

ـ نحو علاقة متبادلة لمعرفة الحكمة (Toward an Interreligious Understanding of hikmah - wisdom -).

ـ الإسلام وحقوق الإنسان (Islam och mänskliga rättigheter).

(ديوان القرن الرابع ـ الجزء الأول)

الحسين حلقة وصل بين المسيحيين والمسلمين

بعض التقاليد والرموز الإسلامية تكون قريبة لقلب المسيحيين، فعلى سبيل المثال، فإن من تلك الرموز شخصية سبط الرسول محمد ﷺ الحسين ابن فاطمة ـ تلك المتألقة ـ وابن ذلك المكافح الحكيم الخليفة علي.

هذه مشاعرنا ـ نحن المسيحيين ـ تجاه الحسين أولا والمأساة التي أدت إلى استشهاده وظروفها ثانيا.

لعبت الشهادة دوراً مهماً في تاريخ المسيحية، وبالشهادة وقفت بوجه قوى الشر والطغيان وتحملت أعباء المتابعة، لكي لا يخذل الحق والحقيقة، حيث إن المطلوب من الشهادة أن يُشهر الإنسان إيمانه دون خوف، ولو أدى ذلك إلى هلاكه.

نعترف نحن المسيحيين بأن في حياة الحسين الأليمة سمات عدة نشاهدها في العبد المضحي لله والذي يشبه ـ النبي ـ داود[١]، الذي نقرأ عنه في

---

(١) النبي داود: هو إبن إيشا بن عوفيد بن يوعز وينتهي نسبه إلى يهوذا بن يعقوب، ولد سنة ٩٧١ قبل الهجرة، جمع الله له النبوة والملك، خلف طالوت في الحكم وله من العمر ستون عاماً، مات عام ٨٧١ ق.هـ وقبره في بيت المقدس.

الزبور[1]: «احمني تحت جناحك، ظللني في ظلك من أولئك الأشرار الذين يريدون هلاكي من أعدائي الآدميين الذين يحيطونني».

الحسين ليس مظهراً للسلطة السياسية والعسكرية، حيث انه في الوقت الذي لا يطالب بالسلطة فإنه لا يتنازل عن المعارضة والمقاومة، من هنا فإن الحسين امتلك بنهضته وشهادته قدرة عظيمة للغاية، للحوار بين المسيحية والإسلام.

بالفعل يمكن أن يصبح الحسين جسراً ـ حلقة وصل ـ بين المسيحيين والمسلمين والذين يؤمنون بأن المسيح الذي صُلب عاد حيا بعد الموت.

الحقيقة بين الناس، ولكن الحقيقة خالدة عند الله.

اللغة التي يستعملها المسلمون عند ذكر الإمام الحسين من خلال الشعر والحكايات والملاحم الحزينة يمكن أن نسميها بلغة الحب، بينما يصعب على الذين رحلوا وماتوا كالأنبياء والخلفاء أن يعرفوا عن أنفسهم.

بالحسين وأصحابه وإخوانه اقتربنا نحن نحو الحقيقة، نحو شخصية حزينة.

آه، يا ليتني أنا الذي لست مهما، ليتني كنت سجينا وأحللت مكانك.

سيدي أنا لست بشيء، سأدافع عنك وإن قُطّعت.

أنت ترى بأن الأعداء يمكرون بنا جميعاً.

---

(١) الزبور: الكتاب الذي نزل على النبي داود باللغة العبرية، ويضم ١٥٠ سورة أكثرها في الأمور الأخلاقية والنصائح الربانية، وفيها قليل من الأحكام، وهي جزء من الشريعة الموسوية. راجع: الحسين والتشريع الإسلامي للكرباسي: ١/ ٧١.

أطلبُ منكم أن لا تندبوا ولا تبتعدوا عنهم، إن الأشرار منعوني من تحقيق أمنياتي.

آه يا ليتني مُتُّ قبل هذا اليوم، فالموت أرحم من هذه الحياة.

إذا ما عشت سأكون حزينا وانتحب على الذين استشهدوا ورفعت أرواحهم إلى علّيين.

بالرغم من أن الأرض والسماء بكتا عليه فإن دموعنا على كثرتها قليلة بحقه، ليتني مت قبل هذا.

يوجد هناك بالطبع قصائد بخصوص هذه الطقوس الحزينة التي تشرح عن حياة الحسين وخاصة حول ذلك اليوم الحزين (عاشوراء).

آه يا عاشوراء أنت اليوم الذي طال فيه بكائي وتركني وحدي في آلامي.

هنا كربلاء الذي اشتقت من الكرب والبلاء.

يا حسين اليوم الذي تركت سبيل السلطة فتحت علينا أبواب الفاجعة.

كربلاء هذه قد جلبت لي الكرب والبلاء.

فكم وجه لم تغرقها في الدموع بكل بهائها.

هذه المأساة ميّزت بين الإسلام التقليدي النظري وبين المسلمين الشيعة الذين يمثلهم الإمام الحسين من طرف، وبين المسيحيين من خلال دور المعذب بالخلود وموت عيسى، ولكن عنصرين أساسيين يبينان هذه التجربة.

الأول: الإحساس الإنفعالي العاطفي المعتمد على الإيمان والتضحية.

الثاني: التضامن ضمن الهدف المنشود، وفي هذا ما يثبت عظمة كل منهما (الإمام الحسين وعيسى) يعمقهما مظهر ثقافي موحد والذي يعني إحياء

الدين في النفوس، في المقابل توجد أضرحة مقدسة للأولياء والصالحين وإحياء مراسم عزاء لهم كالشهداء.

بغض النظر عن التقاليد، فإن هناك مفاهيم مشتركة بين الإسلام والمسيحية من النظرة الشيعية، ولابد أن لا تكون التقاليد عائقاً في التقارب بين المسيحيين والمسلمين، فهناك دائماً صلة قريبة ومعانٍ متقاربة لفهم بعضنا البعض بتناغم الإيمان للسير في طريق الحق لمن يريد أن يسير، والطريق ليس شاقاً للذي يريد المشي نحو كربلاء.. ويخطو بخطى ثابتة نحو الإمام الحسين.

ولا شك أنه يمكن لـ (دائرة المعارف الحسينية) هذه أن تساعد على تحقيق حوار بين المسلمين والمسيحيين لأنهم يلتمسون التعاليم من الله.

يان. هنينغسون
أوبسالا ــ السويد
٢٥/١/١٩٩٧م

أثر نشوء الدول
في إغناء النتاجات الأدبية

يمثل النظم انعكاساً للواقع الذي يعيشه الشاعر، وما ينشئه أو ينشده هو امتداد لذلك الواقع وما يحيط به من ظروف سياسية واجتماعية واقتصادية وعسكرية، كون الشاعر صوت الأمة كما هو صوت السلطة، وإذا انبثقت السلطة من رحم الأمة وعبرت عن أفراحها وأتراحها، وتناغمت مع آمالها وآلامها، كان الشاعر حينئذ ممثلاً لكليهما، وهذه الحالة قلما شهدها العالم الإسلامي عبر القرون، ولذلك أمكن تصنيف الناظمين إلى شعراء إلتزام وشعراء سلطة، وجرت بين الطبقتين مماحكات كثيرة خلقت استقطابات إلى هذا الجانب وإلى ذاك، كان شعر الهجاء من أبرز معالمها.

ولما كانت القرون الأولى من عهد الأمة الإسلامية حافلة بالثورات والانتفاضات والحروب الداخلية والخارجية، وأثمر سقوط حكم الخلافة الراشدة في العام ٤١ هجرية بقيام الصلح بين الخليفة الإمام الحسن عليه السلام (ت ٥٠هـ) ومعاوية بن أبي سفيان (ت ٦٠هـ)، وظهور المملكة الأموية وسقوطها في العام ١٣٢ وظهور الحكم العباسي وما تخللته من حكومات موضعية هنا وهناك توفر الولاء للعاصمة المركزية تارة وتستقل تارة أخرى، هذه التطورات الدراماتيكية ألهبت صفحة الشعر، فظهر تضارب الشعراء في

ولاءاتهم. بيد أن الشيء البارز هو إدانة الشعراء في مختلف القرون والعصور لأكبر جريمة حدثت في تاريخ البشرية وهي حرب الإبادة التي شنها البيت الأموي لتصفية البيت النبوي متمثلاً بقتل الإمام الحسين عليه السلام وأهل بيته وأصحابه في كربلاء المقدسة في العام ٦١هـ وما تلتها من فضائع.

المحقق الدكتور محمد صادق بن محمد الكرباسي يواصل في كتابه المعنون «ديوان القرن الرابع» في جزئه الأول، الصادر عن المركز الحسيني للدراسات في لندن، في ٤٢٢ صفحة من القطع الوزيري، متابعة الإنتاج الشعري المنظوم في الإمام الحسين عليه السلام ونهضته المباركة، مصدراً ذلك بتمهيد يقرأ فيه الواقع السياسي والاجتماعي الذي اصطبغ به القرن الرابع الهجري، مجرياً مقارنة بين هذا القرن والذي سبقه، وقد لاحظ: «تضاعف الشعر في هذا القرن كماً وكيفاً، وانحسار المقطوعات وظهور القصائد الطوال، وبروز حرية التعبير من خلال الشعر». وكان لتقلص نفوذ الدولة العباسية بعد سيطرة الأعاجم على مقدرات الأمور، وظهور دول عدة مستقلة عن العاصمة تميل بعضها إلى أهل البيت عليهم السلام، العامل المساعد الذي وفَّر لشعراء تلك المرحلة حرية النظم والنقد (الهجاء) في آن واحد، فضلاً عن أن من خاصية دماء الإمام الحسين عليه السلام أن جذوتها لا تخمد، وكما قال فيه جده محمد صلى الله عليه وآله وسلم: (إن لولدي الحسين حرارة في قلوب المؤمنين لا تبرد إلى يوم القيامة) البحار: ٤٣/٢٧، وصدق الشاعر عندما أنشد من بحر الخفيف:

كذب الموت فالحسين مخلد كلما أخلق الزمان تجدد

نهضات وحكومات

وهذه الحرارة أيقظت النفوس وحركت المشاعر والأحاسيس، ترجمها المسلمون في ثورات وانتفاضات وحكومات، يشير المحقق الكرباسي إلى

أبرزها، ففي العصر الأموي حصلت: انتفاضة أهل المدينة المنورة في العام ٦٤هـ، انتفاضة التوابين في العراق في العام ٦٥هـ، ثورة المختار الثقفي في العراق في العام ٦٦هـ، ثورة ابن الزبير في العام ٦٧هـ، نهضة زيد بن علي في العام ١٢٢هـ، انتفاضة يحيى بن زيد بن علي في إيران في العام ١٢٥هـ، حركة عبد الله بن معاوية في العراق وإيران في العام ١٢٦هـ، وانقلاب العباسيين في العام ١٣٢هـ.

وفي العصر العباسي الذي اشتد أذى الحكام على العلويين والموالين، ظهرت حركات وانتفاضات وثورات عدة، يشير المحقق إلى أبرزها: حركة عيسى بن زيد بن علي في العراق في العام ١٣٧هـ، حركة النفس الزكية محمد بن عبد الله بن الحسن المثنى ابن الإمام الحسن عليه السلام في الحجاز في العام ١٤٥هـ، انتفاضة إبراهيم بن عبد الله بن الحسن المثنى في البصرة في العام ١٤٥هـ، حركة الحسين بن علي بن الحسن المثنى صاحب فخ في الحجاز في العام ١٦٩هـ، قيام إدريس بن عبد الله بن الحسن في المغرب في العام ١٧٢هـ، حركة يحيى بن عبد الله بن الحسن المثنى في الديلم في العام ١٧٦هـ، خروج ابن طباطبا محمد بن إبراهيم بن إسماعيل بن إبراهيم بن الحسن المثنى في الكوفة في العام ١٩٩هـ، انتفاضة الديباج محمد ابن الإمام جعفر الصادق عليه السلام في الحجاز في العام ٢٠٠هـ، حركة إبراهيم ابن الإمام موسى الكاظم عليه السلام في اليمن في العام ٢٠٠هـ، ونهضة عبد الرحمان بن احمد بن عبد الله بن محمد بن عمر ابن الإمام علي عليه السلام في اليمن في العام ٢٠٧هـ.

وحاول حكام بني العباس في بعض الفترات استمالة أئمة أهل البيت عليهم السلام ما أمكنهم ذلك، بخاصة وان دولتهم قامت تحت شعار الرضا من أهل البيت عليهم السلام، لكن الدول الموضعية قامت هنا وهناك واتسع الرقع

على الراقع، فقد أنشئت لأول مرة دولة موالية لأهل البيت عليهم السلام وهي دولة الأدارسة في مراكش في الفترة (١٧٧ ـ ٣٠٥هـ)، دولة الباوندية في مازندران في الفترة (٢٢٣ ـ ٤١٨هـ)، الدولة العلوية في طبرستان في الفترة (٢٥٠ ـ ٣١٦هـ)، الدولة الصفارية في سيستان في الفترة (٢٥٣ ـ ٣٠٠هـ)، الدولة الحمدانية في الموصل وحلب في الفترة (٢٧٩ ـ ٣٨١هـ)، الدولة الفاطمية في تونس والقاهرة في الفترة (٢٩٧ ـ ٥٦٧هـ)، الدولة الزيادية في قزوين في الفترة (٣١٦ ـ ٣٧٤هـ)، الدولة البويهية في شيراز في الفترة (٣٢١ ـ ٤٨٧هـ)، الدولة العمرانية (بني شاهين) في البطيحية في الشام في الفترة (٣٣٨ ـ ٣٧٤هـ)، والدولة العقيلية في نصيبين في الفترة (٣٨٠ ـ ٤٩٥هـ)، وغيرها.

وكان لقيام هذه الدول أثره الكبير في إثراء الإنتاج الشعري وإغنائه، إذ: «ما إن استقرت دول الموالين والعلويين إلا وقصدهم الشعراء بقصائدهم التي لا تخلو عن ذكر ملهم فكرة مقارعة الظالمين، ومناهضة الطغاة ألا وهو إمام الأحرار أبو عبد الله الحسين عليه السلام . . وهنا يكمن السر في قلة الشعر في القرنين الماضيين وارتفاع نسبته فجأة في هذا القرن».

وكانت الأطلال وكانت المرأة

لم يتخل الشاعر العربي في القرن الرابع وما قبله وما بعده عن أغراض الشعر الجاهلي، وبخاصة في دائرة افتتاح القصيدة القائم على الوقوف على الأطلال وذكر المرأة، حتى وهو يرثي الإمام الحسين عليه السلام وما حلّ به وبأهل بيته وأصحابه، فإذا كان امرئ القيس جندح بن حجر الكندي (ت ٥٤٠ م) يفتتح معلقته من بحر الطويل بقوله:

قفا نبك من ذكرى حبيب ومنزل بسقط اللوى بين الدخول فحومل

كأني غداة البين يوم تحملوا لدى سمرات الحي ناقف حنظل

وإذا كان كعب بن زهير بن أبي سلمى المازني (ت ٢٦هـ) يقف أمام الرسول محمد ﷺ ينشده لاميته الرائعة، من بحر البسيط بقوله:

بانت سعاد فقلبي اليوم متبول ... متيم إثرها لم يفد مكبول
وما سعاد غداة البين إذ رحلوا ... إلا أغن غضيض الطرف مكحول

فان تميم بن معد (المعز لدين الله) الفاطمي (ت ٣٧٤هـ) يبتدئ داليته في رثاء الإمام الحسين عليه السلام بما كان يبتدئ به الشعراء الأوائل، بقوله من بحر الطويل في خمسين بيتاً، تحت عنوان «بان العزاء»:

نأت بعد ما بان العزاءُ سعادُ ... فحشوُ جفون المقلتين سُهادُ
فليت فؤادي للظعائن مربعٌ ... وليت دموعي للخليط مزادُ

إلى أن يصل موضع الشاهد:

فكم كربة في كربلاء شديدة ... دهاهم بها للناكثين كيادُ

ويضيف:

تُداس بأقدام العصاة جسومهم ... وتدرسهم جُردٌ هناك جيادُ
فماتوا عطاشى صابرين على الوغى ... ولم يجبنوا بل جالدوا فأجادوا

وهذا إسماعيل الصاحب بن عباد الديلمي (ت ٣٨٥هـ)، يبدأ رائيته البديعة في رثاء الإمام الحسين عليه السلام، بقوله من بحر الكامل في قصيدة من ٦٤ بيتاً، تحت عنوان «يوم يعضون أكفهم:

ما بال علوى لا ترد جوابي ... هذا وما ودّعت شرخ شبابي
أتظن أثواب الشباب بلمتي ... دَورَ الخضابِ فما عرفت خضابي

إلى أن يقول:

قتلوا الحسين فيا لَعَولي بعده ... ولطول نَوحي أو أصير لما بي
وهم الألى منعوه بَلَّة غُلَّة ... والحتف يخطبُهُ مع الخطاب

أو قوله في الإمام الحسين عليه السلام من قصيدة من الطويل، في مدح أبيه علي بن أبي طالب عليه السلام، يقول في مطلعها:

لقد رحلت سعدى فهل لك مسعد ... وقد أنجدت علوى فهل لك منجد

إلى أن يقول:

وبالحسنين المجدُ مدَّ رُواقَه ... ولولاهما لم يبقَ للمجد مشهدُ

أحقاد بلا حدود

من يقف على سيرة يزيد بن معاوية (ت ٦٤هـ) ومن قبل أبيه معاوية، يخرج بحصيلة مفادها أن الحكم الأموي بتحويله الخلافة إلى ملك عضوض، إنما سار ضمن أجندات مختمرة في عقلية الحاكم الأموي قائمة على حقد دفين وضغينة مستترة لصاحب الرسالة وأهل بيته ولصحابته المنتجبين الذين قام الدين على أكتافهم، فعندما أقدم يزيد على قتل الإمام الحسين عليه السلام تمثلت بين يديه بطولات الإمام علي في بدر والخندق وإطاحته لرؤوس الشرك من أجداد يزيد وأعمامه وأخواله، وعندما استباح المدينة المنورة في العام ٦٢هـ واعتدى على نسائها، تمثلت أمامه بطولات الأنصار في المعارك ضد مشركي مكة ومنهم أجداده وأعمامه، وعندما ضرب الكعبة بالمنجنيق ولأول مرة في تاريخ العالم الإسلامي، تمثلت بين يديه الأصنام وهي تتهاوى في فتح مكة في العام ٨ هجرية وتراجع أهلها عن نصرة أجداده وأعمامه المشركين.

ولم يكذب يزيد عندما تمثل وضمّن قول الشاعر عبد الله بن الزبعرى السهمي (ت ١٥هـ) من بحر الرمل أنشدها يوم أحد:

ليت أشياخي ببدر شهدوا ... جَزعَ الخزرجِ من وقع الأسلْ
لو رأوهُ لاستهلّوا فَرحاً ... ثم قالوا يا يزيد لا تُشلْ

ثم يكمل:

لعبت هاشم بالملك فلا ... خبر جاء ولا وحي نزل

ولم يخطئ الشاعر علي بن حماد العدوي (ت ٤٠٠هـ) كبد الحقيقة عندما أنشد من الوافر قصيدته البائية من ٧٤ بيتاً تحت عنوان «ذكرى الحسين»، يشير إلى أن يزيد وأضرابه من بني أمية كانوا بقتلهم الإمام الحسين عليه السلام ينتقمون لأجدادهم من الإمام علي (ت ٤٠هـ) وحمزة بن عبد المطلب (ت ٣هـ) وجعفر بن أبي طالب الطيار (ت ٨هـ) الذين جندلوا في ساحات الوغى رجالات المشركين وأضرابهم:

ولكن أضمروا بُغضا وحقداً ... ضغائن في الصدور لها لهيبُ

تشبُّ سعيرها بدرٌ وأُحدٌ ... وخيبرُ والأسارى والقليبُ

ويقول الشاعر احمد بن محمد الصنوبري (ت ٣٣٤هـ) في قصيدة من ٥٦ بيتاً من بحر المجتث يرثي الرسول صلى الله عليه وآله وسلم تحت عنوان «يا عين فيضي»، ثم يصل إلى سبطه الحسين عليه السلام فينشد:

سبحان مَن يُمسكُ الأر ... ضَ حلمُهُ أن تمورا

أبحتُم من أبيه ... وجده محظورا

ثأرتمُ أهل بدرٍ ... لمّا وجدتم ثُؤورا

أو قول تميم بن معد الفاطمي في قصيدة «بان العزاء» يقول فيها من بحر الطويل:

بثارات بدر قاتلوهم ومكةٍ ... وكادوهم والحقُّ ليس يُكادُ

وكان الكفر الصريح برسالة محمد صلى الله عليه وآله وسلم محل أنظار الشعراء، فسجلوه في أبياتهم، فهذا طلحة بن عبد الله العوني (ت ٣٥٠هـ) ينشد من الرجز التام تحت عنوان «أبو الخلائف»:

الأول المسموم والثاني الذي بقتله رهطُ ملاعين كَفَر

فالمسموم هو الإمام الحسن عليه السلام اغتاله معاوية بن أبي سفيان، والمقتول هو الإمام الحسين عليه السلام.

ورغم محاولات البعض تنزيه يزيد عن جريمة قتل الإمام الحسين عليه السلام، لكن وقائع التاريخ تكذب أحلام هذا البعض، بخاصة وان عبيد الله بن زياد (ت ٦٧هـ) واليه على العراق تسلم من يزيد بن معاوية رسالتين يشترط عليه قتل الإمام الحسين عليه السلام وإلا نزع عنه نسبه، وأرجعه وأبيه إلى سمية كما كان زياد ينسب إلى أبيه من قبل فيقال زياد بن أبيه قبل أن يقوم معاوية بتقبل نسبه، ضاربا بذلك فقه محمد صلى الله عليه وآله وسلم عرض الحائط، عندما قرر النبي صلى الله عليه وآله وسلم: (الولد للفراش وللعاهر الحجر)، فمما جاء في الرسالة الأولى: «فإن قتلته ـ الحسين ـ وإلا رجعت إلى نسبك». والثانية يحضه على التصفية الجسدية الكاملة لأهل البيت عليهم السلام، فيقول له: «واجتهد ولا تبق من نسل علي بن أبي طالب أحدا».

وصدق الشاعر علي بن محمد التنوخي (ت ٣٤٢هـ) بقصيدة من الطويل في ٨١ بيتاً بعنوان «محال»، مطلعها:

من ابن رسول الله وابن وصيّه إلى مدغل في عقدة الدين ناصب

إلى أن يصل موضع الشاهد:

قفوتم يزيداً في انتهاك حريمه بكل معادٍ للإله محارب

ولزيد قصته

ويكاد اسم حمزة بن عبد المطلب عليه السلام وجعفر الطيار عليه السلام يتكرر في قصائد الولاء إلى جانب الإمام الحسين عليه السلام، مما يعكس عظمتهما في الإسلام، كما يلاحظ ذلك في أشعار الولاء والرثاء في القرن الأول والثاني

والثالث، وفي هذا القرن، لكن القرن الثاني وما بعده ضم اسماً جديداً هو زيد بن علي بن الحسين بن علي عليه السلام وثورته في الكوفة في العام ١٢٢هـ، فقلما يذكر الإمام الحسين عليه السلام وشهادته دون أن يذكر حفيده، وربما كانت البشاعة التي قوبل بها شخص زيد الشهيد في حياته وبعد وفاته، قد تركت أثراً تراجيديا في ضمير الشعراء مما جعلهم يقرنونه بواقعة الطف في كربلاء المقدسة كلما تذكروا أو ذكروا الإمام الحسين عليه السلام وما حل بأهل البيت عليهم السلام من مصائب، فزيد الشهيد لم يكتف الأمويون بقتله، إنما عمد يوسف بن عمر الثقفي (ت ١٢٧هـ) والي هشام بن عبد الملك (ت ١٢٥هـ) على نبش قبره ثم صلبه مع جماعة من أصحابه في منطقة الكناسة من الكوفة، وبقي مصلوبا أربع سنين حتى أمر الوليد بن يزيد بن عبد الملك (ت ١٢٦هـ) بإحراقه وتذريته في العام ١٢٦هـ، ومن مفارقات القدر أن يوسف الثقفي هذا، قتل في سجن الشام شر قتلة ورموا بجثته في الشارع وشدت الصبيان الحبل في رجليه وراحوا يجرونه في الأزقة!

ولذكر زيد الشهيد، يقول الشاعر علي بن حماد العدوي، من الكامل في احد عشر بيتاً تحت عنوان «الغريب النازح»:

يا آل بيت محمد حزني لكم ... قد قلّ عنه تصبري وتجلدي

ما للنوائب أنشبت أنيابها ... فيكم فبين مهضّم ومشرّدِ

إلى أن يقول:

ألذاك أبكي أم لمصلوب على ... أعواده وسط الكُناس مجرّدِ

أبكي لمنبوشٍ ومصلوبٍ ومحـ ... ـروقٍ مُذرى في الرياح مبدّدِ

أو قوله في مقطوعة من الكامل تحت عنوان «يا دهر»، يقول فيها:

يا دهر ما أنصفتَ آل محمد ... في سالفٍ من أمرهم وقريب

إلى أن يقول:

ومـجـدَّلٍ ظـامٍ ومـنـكـوسٍ عـلـى أعـواد جـذعٍ بـالـكُـنـاس صـلـيـب

فالمجدل إشارة إلى الإمام الحسين عليه السلام والمنكوس إلى زيد الشهيد الذي صلب منكوساً.

أو قول تميم بن معد الفاطمي في قصيدة من الخفيف تحت عنوان «أين جدي» ومطلعها:

قـسـمـة الـمـوت قـسـمـة لا تـجـور كـلُّ حـيّ بـكـأسـهـا مـخـمـور

إلى أن يقول:

أيـن جـدّي حـسـيـنٌ بـنُ عـلـيٍّ أيـن زيـدُ الـمُـفـجَـعُ الـمـوتـورُ

في الواقع إن نبش قبر زيد بن علي وتركه مصلوباً منكساً لسنوات أربع أمام باب الكناسة في مدينة الكوفة التي هي موطن الموالين لأهل البيت عليهم السلام يعكس حجم الإرهاب والعنف والقمع الذي كان يمارسه النظام الأموي ضد الشعب العراقي آنذاك، ومن بعده النظام العباسي والأنظمة التي تلته.

تمثّل النص والأثر

ترك القرآن الكريم ونصوص السنة وأدبهما الراقي تأثيرهما الكبير على النتاج الأدبي بشقيه النثري والشعري وأغنى الأدب العربي إضافة إلى آداب الشعوب الإسلامية غير العربية، وفي مجال النظم القريض، يلاحظ التأثير بشكل واضح، لاسيما وان القرآن الكريم ينفتح على كل الاتجاهات، وعليه جرت ثقافة السنة الشريفة، ومن مظاهر التأثر بالمنهج القرآني استحضار الشعراء للآيات القرآنية ونصوص السنة وتمثلهما في أبياتهم، ويكثر هذا النظم عند الملتزمين منهم، ويمكن اعتبار قصائد ومقطوعات وأبيات وردت في ديوان القرن الرابع ترجمة شعرية للنص القرآني والأثر النبوي.

ومن شواهد التمثل القرآني، قول علي بن حماد العدوي من الخفيف في قصيدة من ٩٤ بيتاً بعنوان «حيّ قبراً» يستحضر فيها سورة الإنسان أو الدهر النازلة في الحسنين وأمهما وأبيهما، يقول في بعض منها:

إن الأبرار يشربون بكأس كان عندي مزاجها كافورا

فلهم أنشأ المهيمن عيناً فجروها لديهم تفجيرا

وهداهم وقال يوفون بالنذ ر فمن مثلهم يوفي النذورا

ويخافون بعد ذلك يوما شره كان في الورى مستطيرا

فوقاهم إلههم ذلك اليو م ويلقون نضرة وسرورا

وهذه الأبيات تمثلها الشاعر من سورة الإنسان الآية ٥ ـ ١١، في قوله تعالى: ﴿إِنَّ ٱلْأَبْرَارَ يَشْرَبُونَ مِن كَأْسٍ كَانَ مِزَاجُهَا كَافُورًا * عَيْنًا يَشْرَبُ بِهَا عِبَادُ ٱللَّهِ يُفَجِّرُونَهَا تَفْجِيرًا * يُوفُونَ بِٱلنَّذْرِ وَيَخَافُونَ يَوْمًا كَانَ شَرُّهُۥ مُسْتَطِيرًا . . . فَوَقَىٰهُمُ ٱللَّهُ شَرَّ ذَٰلِكَ ٱلْيَوْمِ وَلَقَّىٰهُمْ نَضْرَةً وَسُرُورًا﴾.

ومن تمثل السنة النبوية قول الشاعر محمود (كشاجم) بن الحسين السندي (ت ٣٦٠هـ)، من المتقارب في قصيدة من ٣٨ بيتاً تحت عنوان «لقد هتكت حُرم المصطفى»، يقول فيها:

سفينة نوح فمن يعتلق بحبهم مُعلقٌ بالنجاء

وقد استوحى البيت من قول النبي محمد ﷺ: (إن مثل أهل بيتي فيكم مثل سفينة نوح من ركبها نجا ومن تركها غرق).

وقد يعمد الشاعر إلى تمثل القرآن والسنة معاً، من قبيل قول الشاعر علي بن حماد العدوي في قصيدة من الوافر في ٦٤ بيتاً، تحت عنوان «دعوت الدمع» يقول فيها:

وآخاه النبي بأمر ربٍّ كما عن أمره آخى الصحابا

فصار لنا مدينة كل علم وصار لها علي الطهر بابا

فالبيت الأول هو استيحاء من قول تعالى في الآية ١٠ من سورة الحجرات: ﴿إِنَّمَا ٱلْمُؤْمِنُونَ إِخْوَةٌ﴾، فعن عبد الله بن عباس (ت ٦٨هـ) قال: لمّا نزل قوله تعالى: ﴿إِنَّمَا ٱلْمُؤْمِنُونَ إِخْوَةٌ﴾ آخى رسول الله ﷺ بين الأشكال والأمثال، فآخى بين أبي بكر وعمر، وبين عثمان وعبد الرحمن، وبين سعد بن أبي وقّاص وسعيد بن زيد، وبين طلحة والزبير، وبين أبي عبيدة وسعد بن معاذ، وبين مصعب بن عمير وأبي أيّوب الأنصاري، وبين أبي ذرّ وابن مسعود، وبين سلمان وحذيفة، وبين حمزة وزيد، وبين أبي الدرداء وبلال، وبين جعفر الطيّار ومعاذ بن جبل، وبين المقداد وعمّار، وبين عائشة وحفصة، وبين زينب بنت جحش وميمونة، وبين أم سلمة وصفيّة، حتى آخى بين أصحابه بأجمعهم على قدر منازلهم، ثمّ قال: يا عليّ، أنت أخي وأنا أخوك).

أما البيت الثاني فهو تمثل لقول الرسول ﷺ في علي عليه السلام كما في صحيح الترمذي: ٢/ ٣٠١: (أنا مدينة العلم وعلي بابها فمن أراد المدينة فليأت الباب).

حلقة وصل

استوعب ديوان القرن الرابع الهجري في جزئه الأول قافية الهمزة حتى السين في ٨٢ قطعة، كان للشاعر علي العدوي من القصائد والمقطوعات تسع عشرة، يليه احمد بن محمد الصنوبري وله تسع، وإسماعيل بن عباد الديلمي وتميم بن معد الفاطمي ولهما ثمان، يليهما محمد السوسي في سبع، وتوزعت البقية على كل من ابن بديل الكاتب (ق ٤هـ)، أحمد الضبي (٣٩٨هـ)، حسين (ابن الحجاج) النيلي (٣٩١هـ)، حسين البشنوي (بعد

٣٨٠هـ)، السري الرفاء (٣٤٤هـ)، سعيد الخالدي (٣٧١هـ)، سلامة الموصلي (٣٩٠هـ)، طلحة العوني، علي الزاهي (٣٥٢هـ)، علي (الناشئ الصغير) البغدادي (٣٦٥هـ)، علي التنوخي، عيسى (ابن الرضا) الرضوي (بعد ٣٢٥هـ)، فنا خسرو (عضد الدولة) البويهي (٣٧٢هـ)، محمد (ابن دريد) الأزدي (٣٢١هـ)، محمد الجواليقي (٣٨٤هـ)، محمد الخالدي (٣٧٦هـ)، محمد بن هانئ الأندلسي (٣٦٢هـ)، محمود (كشاجم) السندي، ومنصور (الفضة) التميمي (٣٠٦هـ).

ودعم المحقق الكرباسي الديوان بواحد وثلاثين فهرساً في نواح شتى، وهي بمثابة مفاتيح إلى متون الديوان وهوامشه. وختمه بقراءة للديوان كتبها العالم السويدي، المسيحي المعتقد، أستاذ الدراسات العربية والإسلامية في جامعة آبّسالا السويدية، الدكتور جان هنينغسون (Jan A. Henningsson)، عبر فيها بوصفه سكرتير الشؤون العقائدية في الكنيسة السويدية أيضا، عن قناعته بأن: «بعض التقاليد والرموز الإسلامية تكون قريبة لقلب المسيحيين، ومن تلك الرموز سبط الرسول محمد: الحسين ابن فاطمة، تلك المتألقة، وابن ذلك المكافح الحكيم الخليفة علي»، وعن حقيقة نظرة المسيحيين إلى الحسين الشهيد، أضاف: «هذه مشاعرنا نحن المسيحيين تجاه الحسين أولا، والمأساة التي أدت إلى استشهاده وظروفها ثانيا»، وأكد هنينغسون على: «وجود مفاهيم مشتركة بين الإسلام والمسيحية من النظرة الشعبية، ولابد أن لا تكون التقاليد عائقاً في التقارب بين المسيحيين والمسلمين، فهناك دائما صلة قريبة ومعانٍ متقاربة لفهم بعضنا البعض بتناغم الإيمان للسير في طريق الحق لمن يريد أن يسير، والطريق ليس شائكاً للذي يريد المشي نحو كربلاء.. ويخطو بخطى ثابتة نحو الإمام الحسين»، وخلص العالم السويدي

إلى انه: «يمكن لدائرة المعارف الحسينية هذه أن تساعد على تحقيق حوار بين المسلمين والمسيحيين لأنهم يلتمسون التعاليم من الله.. وبالفعل يمكن أن يكون الحسين حلقة وصل بين المسيحيين والمسلمين..».

الأحد ٢٠٠٧/٤/٢٩م
١٤٢٨/٤/١١هـ

البروفيسور كودمار بن كرستينا أنير

(Gudmar Kristina Aneer)

* ولد في مدينة تيروباتور (Tirupattur) في شرق الهند، عام ١٣٦١هـ (١٩٤٢م).
* نال عام ١٣٩٠هـ (١٩٧٠م) شهادة الليسانس في اللاهوت في موضوع تاريخ الأديان من جامعة آبسالا (Uppsala University) في السويد.
* زود في العام نفسه ومن الجامعة نفسها بشهادة بكالوريوس فنون في اللغة السنسكريتية ودراسة مقارنة اللغات الأوروبية والسامية والفارسية.
* حصل عام ١٣٩٣هـ (١٩٧٣م) من الجامعة نفسها على شهادة الدكتوراه في الإلهيات حول الاختلاف بين الأديان، كالإسلام والهندوسية والمسيحية والزرادشتية.
* عمل منذ عام ١٤٠٤هـ (١٩٨٤م) أستاذاً مساعداً في قسم الدراسات الدينية في جامعة غوتبورغ (Göteborg university) في مدنية غوتبورغ غرب السويد.
* يعمل حاليا أستاذاً في علم الأديان وتاريخها في جامعة هوغسكولان دالارنا (Högskolan Dalarna University) في مدينة دالارنا وسط السويد.
* شارك في مؤتمرات وندوات عدة عقدت في مدن سويدية مختلفة في مجال تاريخ الأديان ومعتقدات الشعوب.
* له مقالات ودراسات عدة في مجال اختصاصه نشرت في عدد من المجلات المختصة، منها:

ـ الأيديولوجية الملوكية والهوية الإسلامية في القرن الحادي عشر (Kingship ideology and Muslim identity in the 11th century as reflected in the Siyasatnama by Nizam al - Mulk and in the Kutadgu Bilig by Yusuf Khass Hajib).

ـ السلطة الصوفية في القرن السادس عشر في إيران والهند كسلطة توفيقية (Sufi Power in Sixteen Century Iran and India in A Conciliation of Power).

ـ العاطفة والشهادة والعصبية الفارسية الدينية والرؤى الغربية (Emotion, Martyrdom and Fanaticism Persian Religiosity and Western Views).

(ديوان القرن الرابع ـ الجزء الثاني)
تذكرة للقوة

كان العلماء الغربيون يركزون ـ خلال الشطر الأعظم من القرن الحالي ـ العشرين ـ على بعض جوانب تطور الإسلام المبكر، وجانب من سنّة الرسول محمد، لذلك فقد عُرضت للناس في الغرب صورة محدودة للإسلام، الأمر الذي لم يتح الفرصة لهم للتعرف على غنى أو تنوّع التعاليم الإسلامية، على أنَّ ثمة استثناءات في هذا المجال، إذ تناول بعض العلماء جوانب أخرى من الإسلام، في كتاباتهم، خلال العقود الأولى والعقدين الأخيرين من قرننا الراهن (العشرين).

في مطلع القرن العشرين، كان هناك وعي لنواح مختلفة للطقوس الإسلامية، كتلك المتعلقة بالإمام علي بن أبي طالب، والإمام الحسين بخاصة وأهل البيت بعامة، وقد حدت الحوادث التاريخية في إيران بالعلماء الغربيين، إلى إحالة للنظر في العديد من تلك النواحي، التي كادت أن تُنسى في معظم الأحيان، إذ كان نادراً ما تُعتبر المعاناة، والتكفير عن الخطايا، والتصوف، وموضوعات أخرى عدة، من الأمور الهامة في الإسلام، ومهما كان من أمر، فتوجد استثناءات للاتجاه العام للقرن، مثل «هنري كوربين»[1]

_____

(١) هنري كوربين: (Henry Corbin) (١٩٠٣ ـ ١٩٧٨م = ١٣٢١ ـ ١٣٩٨هـ)، ولد في باريس=

و«آن ماري شيميل»[1] وآخرين ولكنهم ليسوا كثيرين.

وفي غضون العقدين الأخيرين، تزايد عدد العلماء الغربيين المتناولين لموضوعات من قبيل الشيعة والصوفية، الخ.. ومن غير المحتمل أن تظهر في الغرب طريقة شديدة الانتقاء (أي تدرس موضوعاً دون الاهتمام بموضوعات أخرى مرتبطة به) في دراسة الإسلام من جديد، لهذا تتزايد رغبة العلماء الغربيين الآن، لتوسيع رؤيتهم بالنسبة إلى الدراسات الإسلامية، وستكون الموسوعة الحسينية خطوة مهمة في هذا الاتجاه.

=وفيها مات، منظر ومستشرق وفيلسوف فرنسي، وبروفيسور في الدراسات الإسلامية في جامعة السوربون، حصل على شهادة في الفلسفة وله من العمر ١٩ عاما من المعهد الكاثوليكي في باريس، اهتم بالفلاسفة المسلمين وبخاصة السهروردي وصدر الدين الشيرازي وابن عربي، ترأس المعهد الإسلامي في جامعة السوربون، استقر في استانبول لسنوات ست خلال الحرب العالمية الثانية (١٩٣٩ ـ ١٩٤٥م) للدراسة والتدريس، وذهب إلى طهران وقام بالتدريس في جامعتها، وظل لفترة يتنقل بين طهران وباريس للتدريس، ترك أكثر من ٢٠٠ عمل فلسفي وأدبي وثقافي وتاريخي، منها: تاريخ الفلسفة الإسلامية (Histoire de la philosophie islamique)، الخيال الخلاق في تصوف ابن عربي (Creative Imagination in the Sufism of Ibn 'Arabi')، ورجل الضياء عند الصوفيين الإيرانيين (The Man of Light in Iranian Sufism).

(١) آن ماري شيميل: (Annemarie Schimmel) (١٩٢٢ ـ ٢٠٠٣م = ١٣٤٠ ـ ١٤٢٣هـ)، مستشرقة وفيلسوفة ألمانية، ولدت في مدينة إرفورت (Erfurt)، تعلمت العربية وهي في سن الخمسة عشر عاماً، نالت شهادة الدكتوراه في الاستشراق من قسم اللغة العربية والدراسات الإسلامية من جامعة برلين ولها من العمر ١٩ عاما، وأصبحت بروفيسورة في اللغة العربية ولها من العمر ٢١ عاما، قامت بتدريس اللغة التركية، وهي عضوة في جامعة هارفارد الأميركية، وأستاذة في جامعة بون، درّست وحاضرت في بريطانيا وأميركا وإيران وإندونيسيا والفليبين وباكستان، في عام ٢٠٠٢م منحتها جامعة الزهراء الإيرانية دكتوراه فخرية، وماتت في مدينة بون (Bonn)، تركت أكثر من مائة كتاب في موضوعات شتى معظمها في الثقافة والآداب العربية والإسلامية، من مصنفاتها: الإسلام: مقدمة (Islam: An Introduction)، الإسلام وعجائب المخلوقات: مملكة الحيوان (Islam and the Wonders of Creation: The Animal Kingdom) وانظر: هذا حب (Look! This Is Love).

في مقدمة الجزء الثاني، سُمّي أسلوب العمل بـ «السيرة» أو (السيرة المتسمة بتقديس الكاتب للمترجَم له، أو إظهاره بمظهر مثالي) الأمر الذي يشير إلى أنه ليس نمطاً من أنماط الكتابة العلمية الغربية التقليدية، فضلاً عن ذلك، فستكون الموسوعة مفيدة، حيث جُمع فيها الكثير من الطقوس والتقاليد، وان من الواجب ـ مستقبلا ـ أن تتم مناقشة أصالة أو صحة هذه الطقوس والتقاليد بإسهاب، وبيان المجموعات الإسلامية التي كانت ـ ومازالت ـ تعتبرها هامّة .

إن هذه الموسوعة ستكون تذكرةً لقوة وعمق العديد من الابتهالات الخاصة بالإمام الحسين، بالنسبة لأولئك الذين لا يولون هذا الأمر اهتماماً علمياً، من العلماء والمسلمين . وستُبرز الموسوعة كذلك، أهمية معاناة الإمام الحسين، وأهمية التكفير عن الخطايا التي ارتكبها الكثير من المسلمين في فهمهم للإمام ومعاناته . وفي هذا الكتاب يمكن أن تجد عمق التوسل أو الابتهال، بالإضافة إلى النواحي المختلفة التي سبق ذكرها، والمتعلقة بالإمام الحسين .

الدكتور كودمار أنير

Gudmar Aneer

غوتبورغ ـ السويد
٢٨/ ١٢/ ١٩٩٩م

أمراء السياسة
حينما يتربَّعون على عرش القوافي

يتاح للناقد الأدبي من خلال قراءة قصيدة واحدة أو قصائد عدة لشاعر واحد، ملاحظة أمور كثيرة على علاقة مباشرة أو غير مباشرة بشخص الشاعر والواقع المحيط به، وإذا تكاثرت القصائد وتعدد الشعراء على مسافة زمنية طويلة، فإن القراءة ستتشعب وتكثر الزوايا التي ينظر منها الناقد، بل انه سيكتشف ما لم يكتشفه ناقد آخر، وبذلك تزداد وجهات النظر وتبرز نقاط قد تغيب عن هذا وتحجم عند ذاك.

وإذا اشتهر في المأثور النبوي، كما في المستدرك على الصحيحين: ٤/ ٥٢٢: (إنَّ الله يبعث لهذه الأمة على رأس كل مائة سنة من يجدد لها دينها)، فإن الأدب العربي بقسميه المنظوم والمنثور، له من ينفخ فيه الحياة على رأس كل جيل، وبخاصة في جانب النظم، وإذا كان العمر الافتراضي لكل جيل بنحو ٣٥ عاماً فإن القرن الواحد يشهد ثلاثة أجيال من الشعراء، يظهر فيهم من المبرزين من يشار إليهم بالبنان، وعلى رأس كل قرن يقف هناك من يبز الشعراء كلهم، ولذلك تحتفظ كل أمة في ذاكرتها بعدد محدود من الشعراء وربما أقل من أصابع اليد الواحدة، رغم حركة الزمان وتعاقب الشعراء جيلاً بعد آخر.

البحاثة الدكتور محمد صادق محمد الكرباسي في الجزء الثاني من كتاب «ديوان القرن الرابع» الهجري الصادر عن المركز الحسيني للدراسات في لندن، في ٤٠٨ صفحات من القطع الوزيري، وفي إطار قراءته التاريخية والأدبية والنقدية للشعر المنضد في شخصية الإمام الحسين عليه السلام ونهضته المباركة خلال القرن الرابع الواقع في الفترة (٨/٨/٩١٣ ـ ١٤/٨/١٠١٠م)، وجد في خاتمة الجزء الأول والثاني من هذا الديوان، ضمن سلسلة دواوين القرون من دائرة المعارف الحسينية، أن القرن الثاني الذي يلي القرن الأول الذي استشهد فيه الإمام الحسين عليه السلام في ٦١هـ، أفرز تسعة شعراء مبرّزين من بين ٣٤ شاعراً، وهم: كثير عزة (ت ١٠٥هـ)، الفرزدق (ت ١١٠هـ)، ابن قتة (ت ١٢٦هـ)، الكميت (ت ١٢٦هـ)، ابن ميمون (ت ١٤٦هـ)، ابن هرمة (ت ١٧٦هـ)، الحِمْيَري (ت ١٧٨هـ)، النمري (ت ١٩٠هـ) وأخيراً أبو نؤاس (ت ١٩٨هـ) وقد برز الحميري من بينهم، ذلك: «لأن شعره أخذ المساحة الشاسعة من ذلك القرن وأعطاه الصفة المميزة حيث ضمن شعره الكثير من الأحداث والأحاديث ذات العلاقة بالإمام عليه السلام بالإضافة إلى قوة التعبير و. .و. .».

وفي القرن الثالث الهجري برز ثمانية من شعراء الطبقة الأولى نظموا في الإمام الحسين عليه السلام من بين ٢٨ شاعراً، وهم: الشافعي (ت ٢٠٤هـ)، أبو تمام (ت ٢٣١هـ)، ديك الجن (ت ٢٣٥هـ)، ابن السكيت (ت ٢٤٤هـ)، دعبل (ت ٢٤٦هـ)، ابن الرومي (ت ٢٨٣هـ)، البحتري (ت ٢٨٤هـ)، وأخيراً ابن المعتز (ت ٢٩٦هـ)، وبرز من بينهم دعبل الخزاعي: «لأنه تمكن ان يفوقهم في الاتجاهين الكمي والكيفي».

ويستظهر المصنف من جملة اعتبارات أنَّ قصائد الشاعر أبي الطيب احمد بن الحسين المتنبي (٣٠٣ ـ ٣٥٤هـ) في الإمام الحسين عليه السلام والتي

يخلو ديوانه منها ربما قد تعرضت للاغتيال الأدبي، إذ لا يعقل وهو الموالي لأهل البيت عليهم السلام أنْ تجدب قريحته عن النظم فيه، ويدعم رأيه بسبعة قصائد ومقطوعات للمتنبي أوردها السيد محسن الأمين (ت ١٩٥٢م) في موسوعة أعيان الشيعة وغابت عن الديوان، من ذلك قوله في مدح الإمام علي عليه السلام من بحر الطويل:

أبا حسن لو كان حبك مدخلي — جهنم كان الفوز عندي جحيمها

وكيف يخاف النار من بات موقنا — بأن أمير المؤمنين قسيمها

سلاطين ولكن شعراء

وبرز في القرن الرابع الهجري اسم الوزير والشاعر واللغوي إسماعيل بن عباد الديلمي (ت ٣٨٥هـ)، إذ تفوق على ٢١ شاعراً من طبقة الصفوة من بين ٤٣ شاعراً نظموا في الإمام الحسين، وهم: البسامي (ت ٣٠٢هـ)، ابن دريد (ت ٣٢١هـ)، الصنوبري (ت ٣٣٤هـ)، السري الرفاء (ت ٣٤٤هـ)، العوني (ت ٣٥٠هـ)، الزاهي (ت ٣٥٢هـ)، أبو فراس (ت ٣٥٧هـ)، كشاجم (ت ٣٦٠هـ)، الأندلسي (ت ٣٦٢هـ)، الناشئ الصغير (ت ٣٦٥هـ)، ابن قريعة (ت ٣٦٧هـ)، سعيد الخالدي (ت ٣٧١هـ)، عضد الدولة (ت ٣٧٢هـ)، ابن المعز (ت ٣٧٤هـ)، الجوهري (ت ٣٨٠هـ)، الخباز البلدي (ت ٣٨٠هـ)، محمد الخالدي (ت ٣٨٦هـ)، الوَءوَء (ت ٣٨٥هـ)، ابن الحجاج (ت ٣٩١هـ)، وبديع الزمان (ت ٣٩٨هـ).

ولعظمة شعر الصاحب بن عباد وقوته مع كثرته: «مدحه الشعراء في كلا القطرين العربي والفارسي بقصائد طوال تجاوزت في حياته المائة ألف قصيدة، غير التي لم يطلع عليها والتي منها قصائد السيد الرضي محمد بن الحسين (ت ٤٠٦هـ) الذي لم يبعثها إليه مخافة ان يتهم بمطلب مادي عنده

فيستصغره الصاحب، فما بالك بالقصائد التي رثي بها بعد موته أو التي تأخرت عن تلك العصور».

ولاحظ الشيخ الكرباسي من خلال البحث والتقصي، إنَّ هذا القرن الذي شهد قيام دول إسلامية في مناطق مختلفة من العالم، شهد معه بروز سلاطين ووزراء نظموا الشعر بعامة وفي الإمام الحسين عليه السلام ونهضته بخاصة، حيث اتسعت رقعة الشعر شرقاً وغرباً من بلاد الأندلس إلى بلاد فارس: «وقد اجتاح الشعر الحسيني بلاط السلاطين والملوك: فدخل البلاط العباسي في بغداد والحمداني في حلب والبويهي في اصفهان والفاطمي في القاهرة»، ويقف على رأس هؤلاء ستة من الخلفاء والسلاطين والوزراء، وهم:

- الخليفة القائم بأمر الله الفاطمي محمد بن عبيد الله المهدي (ت ٣٣٤هـ) ثاني ملوك الدولة الفاطمية.

- السلطان عضد الدولة البويهي فناخسرو بن حسن (ت ٣٧٢هـ) خامس سلاطين الدولة البويهية التي حكمت إيران والعراق.

- الأمير أبو فراس الحمداني الحارث بن سعيد بن حمدان (ت ٣٥٧هـ)، ابن عم سيف الدولة وأمير ولاية منبج من ضواحي حلب.

- الأمير تميم بن المعز لدين الله الفاطمي (٣٧٤هـ) وكان يلقب بأمير شعراء مصر.

- الوزير الصاحب إسماعيل بن عباد الديلمي.

- الأمير محمد بن عبد الله السوسي (ت ٣٧٠هـ)، من كتاب وشعراء أهل حلب.

فن الإمضاء الشعري

كان من إفرازات نشوء الدول الإسلامية، غزارة الإنتاج الأدبي، وتفتح قرائح الشعراء، وانعكس الوضع على الشاعر نفسه حيث كان الشاعر في القرن الرابع الهجري ينظم الشعر دون وجل أو خوف إما لشجاعة الشاعر نفسه مع قناعة ذاتية بتحمل تبعات ما ينشئ وينشد أو لأن مساحة الحرية التي يتمتع بها تسمح له بنقد الأنظمة والحكومات المتعاقبة والتعرض لما أصاب أئمة أهل البيت عليهم السلام من ظلم بخاصة في العهدين الأموي (٤٠ ـ ١٣٢هـ) والعباسي (١٣٢ ـ ٦٥٦هـ).

وعلى خلاف القرون الماضية، عمد البعض من الشعراء إلى الإمضاء على شعرهم وتوقيع قصائدهم باسمهم، وقد ساعد هذا الأسلوب في حفظ الشعر ونسبته إلى صاحبه، فضلاً عن إكساب صاحبه قوة في الشخصية وتشجيع الآخرين على نقد الانحرافات شعراً ونثراً، ومن ذلك قول الشاعر علي بن حماد العدوي (ت ٤٠٠هـ)، في قصيدة من بحر الطويل في ٦٢ بيتاً تحت عنوان «شدّة عَلوية»، يقول في مطلعها:

دعا قلبه داعي الوعيد فأسمعا وداعي مبادي شيبه فتورعا

ثم يصل إلى ذكر الحسين عليه السلام:

يشدّ عليهم شدّة علوية يظلّ نياط القلب منها مُقطعا
كشدِّ أبيه في الهياج وضربه وهل تلد الشجعان إلا المشجَّعا

ويختم القصيدة بقوله:

ومدح ابن حماد لآل محمد سيُجزى بيوم المرء يُجزى بما سعى

أو قول ابن الحجاج الحسين بن أحمد النيلي (ت ٣٩١هـ) في قصيدة من البسيط في ٧٨ بيتاً بعنوان «ويلاه ويلاه»، يقول في مطلعها:

لا تُنكري أن أَلِفتُ الهمَّ والأرقا　　وبتُّ من بعدهم حِلف الأسى قلقا

إلى أن يقول:

يا آل طه لقد نال الأمان بكم　　في البعث كل ولي مؤمن صدقا

أحب أعدائي فيكم إذ تحبكم　　وإنني أهجر الأهلين والرُّفقا

فهاتموها من النيلي رائقةً　　تحي الحيا رقةَ لفظاً ومنتسقا

أو قول علي بن أحمد الجوهري (ت ٣٨٠هـ) من البسيط في ٢٧ بيتاً تحت عنوان «لهفي على الدين»، ومطلعها:

عاشورنا ذا ألا لهفي على الدين　　خذوا حِدادكم يا آل ياسين

إلى أن يقول:

يا عين لا تدعي شيئاً لغاديةٍ　　تهمي ولا تدعي دمعاً لمحزون

قومي على جدث بالطف فانتفضي　　بكل لؤلؤ دمع فيك مكنون

يا آل أحمد إن الجوهري لكم　　سيف يقطع عنكم كل موضون

الشعر وحديث الخلفاء

يتضمن نظم الشعر أغراضا كثيرة، يستطيع المتذوق للشعر ملاحظتها، وتكتسب بعض القصائد أهمية كبيرة، بخاصة إذا كانت على ما فيها من بيان وبلاغة تؤرخ لحوادث يكون فيها الشاعر جزءاً من الحدث أو يقف قريباً من حافة الزمن الذي وقع فيه، ولذلك لم يستغن رواة التاريخ عن الاحتجاج بالشعر لتثبيت أو نفي حادثة أو واقعة.

وقد أحسن الشعراء في تمثل النصوص القرآنية والنبوية، كما أحسنوا في تثبيت مصاديق النصوص، من قبيل «نص الخلفاء» وعددهم الذي أشار إليه النبي محمد ﷺ في أكثر من موقع، فقد أخرج البخاري محمد بن إسماعيل (ت ٢٥٦هـ) في صحيحه: ١٠١/٩، عن جابر بن سمرة (ت

٦٦هـ)، قال: (سمعت النبي ﷺ يقول: يكون اثنا عشر أميرا، فقال كلمة لم أسمعها، فقال أبي: إنه قال: كلهم من قريش)، ونقل مسلم بن الحجاج النيسابوري (ت ٢٦١هـ) في صحيحه: ٣/ ١٤٥٢، عن جابر بن سمرة قال: (دخلت مع أبي على النبي ﷺ، فسمعته يقول: إن هذا الأمر لا ينقضي حتى يمضي فيهم اثنا عشر خليفة. قال: ثم تكلم بكلام خفي علي. قال: فقلت لأبي: ما قال؟ قال: كلهم من قريش)، وأخرج أحمد بن حنبل (ت ٢٤١هـ) في مسنده: ٥/ ٨٧، عن جابر بن سمرة، قال: (سمعت رسول الله ﷺ يقول في حجة الوداع: لا يزال هذا الدين ظاهراً على من ناواه، لا يضره مخالف ولا مفارق، حتى يمضي من أمتي إثنا عشر أميراً كلهم من قريش)، وروى القندوزي الحنفي سلمان بن إبراهيم (ت ١٢٩٤هـ) في ينابيع المودة: ٣/ ٣٩٩، عن المناقب بسنده عن جابر بن عبد الله الأنصاري الخزرجي (ت ٧٤هـ) يقول: (قال لي رسول الله ﷺ: يا جابر إنّ أوصيائي وأئمة المسلمين من بعدي أوّلهم علي، ثم الحسن ثم الحسين ثم علي بن الحسين ثم محمد بن علي المعروف بالباقر ستدركه يا جابر فإذا لقيته فاقرأه منّي السلام ثم جعفر بن محمد ثم موسى بن جعفر ثم علي بن موسى ثم محمد بن علي ثم علي بن محمد ثم الحسن بن علي ثم القائم إسمه إسمي وكنيته كنيتي محمد بن الحسن بن علي ذاك الذي يفتح الله على يديه مشارق الأرض ومغاربها، ذاك الذي يغيب عن أوليائه غيبة لا يثبت على القول بإمامته إلاّ من امتحن الله قلبه للإيمان).

وفي هذا الإطار، يثبت الأمير أبو فراس الحمداني، مصاديق الأثر النبوي، في مقطوعة من بحر الخفيف تحت عنوان «الشفعاء»، يقول فيها:

شافعي أحمدُ النبي مولا ... يَ علي والبنت والسبطان

وعلي وباقر العلم والصا ... دق ثم الأمين ذو التبيان

وعلي ومحمد بن علي وعلي والعسكري الداني
والإمام المهدي في يوم لا ينـ ـفع إلا غفران ذي الغفران

أو قول عضد الدولة فناخسرو بن حسن البويهي في مقطوعة من الكامل تحت عنوان «الأئمة إثنا عشر»، يقول فيها:

إن كنت جئتكَ في الهوى متعمدا فرميت من قطب السماء بهاوية
وتركت حبي لابن بنت محمد وحشرتُ من قبري بحب معاوية
إن الأئمة بعدَ أحمدَ عندنا إثنان ثم اثنان ثم ثمانية

أو قول الوزير الصاحب إسماعيل بن عباد من مجزوء الرمل تحت عنوان «لا أعرف غيرهم»، ينشد:

أنا لا أعرف حقا غير ليثٍ بالغري
وثمان بعد شبليـ ـه ومحجوب خفي

وأشار علي بن حماد العدوي إلى الخلفاء والأئمة الإثني عشر من خلال ذكر مواضع مراقدهم الشريفة، عندما أنشد من البسيط، في قصيدة من ٤١ بيتاً تحت عنوان «لا عشت بعدك»:

بعضٌ بطيبةَ مدفونٌ وبعضهمُ بكربلاء وبعضٌ بالغريين
وأرض طوسٍ وسامرا وقد ضمنت بغدادُ بدرين حلاّ وسط قبرين

فطيبة أو المدينة المنورة إشارة إلى الأئمة: الحسن بن علي المجتبى (ت ٥٠هـ)، علي بن الحسين السجاد (ت ٩٣هـ)، محمد بن علي الباقر (ت ١١٣هـ)، وجعفر بن محمد الصادق (ت ١٤٨هـ)، وأما كربلاء فإشارة إلى مرقد الإمام الحسين بن علي والغريين إشارة إلى النجف الأشرف ومرقد الإمام علي بن أبي طالب (ت ٤٠هـ)، وأرض طوس إشارة إلى مرقد الإمام علي بن موسى الرضا (ت ٢٠٣هـ)، وسامرا إشارة إلى مرقد الإمامين

علي بن محمد الهادي (ت ٢٥٤هـ) والحسن بن علي العسكري (ت ٢٦٠هـ)، وبغداد إشارة إلى مرقد الإمامين موسى بن جعفر الكاظم (١٨٣هـ) وحفيده محمد بن علي الجواد (ت ٢٢٠هـ). ولم يشر إلى الإمام المهدي المنتظر لأنه حي يرزق حتى يومنا هذا.

وراء كل نهضة امرأة

يجمع المحققون والمؤرخون على أنَّ واقعة الطف واستشهاد الإمام الحسين عليه السلام ما كان لها أنْ تعرف تفاصيلها ووقائعها لولا التسديد الإلهي بأن قيض للنهضة الحسينية مَن يرفع لواءها خفاقة ويصدح بها، ويشار إلى شقيقة الإمام الحسين عليه السلام السيدة زينب الكبرى (٦ ـ ٦٢هـ) بأنها المرأة الرائدة التي ملكت لساناً إعلامياً وبلاغياً وكأنها تحدث عن أبيها علي عليه السلام، فضحت النظام الأموي وهي في عقر داره عبر خطبها ومواقفها البطولية، وحيث أراد النظام عبر حفلة السبي الشامي الطعن بالبقية الباقية من أهل بيت النبوة المحمدية، لكن العقيلة زينب سخّرت هذا الحفل الجاهلي في توعية الجماهير المسلمة على حقيقة الواقع السيّئ الذي يعيشونه، وكان لخطبها وقع النار في الهشيم.

هذا الدور الذي نلمس آثاره حتى يومنا هذا، حمل الشعراء على تثبيته في صدور أبياتهم وأعجازها، وأفرد بعض الشعراء أبياتاً كثيرة وبخاصة في القصائد التي تحكي واقعة الطف وما جرى بعدها من السبي من كربلاء إلى الكوفة ومنها إلى الشام عبر المدن الواقعة على نهر الفرات، ومن ذلك قصيدة لعلي بن حماد العدوي في ٥٢ بيتاً من الطويل تحت عنوان «فديتك روحي يا حسين»، ينشد على لسان السيدة زينب عليها السلام:

وزينب تدعو يا حسين وقلبها   جريح لفقدان الحسين ثكولُ

إلى أن ينشئ على لسانها:

أقولُ كما قد قال من قبل والدي   وأدمعُهُ بعد البتول هُمولُ

أرى علل الدنيا عليَّ كثيرة   وصاحبها حتى الممات عليلُ

لكل اجتماع من خليلين فرقة   وإن بقائي بعدكم لقليلُ

ويتكرر مثل هذا في قصائد العدوي، ويلاحظ على قصائده التي استأثر الجزء الثاني من ديوان القرن الرابع بعشر قصائد منها، من بين ٩١ قصيدة ومقطوعة وبيت يليه أحمد الصنوبري بسبعة، وقبلهما الصاحب بن عباد بثلاث عشرة قصيدة، أن بعضها ينطبق عليها وصف «ملحمة»، لأنها تصف معركة كربلاء قبلها وبعدها وتضع المتلقي في أجواء الطف والأسر، ويلزمني العجب كيف غفل خطباء المنبر الحسيني عن مثل هذه القصائد الملاحم التي تنقل المستمع إلى كربلاء وتحلق في أجوائها عبر بساط القوافي، واعتقد أنَّ واحدة من خطط تطوير المنبر الحسيني بما يواكب التطورات في عالم الاتصالات، بحيث تصل واقعة الطف ومجرياتها إلى أسماع اكبر قدر من الناس، وبخاصة طبقة الأدباء والشعراء الذين يتذوقون الشعر أكثر من غيره، بما يجعلهم أكثر انجذابا ويدفعهم إلى النظم على غرار نظم الأولين، تكون عبر إفراد منابر للشعر الحسيني يوم عاشوراء لقراءة ما أنشده الشعراء من ملاحم شعرية في واقعة الطف، على غرار ما يسرده الخطيب يوم عاشوراء من تفاصيل الواقعة .

على إننا لا نعدم شعراء عرب وغير عرب نظموا القصائد الطوال في ملحمة الاستشهاد، مثل ملحمة «كربلاء» للشاعر اللبناني سعيد بن عبد الحسين العسيلي (ت ١٤١٤هـ)، و«ملحمة كربلاء» للشاعر الألباني نعيم فراشري (ت ١٩٠٠م) في عشرة آلاف بيت، طبعت سنة ١٨٩٨ . وملحمة «رواية الحسين» للسيد محمد رضا بن عبد الحسين شرف الدين (ت

١٣٨٩هـ)، وملحمة «حديث كربلاء» للخطيب والشاعر المعاصر الشيخ إبراهيم النصيراوي.

لزوميات الصنوبري

اشتهر في الأدب العربي «ديوان اللزوميات» لأبي العلاء المعري احمد بن عبد الله التنوخي (٣٦٣ ـ ٣٣٩هـ)، ومعنى اللزوميات هو أنْ يلزم الشاعر نفسه بما لا يلزمها من عدم الاكتفاء بحرف روي واحد، أو أنْ يلزم الشاعر نفسه بنمط من النظم لم يكن عليه واجب الالتزام، أو بتعبير آخر النظم غير المعهود، ولأن المعري نظم قصائد كثيرة على هذا النمط سمي ديوانه باللزوميات، ومن ذلك قوله من بحر الطويل:

إذا لم تكن دنياك دار إقامة فما بالك تبنيها بناء مقيم

ولا يعنى هذا أنَّ المعري ابتدع هذا النمط، فهو مولد عن غيره، وإنما جاءت الشهرة من كثرة نظمه على هذا النسق، فقد سبقه إلى ذلك شعراء عدة. من ذلك تائية كثير عزة بن عبد الرحمن الخزاعي، يقول فيها من الطويل:

خليلي هذا ربع عزة فاعقلا قلوصيكما ثم ابكيا حيث حلت

والقلوص الناقة، وهنا ألزم الشاعر على نفسه ذكر اللام والتاء في الأبيات جميعها.

أو ميمية ابن الرومي علي بن العباس، يقول فيها من الطويل:

أفيضا دماً إن الرزايا لها قيَم فليس كثيراً أن تجودا بدَم

وهنا أوجب الشاعر على نفسه إيراد الفتحة قبل الميم.

ومن هؤلاء الصنوبري الذي يرثي الإمام الحسين عليه السلام في قصيدة من ١١٢ بيتاً من الخفيف تحت عنوان «جاش صدري»، حيث التزم في معظم

الأبيات أنْ يقفل البيت على مفردة من صدرها أو عجزها، يقول فيها من الخفيف:

أنـا ذاك الآبـي احـتـراش الـغـوانـي ... لُـبَّـه والـلـبـيـبُ يـأبـى احـتـراشـا

لـيـس كـل الـهـنـود هِـنـدا ولا كـ ... ـل رقـاشٍ مـن الـغـوانـي رَقـاشـا

ويضيف:

جـاد قـبـراً بـكـربـلاء رشـاشُ الـ ... ـغيث ما اسطاعت الغيوثُ رشاشا

واستجاش الربيع فيها جيوشا ... من جيوش الربيع فيها استجاشا

ثم يضيف:

مـا ذكـرت الـحـسـيـن بـالـطـف إلا ... جـاش صـدري بـمـا ذكـرت وجـاشـا

حـيـن أعـطـى الأعـنـة الـخـيـلَ أوبـا ... شُ يـزيـدٍ تـبّـاً لـهـم أوبـاشـا

في الواقع إنَّ اللزوميات هو فن أدبي جميل، وتعد لزوميات المعري وروضيات الصنوبري من أعمدة الشعر العربي القريض، ولذلك اشتهر في الأدب العربي أنَّ أعمدة الشعر العربي هي: معلقات الجاهليين، نقائض جرير والفرزدق، زهديات أبي العتاهية، خمريات أبي نؤاس، وصايا ابن عبد القدوس، سيفيات المتنبي وحكمياته، روميات أبي فراس الحمداني، لزوميات المعري، روضيات الصنوبري، هزليات ابن حجّاج، عظيات ابن الجوزي، غراميات ابن الفارض، تألهات ابن عربي، ترسلات البهاء زهير، غزليات امرئ القيس، اعتذاريات النابغة، حوليات زهير، حماسات عنترة، أهاجي الحطيئة، مدائح البحتري، هاشميات الكميت، مراثي أبي تمام، افتخارات الشريف الرضي، تشبيهات ابن المعتز، نكت كشاجم، ومِلَح السري الرفاء.

خطوة هامة

امتد الجزء الثاني من ديوان القرن الرابع الهجري، من قافية الشين المفتوحة حتى الياء المكسورة، وضم بالإضافة إلى من ورد ذكرهم في المتن: أحمد بن سهل البلخي (٣٢٢هـ)، أحمد بن علوي الإصبهاني (٣٢٠هـ)، الحسين بن داود البشنوي (بعد عام ٣٨٠هـ)، سلامة بن حسين الموصلي (٣٩٠هـ)، محمد بن إبراهيم السروي (٣٨٥هـ)، محمد (المفجع) بن أحمد البصري (ت ٣٢٧هـ)، محمد بن أحمد الصقر (٣٠٥هـ)، محمد (ابن طباطبا) بن أحمد العلوي (٣٢٢هـ)، محمد بن حبيب الضبي (حدود عام ٤٠٠هـ)، محمد بن الحسن الطوبي (بعد عام ٣٥٠هـ)، ومنصور بن مسلمة الهروي (٣١١هـ).

وكان المحقق الكرباسي كالمعري في لزومياته، حيث ألزم نفسه بإفراد ٣١ فهرساً في حقول شتى استخرجها من متن الديوان وهوامشه، لتكون دليلاً للقارئ والباحث والدارس. كذلك كان الكرباسي قد ألزم نفسه بقراءة نقدية لأي مجلد من مجلدات دائرة المعارف الحسينية التي صدر منها حتى الآن ٣٤ مجلداً، لعلم من أعلام البشرية، ولهذا فإن الأستاذ في جامعة غوتبري السويدية (Gotebory University) البروفيسور كودمار أنير (Gudmar Aneer)، المسيحي المعتقد، صاحب كتاب «المعتقدات الدينية الإيرانية»، قدم قراءة للجزء الثاني من ديوان القرن الرابع الهجري، وعبر عن قناعته بعد أنْ أشار إلى أهمية الموسوعة في إبراز معاناة الإمام الحسين عليه السلام: «إنَّ الرغبة تتزايد الآن لدى العلماء الغربيين لتوسيع رؤيتهم تجاه الدراسات الإسلامية»، مؤكدا: «إنَّ الموسوعة الحسينية ستكون خطوة هامة في هذا الاتجاه».

الجمعة ١١/ ٥/ ٢٠٠٧م
٢٤/ ٤/ ١٤٢٨هـ

البروفيسور أيان بن كيث أندرسون هوارد
(Ian Keith Anderson Howard)

* ولد عـام ١٣٥٨هـ (١٩٣٩/٣/٢١م) في مـدينـة لانيلّي (Llanelli) جنـوب مقاطعة ويلز (South Wales) في المملكة المتحدة.

* نال البكالوريوس والماجستير والدكتوراه بالأدب من جامعة ويلز (University of Wales) وجامعة لندن (University of London).

* نال شهادات بحوث من الجامعة الأميركية في بيروت وجامعة كامبريدج (University of Cambridge) في المملكة المتحدة.

* عمل محاضراً أولا في الشؤون الإسلامية والشرق الأوسط في جامعة إدنبرة (University of Edinburgh) حتى عام ١٤٢١هـ (٢٠٠٠م).

* عمل محاضراً في اللغة العربية والدراسات الإسلامية في جامعة بريستول (Bristol University) في الفترة (٢٠٠٠ ـ ٢٠٠٥م).

* في الوقت نفسه عمل محاضراً في مؤسسة الإمام المهدي (Al Mahdi Institute) في مدينة برمنجهام (Birmingham) البريطانية، حتى تقاعده عام ١٤٢٦هـ (٢٠٠٥م).

* تنقل في بلدان كثيرة في الشرق الأوسط محاضراً وعمل لفترة في بيروت وعدن.

* يسكن حاليا في نيو بورت (New Port) بمقاطعة ويلز (Wales).

* نشر الكثير من المقالات حول الفكر الإسلامي بعامة والإمامي بخاصة.

* ترجم الكثير من الكتب من اللغة العربية إلى الانجليزية، منها:

ـ الإرشاد للشيخ المفيد (Kitab al - Irshad).

ـ تاريخ الطبري (The History of Al - Tabari).

ـ ثورة الإمام الحسين ظروفها الاجتماعية وآثارها الإنسانية للشيخ محمد مهدي شـــــمـــــس الـــــديـــــن (The Revolution of al - Husayn: Its Impact on the Consciousness of Muslim Society).

(ديوان القرن الخامس)
المهمّة المشرّفة

كانت شهادة الإمام الحسين حدثاً ذا أهمية سياسية ودينية كبيرة في العالم الإسلامي، وكان ـ ومازال ـ له تأثير قوي على المجتمع الإسلامي، منذ حدوثه في منتصف القرن السابع الميلادي (عام ٦١ للهجرة) وحتى الوقت الحاضر.

ويُساء ـ باستمرار ـ فهم ما حصل في صحراء كربلاء، من قبل علماء الغرب، فهم ينظرون إلى واقعة كربلاء كثورة غير مجدية، ويضعّفون صلتها بالتاريخ الإسلامي، وعلى كل حال، فإن هذا التصور يعبر عن سوء فهم عجول للعقيدة الإسلامية ولشخصية الإمام الحسين.

الثابت إن حفيد رسول الإسلام قتل في كربلاء بصورة وحشية حيث انتهكت حرمة جسده بعد مقتله وحُز رأسه، وذلك على يد أناس يزعمون أنهم مسلمون، ويدعون الإيمان بالوحي الذي نزل على جد الحسين، وهم على معرفة تامة بمدى حب الرسول لحفيده، وعلى دراية كاملة بمنزلة الإمام الحسين كواحد من أهل البيت، لكنهم شاركوا في قتله بأمر من يزيد حفيد أبي سفيان[1]، أحد الخصوم الألداء لرسالة النبي في مكة، وتنفيذ واليه عبيد

---

(١) أبو سفيان: هو صخر بن حرب بن أمية الأموي (٥٦ق.هـ ـ ٣٢هـ) ولد في مكة ومات في=

١٨١

الله بن زياد، وهو حفيد إحدى المومسات في الطائف، وكانت حملت بأبيه إثر لقاء ماجن مع أبي سفيان ذاته .

ويتلخص الطابع العام لثورة الإمام الحسين في أنها وفرت للأمة الفرصة كي تبرهن مدى التزامها بالإسلام، وتزيح من الطريق المسيئين للدين الإسلامي، بمعنى آخر كانت ثورة كربلاء ثورة فيها عمق سياسي كبير أثبتت إمكان قيام ثورة إسلامية في أي عصر ومصر، وذلك تبعاً لرغبة المجتمع في التخلص من الظلم والعودة إلى حظيرة العقيدة .

وبالإمكان قراءة ثلاثة إطارات في تأثير ثورة الحسين :

أولاً: في الإطار السياسي، أطاح شعار «يا لثارات الحسين» بالنظام الأموي المسؤول عن مقتل الإمام الحسين، وهذا الشعار حي إلى يومنا هذا، ويترجم في كل مكان وحين، فبمجرد أن يشار إلى حاكم ظالم أنه يزيد عصره، فإن الشعار يمكن أن يكون إشارة إلى نفاذ أيام حكمه .

ثانياً: في الإطار الديني : تساهم ذكرى عاشوراء في إحياء العقيدة في النفوس، وبخاصة لدى الشيعة الموالين الذين يتبعون قيادة أهل البيت وهم الأئمة الإثنا عشر، بدءاً من الإمام علي وانتهاءً بالإمام المهدي الذي يعيش بين ظهرانينا في الوقت الحاضر دون أن نعرفه، وسيبقى غائباً حتى الوقت المعلوم، وعند الشيعة الإمامية فإن الإمام المهدي نعمة إلهية، وبعودته سينتقم من أعداء الدين وقتلة الإمام الحسين .

=المدينة، قاد جبهة الشرك ضد الإسلام قبل فتح مكة، كُف بصره،، وكان يشجع بني أمية على تولي الحكم، واشتهر عنه قوله : يا بني أمية تلاقفوها تلاقف الصبيان للكرة فوالذي يحلف به أبو سفيان ما من جنة ولا نار وما زلت ارجوها لكم ولتصيرن إلى صبيانكم وراثة.

وتُحيي ذكرى استشهاد الإمام الحسين في شعائر تقام على مدار العام، وبخاصة في الأيام العشرة الأوائل من شهر محرم، وتبلغ ذروتها تزامنا مع الذكرى السنوية لمقتله الصاعق في العاشر من محرم عام ٦١هـ، وتملك مدينة كربلاء أهمية خاصة باعتبارها محط زيارات المسلمين.

ثالثاً: وفي الإطار الأدبي، لا يمكن تغافل التأثير الكبير الذي تركته واقعة مقتل الإمام الحسين على نفوس الشعراء والأدباء وحملة الأقلام، حيث ترجموا هذا الشعور إلى قصائد في رثاء الإمام الحسين، وإلى نتاجات أدبية وتاريخية سجلت حدث كربلاء وتأثيراته المتجددة يوما بعد آخر.

والأدب الحسيني هو واحد من ميادين بحث «دائرة المعارف الحسينية» التي تحمّل مسؤوليتها العلامة محمد صادق محمد الكرباسي، وهذه مهمة مشرّفة ذات أهمية كبيرة وتميّز ملحوظ، وعندما تكتمل دائرة المعارف الحسينية فسيكون في متناول اليد كم هائل من المؤلفات الخاصة بالنهضة الحسينية وفي أبواب متفرقة.

ويهتم الكتاب الحالي بالأشعار المنظومة خلال القرن الخامس الهجري (حوالى القرن الحادي عشر الميلادي)، وهي الفترة التي تميز بها الشطر الأعظم من الشعر بكونه شعر رثاء، كون الثأر والاقتصاص من قتلة الإمام الحسين مؤجل حتى ظهور الإمام المهدي لينتصف للمظلومين ويأخذ على أيدي الظالمين ويوقفهم عند حدهم.

وعلى أي حال، فإنَّ فترة القرن الخامس الهجري، تضمن شعر العالم الكبير الشريف المرتضى[١]، مع ثلة من الشعراء البارزين.

---

(١) الشريف المرتضى: هو علم الهدى علي بن الحسين بن محمد (٣٥٥ ـ ٤٣٦هـ) ولد في بغداد=

إنني أهنئ محمد صادق محمد على هذا العمل العظيم، وأشجع القارئ والباحث على قراءة أجزاء الموسوعة.

البروفيسور أي. ك. أ. هاوارد

Prof. Dr. I.K.A. Howard

جامعة أدنبرة (اسكتلندا)

=وفيها مات، وقبره يزار إلى جانب مرقد الكاظمين، من أعلام الإمامية وفقهائها وأدبائها، تولى نقابة الطالبيين وإمارة الحج والنظر في المظالم، تولى كرسي الزعامة الدينية بعد وفاة أستاذه الشيخ المفيد سنة ٤١٣هـ، من مؤلفاته: الغرر والدرر (أمالي المرتضى)، تنزيه الأنبياء، والشيب والشباب.

التصحُّر الشعري
في القرن الخامس الهجري

من الثابت ان الرجال الأكفاء يصنعون المواقف المشهودة، وأنَّ المواقف بدورها تصقل فيهم الموهبة وتشحذ فيهم الكفاءة، ولذلك يظهر صبر الرجال عند الشدائد وتخور عزائم الكثيرين، فهناك ملازمة بين الرجال والمواقف، فقد يعرف الموقف بالرجل أو يعرف الرجل بالموقف، فإذا قالوا الصبر قالوا (أيوب) وإذا قالوا أيوب قالوا (الصبر).

وفي حقل الأدب فإن الملازمة قائمة، فإذا قالوا أشعر عرب الجاهلية قالوا امرئ القيس وإذا ذكر امرئ القيس ذكر معه تفوقه في حلبة الشعر، كما هناك ملازمة بين الشاعر ونوع الغرض الشعري، فيقال حكميات المتنبي (ت ٣٥٤هـ) وخمريات أبي نؤاس (ت ١٩٨هـ) ولزوميات المعري (ت ٤٤٩هـ) وروميات أبي فراس الحمداني (ت ٣٥٧هـ)، وهكذا دواليك، فالشعر والشاعرية ليست صناعة قابلة للتعليم يتقنها كل متعلم، فهي موهبة وقابلية ذاتية، تصقلها الحافظة والقراءات الكثيرة والمتنوعة للشعر والشعراء.

ولأن الشعر شعور وأحاسيس وإرهاصات قبل أنْ تكون قوافي منظومة، فإنَّ الزمن يترك أثره على النتاج الشعري، كما يترك أثره على الأغراض الشعرية، ويترك أثره على الشاعر نفسه في السلب والإيجاب، ولذلك يأتي

الحديث عن شعر العصر الذهبي وشعر العصور المظلمة، ولكل عصر شعراؤه ونتاجاته الأدبية.

المحقق الدكتور محمد صادق الكرباسي، في كتابه المعنون «ديوان القرن الخامس» الصادر عن المركز الحسيني للدراسات في لندن في ٤٤٠ صفحة من القطع الوزيري، يتلمس العثرات والمطبات التي وقع فيها نظم الشعر في القرن الخامس الهجري في الفترة (١٥/٨/ ١٠١٠ ـ ٢١/٨/١١٠٧م)، بخاصة وإنَّ هذا القرن شهد ضعفاً شديداً للدولة الإسلامية وتهميشاً واضحاً لدور الأسرة العباسية بسبب ضعف السلاطين والولاة وسيطرة الأعاجم والمماليك على الحكم، ونشوء دول وانفصال أخرى عن مركز العاصمة في العراق، من هنا فإنَّ الشعر بعامة والشعر الحسيني بخاصة أصابه الجدب، وحسب الشيخ الكرباسي: «وهذه الظاهرة لا اختصاص لها بالشعر الحسيني بل عمّت الشعر كله حيث لم تبرز خلال هذا القرن شخصيات أدبية رفيعة المستوى إلا ما ندر، كما لم يبلغ الشعر حد النصاب المطلوب، والسبب في ذلك يعود إلى أنَّ الدولة العباسية كانت في منتهى الضعف وقد تمزقت دولتهم إلى عدد من الدويلات، ولم يقتصر الأمر على ذلك بل أصبح الحاكم العباسي ألعوبة بيد البويهيين الفرس ثم السلاجقة الأتراك حيث استعان الحاكم العباسي بهم على البويهيين فلم يقم للشعر العربي قائمة بين الفرس والترك».

التصحُّر الشعري

ويذهب المصنف إلى التأكيد على حقيقة أنَّه: «لولا التزام بعض سلاطين البويهيين من أتباع مدرسة أهل البيت عليهم السلام بنشر تراث أهل البيت عليهم السلام والترويج له عبر النثر والشعر العربيين وبروز شعراء من بلدانهم كالصاحب

(ت ٣٨٥هـ) ومهيار (ت ٤٢٨هـ) وأمثالهما لبان الانكسار على جبين الشعر في خضم الصراعات السياسية من جهة والطائفية من جهة أخرى في مختلف أرجاء الدولة العباسية». وحتى نعرف واقع الحال في نهايات العصر العباسي يقول المؤرخ اللبناني عمر فروخ (١٩٠٦ ـ ١٩٨٧م) في تاريخ الأدب العربي: ٣/٣٨: «لم يكن التنازع دائراً بين المذاهب الفاطمية وحدها ولا بين الشيعة وأهل السنة فحسب ولكن أتباع المذاهب السنية أيضاً كانوا في نزاع شديد جداً إلى حد الاقتتال في الشوارع، كان الحنابلة متشددين جداً في مسائل العبادة ولا يكتفون بظاهر أمر الناس بل يحاولون النفوذ إلى حقيقة أمرهم فإذا رأوا رجلا يسير مع امرأة أو مع صبي تصدوا له وسألوه عن صلته بتلك المرأة أو بذلك الصبي، ولكن الأحناف كانوا يرون أن الإسلام لا يجيز للمسلم أن يعترض المسلم في الأمور التي هي بينه وبين نفسه أو بينه وبين الله، من أجل ذلك كان الحنابلة والحنفية يتنازعون علنا ويقتتلون»، وهذا الواقع الذي كانت عليه الدولة العباسية والعاصمة بغداد، هو ما عليه العراق الآن، حيث تتعرض مساجد وحسينيات السنة والشيعة إلى هجمات من قبل جماعات تكفيرية لا ترى الحق إلا معها وتطعن في معتقد الآخر، فلذلك أقدمت على تدمير مرقد الإمامين العسكريين في سامراء في ٢٢/٢/٢٠٠٦، كما أقدمت على ضرب مرقد إمام المتصوفة عبد القادر الكيلاني في بغداد في ٢٨/٥/٢٠٠٧م.

ويخلص فروخ في تاريخه: ٣/٤١، من كل هذه الأوضاع المزرية التي مر بها المسلمون، ويؤيده في ذلك الكرباسي، أن «بلغ الشعر خاصة منتهى قوته قبل أن يطل القرن الخامس للهجرة وإذا نحن استثنينا الشريف الرضي (ت ٤٠٦هـ) وأبا العلاء المعري وهما من نتاج القرن الهجري الرابع لم نجد في القرون التالية للقرن الرابع من يبلغ في ابتكار الأغراض والمعاني وفي

صحة اللغة ومتانة الأسلوب ولا في استشراف الآفاق الإنسانية والعقلية من نقرنه بالمتنبي والبحتري (ت ٢٨٦هـ) وابن الرومي (ت ٢٨٣هـ) وأبي نؤاس». ولذلك فإنَّ عموم الأدب وخصوص الشعر في القرن الخامس الهجري مدان لأدباء وشعراء القرن الرابع وما قبله، فأدباء هذا القرن بشكل عام كانوا مقلِّدة وندر عندهم الاجتهاد، وكان من آثار التقليد، كما يؤكد الدكتور الكرباسي، أنَّ «الشحّة الأدبية ألقت بظلالها على القرن السادس حيث إن التراث الأدبي والتركة الشعرية انتهت في القرن الخامس، وبدأت آثار العقم تظهر بعد منتصف القرن الخامس» وزحف التصحر الأدبي على عموم الشعر.

ويبدي المصنف استغرابه كون الشعر بعامة والحسيني بخاصة أجدب حتى في الدول التي خارج سيطرة الدولة العباسية والتي تنتمي إلى مدرسة أهل البيت عليهم السلام مثل الدولة الفاطمية في القاهرة (٢٩٧ ـ ٥٦٧هـ) والدولة العمارية في طرابلس الشام (٤٦٢ ـ ٥٠٢هـ) والدولة الألموتية في ألموت في إيران (٤٨٣ ـ ٦٥٤هـ) والدولة المرداسية في حلب (٤١٤ ـ ٤٧٢هـ) والدولة المزيدية في الحلة (٤٠٣ ـ ٥٤٥هـ)، والدولة الدنابلية الكردية وعاصمتها داي في كردستان العراق على مقربة من الموصل (قبل ٣٨٧ ـ ٩٠٨هـ). ويعتقد ان الشعر الحسيني تعرض للاغتيال الأدبي بخاصة في الدولة الفاطمية التي كانت تحتفل بذكرى استشهاد الإمام الحسين عليه السلام في عاشوراء، وذكرى ميلاده عليه السلام في شعبان، وذكرى ورود رأس الإمام الحسين عليه السلام إلى القاهرة، والاحتفال بذكرى ميلاد السيدة زينب بنت علي بن أبي طالب عليها السلام فضلاً عن احتفالات ميلاد النبي الأكرم محمد صلى الله عليه وآله وسلم، فلا يعقل مع كل هذه المناسبات التي كان ملوك الدولة الفاطمية يستقبلون فيها الشعراء والأدباء، يقل فيها الأدب الحسيني!

ولا يخفى أن للدولة الأيوبية الدور الكبير في ضياع آداب وثقافة وعلوم

الدولة الفاطمية، حيث إن القائد الأيوبي سعيد بن يوسف التكريتي الشهير بصلاح الدين (٥٣٢ ـ ٥٨٩هـ) حين استولى على القاهرة في العام ٥٥٩هـ أباد مكتبة دار العلم القاهرية التي أنشئت في العام ٣٩٥هـ، وفيها خزائن كتب الدولة الفاطمية إذ كانت مكتبة القصر الفاطمي لوحدها تضم ٦٠١ ألف كتاب، وانتقاما من الدولة الفاطمية ومن آثارها العلمية جعل جلود الكتب نعالا وأحذية للعبيد والإماء! واستمر في بيع محتوياتها لنحو عشر سنوات. كما كان للصليبيين الدور الكبير في ضياع آداب وثقافة وعلوم الدولة العمارية، حيث أحرقوا في العام ٥٠٢هـ كل الكتب التي بلغت خلال حكم بني عمار نحو ثلاثة ملايين ومنها دار العلم الطرابلسية التي أنشأها أمين الدولة العماري في العام ٤٥٧هـ.

دموع ودماء

تكاد تكون كلمتا الدموع والدماء القاسم المشترك في الكثير من القصائد التي نظمها أصحابها في تخليد النهضة الحسينية التي سقى الإمام الحسين عليه السلام تربتها بدمائه الزكية، وتتابع الأهلون والمحبون على رعايتها بالدماء القانية والدموع الساجمة، لكن الشاعر الذي يمثل كتلة شعور لحظة نظمه وتفجر عيون القوافي، تتداخل عنده المفردات فتستحيل الدموع دما عبيطاً تتماهى مع الدماء التي أريقت في عرصات كربلاء يوم العاشر من المحرم عام ٦١هـ، فهو يبكي المأساة دماً لا دموعاً، حيث تعجز الدموع عن وصف الحالة التي فيها الشاعر ومن يتمثل قول الشاعر من محبي أهل البيت عليهم السلام، فيصيرها دموعاً حمراء تواكب المأساة وتواسي الهامات السامقة التي تقطعت أوداجها على مذبح الحق والحرية، وتقدم بعض الدَين في رقاب الناس تجاه وصية النبي محمد صلى الله عليه وآله وسلم في أهل بيته التي قيدها رب العزة في

القرآن الكريم في سورة الشورى: ٢٣، وألزم بها عباده: ﴿قُل لَّآ أَسۡـَٔلُكُمۡ عَلَيۡهِ أَجۡرًا إِلَّا ٱلۡمَوَدَّةَ فِي ٱلۡقُرۡبَىٰۗ﴾.

من هنا فإن الفقيه الشاعر علي بن الحسين المرتضى (ت ٤٣٦هـ)، ينشد في قصيدة تحت عنوان «وهل لي سلوان» من الطويل:

ألا إنَّ يومَ الطف أدمى محاجراً ... وأدوى قلوبا ما لهنَّ دواءُ

وإنَّ مصيباتِ الزمانِ كثيرةٌ ... ورُبَّ مصابٍ ليس فيه عزاءُ

ثم يقول:

فيا لائما في دمعتي أو مفنِّداً ... على لوعتي واللّومُ منه عناءُ

فما لكَ منِّي اليومَ إلا تلهُّفٌ ... وما لكَ إلا زَفرةٌ وبكاءُ

إلى ان يصل موضع الشاهد:

دعوا قلبيَ المحزونَ فيكم يُهيجُهُ ... صباحٌ على أخراكُمُ ومساءُ

فليس دموعي من جفوني وإنما ... تقاطرنَ من قلبي فهُنَّ دماءُ

وقوله من مطلع قصيدة من بحر الطويل تحت عنوان «يا له من موتور»:

خليليَّ من شهر المحرَّمِ غالني ... مصابٌ له عيناايَ أسبَلَتا دما

وذكَّت رقاب المسلمين لأجله ... وهدَّ قوى الإسلام قصراً وهَدَّما

ويذهب الحزن بالشريف المرتضى إلى عض الأنامل حتى تقطر بالدم، فلا يكتفي بدمع العين دما من قلبه مواساة لدماء الحسين عليه السلام، ولهذا يقول من مجزوء الرمل تحت عنوان «ستُرد القروض»، في قصيدة ومطلعها:

يا خليلي ومُعيني ... كلما رُمتُ النهوضا

داوِ دائي أو فَعُدني ... مع عُوّادي مريضا

إلى أن يقول:

قـــد أتـــي مـــن يـــوم عـــاشـــو راء مـــا كـــان بـــغـــيـــضـــا
دع نـــشـــيـــجـــي فـــيـــه يـــعـــلـــو ودمـــوعـــي أن تـــفـــيـــضـــا
وبـــنـــانـــي قـــد خُـــضِـــبَـــنَ الـــدَّ مَ مـــن سِـــنِّـــي عـــضـــيـــضـــا

ويصل الحزن والوجد بأخيه الشريف الرضي محمد بن الحسين (ت ٤٠٦هـ) إلى الحد الذي يرى ان واقعة الطف في كربلاء تجري لها قطرات الدمع النابعة من سويداء القلب وثمرته لا من سواقي العيون، ولذلك ينشد من الكامل في ٥٨ بيتاً تحت عنوان «لوعة عاشوراء»:

هـذي الـمـنـازلُ بـالـغـمـيـم فَـنـادِهـا واسكُب سَخِيَّ العينِ بعدَ جَمادِها
إن كـان دَيـنٌ لـلـمـعـالـم فـاقـضِـهِ أو مُـهـجـةٌ عـنـدَ الـطُّـلُـولِ فَـفادِهـا

إلى أن يصل موضع الشاهد:

بـالـطفِّ حـيـثُ غـدا مُـراقُ دمـائـهـا ومُـنـاخُ أيـنُـقِـهـا لـيـوم جِـلادهـا
الـقـفـرُ مِـن أرواقـهـا والـطَّـيـرُ مِـن طُـرّاقـهـا والـوحـشُ مـن عُـوّادهـا
تـجـري لـهـا حَـبَـبُ الـدمـوع وإنـمـا حَـبُّ الـقـلـوب يَـكُـنَّ مـن أمـدادهـا
يـا يـوم عـاشـوراءَ كـم لـك لـوعـةٌ تـتـرقَّـصُ الأحـشـاءُ مِـن إيـقـادهـا

ويرى مهيار بن مرزويه الديلمي (ت ٤٢٨هـ) أن خدوده مهما سفح عليها الدموع، سيظل عاجزاً عن الوفاء للنبي محمد ﷺ في أهل بيته عليهم السلام، يقول في قصيدة بعنوان «بعزكم أختال» من الخفيف، ومطلعها:

فـي الـظـبـاء الـغـاديـن أمـس غـزال قـال عـنـه مـا لا يـقـول الـخـيـال

إلى أن يقول:

لـهـفَ نـفـسـي يـا آلَ طـه عـلـيـكـم لـهـفـةً كَـسـبُـهـا جـوىً وخَـبـالُ
وقـلـيـل لـكـم ضُـلـوعـي تـهـتـزُّ مـع الـوجـدِ أو دُمـوعـي تُـذالُ

وكيف لا تبكي الدموع دما بعد ان بكت السماء دماً، يقول ابن جبر

المصري (ت ٤٧٨هـ) في قصيدة من الكامل تحت عنوان «بريء من ظالميهم» ومطلعها :

يــا دار غــادرنــي جــديــد بـــلاك   رثّ الجـديـد فـهـل رثـيـت لـذاك

إلى أنْ يصل إلى الشاهد :

وإذا ذكـرتُ مُـصـابَـكـم قـال الأسـى   لـجـفـوني اجـتـنـبي لـذيـذَ كَـراكِ
وابـكـي قـتـيـلاً بـالـطـفـوف لأجـلـه   بكـتِ الـسـماءُ دماً فـحـقَّ بُـكـاكِ

صورتان متضادتان

بين واقعة الطف ومعركة بدر مسافة زمنية طويلة، وبين حادثة السقيفة وحادثة عاشوراء تبتعد الأمكنة والأزمنة، وبين نهر الفرات وعين الكوثر فاصلة السماء عن الأرض وفاصلة الدنيا عن الآخرة، وبين الجاهلية والإسلام فاصلة عقيدية، بيد ان هذه الصورة التي تبدو متناقضة ومتباعدة، تتداخل فيما بينها، وتبدو الواحدة منها مرآة للثانية أو انعكاساً سلوكياً لها، يموسقها الشاعر على أوتار قوافيه، فيوقظ اللحن ما حبس في الأضلاع، فتسبح النفس في فضاءات يحمل بساطها ملاك طاهر أو عفريت قاهر .

من هنا فإن الشاعر ينقلك بين الصورتين يقترب منها وتقترب منه، فتجد ان معركة بدر بين مدرسة الجاهلية ومدرسة الإسلام، عادت لتتكرر بعد ستة عقود وباسلام سلطوي شعاره الحسد ودثاره الحقد، يستنطق لحظة كربلاء بثارات بدر وحنين .

ويقفز مهيار الديلمي من إطار الصورة لينشد قصيدة ارتجالية من مجزوء الرمل تحت عنوان «غضب الله لخطب»، ومطلعها :

يــا ابـنــة الـقــوم تـراك   بـالـغ قـتـلــي رضـاك

إلى أن يرثي الحسين عليه السلام:

أظهرت أحقادُ بدرٍ فيه رَنّات البواكي

كُلُّ ذاكي الحقدِ أو يخضِبُ أعراف المذاكي

ويعود مهيار الديلمي في مقارنة شعرية بين حدثين غيَّرا مسار التاريخ، فينشد من المتقارب تحت عنوان «مَن طرّق يومك»:

أضاليل ساقت مصاب الحسين وما قبل ذاك وما قد تلا

أمية لابسةٌ عارها وإن خفيَ الثأرُ أو حُصّلا

فيومُ السَّقيفةِ يا بنَ النبيِّ طرّق يومّك في كربلا

وغَصبَ أبيكَ على حقّه وأمَّك حسَّنَ أن تُقتلا

وينشد عبد الله بن محمد الخفاجي (ت ٤٦٦هـ) في مقطوعة من الكامل تحت عنوان «خلائق بدرية» يهجو بها الأمويين ويستعظم اعتداءهم على حرمات الإسلام بقتلهم سيد شباب أهل الجنة:

يا أمّةً وفي أفواهها الـ قُرآنُ فيه ضلالُها ورشادُها

أَعلى المنابر تُعلنون بسبِّه وبسيفِهِ نُصبت لكم أعوادها

تلك الخلائق بينكم بدريَّةٌ قُتل الحسين وما خبت أحقادها

فالشاعر هنا يربط بين بدر وكربلاء، فالأولى قتل الإمام علي عليه السلام فيها رؤوس الجاهلية من قريش، وفي الثانية جاء حفيد هذه الرؤوس الخاوية ليقتل الإمام الحسين عليه السلام بثارات بدر.

ومن الصور المتقابلة قول الشريف المرتضى من السريع في قصيدة من ٤٦ بيتاً تحت عنوان «تهتم عن الحق» يرثي الإمام الحسين عليه السلام، ومطلعها:

أما ترى الرَّبعَ الذي أقفرا عراه من رَيبِ البِلى ما عرا

ثم يضيف:

حلأتُم بالطَّفِّ قوما عن المـ ... اء فَحُلِّئتُم بهِ الكَوثرا
فإن لقوا ثَمَّ بِكُم مُنكَراً ... فسوف تَلقونَ بهم مُنكَرا
في ساعةٍ يَحكُمُ في أمرها ... جَدُّهُمُ العَدلَ كما أُمّرا

ففي طف كربلاء منع جيش يزيد بن معاوية الإمام الحسين عليه السلام وأهل بيته وأصحابه عن ماء الفرات فقضى شهيداً عطشاً، ومن يقدم على هذه الجريمة يلقى مثلها يوم حشر حيث يمنع من تناول ماء الكوثر.

ومن الصور المتقابلة قول علي بن منصور (ق ٥) في وصف واقعة كربلاء:

أباد الأكرمين بني عليٍّ ... يزيدُ والدَّعي إلى سُميّة
شفيعٌ في المعادِ لنا أبوهُم ... ويشفعُ في المعادِ لهم أمَيّة

والبيت الأخير قراءة شعرية للحديث النبوي الشريف الذي رواه أبو هريرة (ت ٥٧هـ) عن رسول الله محمد صلى الله عليه وآله وسلم: (الشفعاء خمسة: القرآن والرّحم والأمانة ونبيكم وأهل بيت نبيكم).

سفينة النجاة

في الحديث المتواتر عن النبي محمد صلى الله عليه وآله وسلم كما نقله الحاكم النيسابوري محمد بن عبد الله (ت ٤٠٥هـ) في المستدرك على الصحيحين: ٣/ ١٦٣: (ألا إن مثل أهل بيتي فيكم مثل سفينة نوح مِن قومه مَن ركبها نجا ومن تخلّف عنها غرق)، وقد طار الحديث في الآفاق، فأخذه الشعراء وشيدوا على أعمدته بناء قصائدهم، فهذا شاعر المعرة أبو العلاء احمد بن عبد الله المعري، ينشد بيتين من مجزوء الكامل تحت عنوان «من عليا قريش» يقابل فيها قصيدة لأهل قزوين في مصاب الحسين عليه السلام وفيها:

رأس ابن بنت محمد ووصيه ... للمسلمين على قناة يرفع

فأنشأ المعري:

مسحَ الرسولُ جَبينَهُ فلَهُ بريقٌ في الخُدودِ
أبواه مِن علْيا قُريْشٍ وجدُّه خيرُ الجُدودِ

والمعري صاحب القصيدة المشهورة من الخفيف تحت عنوان «شاهدان»، ومطلعها:

علّلاني فإنَّ بيض الأماني فنيت والظلام ليس بفاني

ثم يضيف:

وعلى الدَّهر من دماء الشهيدَيْنِ عليٍ ونجله شاهدانِ
فهما في أواخرِ الليلِ فجرا نِ وفي أولياته شفقانِ

إلى أن يقول:

وبهم فضَّل المليكُ بني حواء حتى سَمَوا على الحَيَوان
شُرِّفوا بالشِّراف والسُّمرُ عيدانٌ إذا لم يُزَنَّ بالخِرصانِ

وينشد زيد بن سهل المرزكي (ت ٤٥٠هـ) وهو يتنقل بين مراقد أهل بيت النبي ﷺ، فيقول من الكامل تحت عنوان «حفر»:

حُفَرٌ بطيبةَ والغريّ وكربلا وبطوسِ والزورا وسامراءِ
ما جئتُهُم في كُربةٍ إلا انجلت وتبدّلَ الضراءُ بالسراءِ
قومٌ بهم غُفِرت خطيئةُ آدم وجَرت سفينة نوح فوق الماءِ

فطيبة إشارة إلى مراقد الأئمة في مقبرة البقيع في المدينة المنورة وهم: الحسن بن علي المجتبى (ت ٥٠هـ)، علي بن الحسين السجاد (ت ٩٣هـ)، محمد بن علي الباقر (ت ١١٣هـ)، وجعفر بن محمد الصادق (ت ١٤٨هـ). والغري إشارة إلى مرقد الإمام علي بن أبي طالب عليه السلام (ت ٤٠هـ) في النجف الأشرف. وكربلاء إشارة إلى مرقد الإمام الحسين بن علي عليه السلام.

وطوس إشارة إلى مرقد الإمام علي بن موسى الرضا (ت ٢٠٣هـ) في خراسان. والزورا إشارة إلى مرقد الإمامين موسى بن جعفر الكاظم (١٨٣هـ) وحفيده محمد بن علي الجواد (ت ٢٢٠هـ) في الكاظمية من بغداد. وسامراء إشارة إلى مرقد الإمامين علي بن محمد الهادي (ت ٢٥٤هـ) والحسن بن علي العسكري (ت ٢٦٠هـ)،

ويستوحي مروان بن محمد السروجي (ت ٤٦٠هـ) من قول النبي محمد ﷺ: (حبّ آل محمد جواز على الصراط) (ينابيع المودة: ٢/ ٥٦) وقوله ﷺ: (أثبتكم قدما على الصراط أشدكم حباً لأهل بيتي) (بحار الأنوار: ٦٩/ ٨)، فينشد من الطويل تحت عنوان «حب العترة» في مقطوعة ومطلعها:

عليك بتقوى الله ما عشت إنه ... لك الفوز من نار تقاد بأغلال

إلى أن يقول:

وحبُّ عليٍّ والبتولِ ونسلها ... طريقٌ إلى الجنّات والمنزلِ العالي

وهذا الحب الذي قال فيه النبي محمد ﷺ: (ألا ومن مات على حبّ آل محمد يُزف إلى الجنة كما تُزفّ العروس إلى بيت زوجها) (الكشاف: ٣/ ٤٠٣)، التقط أبو القاسم حسين بن علي المغربي (ت ٤١٨هـ) معناه، وانشد حين لجأ إلى مشهد الإمام الحسين عليه السلام، من الطويل تحت عنوان «مِجنَبة آل محمد»:

تحصَّنتُ من كيدِ العدُوِّ وآله ... بِمِجنَبَةٍ مِن حُبِّ آل محمدِ
ودون يدِ الجبار مِن أن تنالَني ... جواشِنُ أمنٍ صُنتُها بالتهَجُّدِ

عمل متميز

استأثر ديوان القرن الخامس الهجري بواحد وثلاثين شاعراً، ولكن

المبرزين منهم ممن يصنف نتاجهم الأدبي في عيون الشعر العربي، عدهم المحقق الكرباسي في خاتمة الكتاب أربعة وهم على الترتيب: الشريف الرضي وله في الديوان تسع قصائد، والشريف المرتضى وله سبع عشرة قصيدة، وأبو العلاء المعري وله من القصائد والمقطوعات أربع، ومهيار الديلمي وله ثمان قصائد. وعد نجم الدين أبو الحسن علي العمري (٣٤٨ ـ ٤٥٩هـ) في المجدي في الأنساب: ١٢٦: «الشريف الرضي أشعر قريش إلى وقته.. وانه متقدم على أخيه المرتضى»، فيما قال المصنف في الشريف المرتضى: «وأما الشريف المرتضى فإنه مضافاً على حيازته الرقم القياسي في مجال الشعر الحسيني حيث بلغت قصائده سبع عشرة وكلها من الطوال وإحداها جاوزت المائة بيت، فقد نظم اثنتين منهما على قافية الضاد والطاء واللتان قلما ينظم الشعراء فيهما لعدم وفور المادة اللغوية فيهما. ولا تخلو قصائده من التعبير الرائع..». وأما المعري فقد: «عرفه الأدباء والعلماء بالذكاء الخارق ووصفوه بأنه نسيج وحده بالعربية، وعرفوه بأنه إمام الأدب والأمور العقلية والنقلية فلا يقبل منه إلا الأروع الأبدع، وتكمن أهمية شعره في دقة الوصف رغم انه كان مكفوفا..». وأما الديلمي فرغم قلة قصائده في النهضة الحسينية مقارنة بديوانه في ثلاثة أجزاء: «إلا إنها من بديع الشعر، والأجمل فيه انه فارسي المولد والمنشأ وحديث عهد بالعربية وبالإسلام ويصل به الأدب والعقيدة إلى هذا الحد من الرفعة بحيث يعد في مصاف البارزين من شعراء العرب والعقيدة، ولا شك أنَّ الفضل في ذلك يعود إلى الشريف الرضي الذي أسلم على يديه عام ٣٩٤هـ وتتلمذ عليه بعد ما ورد بغداد مهاجراً واكتسب منه خبرة في اختيار اللفظ والمعنى معاً فانطلق ينظم في آل الرسول ﷺ الجواهر والدرر ويخصص جانبا من شعره في ريحانة الرسول ﷺ الإمام الحسين عليه السلام.

وكما هو دأبه أفرد المصنف مجموعة فهارس في ٣٢ حقلاً يكون الباحث والدارس والقارئ بمسيس الحاجة إليها، وضم إلى الديوان قراءة نقدية لأستاذ التاريخ الإسلامي ودراسات الشرق الأوسط في جامعة أدنبرة الاسكتلندية (Edinburgh University)، الاسكتلندي، وكبير الباحثين في معهد المهدي في برمنجهام البريطانية (Al - Mahdi Institute Birmingham) البروفيسور أي كي آي هاوارد (I.K.A. Howard)، الذي أقر أنَّ الجهد الذي يبذله العلامة محمد صادق الكرباسي في بيان الأدب الحسيني: «مهمة مشرّفة ذات أهمية كبيرة، وتميز ملحوظ»، وذلك: «عندما تكتمل دائرة المعارف الحسينية سيكون في متناول أيدينا كل ما كُتب عن الإمام الحسين باللغة العربية، على اختلاف أنماطه ودرجته من حيث الأهمية». وفي قراءته للديوان وجد الدكتور هاوارد: «إنَّ ديوان القرن الخامس الهجري ـ حوالى القرن الحادي عشر الميلادي ـ يتميز فيه الشطر الأعظم من الشعر بكونه شعر رثاء»، وعبر عن سعادته للجهد المبذول في دائرة المعارف الحسينية التي صدر منها حتى الآن ٣٤ مجلداً وهنأ الدكتور محمد صادق الكرباسي: «على هذا العمل العظيم، وأحبذ مطالعته للقارئ والباحث».

الخميس ٣١/ ٥/ ٢٠٠٧ م
١٤/ ٥/ ١٤٢٨هـ

البروفيسور
قسطنطين بن بيتروفيج ماتفييف
(Kostantin Petrovic Matveev)

* ولد عام ١٣٥٣هـ (١٩٣٤م) في مدينة فورونيز (Voronezh) على بعد ٥٠٠ كم جنوب موسكو.

* تخرج من المعهد الروسي العالي الخاص باللغة الانكليزية عام ١٣٧٨هـ (١٩٥٨م).

* تخرج من معاهد خاصة باللغة العربية.

* نال شهادة الماجستير في الفلسفة من جامعة موسكو عام ١٤٠٣هـ (١٩٨٣م).

* نال شهادة الدكتوراه في الفلسفة من جامعة موسكو عام ١٤١٧هـ (١٩٩٧م).

* عمل مدرساً للغة الانجليزية في جامعة موسكو عام ١٣٧٩هـ (١٩٥٩م).

* عمل مدرساً للغة العربية في جامعة موسكو عام ١٤١٧هـ (١٩٩٧م).

* عمل مدرساً في معهد الاستشراق في أكاديمية العلوم السوفياتية.

* عمل مدرساً للعلوم الإسلامية واللغتين العربية والانجليزية في معهد الصحافة في موسكو منذ عام ١٣٩٣هـ (١٩٧٣م).

* عمل مدرساً ومترجما للغة الروسية في لندن.

* نال شهادة الدبلوم في الفقه والتاريخ الإسلامي من كلية بيركبيك (Berkbick College) التابعة لجامعة لندن (University of London) عام ١٤١٨هـ (١٩٩٧م).

* مؤرخ آشوري الانتماء، روسي الجنسية، اهتم بالتاريخ العربي القديم والشؤون الإسلامية.

* نشر مقالات ودراسات عدة حول الإسلام في صحف روسية وانجليزية وعربية.

* له مؤلفات عدة، منها:

ـ تاريخ بين الرافدين.

ـ عندما بدأت الحروف المسمارية تتكلم.

ـ السنن القديمة للعرب.

(ديوان الأبوذية ـ الجزء الأول)

ظاهرة غير عادية

لم يترك مؤسس الدين الإسلامي الرسول محمد خليفة، وحتى لم يذكر اسمه[(١)]، ومات أبناؤه الذين من المفترض أن يكونوا خلفاءه، في بداية طفولتهم، ولكن أصبح لواحدة من بناته، وهي فاطمة، ولدان من زواجها بعلي ابن عم رسول الله، هما الحسن والحسين.

وبعد وفاة رسول الله في عام ٦٣٢م، جاء إلى سلطة الخلافة أبو بكر (٦٣٢ ـ ٦٣٤م) وبعد ذلك جاء إلى سدّة الخلافة ثلاثة آخرون هم: عمر (٦٣٤ ـ ٦٤٤م) وعثمان (٦٤٤ ـ ٦٥٦م)[(٢)] وعلي (٦٥٦ ـ ٦٦١م)، والأخير هو ابن أبي طالب وزوج فاطمة، وعندما قُتل عليّ في عام ٦٦١ م، بايع أنصاره في العراق ولده الأكبر الحسن كخليفةٍ للمسلمين. ولكن الإمام الحسن كان مضطراً إلى أن يرفض ويترك أمر الخلافة العربية تحت ضغط والي سورية

(١) ذهبت النصوص المتواترة على تنصيص الرسول محمد ﷺ للخليفة من بعده، وهي قائمة على خلافة الإمام علي عليه السلام، للمزيد يراجع كتاب المراجعات لشرف الدين وموسوعة الغدير للأميني وينابيع المودة للقندوزي وغيرها.

(٢) عثمان: هو إبن عفان بن أبي العاص الأموي، ولد في مكة المكرمة سنة ٤٧ قبل الهجرة، ومات في المدينة المنورة سنة ٣٥هـ، حكم في الفترة (٢٣ ـ ٣٥هـ)، له في كتب الحديث ١٤٦ حديثاً.

(معاوية) الذي كان من بني أمية، الذين كانوا يكيدون المكائد لانتزاع السلطة بصورة غير مشروعة وغير قانونية، وبعد تنازله عن الخلافة، ترك الإمام الحسن الكوفة نحو مدينة جدّه (المدينة) حتى وفاته فيها عام (٦٦٩م).

وقد ظهر معاوية الذي حكم للفترة (٦٦١ ـ ٦٨٠م) على مسرح السياسة في حدود عام ٦٤٠ م، بعدما عيّنه الخليفة عمر والياً على الشام في دمشق. وطوال تلك السنين، لم يقتنع معاوية بهذا الأمر، بل قام بكل الترتيبات والاستعدادات للاستيلاء على السلطة السياسية والدينية في الخلافة العربية. وإلى وقت اغتيال الإمام الخليفة عليّ، كان معاوية يملك قاعدة سياسية واقتصادية قوية مقتدرة، وجيشاً قوياً في الشام، ولهذا فقد أصبح باستطاعته أن يقفز وينتزع سلطة الخلافة العربية، ويعلن نفسه خليفةً رسمياً عام (٦٦١م) من مقرّ ولايته في دمشق، التي نقل إليها مقرّ الخلافة الإسلامية، من المدينة المنورة[(١)]. وفيما بعد، عيّن معاوية ابنه يزيد وليّاً لعهده، وعندما جاء هذا الأخير إلى سدّة الحكم عام (٦٨٠م)، كان الصراع من أجل سلطة الخلافة العربية لم يأخذ نطاقاً واسعاً بعد، لكنه أخذ يتسع فيما بين يزيد والإبن الأصغر للإمام عليّ، أي الإمام الحسين، الذي أراد إحقاق الحق والعدل ورفع الظلم عن الأمة، وأعلن عدم أحقيّة يزيد بالخلافة.

وكان أنصار الإمام الحسين في العراق، هم الشيعة الذين ثاروا علانيةً ضد يزيد وطلبوا الإمام الحسين وألحّوا عليه، لأن يعلن الاستعداد للانتفاضة في العراق، وكان الإمام الحسين يعيش في مكة في ذلك الوقت[(٢)]، وكانت قد

---

(١) تحول مقر الخلافة الإسلامية من المدينة المنورة إلى الكوفة في عهد الإمام علي عليه السلام عام ٣٦هـ، وسار على نهجه الإمام الحسن عليه السلام، وفي العام ٤١هـ اتخذ معاوية دمشق عاصمة للسلطة الأموية حتى سقوطها عام ١٣٢هـ على يد السلطة العباسية.

(٢) كان الإمام الحسين عليه السلام قد عاد مع أخيه الإمام الحسن عليه السلام عام ٤١هـ للسكن ثانية في=

ظهرت حركة عقائدية وسياسية قوية جداً ضد يزيد وأعوانه، في المدن المقدسة وهي مكة والمدينة.

ومن المعلوم أن بني أميّة أنشأوا لأنفسهم أسلوب حياة متميزاً في بلاد الشام، وعبّروا عن وجهات نظر تختلف تماماً عن تلك التي كان يؤمن بها أهل المدينة الملتزمون دينياً، والذين صاروا يشكّون حتى بإسلام يزيد وبني أمية. ونتيجة لذلك أصبح ممثلو المدرسة الدينية في المدينة والموالون للرسول ولأهل البيت يتحركون باتجاه العراق، ولذلك فقد أصبح الشيعة وأتباعهم مهيّئين عقائدياً للانقضاض على بني أمية، وكانوا مستعدين لاستبدال يزيد في أي وقت مناسب لذلك، وقد حان ذلك الوقت، عند تسلم يزيد منصب خليفة المسلمين عام (٦٨٠م).

وكان الإمام الحسين قد بعث إلى العراق أحد أقاربه لاستطلاع واقع الحال هناك[١]، وكان هذا المبعوث قد حصل على تأييد ودعم أهل العراق، ووعدِهم بالدعم والمشاركة الفعلية في الانتفاضة، ولكن الذي حدث هو أن عبيد الله بن زياد أصبح والياً على العراق بأمر من يزيد، وقد عَلِمَ الإمام الحسين بهذا الأمر، وهو في طريقه إلى الكوفة، المكان الذي كان يُفترض فيه أن يلتقي بالمنتفضين ويتّحد معهم.

وقد رافق الإمام الحسين جيش مؤلف من ٣٠٠ شخص، كان أغلبهم من أقربائه وأنصاره، وقد حشّد عبيد الله بن زياد قوات عسكرية، في مواجهة

=المدينة المنورة، ولما خرج إلى العراق كان وقتها في مكة المكرمة لأداء مراسم الحج ولم يتمها.

(١) إشارة إلى إبن عمه مسلم بن عقيل بن أبي طالب الهاشمي المستشهد في الكوفة عام ٦٠هـ.

الإمام الحسين، يبلغ عدد أفرادها أربعة آلاف مقاتل تقريباً[١]، وقد تمّ حشد القوات المذكورة في منطقة تدعى كربلاء، وهي تبعد ٤٠ كم عن الكوفة[٢]، وقد طوَّقت قوات ابن زياد، الحسين وأهله وأصحابه، وتمتّ تصفيتهم جميعاً.

وهكذا، فقد استشهد الإمام الحسين استشهاد الأبطال، وقد حدث ذلك في العاشر من محرم عام (٦٨٠م). وكانت لمقتله، بهذه الطريقة البشعة والبربرية النكراء، نتائج وآثار سياسية ودينية كبيرة، على مسلمي العالم أجمع، وقد دقّت هذه الحوادث المؤلمة والتراجيدية إسفيناً وشقاقاً بين المسلمين ـ السُنة والشيعة ـ واستمر التصدّع في جدار العلاقات بين الطائفتين حتى يومنا هذا[٣]، وأصبح مقتل الإمام الحسين بشكل دموي، لا لشيء إلا لأنه أراد أن يُرسي قواعد الحق والعدالة ويُعيد سيرة جدّه رسول الله، رمزاً لنضال المسلمين الشيعة في سبيل مستقبل واعدٍ وخيِّر، وهم يحافظون اليوم على مبادئ واسم الإمام الحسين بكل أمانة وثقة واعتزاز.

ومن خلال الحسين ومأثرته، ظهرت عظمة شخصيته واتّساع فكره الجهادي وذلك بتقديم نفسه وأهله قرابين لمصلحة الأمة الإسلامية والشيعة على وجه التحديد، الذين ساندوا أبناءه على مدى الدهر.

---

(١) تم القول أن تعداد الجيش الأموي الذي اجتمع لحرب الإمام الحسين عليه السلام بلغ ثلاثين ألفاً.
(٢) تبعد كربلاء المقدسة عن الكوفة ٨٠ كم.
(٣) حاول معاوية بن أبي سفيان أسر الصوت الإسلامي من خلال إعلانه عام ٤١هـ بوصفه عام السنة والجماعة لمواجهة أهل بيت النبوة عليهم السلام، وسنَّ بدعة سب الإمام علي عليه السلام ولعنه من على المنابر، لكن نهضة الإمام الحسين عليه السلام حاولت إرجاع الأمور إلى نصابها وإنارة الطريق أمام المسلمين وإنقاذهم من وحل الإعلام الأموي الذي سعى إلى طمس الحقائق وصرفهم عن منابع الدين الحنيف. للمزيد راجع: تفسير ابن كثير: ٤/ ٥٦٧.

ومنذ ذلك الوقت البعيد ـ أحداث المقتل ـ ولحد الآن يعتبر الشيعة الإمام الحسين المدافع الحقيقي عن الأمة، والإنسان الذي امتلك الإرث الإلهي والخصال المحمدية، والبعيد كل البعد عن أية طموحات سياسية، والساعي لإحياء وإنهاض دين جده النبي محمد.

وكان لمقتل الإمام الحسين أثر كبير في إذكاء نار العديد من الثورات الدموية لشيعة العراق، وأطول وأكبر ثورة من بينها، هي ثورة المختار الثقفي التي استمرت عامين من (٦٨٥ ـ ٦٨٧م) وقد تم قمع كل هذه الثورات بقسوة ووحشية، وكان مصير الثوار الإعدام، ولكن هذه القسوة لم تمح من ذاكرة الأمة مأثرة الإمام الحسين حتى الآن، بالرغم من محاولات عدة لطمس حقيقة ثورة سيد الشهداء.

وقد مضى ١٣١٦ سنة(١) من ذلك العهد الذي قُتل فيه الإمام الحسين، إلا أن مقتله يبقى حياً في ذاكرة الأمة على الدوام، وتُستعاد ذكريات المقتل، وكأنها حدثت بالأمس أو اليوم.

ولابد من الإشارة أيضاً إلى أن المثل الذي ضربه الإمام الحسين واستشهاده بهذه الصورة الدموية له أهمية فلسفية تاريخية وحضارية كبرى، فقد قرر الإمام الحسين الاستشهاد والموت حتى يستطيع بذلك أن يُدافع بموته عن حقوق الأمة المهدورة بأيدي حكام بني أمية، وإعادتها إلى مبادئ الدين الحنيف، كما أرسيت في البداية على يد جده الرسول الأكرم.

وبدم الإمام الحسين ودم صحبه وأهله، دُفع الثمن لقاء حقوق الإنسان وحريته.

---

(١) وهذا الرقم حاصل طرح عام استشهاد الإمام الحسين عليه السلام ٦٨٠م من عام ١٩٩٦م وهي السنة التي خط فيها البروفيسور ماتفييف مقدمته.

وفي كل عام، يحيي الشيعة في العاشر من محرم ذكرى استشهاد الإمام الحسين، ويستمر هذا الإحياء ٤٠ يوماً[١]، وبناءً على المذهب الشيعي، لا يُسمح في تلك الفترة بأية مظاهر للفرح أو عقد القِران أو حضور الأحداث الفنية أو المسرح أو حتى حلق الرؤوس[٢].

وخلال هذه الحقبة من الزمن، استطاع الشيعة أن ينتجوا تراثاً ضخماً من الأدب الشعبي والنثر تكريماً للإمام الحسين وتيمّناً بإسمه وحياته، وإحدى هذه المبادرات الهادفة إلى تخليد اسم الحسين هي سلسلة الكتب التي يصدرها العالم العراقي والباحث المعروف الذي تتناول أبحاثه حياة وأعمال الإمام الحسين، وهو محمد صادق ـ الكرباسي ـ وهذه السلسلة ستكون بحدود (٣٠٠)[٣] مجلد مخصصة لدراسة الموضوعات التاريخية والفلسفية والحضارية والدينية والعادات والتقاليد المختلفة، وغيرها. وكل مجلد من هذه المجلدات يحتوي على مقدمة مكتوبة من قِبل العلماء بمختلف اللغات،

(١) يريد يوم الأربعين من ذكرى استشهاد الإمام الحسين عليه السلام وهو اليوم الذي نزل فيه ركب الإمام السجاد علي بن الحسين عليه السلام كربلاء في طريقه من الشام إلى المدينة، لأن العادة جرت منذ القدم إقامة مجالس التأبين في العشرة الأولى من محرم الحرام، ثم استئناف التأبين يوم الأربعين من ذكرى الاستشهاد المصادف للعشرين من صفر من كل عام، وأما حرص البعض على إقامة مجالس التأبين كل أيام شهري محرم وصفر والأسبوع الأول من شهر ربيع الأول إنما جاء بشكل عام مع مطلع القرن الخامس عشر الهجري.

(٢) ليست هناك حرمة شرعية أو منع، وإنما اعتاد الموالون على تأجيل بعض مظاهر الفرح إلى ما بعد انتهاء يوم الأربعين من باب احترام صاحب الذكرى مثل عقد القران أو الزواج، وعلى العكس ما ذكر حول الفن والمسرح، فإن أيام شهري محرم وصفر تشهد عروضا فنية ومسرحية كثيرة في أماكن مغلقة ومفتوحة تصور الواقعة، كما إن إطلاق شعر الرأس أو الذقن عند فقد عزيز عرف اجتماعي عالمي وفيه شبه إجماع.

(٣) تعتبر مقدمة البروفيسور قسطنطين ماتفييف من القراءات الأولى، يوم كانت الموسوعة نحو ثلاثمائة مجلد، وأما اليوم فقد فاقت أعدادها الستمائة مجلد.

وبصورتها الأصلية، وسيتم التقديم لكل من هذه المجلدات بواسطة - الكرباسي - باللغة العربية، ويتضمن شرح أهداف ومهام كل مجلد على حدة.

وهذا المجلد الذي بين يدي القارئ (ديوان الأبوذية ج١) هو أول محاولة من هذا النوع، وتُقدم من خلاله للقارئ نماذج من الشعر الفولكلوري العراقي الشائع في الجنوب (من بغداد إلى البصرة، وفي مقاطعة خوزستان الإيرانية أيضاً) والمنظوم على مدى مائة عام.

وشعر الأبوذية هو نوع من الأدب والنشر الواسع الانتشار والمتداول شفهياً، ومن الصعوبة بمكان تحديد بداية ظهور الأبوذية. ويبدو من بعض المعطيات التاريخية أن شعر الأبوذية ظهر في القرن التاسع الهجري، ومنذ ذلك الوقت، واستناداً إلى قول الكاتب العربي (الخاقاني)[1] أنشئت وتكونت مجموعة رائعة من شعر وأدب الأبوذية. ووجد هذا الفن انتشاراً واسعاً أكثر من أي نوع آخر من أنواع الأدب الشعبي.

وتظهر في هذا النوع من الأدب الشعري قوة الوصف والرقة والعذوبة، والأبوذية هي الأقرب إلى الفهم العاطفي والروحي والذي يسري في الأوصال ممتزجاً بأحاسيس الحب، والإحساس بالحب يُثير الشيء الكثير في المُحبّ، كما ويدخل هذا النوع من الشعر في الأغاني الريفيّة، حيث يلهب النثر والشعر المشاعر والأحاسيس، ويزيد من جمالية الإيقاع الموسيقي، وإذا كان المغنّي يجيد الغناء، فإن ذلك سوف يضاعف من الإحساس بالاستحسان بلا شك.

---

(١) الخاقاني: علي بن عبد علي بن علي، ولد في النجف الأشرف سنة ١٣٣٠هـ ومات في بغداد سنة ١٣٩٨هـ، من مشاهير أدباء العراق، بلغت مؤلفاته ٣٤ مصنفا منها: شعراء الغري، شعراء كربلاء، شعراء بغداد، أصدر مجلات عدة منها: مجلة البيان.

وهذا المجلد هو الكتاب الأول من مجموعة مجلدات الأبوذية المخصصة لتخليد ذكرى الإمام الحسين البالغة ثمانية أجزاء(١).

في مقدمة الجزء يُعرّف ـ الكرباسي ـ القارئ تاريخ نشوء الأبوذية وبيئتها الجغرافية، والتوزيع السكاني لمستخدمي هذا اللون من الشعر الشعبي، وكذا مصدر تسميتها بالأبوذية، وآراء العلماء والكتّاب والمؤرخين حول جذور هذه التسمية.

في الجزء المتعلق بالتوزيع السكاني لمستخدمي هذا الفن، نطلع على أنهم يعيشون ويوجدون في مدن وقرى جنوب العراق، بدءاً من بغداد وحتى مدينة البصرة، الميناء العراقي الجنوبي، مضافاً إلى منطقة خوزستان، وهي إحدى مقاطعات إيران، وبالرغم من هذا التوزيع الجغرافي ومنذ مئات السنين، فإن الأبوذية تبقى مفهومة من قبل سكان هذه المناطق.

إن الإيقاع الشعري للأبوذية رباعي. والتوزيع الإيقاعي متماثل للأسطر الثلاثة الأولى، بينما ينتهي السطر الرابع منه دائما بـ (يّه).

ويحاول الكرباسي إظهار التاريخ والفلسفة ومبادئ الدين والعلاقة بين شيعة العراق وخوزستان وبين ملهمهم الروحي والمدافع عن العدالة الدينية والاجتماعية، من خلال الفلكلور الشعري لسكان جنوب العراق وخوزستان.

ويستعيد شيعة العراق وعموم العالم منذ البدء ذكرى مقتل الإمام الحسين بهذه الطريقة فقط، ولم يستطيعوا المحافظة على هذا التراث الحسيني

---

(١) تعدت سلسلة مجلدات ديوان الأبوذية من هذه الموسوعة العشرة أجزاء، وصدر منها عشرة أجزاء، وربما ازدادت في المستقبل.

فحسب، بل وأوصلوه إلى الأجيال المتعاقبة من خلال القراءة والتعزية الحسينية بصورة عامة، ومن خلال الفولكلور الشعري بصورة خاصة.

وتكمن الصعوبة التي واجهت مؤلف هذا المجلد ليس فقط في جمع أمثلة شعرية من بين مستخدمي وفطاحل هذا الفن، بل وشرح معاني تلك الأشعار، وقد استطاع الكرباسي أن يقوم بهذه المهمة على أكمل وجه، ونستطيع أن نقول: إن عمله يتمثل باكتشاف العلماء والاختصاصيّين العرب في مجال التاريخ والأدب والفلسفة والدين وحتى الفولكلوريّين.

وقد هدف الكرباسي بإصداراته المتعددة الأجزاء هذه إلى:

* إذكاء الروح الدينية بين المسلمين، وإحياء وتقوية ذِكرِ الإمام الحسين عليه السلام في مجالات الأدب والتاريخ والدين والفلسفة.

* على الرغم من أن تضحية الإمام الحسين ومأثرته العظيمة، تجعل من الصعوبة بمكان إضافة أي شيء جديد إليها، إلا أن عمل ومجهود الباحث الكرباسي، يُمثل ظاهرة غير عادية، ويضيف زخما كبيراً إلى معالجة هذه المشكلة.

البروفيسور قسطنطين ماتفييف
روسيا ـ موسكو
١٩٩٦/٥/١٢

حركة شعر الأبوذية بين عبودة وبوذا

يحتفظ كل مجتمع بخزين من التراث الشعبي المنفتح على كل الاتجاهات، بحيث يسهل قراءة هذا المجتمع وعاداته وتقاليده وأخلاقياته، بالعودة إلى هذا التراث وتناول مفرداته وتصفحها الواحدة تلو الأخرى، وهي في الوقت نفسه كثيرة، ويسهل الوقوف على طبيعة المجتمع بمطالعة أدبه الشعبي، والشعر الشعبي بخاصة، لأن فيه عصارة تراث المجتمع الشعبي .

ولا يختلف الشعر العربي الشعبي عن القريض في تعدد أغراضه الشعرية، ولا في قوالبه وبحوره، فهو مثله مثل الشعر العربي القريض، لكن الكلمة المستخدمة هي اللغة المحلية الدارجة، غير أنَّ ما يميز الشعر الشعبي أنَّ حلاوته عند السماع تكون أكثر منه عند القراءة، إلا إذا كان القارئ يجيد تحريك الكلمات تلقائيا، وبخاصة إذا كان المتلقي يستمع إلى الشعر القادم من غير بيئته الشعبية، حيث تستخدم مفردات غير مأهولة في بيئته، على عكس الشعر القريض الذي فيه المفردة عربية فصيحة يسهل تذوقه والوقوع في شباكه قراءة واستماعاً .

ولأن الشعر الشعبي هو من بنات المجتمع، فإنه متعدد الأنواع والأسماء، وكل نوع منه ينسب إلى شخص بعينه كان دخيلاً في إنتاجه وإنشائه وإنشاده، أو إلى مدينة أو قرية أو عشيرة اشتهرت بنظمه، وللعراق قصب السبق في إنتاج أنواع من الشعر الشعبي، ومن ذلك شعر الأبوذية المنتشر في جنوب

العراق وامتداداته في مقاطعة خوزستان الإيرانية التي يقطنها العرب ويتحدث أهلها بلهجة جنوب العراق بشكل عام.

وللوقوف على أصل هذا النوع من الشعر وجذوره، في سياق التعاطي مع المنظوم منه في النهضة الحسينية، صدر عن المركز الحسيني للدراسات في لندن، للمحقق الشيخ محمد صادق محمد الكرباسي، كتاب «ديوان الأبوذية» في جزئه الأول في ٥٦٤ صفحة من القطع الوزيري، تسقَّط فيه الأخبار من هنا وهناك عن نشأة الأبوذية وتاريخها وشخوصها وأماكن انطلاقها وامتداداتها، وعمل على إعادة كل كلمة شعبية دارجة إلى جذرها العربي، في محاولة توفيقية وتوليفية هي الأولى من نوعها للتقريب بين الشعر الشعبي والقريض، بل وإنّ المؤلف يشجع كل شاعر شعبي يلتقيه ان يضمّن شعره كلمات فصيحة ما أمكنه ذلك سبيلاً لإخراج الشعر الشعبي من بعض غموضه بخاصة على الأسماع العربية التي لم تعهد الشعر الدارج، أو يصعب عليها فهم كلمات محلية يتداولها هذا المجتمع العربي أو ذاك.

ومن ذلك قول الشاعر العراقي المعاصر الدكتور عادل بن جليل الكاظمي من قريض الأبوذية:

تُنادي زَينبٌ والدمعُ هامِلْ … فؤادي مِن عذابِ القبرِ هامِلْ
عَمودٌ قَدْ أصاب اليومَ هامِ ألْـ … كفيلِ فَشَبَّ نيرانَ الرزِيَّهْ

أقوال في الأبوذية

تتألف تركيبة الأبوذية كما يحللها الكرباسي: «من أربعة أشطر كل شطر منها مركب من ثلاث تفعيلات، في الأشطر الثلاثة التفعيلات الأولى والثانية والثالثة يلتزم فيها الجناس والرابعة لابد وأن تنتهي بياء مشددة مفتوحة ملازمة مع هاء ساكنة». والأبوذية كما يقول المؤرخ العراقي ثامر بن عبد الحسين

العامري في كتابه «المغنون الريفيون وأطوار الأبوذية العراقية»: «مؤلف من بيتين في أربعة أشطر، ثلاثة منها في جناس واحد يتحد في اللفظ ويختلف في المعنى، وينتهي الشطر الرابع منه بحرفي الياء والهاء»، ولكن الكرباسي يرى: «ان الأبوذية بيت واحد ذو أربعة أشطر، ونادراً يؤلف منها قصيدة»، ويضيف: «وهي من فنون الأدب الشعبي العراقي في اللهجة الدارجة جميلة الأداء لأنها تتجلى بالجناس الثلاثي»، ومثال الأبوذية قول عميد الشعر الحسيني الدارج الحاج جابر بن جليل الكاظمي:

مِنِ ٱخدودكْ بَناتِ الغُصِنْ وَرْدَنْ

تَرِف وِنْسومَكِ ٱعْلَه الْمُحِبْ وِرْدَنْ

أريدَ ٱعْصِرْ عِنَبْ شِفِّتَكْ وَرْدَنْ

أَخَمُّدْ نارَكِ ٱلْتِسْتِعِرْ بِيَّهْ

وتعددت الأقوال في أصل كلمة «الأبوذية»، وعند الأكثر أنها مركبة من كلمتين: أبو وذية، فالكلمة الأولى عند العامة تعني (ذو) أو صاحب، وحاول البعض نسبتها إلى الأذى والتألم والتوجع بلحاظ أنّ هذا النوع من الشعر ينشد عند الشعور بالأذى والضيق، وفي ذلك يقول الأب انستاس ماري الكرملي (١٨٦٦ ـ ١٩٤٧م)، البغدادي المولد: «ذية تخفيف أذية لأن ناظم تلك الأبيات ينطق بها بعد أن يصاب بأذية خارجة كانت أم باطنة، عقلية أم جسدية، أدبية أو حسية، أو انه يحاول التأثير في نفوس الغير بما يؤذيها».

والبعض يرى ان أصل الكلمة (ذي + يه) أي صاحبة يه، بلحاظ ان الشطر الرابع من الأبوذية ينتهي بـ (يه)، ولكن المحقق الكرباسي يستبعد مثل هذا الاحتمال، ففيه تكليف، وبعضهم أرجعه إلى (أبو + هيه)، ويستبعده

الكرباسي أيضا، والبعض يرى أنها تحريف لكلمة عبودية نسبة إلى القبيلة العربية عبودة لاشتهارها بنظم الأبوذية، ويضعف الكرباسي مثل هذا الرأي، والبعض ينسب الأصل إلى الشاعر حسين بن عبد الله النجم آل مگن العبادي المتوفى نحو عام ١٣٠٠هـ، باعتباره ممن اشتهر بنظم الأبوذية، ولكن المحقق الكرباسي يضع الرأي في خانة الاحتمالات لعدم وجود دليل قاطع عليه، وبعضهم ينسبه إلى البادية، فحورت إلى أبوذية، لكن الكرباسي يرى في ذلك التكلّف، بخاصة: «إن هذا النوع من الشعر لا يتعاطاه أهل البادية ولعل فيه خلطاً بين الأبوذية والعتابة حيث إنهما قريبا الوزن».

والبعض الآخر يرى ان الأبوذية تعود من حيث التسمية إلى (دو بيت) وهو نمط من الشعر الفارسي عرف في بغداد أيام العهد العباسي، وبعضهم يرى أنَّ الكلمة إنما هي إغريقية الأصل: «وكان أصلها (Apodhia) وقد نقلها الأنباط فيما نقلوه من الفنون الأخرى إلى العراق، واليونان يلهجونها (أبوذه) وقد قيل إن الإنكليز يسمونها (Epodes) والفرنسيين يطلقون عليها (Pes Epodes) وهي عند اليونان رباعية كما هو الأمر في الأبوذية التي تعرف بالنگيض (النقيض)»، لكن المؤلف يستبعد مثل هذا الاحتمال.

وهناك من يقول: إن الأبوذية تعادل الحسعة، بيد أنَّ المصنف يرى أن بين شعر الأبوذية والحسعة: «عموم وخصوص من وجه حيث إن كل أبوذية حسعة وليس العكس». كما استبعد المحقق الكرباسي احتمال أنَّ الأبوذية محرفة من الشاعر (ابن أُدية) وهما أَخوان من شعراء الخوارج نسبا إلى أمهما أُدية، وهما: شيخ الخوارج مرداس بن حدير التميمي (ت ٦١هـ) وشقيقه عروة بن حدير التميمي (ت ٥٨هـ) الذي كان أول من رفع في معركة صفين (٣٩هـ) شعار: «لا حكم إلا لله».

الأبوذية والحكيم بوذا

ولكن ما علاقة شعر الأبوذية بالحكيم الهندي بوذا، مؤسس الديانة البوذية حوالى العام (٥٦٦ ـ ٤٨٦ ق.م)؟

الجواب جاء عبر فكرة اختمرت وانقدحت في ذهن الدكتور الكرباسي، حيث: «استظهرناه وتبادر إلى ذهننا من التطابق اللفظي بين التسميتين وعلى أثره قمنا بالبحث والتنقيب، كما احتملنا أن يكون هذا اللون من الشعر كان مما ينشد في الطقوس الدينية عندهم»، وقد انتهت رحلة البحث والتنقيب: «أن لهم أبياتاً شعرية ذات أربع أشطر ينشدونها في طقوسهم الدينية» تشبه تماما شعر الأبوذية، وهو ما شجع المحقق على الاتصال بالملحقيات الثقافية لسفارات عدد من الدول ذات التواجد البوذي المكثف، كما اتصل برئيس الكهنة في المعبد البوذي في لندن (London Buddhist Vihara) الدكتور ميداغاما فاجيراغنانا (Medagama Vajiragnana)[(١)]، وبعد جملة مداولات أدبية، وتحقيق ومقارنة أجراه المحقق الكرباسي لاحظ وجود قواسم مشتركة بين نصوص شعرية يتداولها البوذ وشعر الأبوذية، وهي: اتحاد عدد الأشطر، وتوحد قوافي الأشطر الثلاثة الأولى، وختم الشطر الرابع بـ «يه»، والاتحاد في استخدام نوعية التفعيلات. ومن كل ذلك خلص إلى: «إن هذا اللون من الشعر المسمى بالأبوذية قد تعود أصوله إلى الأدب البوذي»، ولكن كيف وصل إلى جنوب العراق؟: «أكثر الظن أنه انتقل عبر التجار الذين كانوا

---

(١) فاجيراغنانا: مبشّر بوذي ولد في مدينة ميداغاما (Medagama) السريلانكية عام ١٣٤٧هـ (١٩٢٨م)، عمل مساعدا لأقدم معبد بوذي في لندن وفي أوروبا، شرع منذ العام ١٣٨٥هـ (١٩٦٦م) بالتبشير للتعاليم البوذية في مسقط رأسه وأوروبا، أنشأ في العام ١٤٠٧هـ (١٩٨٧م) شبكة لثمانين جماعة إيمانية، تم في العام ١٤٢٠هـ (١٩٩٩م) تعيينه زعيما للبوذ في بريطانيا، مات في لندن عام ١٤٢٧هـ (٢٠٠٦م).

يتنقلون بين الهند والبصرة». ولكن هل يمكن القطع بذلك؟ وهو ما يستبعده المصنف.

النشأة الأولى

ولما وقع الخلاف في أصل التسمية، فمن الطبيعي ان يقع الخلاف في باكورة النظم والناظم، فالبعض ارجعه إلى الشاعر حسين بن عبد الله العبادي المتوفى نحو ١٣٠٠هـ، حينما أنشد مخاطباً زوجته:

ترف بهواك من مثلي وله دوم

بثناياها الخلل بين ولهدوم

أمل الفرس لو كبرت ولهدوم

شبصرك برذعه النامت عليه

وعندما أحست زوجته بمشاعره وقصده ردت عليه بشعر مثله:

جد بهواك لليهواك وعره

وعمن جه عشرتي وياك وعره

بعد ماني معك بشظاظ وعره

الكل منه انشحن وانكر خويه

ولكن الكرباسي لا يطمئن بهذه النسبة التي ذهب إليها المحقق والنسابة المعاصر ثامر بن عبد الحسن العامري في كتابه (المغنون والريفيون وأطوار الأبوذية العراقية)، لأنه: «لم يسند قوله بدليل».

ويميل الشاعر الكويتي عبد الله بن عبد العزيز الدويش (١٩١٩ ـ ١٩٩٤م) إلى أن الأبوذية من مولدات شعر الموال، كما ذكر ذلك في «ديوان

٢١٦

الزهيري»، لكن الكرباسي يعتبر استنتاج الدويش: «مجرد تخيل إذ إنهما يختلفان في الوزن واللون ولعل الذي حدا به لأن يقول ذلك أنَّ تركيبة الموال كتركيبة الأبوذية حيث إن كلتيهما تنظمان على أربعة أشطر وفيهما جناس إلا انه غفل عن أن الموال ينظم غالبا على أكثر من بيت واحد ذي ثلاثة أشطر ويكون الشطر الأخير رباطاً ولابد أن تتحد قافيته وجناسه مع الأشطر الثلاثة الأولى، وكل هذا يبعد احتمال أن تكون الأبوذية من مولداته».

ويرى الموسوعي العراقي الشيخ جلال الدين الحنفي البغدادي (١٩١٤ ـ ٢٠٠٦م)، أنّ شعر الأبوذية كان من الشعر الشعبي الطارئ على بغداد، ثم نظم به الشعراء، أي لم يكن من إنتاج شعراء بغداد أصالةً كما هو الحال في الموال الذي يرى البعض انه بغدادي عباسي المنشأ. وقد حاول البعض إرجاع النشأة إلى القرن الحادي عشر الهجري بالاعتماد على مخطوط بغدادي قديم، لكن الكرباسي لا يرى المخطوطة حجة وليست دليلاً قاطعاً قاصماً.

وبشكل عام فإن شعر الأبوذية اشتهرت به المدرسة العراقية وامتداداتها في خوزستان ولم يعهد أن نظم به غيرهم. ويعتبر الكرباسي أنَّ هرم شعر الأبوذية قام على أضلاع ثلاثة وهم أمراؤه: الملا حسين بن علي الكربلائي (ت ١٣٢٨هـ) من كربلاء المقدسة، والملا زاير بن علي الدويعي (ت ١٣٢٩هـ) من النجف الأشرف، وفي القاعدة شاعر الحلة جعفر بن مهدي الحلي (ت ١٢٩٨هـ)، ويتربع على قمة الهرم شاعر الكوت حسين العبادي. وأما أول من استخدم الأبوذية بطريقة النعي في الأدب الحسيني فهم وفقاً لما يقوله الباحث ثامر العامري: عبد الأمير الفتلاوي (ت ١٣٨٠هـ) وعبود غفلة (ت ١٣٥٦هـ) وحسين الكربلائي. وعند الكرباسي ان الأخير هو في المقدمة يليه عبود غفلة ثم الحاج زاير الدويچي ثم عبد الأمير الفتلاوي. والأبوذية من الكثرة في استخدامها في الأدب الحسيني أن جعلت المحقق الكرباسي

يقرّ: «وكأنها ابتدعت لتكون المركب الذلول لرثائهم وقد أبدع الشعراء في استخدامها لأغراضهم في هذا المجال»، ومن ذلك قول الملا حسين الكربلائي:

روحي اِمْنِ الصَّبُرْ مَلَّتْ وَصاحتْ

اِوْمثِلْها ما اَنْسِبتْ حُرَّه وَصاحَتْ

عَلَى التَّل اَوْ كُفَتْ زَيْنَبْ وَصاحَتْ

نادَتْ يَخْوتي يَهْلِ الْحَمِيَّهْ

والأبوذية: «كغيرها من فنون الأدب الدارج تحتوي على كل أبواب الشعر وأصنافه، ففيها الحكمة والغزل والشكوى والعتاب والمدح والرثاء والحماسة والهجاء وغيرها من الأغراض الشعرية، وأخيراً توسع الشعراء الشعبيّون في جانب المدح والرثاء والسياسة والشكوى والفخر والحنين والوصف والإخواني والوجداني إلى غيرها من الأغراض»، أي لا تقتصر على الألم والتوجع والتفجع كما في تعريفها الأولي، وإنْ كان من خصائصها: «أنها مضغوطة المعنى فالأشطر الأربعة في الغالب تستوعب معنى قصيدة طويلة وتعطي صورة كاملة عن المعاناة»، كما: «وتتغنى الأبوذية على المقامات المنصوري والحياوي واللامي والعنيسي والصبيّ وغيرها».

أوزان وألوان

ولا يذهب الكرباسي مذهب من يرى أنَّ الأبوذية تنظم على وزن الوافر «مفاعلتن مفاعلتن مفاعلتن»، بل يعتقد خلاف ذلك: «لأن الوزن المعتمد فيها بشكل عام هو: «مفاعيلن مفاعيلن فعولن» وهو أقرب إلى الهزج بإضافة تفعيلة واحدة عليه وهي «فعولن»، ولذلك فإنه يرجح أنْ: «يكون للأبوذية

وزن مستقل بها وهو : مفاعيلن مفاعيلن فعولن، وبسبب خضوعها كما في القريض إلى الزحاف وغيره تولدت تفعيلات أخرى»، ويذهب إلى أنَّ : «الأبوذية بالإضافة إلى أنها لون من ألوان الشعر الشعبي الدارج فإنَّ لها وزناً خاصاً بها مركبا من وزني الهزج والرجز، فتارة تأتي على الهزج وتارة على الرجز وتارة أخرى تأتي بعض أشطرها على الهزج وبعض آخر على الرجز وتارة يأتي الشطر الواحد منها على تفعيلة الهزج مركبة مع تفعيلة الرجز، إذاً فلا علاقة لها بالوافر لا من قريب ولا من بعيد» .

وقد توصل الشيخ الكرباسي إلى أن التفاعيل المستخدمة في الأبوذية لا تتجاوز العشر ولا توجد تفعيلة واحدة على مفاعلتن التي هي من تفعيلات الوافر . كما اعتمد في هذا الجزء والأجزاء التالية على تثبيت (الهزج) لما كانت أشطر الأبوذية الأربعة على مفاعيلن ومولداته، و(الرجز) لما كانت أشطر الأبوذية الأربعة على مستفعلن ومولداته، وما كان خليطاً من الهزج والرجز، فإن المحقق الكرباسي استحدث لهما تسمية (المرج) تبركاً بقوله تعالى في سورة الرحمن: ١٩ ﴿مَرَجَ ٱلْبَحْرَيْنِ يَلْتَقِيَانِ﴾ .

وللأبوذية ألوان شعرية تفوق ألوان قوس قزح، فهناك الأبوذية المطرزة، والمدوّر، وذو الجناسين، والمربع، والمخمس، والمشط، وذو الحاشية، والمطشّر، والمطلقة، والمولدة، والمقسومة، وغيرها، ويعتبر أمير الأبوذية الشاعر الملا حسين الكربلائي، هو أول من برع بالاضافات على الأبوذية، ومن ذلك انه أضاف شطراً خامساً بأربعة أجناس:

الألف لف الذوايب من نسلها

البي بادت اضلوعي من نسلها

التي تاهت أفكاري من نسلها

الثي ثاري الحواري من نسلها

الجيم وجنة الفردوس إليَّه

فالنسل الاولى من تمشيط الشعر، والثانية من مرض السل والثالثة من النسيان والرابعة الذرية.

ومن الأبوذية المولدة التي ينظمها الشاعر من وحي خيال شاعر آخر من خلال مجاراة بيت شعري وغالبا ما يكون من القريض، في مقابل الأبوذية المطلقة التي ينظمها من وحي خياله قول الشاعر عبد الأمير بن علي الفتلاوي (١٣٨٠هـ):

تِناسَه الْهاشمي اَو لا شالْ لامَتْ

حَرُبْ وِاْشكِثُرْ بيه الناسْ لامَتْ

رِضاعَه الضَّيمْ ينشَه اَوْ يِسِبْ لامَتْ

اَوْ لا يِجعَلْ فِطامَه اْعَلَه المِنِيَّة

لامت الاولى من لامة الحرب: الدرع، والثانية: عذلت، والثالثة: مخففة الموت. وهذه الأبوذية مباراة لقول الشاعر حيدر بن سليمان الحلي (ت ١٣٠٤هـ):

كم رضاع الضيم لا شب لكم ناشئٌ أو تجعلوا الموت فصالا

وهناك من يتفنن في نظم الأبوذية، كأن يضمنها كلمات من لغات أخرى، من ذلك قول الشاعر الحاج زاير الدويچي:

عَصَبْ كِلْما اُرْدَ اَفور اْعْلَيكْ نيناي

وخِلْخالَه اْبْتِوالي اللَّيلْ «نَيْناي»

أَكِلَه اُكْبَلْ يِگَلّي لَيكْ نَيْناي

«علوگون» اَرْتِفِعْ لَتْجيكْ اَذِيّه

فقوله «نيناي» أراد بها لا لا وهي من أصل كجراتي وكلمة «لا» تعادل «ني»، وكلمة «علو» بمعنى إذهب و«گون» كلمة انكليزية (gone) بمعنى الماضي، وقد استعملها العراقيون بمعنى السريع وهو من معاني الماضي.

ومن التفنن استخدام الحروف المقطعة في الجناس بدلاً من الكلمات، مثل قول الشاعر جابر الكاظمي:

ابدمع عاسات الف والميم واللام

ولَتظنّي ألف والميم واللام

منك يا ألف والميم واللام

عمري الماشفت بي غير أذيّه

فجمع حروف الشطر الأول: أمل من الامتلاء، والثانية: امل من الملل، والثالثة: امل أي الرجاء. ومن روائعه أيضا، قوله:

حوتِ اَلْبِلَعْ يونِسْ حَيْ وَحَيْ به

وإبنْ يَقْطينْ ما أحْرَمْ وَحَيْ به

حسينْ الْطِّلَبْ عَتّاله وَحَيْ به

والمُصْطَفه اَنْخَطْ عُمْره بِدَيَّه

وهنا إشارة إلى النبي يونس وهو في بطن الحوت، والوزير العباسي علي بن يقطين (ت ١٨٢هـ) الذي كان من أصحاب الإمامين جعفر بن محمد الصادق عليه السلام (ت ١٤٨هـ) وموسى بن جعفر الكاظم عليه السلام (١٨٣هـ)، وكان

ابن يقطين يدفع الأذى عن أهل البيت عليهم السلام ومحبيهم، والشطر الرابع التفاتة ذكية من الشاعر الكاظمي حيث حسب عمر النبي المصطفى محمد صلى الله عليه وآله وسلم من حاصل طرح خطوط باطن الكف اليسرى (٨١) من خطوط باطن الكف اليمنى (١٨) ويصبح المجموع ٦٣ عاماً، وهو ذاته عمر الإمام علي بن أبي طالب عليه السلام.

ظاهرة غير عادية

ضم هذا الجزء ٢٨٩ قطعة من حرف الألف إلى الخاء بإضافة حرفي الجيم المثلثة (چ) والكاف الفارسية (گ) المتداولة في اللغة الدارجة، مع ٢١ فهرساً في أبواب مختلفة، مع دراسة نقدية باللغة الروسية كتبها الخبير بالدراسات الشرقية والإسلامية البروفيسور قسطنطين ماتفييف، حيث وضع نفسه مكان المحقق الكرباسي ووقف على جانب من المصاعب التي تواجه كل محقق عندما يبحث في التراث وباللغة الدارجة، ومن رأيه: «تكمن الصعوبة التي واجهت مؤلف هذا الجهد ليس فقط في جمع أمثلة شعرية من بين مستخدمي وفطاحل هذا الفن بل وشرح معاني تلك الأشعار، وقد استطاع الكرباسي أن يقوم بهذه المهمة على أكمل وجه»، ويذهب البروفيسور ماتفييف إلى القول: «إن عمل الكرباسي يتصل باكتشاف العلماء والاختصاصيين العرب في مجال التاريخ والأدب والفلسفة والدين وحتى الفلكلوريين»، ورأى في خاتمة قراءته: «إن عمل ومجهود الباحث الكرباسي يمثل ظاهرة غير عادية، ويضيف زخماً كبيراً إلى معالجة هذه المشكلة».

الجمعة ٢٠٠٧/٨/٣١

١٨/٨/١٤٢٨هـ

الباحث عبد الملك بدر الدين إيغل
(Abdelmalik Badruddin Eagle)

* ولد عام ١٣٥٧هـ (١٩٣٨م) في بلدة بيدينغتون (Beddington) التابعة لمدينة كرويدون (Croydon) في مقاطعة سري (Surrey) جنوب انكلترا، وكان اسمه عند الولادة دونالد بن روسلي إيغل (Donald Rossley Eagle) قبل أن يتحول إلى الإسلام ويتخذ له اسم عبد الملك بدر الدين.

* كان من أتباع الكنيسة البريطانية (Anglican) ثم تحول إلى الكاثوليكية ثم اعتنق الدين الإسلامي في العام ١٣٩٠هـ (١٩٧٠م).

* تخرج من كلية سانت كاثرين (St Catharine's College) وكامبريدج (Cambridge University).

* نال شهادة الماجستير في الأدب (MLitt) من جامعة درهام (Durham University) عام ١٤١٠هـ (١٩٩٠م).

* تنقل في دول أوروبية كثيرة وكان يقيم في الأديرة، ويحرص على زيارة المعارض والمتاحف لزيادة مخزونه الثقافي.

* عمل مدرساً لفترة قصيرة في لندن.

* انتقل إلى السعودية عام ١٣٨٤هـ (١٩٦٤م) لتدريس اللغة الانجليزية لدى الأسرة الحاكمة، لكنه عاد بعد سنوات لرعاية والديه المسنين، رغم الإغراءات التي قدمت له لحثه على البقاء، منها منحه الجنسية السعودية.

* قام بتدريس اللغة الانجليزية في اليمن وعُمان، وخلال تنقله في بلدان الشرق الأوسط تعلم اللغة العربية واطلع على الإسلام.

* درس مذهب الزيدية واعتنقه ثم تحول إلى مذهب الشيعة الإمامية الإثني عشرية.

* ذهب عام ١٤٠٠هـ (١٩٨٠م) إلى الهند وبقي فيها نحو سنة قبل أن يعود إلى بلاده ويستقر في مدينة درهام (Durham) في انكلترا.

* من علماء الآثار البريطانيين، اختص بالنصوص العربية القديمة (Classic Arabic)، إلى جانب تضلعه بالشؤون الإسلامية.

* كان يتردد على لندن كثيراً، وينشط في المجالات الإسلامية لدى المؤسسات الإسلامية وبخاصة لدى مؤسسة الإمام الخوئي الخيرية ومؤسسة الرسول الأعظم.

* من المتحمسين إلى الحوار بين الإسلام والغرب، ومسانداً لقضايا الشعب العراقي ومعاناته خلال حكم صدام حسين.

* وجد ميتاً في منزله في درهام في ٢٠٠٨/٥/١٦م، حيث كان يعيش بمفرده، بعد تعرضه لجلطة في المخ بعد عودته من زيارة لإيطاليا، ودفن في المقبرة اليمنية في بلدة ساوث شيلدز (South Shields) شمال شرق انكلترا، وعقدت له مؤسسة الرسول الأعظم ﷺ مجلس ترحيم يوم ٢٠٠٨/٦/١٧م.

* ترجم عدداً من الكتب العقائدية والدراسات الفقهية، منها:

ـ ما هو الإسلام (What is Islam: Beliefs, Principles and a Way of Life) للفقيه محمد الشيرازي.

ـ الأجوبة الشرعية الخاصة بالأطعمة والأشربة (Islamic Legal Decision Concerning Food & Drink) للشيخ فاضل السهلاني.

(تاريخ المراقد ـ الجزء الأول)

روعة العمل الثقافي والمعماري

لا يمكن إنكار المودّة التي حظي بها الإمام الحسين طوال القرون من قِبل المسلمين، بغضّ النظر عن المدرسة الفكرية التي يعودون إليها، فقد أقرّ المسلمون الشيعة والسنّة معاً بكونه السّبط المحبوب للنبي الأكرم محمد (صلى الله وسلم عليه وعلى ذريته الطيبة) وبأنه ابن فاطمة وعليّ، والذي وصفه النبي بأنه سيد شهداء أهل الجنة[1]، وأخبر بموته المأساوي[2].

وفي معظم المجتمعات الإسلامية يوقَّر الحسين كواحدٍ من أصحاب الكساء الخمسة الذين أذهب الله عنهم الرجس وطهّرهم تطهيرا.

ومن ناحية ثانية، فإن للإمام الحسين أهميةً خاصة عند المسلمين الشيعة (أتباع أئمة أهل البيت النبوي) فهو بالنسبة لهم إمام معصوم أُختير من قبل الله كخليفة لإمامة عليّ بن أبي طالب، وإمامة الحسن.

---

(١) جاء في صحيح الترمذي: ٢/٣٠٧، عن الرسول الأكرم ﷺ: «إن فاطمة سيدة نساء أهل الجنة، وإن الحسن والحسين سيدا شباب أهل الجنة».

(٢) للمزيد عن ولادة الإمام الحسين عليه السلام والإخبار عن استشهاده والمكان والطريقة راجع: السيرة الحسينية للكرباسي: ١/١٦٩.

ولا ينظر إلى نزاعه مع حاكم ذلك الحين، الخليفة الأموي يزيد بن معاوية، والذي أفضى إلى موته في كربلاء، كمجرد قتال بين فئتين مسلمتين، بل انه بين فئة كان الحق إلى جانبها وأخرى كانت ظالمة، لقد كان نزاعاً بين الإسلام والكفر. وهو بعيد عن أن يكون صراعاً حتى بين السلالات المسلمة المتنافسة، إنما كان صراعاً بين الإسلام نفسه وورثة الارستقراطية المكيّة الوثنية القديمة الذين شكلوا التهديد الرئيس لرسالة النبي محمد ﷺ المقدّسة، واعتنقوا الإسلام فيما بعد كحيلةٍ تستبطن غايات سياسية، وأخيراً اكتسبوا السلطة المطلقة على المسلمين، في شخص معاوية بن أبي سفيان (والد يزيد).

إن موت الإمام الحسين وستة عشر فرداً من بني هاشم (أقارب النبي) وأكثر من خمسين من التابعين المخلصين في كربلاء[1]، يُعتبر لدى الشيعة تضحيةً كانت ضرورية للحفاظ على الهوية الحقيقية للإسلام كما أُعلن من قِبَل النبي الأكرم. إن مجزرة كربلاء بيّنَتْ للمسلمين حجم الكارثة التي حلّت بزعامة الأمة المسلمة عقب خمسين عاماً فقط من وفاة النبي، وقد أظهرت شهادة الحسين بوضوح لذلك الجيل والأجيال اللاحقة أين هو مكمن الإسلام الحقيقي، أي عند الأئمة من أهل بيت النبوة وأولئك الذين نشروا تعاليمهم وسلكوا نهجهم مخلصين.

لقد كانت زيارة قبر الإمام الحسين تقليداً عند أئمة أهل البيت. وكان أول

---

(١) من خلال التحقيقات التي اجراها مؤلف الموسوعة، فإن عدد شهداء كربلاء من أهل البيت والأنصار نحو الثلاثمائة شهيد وشهيدة، للمزيد راجع: الأجزاء الثلاثة المطبوعة من معجم أنصار الحسين (الهاشميون)، وسيليها: معجم أنصار الحسين (غير الهاشميين)، وكذلك راجع الجزء الأول المطبوع من: معجم أنصار الحسين (النساء).

من فعل ذلك الإمام علي بن الحسين زين العابدين الذي كان يشدّ الرّحال من المدينة إلى كربلاء لزيارة قبر والده. وذات مرّة ذُهِلَ بعض الشيعة لرؤية الإمام في مسجد الكوفة فهتفوا: «ما الذي جاء بك إلى أرض ذُبح فيها أبوك؟» فَرَدَّ الإمام بالقول: «لقد زرت والدي وصلّيتُ في هذا المسجد»[١].

وقد حثّ الأئمة أتباعهم على زيارة قبر سلفهم المحبوب، النبي الأكرم محمد ﷺ وقبور أهل البيت، وقد أكد الإمام علي بن موسى الرضا: «إنّ لكل إمام عهداً في عنق أوليائه وشيعته، وإن من تمام الوفاء بالعهد وحسن الأداء زيارة قبورهم، فمن زارهم رغبة في زيارتهم وتصديقاً بما رغبوا فيه كان أئمتهم شفعاءهم يوم القيامة»[٢]، وقال الإمام جعفر بن محمد الصادق: «من سرّه أن يكون على موائد النور يوم القيامة فليكن من زوار الحسين بن علي عليه السلام»[٣]، وقال أيضاً لتلميذه عليّ بن ميمون[٤]: «يا علي: زر الحسين ولا تدعه، قال: قلت: ما لمن أتاه من الثواب؟ قال الإمام عليه السلام: من أتاه ماشياً كتب الله له بكل خطوة حسنة، ومحا عنه سيئة، ورفع له درجة»[٥].

لذلك فليس عجيباً أن يندفع المسلمون بعامة وأتباع أئمة أهل البيت

---

(١) للمزيد، راجع تاريخ المراقد: ٣/ ١٤.

(٢) فروع الكافي: ٤/ ٥٦٧، كتاب الحج.

(٣) وسائل الشيعة: ١٤/ ٤٢٤.

(٤) علي بن ميمون: هو أبو الحسن (أبو الأكراد) الصائغ (الصانع) الكوفي، روى عن الإمام الصادق جعفر بن محمد عليه السلام المتوفى عام ١٤٨هـ، وروى عن الإمام الكاظم موسى بن جعفر المتوفى عام ١٨٣هـ. روى عنه أبو داود المسترق وعبيس بن هشام وعلي بن الحكم وغيرهم.

(٥) كامل الزيارات: ١٣٣.

بخاصة لزيارة كربلاء، ويغدقوا على ضريحه وأضرحة وقبور شهداء كربلاء الآخرين عناية خاصة، كما لا ريب في أن تقليد زيارة هذه القبور (المعروفة عموماً بالمراقد ومفردها مرقد) منذ البدء وحتى الوقت الحاضر قد أعان على إبقاء رسالة شهادة الحسين حيّة بين أتباع أهل البيت ومحبّيهم في كل أنحاء العالم.

و «المراقد» هي موضوع دراسة خاصة مؤلفة من أربعة أجزاء (تحت عنوان المراقد، تاريخها وتطورها)(١) للشيخ محمد صادق محمد الكرباسي، وهي تشكّل جزءاً من موسوعته الضخمة حول الإمام الحسين، أي دائرة المعارف الحسينية، التي تشتمل على تاريخ مراقد الحسين وأهل بيته وأنصاره، وهذه الدراسة لا تشمل فقط أضرحة ومراقد شهداء كربلاء مع تركيز خاص طبعاً على ضريح الإمام الحسين، بل وأيضاً مراقد أولئك الذين شهدوا المجزرة وأولئك المرتبطين بالحوادث التي قادت إلى كربلاء وما حدث فيها. وهكذا، على سبيل المثال، تضمّن الجزء الأول (الذي كتبت له هذه المقدمة الانكليزية) دراسة حول مرقد إبراهيم الأشتر النخعي (ابن مالك الأشتر(٢)، النصير المخلص والتابع الأمين لعليّ بن أبي طالب والذي دُسّ له السّمُّ بأمرٍ من معاوية) الذي بايع المختار الثقفي عندما قاد ثورةً في الكوفة العام ٦٦ الهجري (٦٨٥ ـ ٦٨٦ الميلادي) ثأراً لمقتل الحسين. وتضمّن

---

(١) فاقت أجزاء سلسلة «تاريخ المراقد.. الحسين وأهل بيته وأنصاره» الأربعة أجزاء، وصدر الجزء الخامس بعد سنة من رحيل صاحب المقدمة.

(٢) مالك الأشتر: وهو حفيد عبد يغوث، ولد عام ٢٥ قبل الهجرة، كان فارسا شجاعا، شهد مع الإمام علي عليه السلام الجمل وصفين، ولاّه مصر، واستشهد في الطريق اليها، فنعاه الإمام عليه السلام وقال فيه: رحم الله مالكاً فلقد كان لي كما كنت لرسول الله صلى الله عليه وآله وسلم، وقبره يزار، ويُسمى عند المصريين بالعجمي.

كذلك فصلاً عن مرقدي ابني[1] مسلم بن عقيل الصغيرين في المسيّب[2]، واللذين قُتلا في العام ٦٢ الهجري (٦٨١م). أما مرقد مسلم بن عقيل نفسه فسيُستعرض في الكتاب التالي. وبالنسبة للسيدة زينب[3] والنساء الأخريات من أهل البيت، ممّن لعبن دوراً حاسماً في حوادث كربلاء، حيث ـ وبعيداً عن عوامل أخرى ـ عملن على توثيق المجزرة على مرّ الزمن، فسيتمّ أيضاً بالطبع التطرّق إلى مراقدهن في الأجزاء اللاحقة من هذا الكتاب.

بالإضافة إلى ذلك، ستتضمّن الدراسة الأماكن المتعلقة بالحسين وأهله وأنصاره المخلصين، والتي أمضوا فيها شطراً من الوقت، وتسمى تلك الأماكن بالمقامات (مفردها مقام)، هذا على الرغم من أن المرقد يُدعى أحياناً على نحو المجاز بالمقام. ويشتمل الجزء الأول على دراسة مفصّلة حول بيت فاطمة حيث وُلدَ الحسين، والذي يقع على مقربة من المرقد الشريف للنبي الأكرم محمد ﷺ في المدينة المنوّرة.

وستتضمن الأجزاء الأربعة تاريخاً كاملاً وشاملاً لكل مرقد ومقام منذ تأسيسه إلى الوقت الحاضر، واصفاً كيف صار حالها في أيدي الخلفاء والسلاطين وغيرهم من الحكام المسلمين، إما للأفضل أو للأسوأ على مرّ القرون.

---

(١) ابنا مسلم بن عقيل: وهما محمد الأصغر (٥٢ ـ ٦٢هـ) وإبراهيم (٥٣ ـ ٦٢هـ)، ضلا الطريق في معركة كربلاء عام ٦١هـ بعد حرق الخيام، وقتلا في مدينة المسيب على نهر الفرات.

(٢) المسيب: مدينة قديمة، يخترقها نهر الفرات، وهي مركز قضاء تابع لمحافظة الحلة (بابل)، تبعد عن العاصمة بغداد نحو ٦٠ كم وهي تتوسط مدن الحلة كربلاء بغداد.

(٣) زينب: وهي بنت علي بن أبي طالب (٦ ـ ٦٢هـ)، تزوجت من عبد الله بن جعفر الطيار، واستشهد أبناؤها في معركة الطف، حملت راية النهضة الحسينية من بعد استشهاد الإمام الحسين عليه السلام، وقبرها في القاهرة يُزار.

فضلاً عن ذلك فالأجزاء الأربعة من الكتاب مليئة بالمعلومات والتفاصيل الفنية والثقافية والهندسية المتعلقة بالمدارس والنزُل ودور الأيتام والأوقاف وما إلى ذلك مما يتعلق أو يرتبط بشكل جوهري بضريح معين، مع تنويهٍ - حيثما تطلّب ذلك - بمن يتحمّل مسؤولية الإشراف عليه والعناية به. كما تُناقش وتحلّل موثوقية مرقد أو مقامٍ معيّن، أينما شابتها شائبة أو شكّ. وهذه هي بشكل خاص قضية رأس الإمام الحسين الشريف (التي ستُناقش في جزء لاحق) حيث تتباين الآراء حول ما إذا كان مدفوناً في كربلاء (وهو الرأي السائد بين العلماء) أو في القاهرة، أو دمشق، أو عسقلان، أو حتى في المدينة، وتُقدّم البراهين الداعمة لكل ادّعاء بوضوح ودقّة.

وينتهي الجزء الحالي بمدخلٍ لدراسة مضنية لضريح الإمام الحسين، والتي ستكون بالفعل المحور الأساس للأجزاء الأربعة، وتغطي القرون الثلاثة الأولى من تاريخ الضريح، والتي ستقودنا إلى العقد الأول من القرن الحادي عشر الميلادي تقريباً، وتستهلك هذه الفترة وحدها حوالى خُمسَ المجلد الإجمالي، وسوف تغطّى السنوات الألف المتبقية في الأجزاء اللاحقة إن شاء الله.

إن هذه الأبحاث التي تحتوي على وفرةٍ من المعلومات، وتفاصيل أخّاذة، ستكون نافعة وبخاصة للمؤرخ والباحث.

ففي الفصل الذي يغطّي القرن الثالث الهجري (الذي يُستهل في سنة ٨١٦ الميلادية) - مثلاً - يصف المؤلف أحد أكثر الفصول مأساوية في عموم تاريخ كربلاء، عندما دُمّر ضريح الحسين ليس أقلّ من أربع مرات على يد الخليفة

العباسي المتوكّل[١] (في غضون الفترة ٢٣٢ ـ ٢٤٧هـ / ٨٤٦ ـ ٨٦١ م) الذي كان مصمّماً على محو أي تذكارٍ للإمام الحسين إلى حدّ تهديده أي شخص يزور قبره بالموت.

ولم يكن القرن الثالث مظلماً برمّته، ذلك لأنه بعد سنة من مقتل المتوكل (في٢٤٧هـ / ٨٦١ ـ ٨٦٢ م) أمر ابنه المنتصر[٢] بإعادة بناء ضريح الحسين. لقد انتصر المنتصر (قتل والده) وأعاد إلى الناس شعورهم بالأمان، وعندها أعيد بناء ما خُرّب ودُمِّر، ورجع السكان وجُدّدت الأبنية وشُيّد المقام والضريح مرة أخرى.

ومع إن سقف الضريح انهار عام ٢٧٣هـ / ٨٨٦ ـ ٨٨٧ م، إلا أن الضريح أعيد إعماره وزُيّن بعد سنوات عدّة من قِبل حاكم طبرستان والديلم، الداعي الصغير محمد بن زيد[٣]، من ذريّة الإمام الحسن، الذي بعث لاحقاً بإثنين وثلاثين ألف دينار كهبةٍ سنوية إلى ذراري النبيّ في العراق.

وقبل المباشرة بدراسة تفصيلية لكل مرقد أو مقام، يلقي المؤلف في الجزء الأول وفي فصول مستقلة قيّمة، نظرةً عامة على دَور هذه المراقد، من زاوية سياسية وثقافية ودينية واقتصادية وحتى سياحية. ويقوم ثلث الجزء

---

(١) المتوكل: هو جعفر بن محمد بن هارون العباسي، ولد في بغداد سنة ٢٠٦هـ، تولى الحكم بعد وفاة أخيه الواثق سنة ٢٣٢هـ، وفي عهده ازدادت الكوارث والزلازل والنكبات، وقتل في سامراء سنة ٢٤٧هـ.

(٢) المنتصر: هو محمد بن جعفر بن المعتصم العباسي (٢٢٣ ـ ٢٤٨هـ)، ولد ومات في سامراء، تولى الحكم بعد مقتل أبيه عام ٢٤٧هـ، وقيل مات مسموما.

(٣) الداعي الصغير: هو حفيد إسماعيل العلوي الحسني، تولى الحكم بعد وفاة أخيه الحسن سنة ٢٧٠هـ، كان إلى جانب الفروسية شاعرا وأديبا وعالما، جرح على باب جرجان في حربه مع محمد بن هارون ومات بسببه سنة ٢٨٧هـ.

الأول من الكتاب على مراجعة فنية وهندسية للمراقد، وهو غنيّ بالرسوم والصور الإيضاحية.

إن الجزء الأول من المراقد يتميّز بشموليته مع الانتباه إلى التفاصيل الدقيقة، هذا بالإضافة إلى أن الهوامش المفيدة الواردة في عموم الكتاب تُعتبر شاهداً على الاستخدام الدقيق للمصادر من قبل الشيخ الكرباسي، الذي يُهنّأ على إنتاج مثل هذا العمل الثقافي المفيد والرائع، والمُنتظَرُ بشغف أن تصدر الأجزاء المتبقية.

البروفيسور عبد الملك بدر الدين

(DR. Eagle)

المملكة المتحدة ـ دُرْهَام

كاتب في الشؤون الإسلامية[(١)]

١٩٩٨/٧/٥

---

(١) وجد البروفيسور عبد الملك بدر الدين ميتا في منزله في ٢٠٠٨/٥/١٦م.

العمارة الإسلامية..
آيات في الفن والإبداع

تأخذ المدينة شكلها وقيمتها حالما يتم تمصيرها وتأهيلها للسكن، وتكون هناك من العوامل المساعدة ما يجعلها قابلة للتمدد والتوسع جغرافيا وسكانيا، وتصبح محط أنظار الآخرين، وفي معظم الأحيان فإنَّ المدينة تأخذ شهرتها من حدث وقع فيها أو شخصية مرموقة كان فيها مسقط رأسها، أو حلّت فيها أو مرّت منها أو فيها دفنت، أي أنَّ المدينة مشهورة بلحاظ عوامل وظروف أخرى قد تكون أصيلة أو طارئة.

وفي المدن ذات الشأن الديني، فإنَّ المكان يلبس رداء القداسة بلحاظ المكين قديساً بشراً أو مقدساً أثراً، أي وجود ملازمة حقيقية بين المكان والمكين، يكون للمكين قوة الجذب الفعالة، كانجذاب الأرض للشمس ودورانها حولها. وفي معظم الحالات فإنَّ المدينة تكون مقدسة بوجود مرقد لقديس من القديسين، أو مقام لولي من الأولياء والصالحين، تنجذب إليه الناس وتستظل بفيئه وتحط على أعتاب مرقده أو مقامه رحال العناء والتعب اليومي، تنفض عنده همومها وتبثها شكواها متشفعة بالمكين إلى الله ومتوسلة به، لأنَّ المكين قدَّمَ لله كل شيء فأعطاه الله كرامة الوسيلة، قال تعالى: ﴿وَٱبۡتَغُوٓاْ إِلَيۡهِ ٱلۡوَسِيلَةَ﴾ [المائدة: ٣٥]، ولا يخلو دين على وجه البسيطة

من مكين أبدا، قلّ أتباعه أو كثروا، اتصل بحبل ممدود إلى السماء أو انقطع عن السماء وضرب أوتاده في الأرض، لأن سنة الأرض قائمة على مكوكي المكان والمكين.

وفي الساحة الإسلامية، فإنَّ مدناً غير قليلة أخذت شهرتها وقدسيتها من مرقد لقديس أو مقام لولي أو أثر لواقعة أو مَعلم تركته الخوالي من الأيام، فصار شاهداً على التاريخ، والأمة المتحضرة هي التي ترعى للمكين حرمته وقدسيته، وترعى ذمته بشراً أو حجراً، بوصفه إرثاً مشاعاً لكل البشرية يشد من لحمة المجتمع ويقوي أواصره ويذكره بأيام الله.

وفي سبيل الإحاطة بما تركته النهضة الحسينية من آثار لا تبلى، فإنَّ واحدة من الأبواب الستين لدائرة المعارف الحسينية التي انبرى المحقق الدكتور محمد صادق محمد الكرباسي في طرقها بحثاً وتحقيقاً وكتابة هو الخوض في تاريخ مراقد الإمام الحسين بن علي عليه السلام وأهل بيته وأصحابه في سلسلة من أكثر من عشرة مجلدات حملت عنوان «تاريخ المراقد.. الحسين وأهل بيته وأنصاره» صدر الجزء الأول منها عن المركز الحسيني للدراسات في لندن في ٤٢٤ صفحة من القطع الوزيري، تابع فيه المؤلف المراقد كلها وفق الحروف الأبجدية، والتحقيق بعيداً عن العاطفة الدينية في صحة انتساب المرقد لصاحبه، فينفي ويثبت صحة النسب حسب ما يهديه إليه شراع البحث.

مهَّدَ الشيخ الكرباسي لسلسلة تاريخ المراقد بمقدمة واسعة تناول فيها إشعاعات المراقد على الأمم والشعوب في المناحي كلها من دينية واجتماعية وسياسية واقتصادية وغيرها، مع شرح كامل لكل مفردة من مفردات العمارة، وبخاصة العمارة الإسلامية، والتأثير المتبادل بين عمارات الحضارات الإنسانية.

وأول ما يلفت النظر هو الفرق بين «المرقد والمقام» فصحيح أنَّ كلا منهما يدل على الآخر و«ينوب أحدهما عن الأخرى على سبيل المجاز»، بيد أن المرقد إشارة إلى رقود الميت في لحده، فيشار إلى القبر بالمرقد، ويطلق عادة على مراقد المعصومين والأولياء والصالحين، وأما المقام فهو مكان المكوث والإقامة ويطلق عادة على «أماكن تواجد الأنبياء والأئمة والأولياء». وتعج المدن الإسلامية في طول البلاد وعرضها بالمراقد والمقامات، ومنها مرقد الإمام الحسين عليه السلام ومن استشهد معه أو مَن صاحبه في كربلاء المقدسة، فضلاً عن المقامات المتعلقة بالنهضة الحسينية، ويقع تعظيم المراقد والمقامات في طول تعظيم الله وحده لا شريك له: «فلو لم يحمل أصحابها صفة العبودية المطلقة لله لما قدّسهم المسلمون، فالقدسية إنما جاءت للعبودية الخالصة لله جل وعلا».

المراقد.. أدوار متنوعة

وقد ثبت بالمعايشة اليومية أن مراقد الأولياء ليست محل جذب للمؤمنين فحسب، بل هي محل إشعاع على الشعوب كلها، في كل أدوارها ومراحل تاريخها، فعلى المستوى السياسي لا يمكن إغفال دور المراقد في تحميس الشعوب ضد الظالم والمعتدي والمحتل، وإلا لما عملت الحكومات الظالمة على طمس معالم المراقد أو محاولة بعض الحكومات ظالمة أو غير ظالمة على الاهتمام بالمراقد لكسب عواطف الناس والتقرب منها أو عبر التقرب ممن توليه احترامها وتقدسه، وفي هذا المجال يشار إلى أن السلطان العثماني العاشر سليمان القانوني (١٥٦٦م) ترجل من مسافة بعيدة عند زيارته للإمام علي عليه السلام في النجف الأشرف ونجله الإمام الحسين عليه السلام في كربلاء المقدسة، وعندما تساقطت أنظاره على القبة الذهبية ارتعشت أعضاء بدنه، وأنشد، من الطويل:

تزاحم تيجان الملوك ببابه ويكثر عند الإستلام إزدحامها

إذ ما رأته من بعيد ترجلت وإن هي لم تفعل ترجل هامها

وبشكل عام فإنَّ: «ملوك ورؤساء وأمراء العالم وشخصياته البارزة كانوا لدى زيارتهم للعراق يقصدون زيارة الإمام الحسين عليه السلام ليثبتوا لشعوبهم ومريديهم ولاءهم لصاحب القبر وليبرهنوا بأنهم على خطاه وخطى جده صلى الله عليه وآله وسلم وأبيه عليه السلام علّ ذلك ينفعهم للبقاء أو الوصول إلى الحكم»، على أنّه ما من إنسان أساء إلى مرقد الإمام الحسين عليه السلام والمدينة المقدسة، رجل سياسة كان أو رجل دين أو رجل مجتمع، إلا وعاد سهم إساءته إلى نحره، بل: «ومما يتناقله أبناء هذه المدينة المقدسة انه ما من ظالم أو متجبر من الملوك والرؤساء زار المرقد زيارة رسمية وعلنية أيام حكمه إلا وهلك أو أزيح عن سدة الحكم ولو بعد حين»، وهذه حقيقة شاهدت أشخاصها بنفسي في شوارع كربلاء المقدسة ولمست نتائجها فيما بعد، منهم الرئيس العراقي المعدوم صدام حسين (ت ٢٠٠٦م)، والرئيس السوداني السابق جعفر النميري، وزوجة إمبراطور ايران المخلوع محمد رضا بهلوي (ت ١٩٨٠م) شاهبانو فرح ديبا، وغيرهم، والسنّة جارية حتى فيمن يزعم الانتساب للمدينة أو الولاء لأهل البيت عليهم السلام، وهو في فعاله أشد إيلاما من المبغض القال.

ويمكن في العراق السياسي المعاصر ملاحظة أنَّ ثورة العشرين ضد الاستعمار البريطاني انطلقت في النصف من شعبان عام ١٩٢٠م من مدينة كربلاء المقدسة، وتكرر الأمر في انتفاضة الشعب العراقي في شعبان العام ١٩٩١م ضد نظام صدام حسين البائد، فالمراقد المقدسة ليست مجرد أماكن للزيارة والعبادة، فهي محل استلهام للثوار.

والى جانب الدور السياسي للمراقد المقدسة، فإن لها خاصية قد لا

تتحقق في غيرها، وفي مقدمة ذلك أنها عامل جذب لأبناء الشعوب الإسلامية المختلفة، وبالتالي لها الدور الفعال في ترسيخ العلاقات بين الشعوب، ومن خلال مشاهداتي في مدينة سامراء خلال زيارة لها في العام ٢٠٠٤م، التقى بي أحد أبنائها من الباعة وظن بي أني من الزائرين القادمين من إيران فراح يتحدث معي بفارسية ضعيفة، فسايرته في حديثه باللغة نفسها، ثم سألته ممن تعلم اللغة الفارسية في مدينة لا تسكنها في عهد صدام عائلة يجيد أهلها اللغة الفارسية، فقال إنه تعلمها من خلال احتكاكه بالزائرين الإيرانيين، بل والبعض في المدن المقدسة يجيد التعامل بأكثر من لغة أجنبية.

ولا يخفى ما للمراقد المقدسة من دور كبير في المجال الثقافي، بوصفها مركز استقطاب لطلبة العلوم، فضلاً عن الاحتكاك بثقافات مختلفة نتيجة لحركة الزائرين المليونية كل عام من داخل العراق وخارجها، وبخاصة في كربلاء المقدسة التي تشهد كل عام نحو عشر زيارات كبيرة، حيث تعتبر المدينة حاضرة علمية ارتادها العلماء منذ أنْ حل في تربتها الحسين عليه السلام شهيدا، بل إنَّ أول مدرسة متكاملة أُقيمت في العراق كان في مدينة كربلاء المقدسة عام ٣٦٩هـ بناها السلطان البويهي عضد الدولة فناخسرو الديلمي (ت ٣٧٢هـ)، كما: «يعد القرنان الثاني عشر والثالث عشر الهجريان العصر الذهبي لمدينة الحسين عليه السلام من بين القرون من الناحية العلمية والفكرية، ولم تقتصر النهضة العلمية في هذه الجامعة على علوم الفقه والحديث والأصول بل شملت العلوم العقلية والنقلية كافة، الإسلامية منها والعربية إلى جانب علوم الطبيعة والفلك والطب وغيرها، وكان للمرأة دور بارز في تداول العلوم الإسلامية والعربية حيث ارتقت إلى مصاف العلماء الأعلام وحاز عدد منهن مكانة علمية سامية».

كما لا يختلف اثنان على ما للمراقد الشريفة من دور ديني وأخلاقي

واجتماعي وتأثير إيجابي على المدينة ومن يلوذ بها من سكانها والزائرين، وكلما كانت المدينة هادئة انعكست على المدن الأخرى ايجابيا، ومثل هذا الهدوء والسلام أرضية خصبة للنشاط الاجتماعي والاقتصادي كون: «انتشار هذه المراقد عامل استقرار في حقل الاتفاقات التجارية والمعاهدات القبلية ويخلق جوا من الثقة المتبادلة في حقل العلاقات الاجتماعية». ويتعزز دور المراقد في مجال الاقتصاد محلياً وقطرياً وعالمياً، فحركة السياحة الدينية نحو المدن المقدسة تُحرك من عجلة الاقتصاد على كل المستويات وترفد الميزانية القومية بعملات صعبة تنهض بعمران البلاد.

ملف العمارة الإسلامية

والى جانب قدسية المكين وكرامته، فإنَّ المكان الذي يضمه والمرقد الذي يحويه يعتبر «تحفاً فنية رائعة وآثاراً قديمة ونفيسة تعتز بها الأمم والشعوب وتعتبرها ثروة وطنية وإنسانية تخص عموم البشرية ويجب المحافظة عليها لما تحتويه من فن معماري رائع ورصيد تاريخي وروحي وديني زاخر»، وتعتبر عمارة المرقد الحسيني الشريف بخاصة ومراقد رجالات الإسلام بعامة آية من آيات الفن المعماري حيث تضم الريازة الزجاجية والكاشي الفسيفساء والتخاريم الخشبية والصياغة الرائعة للفضة والذهب والنحاس المستخدم، إلى جانب المرمر المستعمل في بلاطات المراقد وجبهاتها.

وفي كربلاء المقدسة فإن تاريخ ازدهار المباني وتزويقها يبدأ مع طليعة الحكم البويهي منذ العام ٣٦٧هـ، وازداد الاهتمام بها في العهد الصفوي منذ العام ٩١٤هـ، وما يميز عموم المراقد عن المساجد «أن المساجد لم يدخلها الكثير من الفنون والزخرفة كما في المراقد حيث يجب أنْ تتسم المساجد بالبساطة والتجرد وعدم الكلفة»، ويمكن القول بالفم المليان: «لقد حفظ

المسجد والمرقد ملف تطور العمارة الإسلامية على مر العصور وكان شاهداً حياً وسفراً خالداً ينطق بمراحل التطور العمراني والحضاري للمدن الإسلامية»، كما يعكس جمال الزخرفة المستعملة في العمارة الإسلامية، التي كانت بداياتها في عهد الخلافة الراشدة، حيث «يذكر إن أول من أدخل الزخرفة في المسجد هو عثمان بن عفان (ت ٣٥هـ)»، وسار على منواله معاوية بن أبي سفيان (ت ٦٠هـ)، على أن «أول من أدخل القناديل المعدنية إلى مسجد الرسول هو تميم الدارمي (ت ٤٠هـ) وذلك في عهد الرسول ﷺ نفسه حيث حمل قنديلاً من الشام وعلقه في المسجد فلما غربت الشمس دخل الرسول ﷺ فإذا هو بها تزهر، فقال ﷺ من فعل هذا؟ قالوا: تميم الدارمي، فقال ﷺ: نورت الإسلام وحليت مسجده، نوّر الله عليك في الدنيا والآخرة»، كما إنَّ المراقد لم يشملها النهي الخاص بزخرفة المساجد، ولذلك: «زينت بالمرايا والقاشاني والفسيفساء وبالنقوش والتوريقات والخطوط الجملة».

مفردات من العمارة

اللوحة الفنية تأخذ جمالها ورونقها من مجموعة أجزاء متراكبة بهندسة بديعة، تأخذ بلب الناظر وبصره، والعمارة الإسلامية لا تخرج عن هذا الوصف، ولكن كل جزء فيها يمثل فنا بحد ذاته، ويشرح الدكتور الكرباسي في مجموعة مباحث مستقلة مدعومة بالصورة والرسوم البيانية واللوحات التشكيلية، كل جزء من أجزاء العمارة الإسلامية، وهي غير قليلة وأهمها:

الرواق: بكسر الراء وضمه، ويطلق على الصالات والأجنحة المحيطة بالمسجد أو المرقد أو ربما بلاط الملوك وقصور الرؤساء. ويرد المصنف على القائلين بأن فكرة الرواق من إبداعات المسلمين ويرى أنها قديمة على

تاريخ المسلمين، ولكن أول من استخدم الأروقة في المسجد النبوي الشريف هو الخليفة عثمان بن عفان.

الصحن: وهو المكان الرحب المحاط أو المتصل بالمرقد أو المسجد، وفي كربلاء المقدسة فإن مرقد الإمام الحسين عليه السلام وأخيه العباس عليه السلام: «واقع وسط صحن كبير محاط بمرافق حيوية مختلفة غاية في الجمال والهندسة المعمارية الأصيلة».

القبة: وهو بناء محدودب له شكل الكرة أو بيضة مشطورة عند وسطها أو على شكل مخروطي أو حلزوني. وما من معبد أو ضريح مقدس إلا وله قبة، وصارت القبة معلماً من معالم العمارة الإسلامية حتى جرى مثلا: «تحت كل قبة شيخ».

ويرد المحقق الكرباسي على المؤرخ اللبناني الشيخ محمد طه بن محمد الولي الطرابلسي (ت ١٤١٦هـ) الذي يرى في كتابه «المساجد في الإسلام» أنَّ قبة مسجد الصخرة هي أول قبة بنيت في الإسلام في العام ٧٢هـ على يد عبد الملك بن مروان الأموي (ت ٨٦هـ)، ويذهب مذهب مؤرخي المرقد الحسيني الشريف إلى ان إبراهيم بن مالك الأشتر (ت ٧١هـ) بني في عهد المختار الثقفي (٦٦ ـ ٦٧هـ) أول قبة من الجص والآجر على قبر الإمام الحسين عليه السلام.

والقباب على نماذج منها: الكروية، البيضاوية، المخروطية، المضلّعة، البصلية (من بقل البصل)، والشلجمية (من الشلجم أو اللفت) وغيرها.

المئذنة: مفردة عربية، وهي المحل المعد للمؤذن لإقامة الأذان للصلوات الخمس اليومية، وكانت مستعملة قبل الإسلام، لكن: «حاصل الأمر أن المسلمين أخذوا فكرة المآذن من الحضارات التي سبقتهم وأضافوا إليها

وطوروها حتى أصبحت فنا إسلامياً رائعاً ومتفرداً أبدى فيه المعماريون والمهندسون المسلمون آيات الإبداع والفن».

والمآذن تصنف هندسيا إلى: المربعة والمخروطية والأسطوانية والمضلعة، وتعد مئذنة مسجد الملك الحسن الثاني (ت ١٩٩٩م) في الدار البيضاء هي الأكبر في العالم حيث يبلغ ارتفاعها مائتي متر.

المقصورة: وهي: «عبارة عن فسحة مسقفة في أعلى المئذنة مشرفة على الخارج يقف فيها المؤذن في العادة ليقيم الأذان فيسمعه أكبر عدد ممكن من الناس وهي بمثابة شرفة مستديرة تطوّق المئذنة»، وهي على أنواع: الدائرية والمربعة والمضلعة، وكل منها مكشوفة أو مسقفة، وكل منها مضمرة أو بارزة، وكل منها أحادية أو متعددة.

الجوسق: وهو القصر، وهنا يشار إلى قمة المئذنة، والجواسق على أنواع، منها: المخروطية والقرعية (من ثمرة القرع) والمضلعة والهاونية (من آلة الهاون وفيها تدق البذور وغيرها).

الرمانة: وهي ما يعلو قمم المآذن وقبب العتبات المقدسة.

ويكسو بعض المآذن والقبب الذهب، ويؤكد المحقق الكرباسي ان قبة المرقد الحسيني الشريف تم تذهيبها عام ١٢٠٧هـ من قبل السلطان محمد خان ابن محمد حسن القاجاري (ت ١٢١١هـ) قبل أن تأمر زوجة السلطان فتح علي القاجاري الذي حكم في الفترة (١٢١٢ ـ ١٢٥٠هـ)، بتذهيب مئذنة المرقد الحسيني في العام ١٢١٤هـ. وأول مئذنة بقيت حتى هذا اليوم هي المئذنة القيروانية في تونس حيث يعود تاريخ بنائها إلى العام ٢٤٨هـ على أكثر التقديرات.

ويؤكد المحقق الكرباسي: «أن بناء المآذن (الأبراج) إلى جانب القبب

فكرة هندسية ابتكرها المسلمون في بناء مراكزهم الدينية وبالأخص في تشييد مراقد عظمائهم وقادتهم الروحيين، حيث لم يُعهد أن بُني هذا الشكل في الحضارات التي سبقت الحضارة الإسلامية». ولهذا يقدم نماذج من الطراز المعماري في الغرب، يراها قد تأثر بُناتها بالعمارة الإسلامية كثيراً، من قبيل كنيسة القديس شارل (St. Charles Cathedral) في فيينا وتسمى كنيسة (كارل كيرخيه) (Karlskirche) أيضاً، والفسطاط الملكي (Royal Pavilion) في مدينة برايتون (Brighton) البريطانية، وبرج المدينة القضائية بما فيه السجن المركزي (برج استرنج ويز) (Strange Ways) في مدينة مانشستر (Manchester) البريطانية، ومستشفى سانت جود للأطفال (St. Jude Children's Research Hospital) في مدينة ممفس (Memphis) الأميركية التي بنيت فوقه قبة على نمط قبة الصخرة في القدس الشريف.

المراقد.. النشأة والتطور

وبعد تمهيد استنفذ نحو نصف الجزء الأول من كتاب «تاريخ المراقد»، يتناول المحقق الكرباسي وفق الحروف الأبجدية مراقد من شارك في النهضة الحسينية من قريب أو بعيد، مباشرة أو عرضية، في محاولة من الكاتب لإعطاء كل ذي حق حقه، ولذلك فإنَّه يتناول في حقل حرف الألف مراقد إبراهيم بن مالك الأشتر النخعي الذي ساهم بصورة مباشرة في النيل ممن شارك في قتل الإمام الحسين عليه السلام بوصفه القائد العسكري لحركة المختار بن أبي عبيدة الثقفي في الكوفة، ثم قتل في معركة مع الجيش الأموي في منطقة مَسْكِن قرب نهر الدجيل شمال غربي بغداد.

وتحت حرف الألف يتناول الكتاب مقام أم البنين فاطمة بنت حزام الكلابية (ت ٦٤هـ) التي ضحّت بأربعة من أبنائها فداءً للإسلام ولنصرة أخيهم

الإمام الحسين عليه السلام وهم العباس وعبد الله وجعفر وعثمان، ويقع مقامها في الزاوية الجنوبية الغربية من رواق الروضة العباسية في كربلاء المقدسة، حيث يرى البعض أنَّ أم البنين حضرت كربلاء، فاتخذ من مكان نزولها مقام، لكن المحقق الكرباسي يرى أنَّ هذا الزعم غير صحيح لأنَّ أم البنين لم تحضر كربلاء أصلا وماتت في المدينة المنورة ودفنت في البقيع.

وتحت الباب نفسه يتناول الكتاب مرقد السيدة أم كلثوم (٦١هـ) وهي ابنة الإمام علي عليه السلام من أمها فاطمة الزهراء عليها السلام، وهي التي شهدت واقعة كربلاء وشهدت السبي، وعند الكرباسي: «أن اسمها زينب الصغرى وكنيتها أم كلثوم إلا إنها اشتهرت بأم كلثوم»، ويرجح أنَّ مرقدها في البقيع، وبذلك فهو يضعِّف القول بأنَّ مرقدها في دمشق في مقبرة الفاطميات.

وتحت الباب نفسه يتناول الكتاب مرقد محمد الأصغر (ت ٦٢هـ) وإبراهيم (ت ٦٢هـ) أولاد مسلم بن عقيل (ت ٦٠هـ) الذي يقع شرقي مدينة المسيب العراقية التابعة لمحافظة بابل، وهما ممن حضر واقعة الطف في كربلاء، واختلفت الروايات بشأنهما ويستظهر الكرباسي في ترجمتيهما: «أن هذا المرقد هو مكان دفنهما لتسالم أهل العصور المتقدمة على هذا الأمر ولم يثبت لنا خلافه».

وفي حرف الباء يتناول الكتاب مرقد بكر بن علي بن أبي طالب (ت ٦٠هـ) الواقع في نواحي مدينة الحلة العراقية ينسب إلى بكر الذي حضر واقعة كربلاء، واختلفت الروايات في كيفية وصوله إلى الحلة، ويرى الكرباسي من مجمل بيانات انه: «لا يمكن البت بأنه هو أبو بكر ابن الإمام أمير المؤمنين علي بن أبي طالب عليه السلام.. ولعل المرقد لغيره من الصلحاء والأولياء فوقع خطأ في تاريخ الوفاة فأحدث هذا اللبس والله العالم».

وتحت حرف الباء أيضا، يتناول الكتاب بتفصيل موثق بالرسوم البيانية موضع ولادة الإمام الحسين عليه السلام، ولما كان الموضع يقع في بيت فاطمة عليها السلام الذي كان ينفتح على المسجد النبوي، فإن البحث تناول التطور الذي حصل في المسجد النبوي وما يحيط به منذ قدوم النبي محمد صلى الله عليه وآله وسلم المدينة المنورة حتى يومنا هذا.

وعلى خلاف الشائع حول مجهولية مرقد السيدة فاطمة الزهراء عليها السلام (ت ١١هـ) فإن الفقيه الكرباسي يميل إلى الرأي القائل: «بأن السيدة فاطمة الزهراء عليها السلام مدفونة في بيتها»، مرجحا في الوقت نفسه: «أن يكون في حجرتها لا في فناء دارها»، مع التأكيد في الوقت نفسه وجود قبر مرقوم على جهته الشمالية: «هذا قبر فاطمة بنت رسول الله رضي الله عنها»، وقد شاهده الفقيد الشيخ محمد بن محمد حسين الغروي (١٣٣٧ ـ ١٤١٩هـ) خلال زيارة خاصة في العام ١٣٨٩هـ داخل حجر النبي محمد صلى الله عليه وآله وسلم وأزواجه وابنته.

المرقد الحسيني عبر القرون

وتحت حرف الحاء، يتناول الكتاب المرقد الحسيني الشريف بكل التفاصيل، شاردة وواردة، صغيرة وكبيرة، مترجما الروايات ونصوص التاريخ حول القبر الشريف ومدينة كربلاء المقدسة عبر القرون إلى لوحات تخطيطية وتشكيلية، بريشة السيد حسين بن زيدان الموسوي الكاظمي، تضع القارئ في جو الروايات، بخاصة وإنَّ الكرباسي أحسن صنعاً عندما ضم إلى جانب النثر الشعر بالاستعانة بأرجوزة القاضي والأديب محمد بن طاهر السماوي (ت ١٣٧١هـ) الذي صوّر النهضة الحسينية وما جرى على القبر الشريف عبر كر الليالي والأيام تحت حرارة قوافيه، فجاءت الأرجوزة تاريخاً مستنداً.

ويشار إلى أنَّ أول من أقام رسماً لقبر أبي عبد الله الحسين عليه السلام هم بنو

أسد في الثالث عشر من شهر محرم الحرام عام ٦١هـ، بإرشاد الإمام علي بن الحسين السجاد (ت ٩٣هـ)، ويستظهر الكرباسي من حديث الصحابي جابر بن عبد الله الأنصاري الخزرجي (ت ٧٨هـ) الذي زار قبر الإمام الحسين عليه السلام في يوم الأربعين من استشهاده، أنَّ: «القبر الشريف كان في بداية الأمر مرتفعاً وبارزاً قليلاً عن الأرض». وتوالى في القرن الأول تطوير القبر الشريف من وضع سقيفة وبناء مسجد ووضع صندوق ومن ثم بناء قبة وإقامة قرية سكنية.

وفي القرن الثاني الهجري كانت القبة قائمة، ويستظهر الكرباسي من مجمل أحاديث وروايات «أنَّ في عصر الإمام جعفر بن محمد الصادق عليه السلام (ت ١٤٨هـ) كان لمرقد الإمام الحسين عليه السلام قبة وسقيفة وباب بل وأكثر من باب، باب من جهة الشرق وباب من ناحية ثانية، ولعلها كانت من جهة الغرب». كما أقيم في هذا القرن حول المرقد الشريف سور، كما أنشئ على مرقده مسجد، أي: «أنه أصبح كمسجد يقصده الناس للزيارة والصلاة فيه». لكن المرقد الشريف تعرض في العهد العباسي إلى التخريب مرة وإلى البناء مرة أخرى حسب مزاج الحاكم ومدى قوته وضعفه.

وفي القرن الثالث الهجري وفي عهد المتوكل العباسي جعفر بن محمد المعتصم (ت ٢٤٧هـ) تعرض القبر الحسيني إلى الهدم والتخريب أربع مرات، وفي المرة الرابعة صادف زيارة النصف من شعبان من عام ٢٤٧هـ حيث يفد الناس على زيارة كربلاء من كل حدب وصوب. ومن مفارقات الدهر أنَّ مدينة كربلاء بما فيها المرقدان الحسيني والعباسي الشريفين تعرضت للتخريب في العصر الحديث عام ١٩٩١م خلال زيارة النصف من شعبان، وكادت ان تحترق من جديد في النصف من شعبان العام ٢٠٠٧ بفعل مجموعات متنوعة المشارب اختلت عند بعضها بوصلة الرشاد!.

وما يلاحظ في هذا القرن، أنَّ العدوان المتكرر للمتوكل على القبر الشريف وأتباع أهل البيت عليهم السلام أولد معارضة شديدة، ويستظهر المحقق الكرباسي أن بغداد ولأول مرة منذ إنشائها عام ١٤٥هـ شهدت في النصف الأول من القرن الثالث ظهور شعارات سياسية حائطية معادية للنظام العباسي كانت تكتب على جدران المنازل البغدادية.

وشهد القبر الحسيني بعد مقتل المتوكل على يد ابنه المنتصر بالله محمد بن جعفر (ت ٢٤٨هـ) عهداً جديداً من البناء والعمران، واستمر الحال في القرن الرابع الهجري أيضا، فقد نصب معز الدولة احمد بن أبي شجاع البويهي (ت ٣٦٧هـ) في العام ٣٥٢هـ سرادق العزاء على الإمام الحسين عليه السلام في بغداد، ومع هذا فإن كربلاء المقدسة لم تزل بين الفينة والأخرى تتعرض للعدوان، كما حصل في العام ٣٦٩هـ عندما: «أغار ضبة ـ بن محمد ـ الأسدي على المدينة وقتل أهلها ونهب أموالهم وسرق ما في خزانة الحرم المطهر من نفائس وذخائر وتحف وهدايا، وهدم ما أمكنه هدمه وذلك بمؤازرة بعض العشائر» ثم قفل هاربا إلى البادية باتجاه مدينة عين التمر. ومن المفارقات أنه وبعد أكثر من ألف عام، لازالت المدينة تخشى العدوان القادم من البادية، ولذلك فإن من الحلول المفيدة لتحصين المدينة هو توزيع الأراضي على سكان كربلاء من طرف بحيرة الرزازة وباتجاه البادية والامتداد بكربلاء نحو مدينة عين التمر، وإحياء منطقة قصر الأخيضر، بدلاً من الامتداد السلبي الحاصل اليوم على حساب المزارع والبساتين في أطراف باب بغداد وباب النجف وباب طويريج.

وانتهى الكتاب بمجموعة فهارس في أبواب شتى، مع قراءة نقدية للخبير في الشؤون الإسلامية المستشرق البريطاني الذي اختار الإسلام عقيدة الدكتور عبد الملك بدر الدين إيغل (Abdelmalik Badruddin Eagle)، وجد أنَّ المحقق

الكرباسي أبدع فيما أتى، كما: «إن الجزء الأول من تاريخ المراقد يتميز بشموليته مع الالتفات إلى التفاصيل الدقيقة بالإضافة إلى أن الهوامش المفيدة الواردة في عموم الكتاب تعتبر شاهداً على الاستخدام الدقيق للمصادر من قبل الشيخ الكرباسي»، وعبر الدكتور ايغل عن كبير سعادته مهنئاً الكرباسي «على إنتاج مثل هذا العمل الثقافي المفيد والرائع»، وإنه: «ينتظر بشغف أن تصدر الأجزاء المتبقية».

الخميس ٢٠٠٧/٩/٦م
١٤٢٨/٨/٢٤هـ

الأستاذ جوزف محمد لانسل

(Josef Mohammad Lanzl)

* أستاذ متخصص بالفلسفة التربوية.
* ولد في مدينة فيينا عاصمة النمسا عام ١٣٦٩هـ (٧/٤/١٩٥٠م).
* نال شهاد الماجستير في الفلسفة في جامعة فيينا (The University of Vienna).
* أستاذ محاضر بالأكاديمية التربوية في فيينا.
* اعتنق الإسلام وله من العمر تسعة عشر عاماً، واتخذ إسم يوسف محمد.
* رئيس المركز الثقافي في فيينا.
* مدير المدرسة الإسلامية الخاصة التابعة للمركز الثقافي.
* رئيس المنظمة الإسلامية للتربية والثقافة المنبثقة عن المركز الثقافي.
* نشرت له الصحف النمساوية عدداً من المقالات والدراسات في مجال اختصاصه وفي الشؤون الإسلامية.

(معجم خطباء المنبر الحسيني ـ الجزء الأول) الموسوعة ستخدم المسلمين وغيرهم

إن أغلب الأبحاث التي يجريها العلماء الغربيون وحتى نهاية القرن العشرين موجهة بصورة خاصة إلى عصر الإسلام الأول وما هو مرتبط منه بسيرة النبي محمد ﷺ.

إن المواضيع المطروحة والخاصة بتلك الفترة حول الإسلام لازالت تضم في جوانبها نقاطاً غير واضحة لحد الآن، لذلك فصورة الإسلام في الغرب لا زالت محدودة إن لم تكن ذات بُعد واحد.

هناك بعض العلماء وهم أقلية وخاصة في العقود الأخيرة من هذا القرن[1] يمثلون شذوذا في تلك القاعدة، ففي بداية هذا القرن كانت تستنبط مصادر وخطوط أخرى حول الإسلام وتراثه، ومنه فيما يخص علي بن أبي طالب وولديه الحسن والحسين، بالإضافة إلى أهل البيت بصورة عامة في النصف الثاني من القرن التاسع عشر، ظهرت لأول مرة ترجمة باللغة الألمانية لمائة من أقوال الإمام علي، التي جمعها رشيد

---

(١) صدر المعجم عام ١٩٩٩م (١٤٢٠هـ)، وفي هذه الفترة كتب الاستاذ جوزف لانسل مقدمته، ولذلك فهو يتحدث عن القرن العشرين.

الدين الوطواط[1]، ويعود الفضل في ظهورها[2] إلى المستشرق الألماني فلايشر (I.A Flaischer)[3].

إنَّ الأحداث الأخيرة التي جرت في إيران قبل عقدين من الزمان والتي كانت نتيجتها تأسيس الجمهورية الإسلامية في العام ١٩٧٩م، جددت الرغبة لدى العلماء الغربيين في التفكير من جديد حول أوجه التاريخ الإسلامي وخاصة حول مواضيع لم تُطرق من قبل، مثل العزاء والتكفير والغنوصية والصوفية، وكذلك مواضيع دينية بعيدة في القدم قبل الإسلام.

ثمة وجهتا نظر مختلفة لما كان سائداً لفترة طويلة خلال القرون الماضية جاءت في مؤلفات غوربين (H. Corbin) باللغة الفرنسية، ومؤلفات السيدة آنا ماري شيميل (A.Schimmel) باللغة الألمانية، والتي حاولت في مؤلفاتها الدفاع عن الإسلام والعالم الإسلامي، وعملت من أجل فهم اكثر للثقافة الإسلامية، خاصة موضوع التصوف في الإسلام. ومن أجل أعمالها تلك مُنحت جائزة

---

(١) الوطواط: هو محمد بن محمد بن عبد الجليل العمري العدوي، ولد في بلخ ومات في خوارزم عام ٥٧٣هـ، أديب وكاتب وشاعر نظم بالعربية والفارسية، من مصنفاته: مطلوب كل طالب من كلام علي بن أبي طالب، حدائق السحر في دقائق الشعر، وديوان شعر.

(٢) ظهرت الترجمة عام ١٨٣٧م (١٢٥٣هـ).

(٣) فلايشر: هو هنري ليبريخت فلايشر (Heinrich Leberecht Fleischer) (١٨٠١ ـ ١٨٨٨م = ١٢١٥ ـ ١٣٠٥هـ)، مستشرق ألماني، ويعد مؤسس الدراسات العربية في ألمانيا، درس اللاهوت واللغات في مدينة ليبزغ (Leipzig)، واصل دراسته في باريس، وتتلمذ على يد سيلفستر دي ساسي (Silvestre de Sacy) (١٧٥٨ ـ ١٨٣٨م)، عين عام ١٨٣٦م بروفيسورا في اللغات الشرقية في جامعة ليبزغ حتى وفاته، تتلمذ على يديه مستشرقون أمثال نولدكه (Theodor Noldeke) (١٨٣٦ ـ ١٩٣٠م) وجولدتسهير (Ignaz Goldziher) (١٨٥٠ ـ ١٩٢١م)، من مؤلفاته: تاريخ أبو الفداء (Abulfeda's Historia ante - Islamica)، الحسابات العربية (An account of the Arabic)، وفهرست المخطوطات التركية والفارسية المحفوظة في مكتبة مدينة ليبزغ (Turkish and Persian manuscripts at the town library in Leipzig).

السلام من قبل الناشرين أثناء معرض فرانكفورت للكتاب قبل عدة سنوات[1].

خلال العقدين الأخيرين ازداد عدد العلماء والباحثين والصحفيين الغربيين الذين اهتموا بشكل أساس بالشيعة والغنوصية والتصوف وغيرها بالإضافة إلى ظهور عدد متنوع من المطبوعات الشيعية التي يأمل المرء أن تبقى ذات مستوى في تقديم الدراسات وخاصة تلك التي لم تلق الاهتمام في السابق، ولكي تظهر بعض جوانب الخطر في هذا المجال في تلك المطبوعات عن طريق التأكيد على المواضيع السياسية والاختلافات التراثية التي تشوه صورة الإسلام بالإضافة إلى إبراز جذور الخلافات بين علماء المسلمين ومجتهديهم في القرون الأولى من عمر الحضارة الإسلامية وتقديمها بطريقة جديدة (وفي

---

(١) تسلمت السيدة آنا شيميل جائزة السلام من رابطة الكتاب الألماني بحضور الرئيس الألماني رومان هيرزوغ (Roman Herzog) في ١٠/ ١/ ١٩٩٥م، وقد صاحب الاحتفال معارضة من قبل جمعيات ألمانية أخذت على السيدة تأييدها للإسلام، وجاء في ديباجة اللجنة المانحة للجائزة: «تمنح رابطة الكتاب الألماني الجائزة لماري شيميل، التي كرست جهدها طيلة حياتها من أجل التعريف بالإسلام وإيجاد روح القبول له ولمظاهر الحياة في إطاره، ومن أجل إيجاد إمكان إلتقائه بأبعاده التجديدية حضاريا مع الغرب».
وفي معرض الرد على المعارضين، قال الرئيس الألماني هيرزوغ (١٩٩٤ ـ ١٩٩٩م) في الحفل: «هذا ضيق أفق يجب أن نغيّره، فلنتذكر بالمقابل موجة التنوير الإسلامي التي حفظت للغرب قبل ستة أو سبعة قرون أجزاءً عظيمة من التراث القديم»، مضيفا: «لم يبدأ إطلاعي على تلك التعددية والتنوع الهائل في نطاق الاتجاهات الإسلامية في تاريخ الإسلام وواقعه المعاصر بادئ ذي بدء إلا من خلال كتب (آنا ماري شيميل)، وربما مرّ سواي بنفس هذه التجربة. إننا بحق في حاجة إلى تعويض ما فوّتنا على أنفسنا من فهم بعضنا بعضا. . أقرر أنه لا يوجد أمامنا خيار آخر سوى زيادة معرفتنا بالعالم الإسلامي، إذا أردنا أن نعمل من أجل حقوق الإنسان والديمقراطية. . إن السبب الحقيقي للتشوّق لمعرفة الإسلام والتعرّف على حضارته الغنيّة إنما ينبع من انتمائنا إلى حضارة مغايرة له. لقد أيقظت السيّدة شيميل هذا الشوق في نفسي، وأتمنّى أن يكون هذا هو حال الكثير سواي». وختم هيرزوغ كلمته بالقول: «ولقد مهّدت لنا آنا ماري شيميل هذا الطريق للقاء بالإسلام».

هذا المجال لابد من الإشارة بأسف لعدم وجود أي ترجمة باللغة الألمانية لكتاب نهج البلاغة لأمير المؤمنين علي بن أبي طالب)[١].

ولذلك أمست الحاجة ملحة في الوقت الحاضر مساعدة علماء الغرب في تصحيح وجهة نظرهم من خلال التوسع في الدراسات، وفي هذا الجانب تبرز أهمية (الموسوعة الحسينية) للشيخ محمد صادق محمد الكرباسي، والتي يمكن اعتبارها الخطوة الأولى في هذا المجال، إنها بالدرجة الأولى موسوعة مخصصة عن الإمام الحسين عليه السلام ورغم أنها غير مبنية بالكامل حسب أسس المعاجم الغربية، ولكنها تجمع في القسم الكبير منها مواضيع مختلفة، خاصة ما هو مرتبط بالمذهب الشيعي، والتي لها أهمية خاصة للباحث، ومنها هذا الباب.

هناك واجب علمي للمستقبل يخص المادة العلمية في الموسوعة ويتمثل في اختيار وتوضيح إلى أي مستوى من المسلمين موجهة هي.

كلي أمل وأنا أنظر أن ما ستقدمه الموسوعة من مواضيع مختلفة، ستخدم المسلمين وغير المسلمين، وتكون مفيدة للجميع.

جوزف لانسل
النمسا ـ كلوسترنويبورغ

---

(١) تم عرض الجزء الأول من ترجمة نهج البلاغة باللغة الألمانية ولأول مرة في معرض فرانكفورت الدولي للكتاب بنسخته (٥٦) للفترة ١٥ ـ ١٩ أكتوبر تشرين الأول ٢٠٠٨م، وأشرفت على طباعته دار المستشارية للنشر التابعة للمستشارية الثقافية الإيرانية في ألمانيا، وسيصدر الجزء الثاني من نهج البلاغة تحت عنوان «الرسائل والكلمات القصار»، كما تم في المعرض عرض الترجمة الألمانية الأولى في إيران للقرآن الكريم والتي أشرفت على طباعته ونشره دار الهدى الدولية للنشر. انظر: الموقع الإلكتروني لقناة المنار في ١٧/١٠/٢٠٠٨م عن وكالة الأنباء القرآنية العالمية.

فن الخطابة
توأم الإنسان والحضارة

كثيرة هي المهارات والفنون والعلوم التي ارتكزت في واقع المجتمعات الإنسانية منذ الخليقة وحتى يومنا هذا، والقليل منها يمكن إرجاعها في النشأة إلى تاريخها على وجه الدقة، ومن ذلك الخطابة التي ظهرت مع نشأة الإنسان، فهي ملازمة له ملازمة الظل لأصله، وإنْ أخذت أشكالا مختلفة، بل وهناك شبه إجماع كون فن الخطابة سبق الشعر، ليس في إطار الشعر العربي فحسب، بل في عموم آداب العالم، صحيح أنَّ هناك من الأشعار ما تنسب إلى النبي آدم عليه السلام بوصفه أب البشرية الحالية، ولكنها غير مقطوع بها، ويذهب أكثر المختصين في باب الأدب أنها من المحاكات ولسان الحال، جرت على ألسنة بعض الشعراء في فترة لاحقة على فترة بدء البشرية.

وما يميز الخطابة أنها مهارة وفن، والفنون حالها حال الذهب كلما صقل ازداد لمعاناً، والخطابة كلما تعاورت عليها يد الزمان ازدادت قوة وتفرعت في أنماطها، بما يهيّئ لها ديمومة البقاء والتطور، لأنها في حقيقة الأمر كما يقول أرسطو (Aristotle's) (٣٨٤ ـ ٣٢٢ ق.م): «الخطابة هي القوة القادرة على الإقناع»، والخطابة بهذه الدلالات هي من ديدن الإنسان عبر العصور

مهما تفاوتت ثقافته، وقد اشتهر عن زعيم النازية ادولف هتلر (Adolf Hitler) (١٨٨٩ ـ ١٩٤٥م) القول: «إن الزعيم يلزم أن يكون خطيباً وإنَّ فشل الحزب النازي في البداية يرجع إلى عدم إجادة الخطابة».

الخطابة في تاريخها ورجالاتها وأنواعها ومن كتب عنها، وأشياء أخرى لصيقة بفنها، يتناولها الدكتور الشيخ محمد صادق محمد الكرباسي في مؤلفه الخاص بالنادبين الخطباء الموسوم بـ «معجم خطباء المنبر الحسيني» الصادر عن المركز الحسيني للدراسات في لندن، في ٥٤٠ صفحة من القطع الوزيري، حيث يمثل هذا الكتاب أحد الأبواب الستين من دائرة المعارف الحسينية في نحو ٦٠٠ مجلد، وقد تعاهد المؤلف على وضع مقدمة لكل باب تبحث فيما يتعلق به، ولما كان الباب خاصاً بمن ارتقى أعواد المنبر الحسيني من ذكر أو أنثى، فإن المؤلف وضع مقدمة استوعبت نحو ثلث الجزء الأول من هذا الباب، تناولت فن الخطابة عبر التاريخ، ليدخل من بابه على ساحة الخطابة الحسينية وتسليط الأضواء على الخطباء من الأحياء والأموات وتعريفهم للقراء، حيث يؤمن المحقق الكرباسي، إن تعريف الأمة برجالاتها في حياتهم وتكريمهم وفي صدورهم نفس يصعد وينزل خير من أن يصار ذلك إلى ما بعد الرحيل. من هنا فإنَّ الكتاب يضم ثلة من تراجم الخطباء رتبهم المؤلف وفق الحروف الهجائية، ويشكل هذا الباب واحداً من عشرين جزءاً في سلسلة تراجم خطباء المنبر الحسيني من جنسيات ولغات مختلفة.

قِدم فن الخطابة

ولما كان تعريف المفردة من حيث اللغة والاصطلاح يقرب المعنى كثيراً ويضع البحث على الجادة الصحيحة، فإنَّ البحاثة الكرباسي في كل أبواب

الموسوعة يحرص على فك رموز المفردة، وهذا ما نجده في بداية الكتاب، حيث يعرف «الخطابة» لغة واصطلاحا، وفيما نحن فيه فإن الخطابة تعني: «قدرة التكلم مع الناس بشكل يفي بالغرض المطلوب»، وتقوم الخطابة على ثلاثية الخطيب والجمهور والمادة. ومن الخطابة ينبثق المنبر وهو مرقاة الخطيب، وهنا يردّ المؤلف على اولئك الذين يرجعون الكلمة إلى أصول غير عربية، ويرى فيها الأصالة العربية بعودتها إلى جذر (نبر) و(انتبر)، ويؤاخذ على المستشرقين الذين حاولوا تخريب الذهنية العربية وتضييع المفردات العربية.

ونستفهم من نص نبوي شريف أن النبي إبراهيم عليه السلام المولود في الكوفة في العام ٤٦٣٧ من عام الهبوط (٢٢٤٣ ق.هـ) كان قد اتخذ منبراً للخطابة، وهو دلالة في الوقت نفسه على قدم الخطابة، ففي الحديث الشريف رواه جابر بن عبد الله الأنصاري الخزرجي (ت ٧٤هـ): «إنْ أتخذ منبراً فقد اتخذه أبي إبراهيم، وإنْ أتخذ عصا فقد اتخذها أبي إبراهيم» (الجامع الصغير للسيوطي: ٣/ ٤٢ ح ٣٥٦٢). من هنا فإن المؤلف الذي يبحث في «تاريخ الخطابة» يرى أن نشأتها صاحبت نشأة الإنسان على الأرض، مؤكداً على اهتمام الإسلام ونبيه صلى الله عليه وآله وسلم بالخطابة حتى جعلها جزءاً من العبادة كما في خطبتي صلاة الجمعة وصلاة العيدين الفطر والأضحى.

وإذا كان المصنف أشار إلى أهمية الخطابة كعبادة قبل أن تكون أداءً ومهارة، فإنه يفصل القول في بيان «الخطابة في الإسلام وسائر الأديان والملل» مشيراً إلى استعمال الخطابة في المحاكم اليونانية كفن على يد كراكس (Corax) في القرن الخامس قبل الميلاد، وفي روما اشتهر سيسرو (Cicero) كأول خطيب لروما في القرن الأول قبل الميلاد. واستخدم الأنبياء الخطابة في الوعظ والإرشاد ودفع الناس عن عبادة غير الله، ومارسها الرسول

محمد ﷺ وأهل بيته عليهم السلام في دعوة الناس إلى الإسلام والابتعاد عن الفتن.

وما يميز أدب الخطابة في الإسلام هو استعمال السجع، مثلما جاء في القرآن الكريم، فيستعرض المصنف مجموعة من خطب الرسول ﷺ وأهل بيته عليهم السلام في تثبيت ما ذهب إليه، مؤكداً في الوقت نفسه أن أسلوب السجع لم يتوقف على الخطابة، بل انسحب على رسائلهم وكتبهم، مما يدل أن أسلوب السجع هو المفضل عندهم ولوقوعه في القلب وقوع الماء البارد على كبد العطشان في يوم قائظ.

مراحل الخطابة الحسينية

ويدلف المؤلف من عموم الخطابة إلى خصوص «الخطابة الحسينية ومراحل تطورها» واضعاً مراحل سبع للخطابة الحسينية توزعت على الماضي والحاضر والمستقبل، حيث يستقبل الزمن بتقديم رؤيته لما ينبغي أن تكون عليه الخطابة في قادم الأيام.

مرحلة التأسيس

فالمرحلة الأولى تبدأ باستشهاد الإمام الحسين عليه السلام في عام ٦١هـ حتى غيبة الإمام المهدي المنتظر عليه السلام الكبرى في عام ٣٢٩هـ، وتنشطر إلى ثلاث فترات: الفترة التأسيسية، والفترة الانتقالية، وفترة ما قبل الغيبة، ففي الأولى كان رائدها من الرجال نجل الإمام الحسين عليه السلام الإمام علي بن الحسين السجاد عليه السلام (ت ٩٣هـ) ومن النساء زينب الكبرى بنت علي بن أبي طالب عليه السلام (ت ٦٢هـ) وشقيقتها أم كلثوم الكبرى (ت ٦١هـ)، وفاطمة بنت الإمام الحسين عليها السلام (ت ١١٧هـ)، وفي هذه الفترة كانت: «الخطب تطير

بسرعة فائقة في آفاق البلاد الإسلامية بجناحين: جناح العطف والتظلم وجناح فضح الظلم والظالم، بهذا الشكل تأسس جهاز الإعلام الحسيني»، وفي هذه الفترة «كانت مجالس العزاء والنياحة قائمة إلى جانب المجالس الخطابية»، وفي «هذه الفترة بالذات بدأ الرثاء أيضا، ولعل من أبرز الراثين من غير أهل البيت عليهم السلام هو سليمان بن قتة العدوي المتوفى عام ١٢٦هـ». أما في الفترة الثانية فإننا نجد: «نوع ترابط بين الخطابة الحسينية والمجالس الحسينية»، فإن المجلس الحسيني شهد تطوراً ملحوظاً حين طلب أئمة أهل البيت عليهم السلام من الشعراء والمنشدين: «أن يقوموا بدور الخطيب والمنشد الحسيني لتتسع دائرة الخطابة الحسينية وتتحول من دائرتهم إلى دائرة أوسع وتنتشر بين الناس». ومن مظاهر هذه الفترة انضمام: «الرثاء المنظوم إلى الرثاء المنثور». وفي أوائل القرن الثاني الهجري برزت مجموعة تسمى باسم المنشدين والنائحين، كذلك ظهر عدد من الخطباء المحدثين والقصاصين، وعليه فإن المآتم الحسينية كان يقيمها المنشدون والقصاصون والنادبون. ويؤكد المصنف بضرس قاطع: «إن نواة الخطابة التقليدية نشأت في هذه الفترة». ولكن الفترة الثالثة ما قبل الغيبة شهدت عنف حكام بني العباس تجاه أهل البيت عليهم السلام، فسادت السرية أكثر فأكثر، ولكنها شهدت في الوقت نفسه انتشار النائحين والقصاصين في الأقطار، وقيام الأئمة بمراسلتهم لإحياء الشعائر الحسينية ما أمكنهم ذلك، ولذلك صح اعتبار الشيخ الكرباسي «المجالس الحسينية مدرسة سيارة تعنى بنشر تراث أهل البيت عليهم السلام عقيدة وفكراً، أحكاماً وأخلاقاً إلى غيرها من المجالات».

مرحلة التأصيل

وتبدأ المرحلة الثانية من النصف الأول من القرن الرابع حتى نهاية القرن

السادس الهجري، وكان النصف الثاني من القرن الثالث الهجري قد شهد ظهور ثلاث دول من أتباع مدرسة أهل البيت عليهم السلام إحداها في المغرب الإسلامي واثنتان في المشرق الإسلامي: الدولة الفاطمية والدولة العلوية والدولة الحمدانية، وشكلت هذه الدول أرضية خصبة لتأصيل الخطابة الحسينية في وجدان المسلمين، فكانت الأسواق المصرية على سبيل المثال تعطل في ذكرى استشهاد الإمام الحسين عليه السلام، وكما يقول المحدث والمؤرخ المقريزي أحمد بن علي (٧٦٩ ـ ٨٤٥هـ): «وفي يوم عاشوراء من سنة ست وتسعين وثلاثمائة جرى الأمر فيه على ما يجري في كل سنة من تعطيل الأسواق، وخروج المنشدين إلى جامع القاهرة، ونزولهم مجتمعين بالنوح والنشيد».

مرحلة الانتشار

وتبدأ المرحلة الثالثة من أوائل القرن السابع حتى أواخر القرن التاسع الهجري، وكانت بعض الدول الشيعية قد سقطت فتعرضت المجالس الحسينية إلى الجزر في مدن والمد في أخرى، كما انحسرت رقعة الخطابة الارتجالية وصار الاعتماد على خطب ومجالس مكتوبة كما فعل الشيخ ابن نما الحلي جعفر بن محمد (ت ٦٨٠هـ) عندما وضع في العام ٦٤٥هـ كتابه «مثير الأحزان» ليكون مادة خصبة للخطباء، كما لاحت ظاهرة كتابة المقاتل حتى وصل ما بحوزة المحقق الكرباسي إلى نحو ١٢٠ مصنفا يحمل عنوان المقتل، اعدت لكي تقرأ في المناسبات. ولكن الخطابة على ما شابها من تخلخل، يؤكد المصنف أنها: «في هذه المرحلة تطورت من ناحية أخرى، وهي أنها عقدت في بيوت الموالين واتسعت رقعتها جغرافيا ويعد هذا أول عهدها بالبيوت».

مرحلة التحولات

وتنحصر هذه الفترة بين أوائل القرن العاشر أو قبله بقليل حتى القرن الثالث عشر الهجري، حيث شهدت تحولات عدة، منها إنتشار المجالس الحسينية بشكل ملفت للغاية صاحبه نقص في الخطباء فترك أثره سلبا على النوعية والكيفية، ما حدا بالبعض إلى وضع مصنفات تعين الخطيب على الخطابة مثل كتاب روضة الشهداء للواعظ الكاشفي حسين بن علي (ت ٩١٠هـ) الذي منه اشتهر الخطيب بالروضة خون أو روز خون، وكذلك كتاب المنتخب للشيخ فخر الدين بن محمد علي الطريحي (ت ١٠٨٥هـ) وألف أخوه الشيخ عبد الوهاب الطريحي المتوفى أواخر القرن الحادي عشر الهجري كتاباً بالاسم نفسه، وقد: «روعي في وضع هذه الكتب أن يجمع فيها بين النثر والشعر والسيرة والوعظ، ورتب على شكل مجالس ليتمكن الخطيب من قراءتها على المنابر مباشرة»، وتوالت الكتب على المنوال نفسه مع اتساع رقعة المجالس الحسينية. ولكن المجلس الحسيني شهد في أواسط القرن الثالث عشر الهجري نقلة نوعية على يد الخطيب السيد حسين آل طعمة الحائري (ت ١٢٧٠هـ)، حيث: «نقل بالخطابة في قسم المراثي والسيرة الحسينية منها من القراءة عن كتاب روضة الشهداء للشيخ الكاشفي إلى القراءة عن ظهر قلب».

مرحلة المؤسسة الخطابية

وتبدأ هذه المرحلة من حيث انتهت المرحلة السابقة حتى منتصف القرن الرابع عشر الهجري، وفي هذه المرحلة التي شهدت انهيار العالم الإسلامي وتقسيم البلدان بين الدول الأوروبية المستعمرة، شهد معها المنبر الحسيني تطوراً ملحوظاً، فلم يتقيد بالرثاء وذكر السيرة والموعظة فحسب، وإنما انتقل

إلى بيان الواقع السياسي والاجتماعي الذي هو عليه المسلمون، فصار المجلس الحسيني جزءاً من منابر التثقيف السياسي، وكان له الفضل الكبير على سبيل المثال في مقاومة الاحتلال البريطاني للعراق وقيام ثورة العشرين في العام ١٩٢٠ بقيادة الشيخ محمد تقي بن محب علي الشيرازي (١٢٥٦ ـ ١٣٣٨هـ).

ويشار إلى أن الشيخ كاظم بن حسن السبتي (ت ١٣٤٢هـ) كان له الفضل في تطوير الخطابة الحسينية. كما إن من معالم هذه الفترة تشييد المعاهد والمدارس الخطابية، ضمن مؤسسات خطابية، من قبيل: «مدرسة الواعظين في مدينة لكهنو الهندية والتي أسسها السيد نجم الحسن الرضوي (١٢٧٩ ـ ١٣٥٧هـ) بمؤزارة الراجه محمود آباد عام ١٣٣٨هـ»، وعلى غرارها شيدت مدرسة بالاسم نفسه في مدينة كراجي الباكستانية، والتي: «تسمى أيضاً جامعة الإمامية وذلك عام ١٣٦٩هـ بهمة السيد ظفر حسن النقوي (١٣٠٨ ـ أواخر ق ١٤هـ) وقد تخرج منها عدد من الخطباء، ولا زالت قائمة حتى اليوم». كذلك: «وفي لاهور قام السيد مرتضى حسين بن سردار حسين صدر الأفاضل اللكهنوي (١٣٤١ ـ ١٤٠٧هـ) والشيخ يوسف حسين اللكهنوي (١٣١٩ ـ ١٤٠٨هـ) بعمل مماثل حيث شيّدا مدرسة الواعظين وذلك عام ١٣٧٠هـ». كذلك «في كربلاء قام السيد محمد بن مهدي الشيرازي (١٣٤٧ ـ ١٤٢٢هـ) بتأسيس مدرسة الكتاب والعترة عام ١٣٨١هـ وذلك بإشراف السيد مرتضى بن محمد صادق القزويني». كذلك «في النجف فقد جرت محاولة على الطريق الصحيح لفتح معهد للخطابة وذلك على عهد السيد أبو الحسن بن محمد الأصفهاني المتوفى عام ١٣٦٥هـ، حيث قام الشيخ محمد رضا بن محمد المظفر (١٣٢٢ ـ ١٣٩٨هـ) بمؤازرة الشيخ محمد بن فتح الله شيخ الشريعة (١٣٢٢ ـ ١٣٩٨هـ) بإنشاء معهد تحت عنوان (معهد الخطابة)

وأسندوا أمره إلى الشيخ محمد علي بن قاسم القسّام (١٢٩٠ ـ ١٣٧٣هـ)، إلا إن جماعة الرابطة الأدبية التي كان يترأسها الشيخ محمد علي اليعقوبي (١٣١٣ ـ ١٣٨٨هـ) استنكروا عليهم ذلك بحجج غير مقنعة فكانت حصيلة ذلك أن المعهد لم ير النور لأكثر من أسبوع واحد».

مرحلة المعايشة والتنوير

وهي تبدأ من حيث انتهت المرحلة السابقة وحتى يومنا هذا، والتي اتسمت بمخاضات عدة، منها بدء خروج العالم الإسلامي من ربقة الاستعمار العسكري، وفي هذه المرحلة اشتهرت المجالس الحسينية بمعايشتها للواقع وتنويرها للجماهير وبما يحيط بها من أخطار، وما عادت المجالس الحسينية قاصرة على العزاء فحسب، بل بادرت إلى التثقيف السياسي والتنوير الثقافي، ففي العراق اشتهر السيد صالح بن حسين الحلي (ت ١٣٥٩هـ) في مواجهة الاستعمار ورجالاته، وفي ايران اشتهر الشيخ احمد بن محمد الكافي (ت ١٣٩٨هـ) بنقده للحركات الضالة التي كانت تجد حاضنة دافئة في عهد حكم الشاه محمد رضا بن رضا خان الدهلوي (ت ١٤٠٠هـ).

واتسم «أسلوب الخطابة الحديثة» بنسق موحد قائم على مقدمة وعرض وخاتمة، فالخطيب يبدأ بعرض آيات قرآنية أو أحاديث شريفة أو أبيات شعرية أو يجمعها ضمن نسق تراتبي واحد، وفي العرض يدخل إلى متن الموضوع وينتهي بالخاتمة أو ما اشتهر على لسان الخطباء بـ (الگريز)، وهي مرحلة البكاء على مصاب الحسين وأهل بيته عليهم السلام.

مرحلة المستقبل

ويأمل المحقق الكرباسي لهذه المرحلة أن تقام على نظام مؤسساتي تخرج بالخطابة من فردانيتها وتضعها في إطار تنظيمي وتخصصي يتواكب مع

تطورات العصر وبخاصة في مجال الاتصالات، التي قرَّبت البعيد وجانست القريب، ولهذا يستبصر الحاضر والمستقبل ويستقرئهما بعين البصيرة، ويرى ـ ومن أجل بناء المؤسسة الإعلامية الحسينية ـ التقيد بعناصر عدة:

أولاً: عنصر التخصص: من حيث التخصص في المجالات العلمية والتخصص في المراحل العمرية، ولابد للخطيب أن يكون قادراً على محاكات هذه الأعمار.

ثانياً: الإقناع العلمي: فلا يكفى عرض الفكرة من دون تأييد علمي.

ثالثاً: التطبيق العملي: فلا يكفي الإلقاء من دون إرشاد الناس إلى التطبيق العملي وترجمة الفكرة على ارض الواقع.

رابعاً: اللغة: فلا يتم الاقتصار على اللغة الأم، وإنما تطوير الخطابة وتخريج خطباء يجيدون لغات العالم.

خامساً: الوسائل الحديثة: فلا يكفى الاقتصار على الأسلوب القديم في الخطابة وإنما استعمال كل ما تعرضه وسائل الاتصال.

ولم يقتصر الفقيه الكرباسي على التنظير فقد سعى إلى تطبيق هذه الأفكار ضمن مؤسسة «النقابة العالمية للخطباء والمبلغين» أطلقها في لندن، في الأول من تموز ـ يوليو العام ١٩٩٨، ووضع بنودها الداخلية بين يدي ثلة من خطباء المنبر الحسيني من جنسيات مختلفة، تناقشوا فيها لجلسات عدة، كان منهم الخطيب العراقي الشيخ عبد الحميد بن كزار الشمرتي المهاجر، والخطيب الباكستاني الشيخ حسن رضا بن مزمل حسين الغديري، والخطيب الإيراني الشيخ علي بن محمد برهان الطهراني، وشهدت ذلك بنفسي كوني قيدت محاضر الجلسات أولا بأول، لكن ظروفا قاهرة حالت دون إتمام المشروع الحضاري الذي قلما يُلتفت إليه حتى من أصحاب الشأن!

الخطابة بين الدعاية والإعلام

ويفرد المصنف عناوين كثيرة في أبواب مختلفة، فالخطيب بشكل عام يملك صلاحية «التفنن في الخطابة» فلا يلزم نفسه بنمط واحد. كما ولا تخفى أهمية «الخطابة ودورها الإعلامي» وعلى مر العصور ولذلك وضع أفلاطون (Platon) (٤٢٧ ـ ٣٤٧ ق.م) كتاب الجمهورية، وعمد سقراط (Sokrato) (٤٦٩ ـ ٣٩٩ ق.م) إلى الخطابة للتأثير على الجماهير، ووضع أرسطو كتاب البلاغة، واتخذ الرومان أسلوب السياحة والتبشير كأسلوب للدعاية والإعلام، وكانت دعاية العرب وإعلامهم في سوق عكاظ عبر الشعر، وفي الإسلام عبر الخطابة والشعر حيث مثّلا كفتي ميزان الإعلام. وبظهور الطباعة الحديثة في القرن الثامن عشر الميلادي، تطور أسلوب الإعلام، لكن الخطابة ظلت هي الرائجة ولازالت، وما وسائل الإعلام والاتصال إلا مطايا لها.

ويفصل المصنف القول في بيان الرابطة بين الإعلان والإعلام والدعاية ودور الخطابة فيها، فحيث إن الإعلان هو الإظهار والإعلام هو الإخبار والدعاية هو التبليغ والتبشير، وحيث إن الخطابة غايتها الإخبار والتبشير والدعوة فان: «الإعلام والدعاية صادقتان على الخطابة وبالأخص الحسينية منها» وبالتالي فان: «الخطابة وسيلة من الوسائل الإعلامية وأسلوب من أساليب الدعاية النزيهة»، ولذلك دخل المجلس الحسيني الإذاعة والتلفزيون في القرن الماضي أول ما دخل في ايران والعراق ثم توالت القنوات المسموعة والمرئية في الدول الأخرى حتى استقلت المجالس بقنوات فضائية.

مناخات الخطابة

ولما كان التبليغ أهم مفاصل الخطابة فإن المصنف يبحث تحت عنوان «دور الخطباء في التبشير» في الأثر الذي تركه المجلس الحسيني ولا زال في التعريف بالإسلام وبأهل بيت النبوة، مشيراً إلى العشائر العراقية نموذجا، ومن هنا نستطيع تلمس الغرض من وراء قيام المجموعات التكفيرية بتفجير الحسينيات ومراقد الأولياء والتعرض إلى المواكب الحسينية، أو قيام الحكومات على مر التاريخ بمنع المسلمين من أداء الشعائر الحسينية.

وإلى جانب أهمية الخطابة فإن الكتاب يبحث في «مسؤولية الخطيب وموقعه» بوصف الخطيب مرشداً روحياً، كما يبحث في «مكانة الخطيب» فيقسمهم إلى:

الخطيب المثالي: الذي ينطلق من أرضية المسؤولية وهم قلة.

الخطيب المأجور: وهو الذي يتسكع على أبواب السلاطين يبيع الكلام مقابل دراهم معدودة.

الخطيب المرائي: وهو الذي ينمق الكلام بحثاً عن الشهرة.

الخطيب المهني: الذي اتخذ من المنبر مهنة واسترزاقاً كسائر الأعمال.

الخطيب التبركي: الذي يقتصر بخطابته على ذكر أهل البيت لا يبالي بما تعانيه الأمة.

أما من يرتاد المجلس الحسيني فهو إما عالم رباني أو رجل متعلم أو امرؤ معتاد أو إنسان مغرور أو شخص ناقد غير ايجابي.

وتمر الخطابة بمناخات خمسة:

المناخ الطبيعي: حيث يجد الخطيب ضالته في قول ما يشاء دون خوف

أو وجل من سلطة أو ظالم، فتؤتي المجالس أكلها. والتعسفي: حيث يفتقد عموم مجلس الخطابة إلى أجواء الحرية، فتتحول المجالس إلى مجالس تحدٍ. والمقيد: وهي حالة وسطية يفرض فيها الحاكم شروطه. والاستثنائي: حيث تقع الكوارث الطبيعية وحوادث سياسية كبيرة، فإن الخطابة تأخذ بوصلتها وفق مؤشر هذه الحوادث. والأجنبي: وهي إقامة المجالس في البلدان غير الإسلامية، ومراعاة المناخات الاجتماعية في مثل هذه البلدان. وبشكل عام فإن مادة الخطابة في معظم المناخات لا تخرج عن إيراد القرآن الكريم والحديث الشريف وواقع الحال والسيرة والأدب.

أما في مقام «العلم والخطابة» فإن المصنف يحدد معالم العلاقة لدى علماء الهند وإيران والعراق والشام والخليج والخطابة الحسينية، فعلماء الهند وفقهاؤهم لا يجدون غضاضة من صعود المنبر الحسيني، وكذلك في ايران، أما في العراق فقد أوجدت الثقافة الخاطئة فاصلة بين العلم والخطابة، فللفقهاء دورهم وللخطباء دورهم، ويمارس علماء الشام ولبنان المحاضرة بدل الخطابة الحسينية، وأما علماء الخليج فهم تبعاً للمدرسة التي تخرجوا منها.

الخطيب الحسيني كما يجب

ويستقل المصنف بعناوين فرعية للبحث في خصوص «الخطيب الحسيني» الذي يعتبر نفسه جنديا من جنود الإسلام، ومتابعة «مواصفات الخطيب الحسيني» الذي ينبغي أن يتوفر على مؤهلات جسمية ومواصفات عملية وعلمية وصفات نفسية. فمن المؤهلات الجسدية، أن يكون جهوري الصوت غير منكر وقوي البنية وخال من العاهات والأمراض المنفرة ويتصف بالذكاء وقوة الذاكرة. أما الصفات العلمية فتكتسب بالدراسة والمطالعة كالنحو

والفقه، والعملية بالممارسة والتمرين كأسلوب الخطابة. ومن الصفات النفسية الإيمان والعمل والتقوى والإخلاص وحسن الأسلوب والأخلاق والصفاء والتواضع والأمانة في النقل والصبر عند الصعاب والشجاعة.

وفي «الخطيب ومرادفاته» نقرأ مرادفات الخطيب من الواعظ والمرشد والذاكر والمبلغ والمداح والروض خون والقاري، على أن الخطيب قبل أن ينخرط في سلك الخطابة: «عليه أن يكون مستمعاً جيداً قبل أن يكون خطيباً، بل عليه أن يتتلمذ على خطيب ماهر ويتمرن عنده»، وأن يقرأ عن «الوسائل التطبيقية» للخطابة من قبيل كتاب الخطابة للمؤلف الأميركي ديل كارنيجي (Dale Carnegie) (١٨٨٨ ـ ١٩٥٥م).

وفي «زي الخطيب» يتابع المصنف مع الصور لباس وزي الخطيب الحسيني من كل الجنسيات وفي كل البلدان. كما يتابع «لغة الخطيب»، مؤكداً على دور اللغة العربية كأساس للخطيب العربي وأساس لغيره في نقل النصوص العربية من مظانها. وفي هذا المجال يستطلع «آراء حول الخطابة والخطيب» لعدد من العلماء.

وتحت عنوان «إحياء المجالس الحسينية» يبين الكتاب الموارد التي تقام فيها المجالس الحسينية. ولان الخطباء ليسوا على مستوى واحد، فإن الكتاب يفصِّل القول في «طبقات الخطباء»، ويجدهم المصنف ثلاث: الطبقة المتقدمة وهي الأقلية بحدود ١٠ في المائة، ممن يفي أفرادها بحق المنبر، والطبقة المتوسطة وهي بنحو ٧٥ في المائة وهي دون الطبقة الأولى وفوق الطبقة الثالثة التي يقصر أفرادها عن الإيفاء بكامل شروط المنبر الحسيني. وبشكل عام ترد عنهم وعن غيرهم «شكوى» عدم مراعاة الخطيب لدور الشباب، وعدم مراعاة المجالس الحسينية في البلدان الغربية للإتيان بخطباء يجيدون لغة ذلك البلد.

وبعد هذه المقدمة المستفيضة عن تاريخ الخطابة بعامة والحسينية بخاصة، ينتقل المصنف إلى «هذا المعجم» وبيان الخطوات التي اعتمدها لوضع تراجم الخطباء فيدرج ١٣٣ خطيباً تحت حرف الألف من جنسيات ولغات مختلفة، يشير في ترجمته إلى اسلوبه الخطابي وسيرته الخطابية وبيان جوانب من خصوصياته.

كما لا يغمط حق القارئ في أن يعرف كل ما تضمنه الكتاب فترك له فهارس غنية بالمعلومات، يتابع من خلالها: الأعلام والشخصيات، القبائل والأنساب والجماعات، الأشعار والأوزان، التأريخ، اللغة، الآيات المباركة، الأحاديث والأخبار، الأمثال والحكم، مصطلحات الشريعة، المصطلحات العلمية والفنية، الطوائف والملل، الوظائف والرتب، الآلات والأدوات، الإنسان ومتعلقاته، الحيوان ومتعلقاته، النبات ومستحضراته، الفضاء ومتعلقاته، الأرض ومتعلقاتها، المعادن، الأماكن والبقاع، الزمان، الوقائع والأحداث، المؤلفات والمصنفات، لغة الخطيب، انتماء الخطيب، المصادر والمراجع، مؤلفو المراجع.

كما لا يتوانى المصنف عن تقديم وجهات نظر الأعلام من جنسيات ومذاهب وأديان مختلفة، في أجزاء الموسوعة الحسينية برحابة صدر، وقد ذيل الجزء الأول من معجم خطباء المنبر الحسيني بوجهة نظر الفيلسوف النمساوي السيد جوزف لانسل (Josef Lanzl) حيث أكبر دائرة المعارف الحسينية وأثنى على صاحبها الذي يقدم في كل جزء، الجديد من حضارة الإسلام.

الجمعة ٢٣/ ٢/ ٢٠٠٧ م
٦/ ٢/ ١٤٢٨هـ

الأديب الدكتور
رام روشن جي بن لالجي كمار

* ولد في ١٣٣٣/٩/٢٩هـ (١٩١٥/٨/١٠م) في مدينة دلهي الهندية.
* نشأ ودرس في مسقط رأسه ثم انتقل إلى لاهور قبل استقلالها عن الهند عام ١٣٦٦هـ (١٩٤٧م)، ونال من جامعة لاهور درجة الدكتوراه في علم التاريخ.
* كاتب وأديب، له بحوث ومقالات أدبية منشورة في الصحف الباكستانية باللغتين الأردوية والإنكليزية.
* من كبار أعلام الطائفة الهندوسية.
* خبير بالتاريخ الاجتماعي والأدبي لشبه القارة الهندية.
* وافته المنيّة في لاهور في باكستان في ١٤٢٧/٤/٢٣هـ (٢٠٠٦/٥/٢٢م).
* من مؤلفاته:

- تاريخ الهند (أردو).
- تاريخ ارتقاء الأدب الأوردوي في آسيا (أوردو).

(معجم المصنفات الحسينية ـ الجزء الأول)

الموسوعة جامعة كبرى

أنا لست بمسلم ولكنني مسلم، أنا مسلم للحسين عليه السلام، مسلم للأمام العظيم الذي أرانا طريق الإنسانية وأرشدنا الطريق الذي يوصلنا إلى منزل الحرية حيث قال لأعدائه: «إن لم يكن لكم دين وكنتم لا تخافون المعاد فكونوا أحراراً في دنياكم»[1]. أنا مسلم للحسين عليه السلام الذي قال لأعدائه كما نقله بعض المؤرخين: «خلّوا طريقي أنا ذاهب إلى الهند»[2]، إذا كان هذا النقل صحيحا بأن الإمام الحسين عليه السلام شاء أن يذهب إلى الهند، فلعله كان يعلم بأن أهل الهند يساعدونه في عمله لإنجاد الإنسانية وأن يحافظوا على مرامه الإنساني العظيم.

إن الإمام الحسين عليه السلام كان إنساناً صادقاً صالحاً وطاهر القلب، إنساناً كاملاً، ورهن كل حياته للإنسانية وفدى نفسه لأجلها، ولو لم تكن فديته في صحراء كربلاء ما كنا نعرف للإنسانية معنى، ولذلك نستطيع أن نقول إنه محسن للإنسانية، ومادامت هذه الدنيا باقية فسيبقى ذكر الإمام

(١) انظر: البداية والنهاية: ٨/ ٢٠٣.

(٢) لم يثبت مثل هذا الكلام في المصادر التاريخية المعتبرة، ولم ترد فيها أية إشارة لا من قريب ولا من بعيد.

الحسين عليه السلام حيّاً ولا يموت، بل وكل إنسان في العالم البشري يؤمن بقيادته الغرّة.

وقد فرحت كثيراً عندما سمعت بأن (دائرة المعارف الحسينية) قد دوّنت لأجل التحقيق حول كل ما يتعلق بالإمام الحسين عليه السلام وهي تحتوي على أكثر من خمسمائة مجلد[1]، وان كانت الموسوعة باللغة العربية ولكننا نقرأ في بعض أجزائها مقدمات باللغة الإنكليزية[2]، وسمعت أيضاً أن المؤلف الفاضل قد حقق حول ما يتعلق بالموضوع باللغة الأوردية أيضا، ولذلك فقد تجرأت على أن أقدم وجهة نظري وأكتب شيئاً قليلاً كنظرة سريعة في الموسوعة، لأن المقدمة ليست في متناول يدي حتى اكتبها لهذه الموسوعة الكبرى، واقدر بدوري الجهود العلمية والتحقيقية التي بذلها المؤلف آية الله الشيخ محمد صادق الكرباسي الذي تحمّل كل شيء في سبيل تسهيل طريق المحقّقين حول الموضوع.

وعندما قرأت التعريف باللغة الأوردية والانكليزية، ازداد شوقي لتعلم اللغة العربية كي استفيد من هذه الموسوعة الكبرى بلغتها الأصلية، وقد غمرتني الفرحة عندما سمعت أن ترجمتها إلى اللغة الأوردية قد بدأت، فمثلاً تمت ترجمة (تاريخ المراقد) الجزء الأول باللغة الأوردية[3]، وهذا الأمر

---

(١) كانت أعداد الموسوعة في وقت كتابة المقدمة نحو ٥٠٠ مجلد، وتعدت اليوم إلى اكثر من ٦٠٠ مجلد.

(٢) يحرص المحقق الكرباسي على مقدمات وقراءات لأعلام من جنسيات وأديان ولغات مختلفة، وتحصّلت لديه حتى الآن العشرات من المقدمات في أكثر من خمس عشرة لغة حيّة وغير حيّة، وهي بازدياد.

(٣) صدر في أكتوبر تشرين الأول عام ٢٠٠٧م، الجزء الأول من تاريخ المراقد باللغة الأردوية بعنوان «تاريخ مزارات» صادر عن إدارة منهاج الحسين في مدينة لاهور الباكستانية.

يوجب الفرح لكل من ينطق باللغة الأوردية، وقد قرأت قسما من ترجمة (تاريخ المراقد) الذي ذكر فيه المؤلف المحترم كل ما يتعلق بالموضوع بشكل علمي وتحقيقي عظيم، وهذا يدل على جامعية الموسوعة وشمولها لكل ما يرتبط بموضوعها، وفي هذا الجزء ذكر الدور التاريخي والاجتماعي والثقافي والأدبي والديني والاقتصادي والسياسي وغيره للمراقد على العموم، بدقة علمية.

إن أهمية المراقد الإسلامية مثل أهمية مثيلاتها لدى كل ملّة ودين مما لا يخفى، فكل الناس ينظرون باحترام خاص إلى مراقد كبارهم وعظمائهم، ولكن المسلمين عندهم اهتمام كبير بها، ومع الأسف أن فرقة من المسلمين لا تؤمن بأية حرمة للمراقد، بل هي تخالف ذلك المعتقد بكل استطاعتها وتقدم على هدم المراقد وتدعي أن بقاءها وعمارتها شرك، ولست مؤهلا لإبداء الرأي حول الموضوع لأنه يختص بالعلماء والمحقّقين الإسلاميين لإعطاء نظر موافق أو مخالف طبق الموازين الإسلامية[1]، ولكنني أعتقد أن عمارة المراقد وبقاءها عمل يستحسنه الطبع السليم والعقل الفطري، وقد ذكر مؤلف الموسوعة في هذا الجزء من (تاريخ المراقد) موضوعات قيمة وبحثها بحثاً شاملاً، وأنا أعتقد أن بقاء المراقد ـ من أي دين وملة كانت ـ من شأنه إيجاد الارتباط بين أفراد الإنسانية بأسرها، وأنا لا أنسى حين حدث ما حدث في الهند وأسست دولة باكستان الإسلامية[2]، فقد غلبت العصبية على بعض الناس فهدموا المراقد والمعابد، فبعض الهنود أقدموا على هدم المساجد

(١) بحث المؤلف موضوع المراقد وإقامتها وزيارتها في مقدمة الجزء الأول من تاريخ المراقد: ١/ ١٨، وكذلك في باب الشبهات، وفي فصل حديث الزيارة من باب الأحاديث من هذه الموسوعة أيضاً.

(٢) استقلت جمهورية باكستان الإسلامية في ١٤/٨/١٩٤٧م.

وبعض المسلمين أقدموا على هدم معابد الهندوس، وهكذا، ولكن بعد تدخل قوة عسكرية من قبل الحكومات وقفت تلك الأعمال غير الإنسانية. وقبل فترة تم في الهند هدم «مسجد بابري»[1] فأنكر ذلك العمل كل فرد من المذاهب والأديان المختلفة في جميع أنحاء العالم لأنه صار سببا لتدمير أحد مراكز العبادة، وهذا غير صحيح. والحق أن المراقد من المقامات المقدسة التي تدل عمارتها وحفظها على فكرة إنسانية سليمة من كل قوم وملّة.

أرى أن المؤلف لموسوعة (دائرة المعارف الحسينية) آية الله محمد صادق الكرباسي قد ذكر تاريخ المراقد بشكل تحقيقي خاص، الذي يدل على حرية فكره وحسّه الإنساني، وأعتقد بأن هذا من بركات اسم الإمام الحسين عليه السلام ففي ضمن البحث والتحقيق حول ما يتعلق به قد عرفنا أهمية المراقد والزيارات المقدسة، ولو استمر هذا العمل التحقيقي حول كل المراقد في العالم دون حصر وقصر على مراقد معينة لتمت الاستفادة منه من أتباع سائر المذاهب والأديان أيضاً.

وعلى أي حال أقترح على صاحب الموسوعة الكبرى (دائرة المعارف الحسينية) أن يعقد باباً خاصاً لذكر تفصيلي للمراقد الموجودة في العالم كله مقرونا بموضوعات ومعلومات تكون عماداً لمادة تحقيقية لتتضح أهمية المراقد للآخرين، ونحن نعطي معلومات عامة وخاصة لمراقد أعاظمنا وإن كانت الأهمية والاهتمام بالنسبة إلى المراقد عندنا من الأمور المسلّمة التي لا ينكرها أحد، ولقائل أن يقول بأن معتقداتكم لا توافق ما في دينكم كيف يحق الاحترام للمراقد بعمارتها وبقائها، فأقول: إن المراقد لا توجد عند الهنود

---

(١) مسجد باربري: يقع في قضاء أيوديا (Ayodhya) التابع لمدينة فيض آباد (Faizabad) في مقاطعة أوتار براديش (Uttar Pradesh)، وتم الاعتداء عليه وحرقه في ١٩٩٢/١٢/٦م.

بمثل ما عند المسلمين، ولكن نحن لا ننكر أهميتها من ناحية إنسانية، ولأجل ذلك يحرق جسد الميت ويحتفظ بترابه ويحترم احتراماً كبيراً لإحياء ذكراه وأداءً لما تقتضي عظمته.

إن الإمام الحسين هو محور البحث في (دائرة المعارف الحسينية) قد قال فيه شعراؤنا من «سلام» و«مرثية» و«نوحة» لا يقل عما قال فيه المسلمون، وهنا أذكر أسماءً عدة من الشعراء الكبار الذين مدحوا الإمام الحسين عليه السلام وذكروا فضائله ومناقبه تحت عناوين مختلفة من أنواع الشعر منها: «سلام» و«رباعي» و«مرثية» و«مسدس» و«مخمّس» وغيرها، وهذه أسماء بعض الشعراء الهنود: دريم عند گيتا، مرهم، رام نرائن جگر، كيلاش عندر عيش، دهرم دال گيتاوفا، شگن عندر روشن، لاله أنور عند أفتاب، دندت رام درشاد أكمل، أمر عند قيس، لاله رام درشاد بشير، گردهاي لال باقي، يستشور درشاد منور، جگت نرائن لال روال، منى لال جوال، حگديش سهائي وكيل، شنكر سهائي جوهر، للتا درشاد مير تهي، بهگوت سرن ممتاز مراد آبادي، للتا درشاد سيوك أمروهوي، لاله آدم درشاد آدمي سرسوي، متهن لال سكسينة وفا أمروهوي، عندر بهاري لال ماتهر صباحي دوري، سومناته سوم، دندت برج موهن كيفي، دندت سندرلال، راجيندر ناته شيدا، وغيرهم.

إن اهتمام هؤلاء الشعراء بذلك يدل على أن الإمام الحسين عليه السلام قائد الإنسانية كلها، فمن الضروري أن يبقى ذكره حيا وصورته باقية ويحفظ كل ما يتعلق به كما فعل «المركز الحسيني للدراسات» في لندن، وأقدم الشكر والتقدير للعاملين في هذا المركز الذي أقدم على جمع تراث الإمام الحسين عليه السلام وما فيه بين يدي الآن هو الجزء الأول من سلسلة (معجم المصنفات)، وقد بذل المؤلف فيه أقصى جهده وتحرى في مأموله ذكر

الكتب والتحقيق عن مؤلفها، ومثل ذلك عدد من الأجزاء التي يوجه فيها عنايته، وأقترح بأن تُترجم جميع أجزاء الموسوعة إلى اللغة الأوردية كي يستفيد منها كل من ينطق باللغة الأوردية في العالم.

أملي أن تذكر في الموسوعة كتب سائر اللغات مثل أهمية الكتب العربية كما هو العادة في العمل الموسوعي[1]، وأدعو الله أن يذلل مصاعب التحقيق في الموسوعة.

رام روشن لالجي كمار
لاهور ـ باكستان
٢/ ٣/ ١٩٩٩م

(١) لا يقتصر ما موجود في معجم المصنفات على المطبوع باللغة العربية، فالمؤلف يحرص على ضم كل الكتب الحسينية من كل اللغات.

مصنّفات ومكتبات
اغتالها الجهل وأخرى نحرتها الطائفية!

يفتخر كل مجتمع بتاريخ أجداده، وكل أمة تدعي وصلاً بليلى الحضارة، فبعض ترجع حضارتها إلى نشوء الأرض، وبعض إلى سبعة آلاف سنة وأخرى إلى خمسة آلاف سنة، وشاهد كل حضارة أن بها ابتدأت المدينة وبها ابتدأت المدنية وشاعت الحضارة، ولا يعدم الصواب من قال بهذا، لأن المدينة والاجتماع طريقان إلى التمدن والتحضر، لكن الأمر لا يتوقف عند هذا الحد، ما لم تكن لغة التخاطب مرسومة ومحفورة يرجع إليها جيل بعد آخر متعلماً ومطوراً، ولا يكون هذا إلا بالكتابة، لأن الأذهان مهما تكن حافظتها قوية وسريعة البداهة كشريط مدمّج، فإن صحراء النسيان سيزحف عليها بمرور الزمن، فالحافظة تشحذ بما قيدته على الفخار أو الورق، وكما قال النبي الأكرم محمد ﷺ: (آفة العلم النسيان، وإضاعته أن تحدث به غير أهله)[1]، فالعلم مثل غزال في البراري لا يصيدها ولا يقيدها إلا الكتابة.

من هنا، فإن الكتابة تشكل في عالم التمدن والحضارة سواراً في معصم العلم يحفظه ولا يكاد يهرب منه، ولذلك ورد في الأثر عن الرسول

---

(١) كنز العمال: ح ٢٨٩٦٠.

الأكرم ﷺ: (قيدوا العلم بالكتابة)[1]، وعنه ﷺ أيضا: (اكتبوا هذا العلم، فإنكم ستنتفعون به، إما في دنياكم وإما في آخرتكم، وأن العلم لا يضيع صاحبه)[2]، والكتابة في الوقت نفسه زينة الأمة، خُطّت على المجتمع المتحضّر مخط القلادة في جيد الفتاة، ومن حقوق الولد على الوالد، أن يعلمه، وقد ورد عن الإمام علي عليه السلام: (أكرموا أولادكم بالكتابة فإن الكتابة من أهم الأمور وأعظم السرور)[3].

الكتابة توأم الوجود الإنساني

ولكن متى بدأت الكتابة؟ ومن وضع اللبنات الأولى للخطوط الشهيرة؟ وكيف بدأ تصنيع الورق؟ ومتى بدأ التأليف؟ ومن أوجد المطابع؟ وما أهم المكتبات العالمية؟ وبيبلوغرافيا الكتابة والتصنيف حول النهضة الحسينية، هذه الأمور وتفريعات كثيرة، يبحثها المحقق الدكتور محمد صادق محمد الكرباسي، في كتابه المعنون «معجم المصنفات الحسينية» في جزئه الأول، الصادر عن المركز الحسيني للدراسات في لندن، في ٤٨٨ صفحة من القطع الوزيري.

وربما يتبادر إلى الذهن بأن الكتابة مرحلة لاحقة على وجود البشرية، نزولا عند آراء خبراء طبقات الأرض والآثار، وخبراء التاريخ الإنساني بشكل عام، لكن المحقق الكرباسي وبالرجوع إلى المرويات، يذهب إلى أن الكتابة كانت معروفة عند أبي السلسلة البشرية الحالية النبي آدم عليه السلام عندما أوحى الله إلى الملائكة أن (اكتبوا عليه ـ أدم ـ كتاباً فإنه سينسى فكتبوا عليه كتاباً

(١) مجمع الزوائد: ١/ ١٥٠.
(٢) كنز العمال: ١/٢٦٢.
(٣) الخط العربي الإسلامي: ٢٢٢.

وختموه..)[1]، وكان ذلك في عام الهبوط المصادف للعام ٦٨٨٠ قبل الهجرة النبوية الموافق للعام ٦٠٥٢ قبل الميلاد. وعلى خلاف من يقول: إن استعمال القلم جاء بعد فترة طويلة من نشوء البشرية، فإن المحقق الكرباسي يرى أن النبي إدريس بن يارد بن مهلائيل بن قينان بن أنوش بن شيث بن آدم، المولود في العام ٦٢٦٨ قبل الهجرة (٥٤٥٢ ق.م)، هو أول من استعمل القلم وخط به. واحتمل الشيخ الكرباسي أن يكون التأليف وتصنيف الكتب تم في عهد النبي نوح بن لمك بن متوشلخ بن إدريس (٥٨٢٤ ـ ٣٥٥٦ ق.هـ) (٥٠٢٨ ـ ٢٨٢٨ ق.م). أما في العهد الإسلامي فإن ما كتبته السيدة فاطمة الزهراء من إملاء أبيها ﷺ وبعلها عليه السلام والمشهور بـ «مصحف فاطمة» هو أول مصنف في الإسلام احتوى: «مجموع ما سمعته الزهراء عليها السلام من أبيها وبعلها في التشريع والأخلاق والآداب وبعض التنبؤات» لكن البعض كما يؤكد الباحث: «أراد مع الأسف تضليل الناس، وخرجوا بذلك عن أمانة النقل والكتابة فزعموا أن المراد بالمصحف هو القرآن لجهلهم أو تجاهلهم، رغم صريح الروايات بمحتواه»، وهذا الكتاب توارثه أئمة أهل البيت عليهم السلام واحداً بعد آخر.

نشأة الخط العربي

ولما كان الخط هو صورة الكتابة المتكونة من الحروف الهجائية، فإن المؤلف تناوله في مبحث مستقل ومستفيض عن تاريخه ونشأته وتطوره وأشكاله. فالخط قديم قِدم الإنسان: «وأول من تعرّف على الخط هو آدم عليه السلام وأول من كتب بالقلم إدريس»، وإن الخطوط القديمة أربعة: الخط الصيني، الذي انتشر في الصين، والخط المسماري الذي انتشر في دول

---

(١) الكافي: ٧/ ٣٧٨.

غرب آسيا، والخط الهيروغليفي المصري الذي انتشر في مصر، والخط الهيروغليفي الحيثي الذي انتشر أكثر من سابقه. ويرى البعض أن الفينيقيين الذين استوطنوا لبنان في القرن ٢٨ قبل الميلاد أول من اكتشف الحروف الأبجدية، ومنهم أخذ اليونانيون والإيطاليون، وفيما بعد انتشر في أوروبا وغيرها. على أن اللغات بعد حصول طوفان نوح عليه السلام في العام ٣٨٢٤ قبل الهجرة (٣٠٨٨ ق.م)، تشعبت وتطورت معها الحروف الأبجدية من لاتينية وصينية وسريانية وعبرية وعربية، وغير ذلك.

ويشار إلى أن النبي إسماعيل بن إبراهيم المولود في بادية الشام في العام ٢١٦٧ قبل الهجرة (١٤٨٠ ق.م) كان يتكلم العربية، أما الخط العربي في الحجاز وإلى قرن قبل ظهور الإسلام لم يكن معروفا، مع التأكيد أن المعلقات الشعرية كانت ترفع على جدار الكعبة، وعندما جاء الإسلام فلم يكن يعرف الخط إلا بضعة عشر رجلا منهم الإمام علي بن أبي طالب عليه السلام الذي أشار على أبي الأسود الدؤلي (١ ق.هـ - ٦٩هـ) أن يضع الحركات والنقاط على الحروف، ولذا: «يعتبر الإمام أمير المؤمنين عليه السلام المعلم الأول للخط العربي في الإسلام، والساعي إلى تطويره».

ولا يعني هذا أن معرفة العرب بالخط قريبة عهد، فالأمر متعلق بمكة وما حولها، ذلك أن «العرب الذين كانوا مجاورين للفرس والرومان وبني حِمْيَر في اليمن والأنباط في شمال الجزيرة العربية قد تعلموا الخط منذ زمن بعيد، على أن بعض أهالي الحجاز ممن رحلوا إلى العراق أو الشام تعلّموا الخط العربي، ثم لما جاء الإسلام نشأ خط النسخ عن الخط النبطي، والخط الكوفي عن الخط السرياني». ويلاحظ في الخطوط العربية نسبتها إلى الحجاز، بلحاظ أن مكة والمدينة في ذلك الحين وبخاصة المدينة المنورة كانت تمثل مدنية وحاضرة علمية يشار لها بالبنان، كما كانت المدارس

الفكرية والمذهبية والفقهية تشار إلى المدن التي نشأت أو حلّت فيها، وهو أسلوب لازال قائما في فنون وعلوم عدة.

الخط فن وجمال

ويعدد المحقق الكرباسي ٢٢ نوعاً من الخطوط الأصيلة والمستحدثة والتي تولّدت عن أخرى، وهي:

ـ **خط الإجازة**: مشتق من الثلث والنسخ.

ـ **الخط الأندلسي**: ويسمى بالخط القرطبي وهو مقوس الأشكال.

ـ **الخط البصري**: اشتهر فيه الحسن بن يسار البصري (٢١ ـ ١١٠هـ) الذي يعتبر من المجوّدين في الخط بعد الإمام علي عليه السلام، ويعتقد أن الخط البصري تم تطويره من الكوفي.

ـ **الخط البغدادي**: نشأ في العهد العباسي إلى جانب خطوط أخرى كانت تستعمل لوظائف معينة بخاصة في دواوين الحكم، وفي عهد المأمون عبد الله بن هارون العباسي (ت ٢١٨هـ) ازدادت الخطوط إلى عشرين.

ـ **خط التاج**: ابتدعه الخطاط المصري محمد محفوظ للملك فؤاد الأول (١٨٦٨ ـ ١٩٣٦م) في العام ١٩٣٠م، لكن الكرباسي يذهب إلى أنَّ هذا الخط لا يعد مستقلاً بذاته لأن علامة التاج: «من العلامات التي يمكن وضعها على كافة أنواع الخطوط».

ـ **خط التعليق**: ابتدع قواعده الحسن الفارسي (٢٨٨ ـ ٣٧٧هـ)، من أقلام النسخ والرقاع والثلث.

ـ **خط الثلث**: وضع قواعده الوزير والكاتب محمد بن مقلة (ت ٣٢٨هـ)، وهو منحدر من الخط الكوفي.

ـ **الخط الحديث**: من خطوط عهد الحداثة، يستعمل الكاتب خطوطاً هندسية مكعبة وخطوطاً مدموجة فتصبح الكلمة وحدة شكلية وصيغة زخرفية مستقلة.

ـ **الخط الحر**: لا يتقيد الخطاط فيه بشكل معين وهندسة خاصة وإنما يخط الحرف حسب ذوقه مع الأخذ بالاعتبار عامل التناسب بين الخط ومدلوله.

ـ **الخط الحيري**: نسبة إلى مدينة الحيرة في العراق ويسمى بالحِمْيَري أيضا، لانتقاله من ملوك التبابعة الحِمْيَريين إلى أصهارهم المناذرة، وأدرك ظهور الإسلام لكنه تراجع أمام الخط الكوفي.

ـ **الخط الديواني**: سمي بذلك لكثرة استخدامه في دوائر الدولة (الدواوين)، وينسب في وضعه إلى إبراهيم بن منيف التركي (ت ٨٦٠هـ) في عهد السلطان محمد فاتح العثماني الذي تولى الحكم في العام ٨٥٥هـ (١٤٥١م).

ـ **خط الرقعة**: يُنسب إلى القصاصة من الورق واشتهر في كتابة الحِكَم، ويصعب نسبته إلى شخص بعينه إلا انه عثر على نصوص بخط الرقعة ترجع في تاريخها إلى العام ٨٨٦هـ (١٤٨١م)، على أنَّ خط الرقعة المتداول اليوم ينسب في وضع قواعده إلى المستشار ممتاز بك مصطفى أفندي حوالى العام ١٢٨٠هـ (١٨٦٣م)، وقد يسمى «ديواني رقعة» بوصفه من مشتقات الديواني.

ـ **الخط الريحاني**: تتداخل حروفه بما يشبه أعواد الريحان، ويرى المحقق أن هذا الخط منشأه من الديواني أو الثلث، ولذلك لا يصح تفرده بخط مستقل.

ـ **خط شكسته**: أي المكسور، معربة عن الفارسية، حيث لا يرسم

الكاتب الحرف كاملاً ويرجع بواضع قواعده إلى الخطاط محمد شفيع الحسيني المشهور بشفيعا المتوفى عام ٩٩٩هـ (١٥٩٠م).

ـ **خط الطومار**: نسبة إلى الصحيفة الطويلة وهو على ثمانية أقسام.

ـ **الخط الكوفي**: ناشئ عن الخط السرياني، ومن أقدم الخطوط العربية، استعمل في كتابة القرآن الكريم لقرون عدة، وقد استعمله النبي محمد ﷺ في تدوين آيات القرآن الكريم عندما كان يسمى بالحيري.

ـ **الخط المدني**: نسبة إلى المدينة المنورة، وظهر في عهد الخلافة (١١ ـ ٤١هـ)، وأقدم وثيقة منه تعود إلى العام ٢٢هـ، ويستنتج المحقق انه من مولدات الخط الكوفي المسمى بالتحرير وبالدارج.

ـ **الخط المغربي**: نسبة إلى المغرب الإسلامي ويقال له الأفريقي، وهو مشتق من الخط الكوفي، ومن الخط المغربي اشتق: خط القيروان والأندلسي والتونسي والجزائري والفاسي والسوداني والسنغالي.

ـ **الخط المكّي**: نسبة إلى مكة المكرمة، وهو أول الخطوط العربية يليه المدني ثم البصري ثم الكوفي.

ـ **الخط النبطي**: نسبة إلى قبائل النبط البدوية العربية، تعلموه من مدينة حوران الشامية.

ـ **خط النستعليق**: نسبة إلى النسخ والتعليق، ازدهر في ايران في القرن الخامس عشر الميلادي وكذلك في تركيا.

ـ **خط النسخ**: نسبة إلى استنساخ المصاحف على صورته، وهو ناشئ عن الخط النبطي، وطوره السوريون، ولوضوح رسمه وبداعته وكتابة القرآن به سمي بالجليل والبديع والقرآني، وهو على ثمانية أقسام.

في الواقع، إن الخط هو فن وجمال، ورسم الحروف وتشكيل الكلمات يُمثل لوحة فنية تشرح الفؤاد وتسر النفس، وإذا كتبت الحكمة بخط جميل ناغت شغاف القلب سِراعاً، ولذلك وحتى يضع المحقق الشروحات أمام مقلتي القارئ ختمها بعبارة للإمام الحسين عليه السلام: (إن لم يكن لكم دين وكنتم لا تخافون المعاد فكونوا أحراراً في دنياكم)[1]، رسمت بالخطوط الشهيرة.

الكتاب وصناعة الورق

ويستقل الكتاب بمبحث عن «الورق وصناعته»، حيث يرجع تاريخ صناعته إلى العام ٥٣٢ قبل الهجرة (١٠٥م)، وانتقل إلى سمرقند في العام ٧٥١م، ومنها إلى طرابلس الغرب، وفي عهد دولة بني عمار (١٠٧٠ ـ ١١٠٩م) في لبنان كان هناك مصنع لصناعة الورق أحرقه الصليبيون، ثم انتقل من طرابلس إلى شمال أفريقيا حتى وصل إسبانيا في العام ١١٥٠م، ثم إلى أوروبا، ومن ثم إلى أميركا في العام ١٦٩٠م.

والورق على أنواع: الفرعوني نسبة إلى فرعون، والسليماني نسبة إلى سليمان بن راشد الذي تولى خراج خراسان في عهد هارون بن محمد العباسي (١٧٠ ـ ١٩٣هـ)، والجعفري نسبة إلى جعفر بن يحيى البرمكي (١٥٠ ـ ١٨٧هـ)، والطلحي نسبة إلى طلحة بن طاهر ثاني سلاطين الدولة الطاهرية في خراسان مطلع القرن الثالث الهجري، والطاهري نسبة إلى السلطان طاهر الثاني رابع سلاطين الدولة الطاهرية، والنوحي نسبة إلى نوح الساماني ثالث أمراء الدولة السامانية في بخارى في القرن الرابع الهجري،

(١) مقتل الحسين للمقرم: ٢٢٥.

والبغدادي نسبة إلى مدينة بغداد، والشامي نسبة إلى الشام، والحموي نسبة إلى مدينة حماه، والمصري نسبة إلى مصر، والسلطاني أو التيموري نسبة إلى سلاطين الدولة التيمورية (٨٠٧ ـ ٩٠٥هـ)، ولكل نوع حجمه، وهي على ستة قياسات، استقلت عالمياً في ثلاثة.

وفي مبحث مستقل، يتناول المؤلف موضوع الكتاب ومتعلقاته، فالكتاب من حيث المعنى هو الجمع وسمي الخط كتابة لجمع الحروف بعضها إلى بعض، وفي الاصطلاح فإن المعنى العام: «يطلق على كل ما خُط بالقلم وما شاكله» وفي المعنى الخاص: «يُطلق على المُصنّف والمؤلَّف»، والأخير هو مدار البحث، فيتعرض المؤلف إلى «حجم الكتاب» والقياسات المستحدثة القديمة والحديثة منها، ولكل قياس حجمه، يشار إليه باسم خاص، والأسماء هي: البغدادي، البياضي، التمائمي، الثُمن، الجيبي، الحمائلي، الخشتي، الربع، الرحلي، الرقعي، السلطاني، العِمّي، الكف، المعطفي، وأخيراً الوزيري الذي يتم تداوله اليوم بكثرة وهو قياس ١٧ في ٢٤ سم.

التأليف حياة الأمّة

ولأن الكتاب الذي بين أيدينا يختص بالمصنفات، كان من منهجية الدكتور الكرباسي، أن يتناول في مبحث مستقل، مسألة التأليف والتصنيف والكتابة، وما اشتهر بحق التأليف وحقوق الطبع من حيث العرف والشرع، والأمور المتعلقة بالكتابة.

فالتأليف من حيث اللغة هو: «الجمع بين الشيئين أو الأشياء بعد تفرقها، وفي الاصطلاح: «الجمع مع التنظيم أو التركيب مع الترتيب». أما التصنيف حيث كان القدامى يستخدمون كلمة الكتابة بدلاً من التأليف ثم استخدموا كلمة التصنيف، فهي تعني: «الشيء إذا جعله أصنافاً وميّز بعضه عن بعض»

وعند أهل الاختصاص: «الكتاب إذا ألّفه ورتّبه»، ويُستخدم التأليف والتصنيف ككلمتين مترادفتين، والتأليف أعم من التصنيف، على أن التصنيف فكرة قديمة جداً وفطرية، ويشار إلى أرسطو (Aristotle's) (٣٨٤ ـ ٣٢٢ ق.م) كأول مصنَّف للعلوم والمعارف حيث: «قسّم العلوم إلى نظرية وعملية وإنتاجية»، كما يشار إلى جابر بن حيان الكوفي (١٢٠ ـ ١٩٨هـ) بوصفه: «أول من صنَّف العلوم في الإسلام ووضع فيه كتابا».

ومن الطبيعي أن يكون للكاتب حق فيما كتب وألف وصنف، وهو الحق الذي شاع بعد شيوع الطباعة الحديثة، وقد نص القانون الفرنسي ولأول مرة في العام ١٧٩١م على حق التأليف، وفي العام ١٨٨٧م وُقِّعت في مدينة بيرن السويسرية معاهدة دولية للاعتراف بحق التأليف ولتبادل حقوق النشر، وفي العام ١٩٥٢ أقرّت ٤٥ دولة معاهدة عالمية لحقوق النشر.

ويرى الفقيه الكرباسي، إن: «حق التأليف وما شابهه، من الحقوق العرفية التي لا تتعارض مع الشرع، ناشئ عن بذل الجهد في التأليف أو الترجمة أو التحقيق أو الرسم أو ما شابه ذلك، ومن المعلوم أن العقل والشرع يقران ذلك الحق»، ومن الطبيعي أن هذا الحق عند طباعة الكتاب قابل لكل أشكال البيع والشراء أو الوقف أو الهبة، ولا يطبع الكتاب أو يعاد طبعه إلا بإذن صاحبه أو ضمن توافقات خاصة، وهذا الحق يتوارث، أما إذا أسقط الكاتب حقه فلا يجوز له أن يعود عن ذلك، ولا يجوز احتكار الكتاب إذا كان ضرورياً للناس.

وفي بحث فرعي يتناول المؤلف «الكتاب ومصطلحاته» ويشرح المفردات المتداولة في الكتاب، وهي: الاختزال، الاختصار، الإشراف، الإعداد، الاقتباس، الإنجاز، التحريف، التحقيق، الترجمة، التصحيح، التصحيف،

التعريب، التنقيح، القلم، المراجعة، المراقبة، المُستل، المنسّق، وأخيراً النقد، وهنا لابد من الإشارة بان: «أول مؤسسة تخصّصت بالتحقيق في لبنان كانت مؤسسة الوفاء للتأليف والتحقيق والترجمة، التي تأسست في آخر سنوات القرن الرابع عشر بشكل رسمي»، على يد المؤلف نفسه.

من المطبعة إلى المكتبة

رحلة الكتاب من المطبعة إلى المكتبة، يسجلها قلم المحقق الكرباسي، بخطوطها العامة، مقدما للقارئ رؤية عامة عن الطباعة وتاريخها، وعن تجليد الكتاب ونشره، وعن المكتبات وتاريخها وعن فن تنظيم المكتبات، وأهم المكتبات في العالم قديماً وحديثاً وما حلّ في بعضها من خراب. فطباعة الكتاب بدأت فكرتها عند الصينيين في القرن السادس الميلادي، وظهرت عندهم في العام ٩٣٢م، ثم طورت حروف الطباعة في كوريا، ثم طورها الألماني جوهانس جوتنبيرغ (GUTENBERG Johannes) (١٤٠٠ ـ ١٤٦٨م)، في العام ١٤٥٠م، وبعد أربعين عاماً دخلت المطبعة العربية استانبول، وفي القرن السابع عشر الميلادي دخلت المطبعة الوطن العربي والمتمثلة بمطبعة دير قزحيا اللبنانية، وفي العالم الإسلامي دخلت المطبعة الهند أولاً ثم ايران التي دخلتها في العام ١٦٣٦م المتمثلة بمطبعة جُلفا من توابع مدينة اصفهان، وفي العراق فأن مدينة كربلاء المقدسة شهدت أول مطبعة في العام ١٨٥٦ ثم تلتها الموصل.

ولما كان الكتاب مسايراً لنشأة البشرية، فإن المكتبات أو ما كان يسمى بخزائن الكتب أو بيت الكتابات نشأت مع الإنسان، وتطورت مع تطوره، وكانت بعضها أهلية وشخصية وأغلبها ملوكية، ومع مرور الزمن وتشعب العلوم وما تبعه من زيادة في التأليف إن كان على الفخار أو الخشب أو الجلد

أو الورق، ازدادت الحاجة إلى تنظيم المكتبات، وأصبح فناً مستقلاً، ولذلك يشار إلى أمين مكتبة بوسطن الاميركية ملفيل ديوي (Melvil Dewey) (١٨٥١ ـ ١٩٣١م) كأول خبير مكتبات ينشئ في العام ١٨٨٧م أول مدرسة لتدريب العاملين فن تنظيم المكتبة.

أما أهم المكتبات في العالم، فهي:

ـ مكتبة آشور بانيبال: أسسها الملك آشور بانيبال في القرن السابع قبل الميلاد، وكانت تحوي على ثلاثين ألف لوح من الطين مصنفة ومفهرسة.

ـ مكتبة الاسكندرية الكبرى: أنشاها بطليمس الأول (٣٦٠ ـ ٢٨٣ ق.م)، وكان فيها نحو ٤٠٠ ألف لفافة متنوعة ونحو ٩٠ ألف لفافة مفردة، أي لمصنف واحد ومؤلف واحد، وتعرضت للتخريب بعد أن دخلها عمرو بن العاص في العام ١٩ هجرية حيث امتثل لأمر الخلافة ووزع كتبها على الحمامات كمواقد لنيرانيها، ولكثرتها استغرقت العملية ستة اشهر!

ـ مكتبة البروكيوم: أسسها بطليمس الثاني (٢٨٣ ـ ٢٤٦ ق.م) في أحد أحياء الاسكندرية نسبة إلى المنطقة، وبلغ مجموع المؤلفات ٤٣ ألف كتاب من لفائف البردي، وفي العام ٤٨ ق.م تعرضت إلى حريق هائل فالتهمت النيران نحو ٤٠٠ ألف مجلد.

ـ مكتبة بيت الحكمة: أنشأها المأمون عبد الله بن هارون العباسي (١٩٨ ـ ٢١٨ه) في بغداد، وكانت نواتها الكتب التي ترجمت في عهد المنصور عبد الله بن محمد العباسي (١٣٦ ـ ١٥٨ه).

ـ مكتبة دار العلم الطرابلسية: أنشأها أمين الدولة العماري في طرابلس الغرب في العام ١٠٦٥م، جمع فيها ما يزيد على ١٠٠ ألف كتاب، وخلال حكم بني عمار بلغ عدد الكتب نحو ثلاثة ملايين كتاب، تعرضت للتخريب

على يد الصليبيين في العام ١١٠٩ وهو نهاية حكم أسرة بني عمار، حيث أحرقوها عن آخرها.

ـ **مكتبة دار العلم القاهرية**: تم فيها تجميع خزائن كتب الدولة الفاطمية في مدينة القاهرة التي أسسها الفاطميون في العام ٩٦٩م، وكانت مكتبة القصر لوحدها تضم ٦٠١ ألف كتاب، تعرضت للتخريب التام في العام ١١٦٣م عندما استولى يوسف التكريتي الشهير بصلاح الدين الأيوبي على القاهرة، وجعل جلود الكتب نعالا وأحذية للعبيد والإماء! واستمر في بيع محتوياتها لسنوات عشر، مما يشعرك بحجمها وضخامتها.

ـ **مكتبة دار العلم المراغية**: أسسها نصير الدين محمد بن محمد الطوسي (٥٩٧ ـ ٦٧٢هـ) في مدينة مراغة من بلاد آذربيجان، وتجاوز عدد كتبها ٤٠٠ ألف كتاب.

ـ **مكتبة الفاتيكان**: أنشأها البابا نيقولا الخامس (Pope Nicholas V) (٨٠٠ ـ ٨٥٩هـ = ١٣٩٧ ـ ١٤٥٥ م) في العام ٨٥١هـ (١٤٤٧م)، وتضم ٣٥٠ ألف مطبوع لاتيني و٢٠ ألف كتاب يوناني والآلاف من الكتب باللغات الشرقية.

ـ **مكتبة الكونغرس**: أُنشئت في مدينة واشنطن في العام ١٨٠٠م ويبلغ طول رفوف الكتب فيها ٢٨٠ كيلو مترا، تضم نحو ٩ ملايين كتاب.

ـ **مكتبة لينين**: أُسست في موسكو في العام ١٩٢٤م، ضمت في منتصف القرن العشرين نحو ١٤ مليون كتاب.

ـ **مكتبة المتحف البريطاني**: أُنشئت في العام ١٨٥٣م في العاصمة لندن، وكتبها بالملايين وبلغات كثيرة ومنها العربية.

ـ **مكتبة المداين**: أنشأها الفرس في العراق، وبعد فتح العراق، وتنفيذاً

لتعاليم سدة الخلافة رمى سعد بن أبي وقاص الزهري (ت ٥٥هـ) بكتبها في الماء وأحرق البقية.

ـ **مكتبة نيدور**: أُنشئت في جنوب العراق في بداية الألفية الثالثة قبل الميلاد، وهي أقدم مكتبة، ضمت نحو ثلاثين ألف وثيقة إدارية وأخرى في علوم مختلفة منقوشة على ألواح من الصلصال.

ـ **مكتبة نينوى**: أُنشئت في مدينة نينوى شمال شرق العراق في عهد الملك سرجون الثاني في مطلع القرن الثامن قبل الميلاد، كانت تضم ٢٥ ألف لوحة مسمارية.

ـ **مكتبة نيويورك العامة**: أُسست في نيويورك ولها في المدينة وحدها ٦٥ فرعاً، تحتوي خمسة ملايين مجلد.

ـ المكتبة الوطنية الفرنسية: أُنشئت في باريس، وتضم نحو ٦ ملايين كتاب.

في الواقع إن المكتبات خزين معرفي لا يعرف قيمتها إلا أهلها، ولذلك فلا عجب أن يكون في بريطانيا مثلاً مكتبات عدة في كل حي من أحياء لندن تابعة لمؤسسات الدولة، ولا تملك مدينة كربلاء مثلاً إلا مكتبة عامة واحدة فقط! في حين أن المدينة مقدسة يقطنها أكثر من ثمانمائة ألف إنسان ويؤمها الملايين كل عام لزيارة الإمام الحسين عليه السلام وأخيه العباس عليه السلام، وقس على ذلك باقي المدن العربية والإسلامية!

هذا المعجم

يشار إلى أنَّ فرز الكتب وتصنيفها، فن قديم مارسه المسلمون، بخاصة بعد أن ازدادت التأليفات، وأول من أفرز كتاباً خاصاً هو أحمد بن طيفور

البغدادي (٢٠٤ ـ ٢٨٠هـ) صاحب كتاب بلاغات النساء، ثم تبعه ابن النديم محمد بن إسحاق البغدادي (٢٩٧ ـ ٣٨٥هـ).

والمعجم الذي بين أيدينا عنى بالكتب المؤلفة في النهضة الحسينية خاصة أو أفرد كتاب ما فصلا عنها، أفرزها المحقق الكرباسي وتثبت من الكتب والمؤلفات والمصنفات التي كتبت في النهضة الحسينية ومن وحيها باعتماد جدول يضم اسم الكتاب والمؤلف واللغة والحجم وعدد الصفحات وعدد الأجزاء والطبعة وتاريخها والناشر وموضوعه ونبذة مختصرة عن الكتاب تضع القارئ في جو الكتاب، معتمداً في تنظيم المعجم على الحروف الهجائية. كما إن هناك معجمين أخريين مستقلين أحدهما يصنف للكتابات الحسينية المتفرقة في الكتاب الواحد، وآخر للمقالات والمحاضرات.

ويعتقد المصنف أن ما تجمع لديه من مؤلفات حول النهضة الحسينية رغم جهود مضنية وبحث في البلدان استغرق عقوداً عدة، يمثل نسبة النصف، بخاصة وان الكثير من المصنفات تعرضت للحرق أو الطمر بسبب ظلم السلطات، كما أبدى أسفه لأن عدداً غير قليل من المكتبات العامة والخاصة لم يبد أصحابها تعاونا مع دائرة المعارف الحسينية، مما يفضي من حيث يشعرون أو لا يشعرون إلى التعتيم على النهضة الحسينية والإحجام عن نشرها، وتعمية البشرية من الاستضاءة بنور الإمام الحسين عليه السلام.

وضمّ هذا المعجم ١٦٥ كتاباً يبدأ بحرف الهمزة وينتهي بحرف الألف ثاء. وهو يحمل الرقم التسلسلي (٢٦٤) من ٢٩ جزءاً من سلسلة دائرة المعارف الحسينية في ٦٠٠ مجلد، والتي صدر منها حاليا ٣٤ مجلداً.

وأخيراً

كما هو دأبه أنهى المحقق الكرباسي الكتاب بمجموعة فهارس كاشفة، يطالع القارئ من خلالها: فهرس الأعلام والشخصيات، القبائل والأنساب

والجماعات، الأشعار والأوزان، التأريخ، اللغة، الآيات المباركة، الأحاديث والأخبار، مصطلحات الشريعة، المصطلحات العلمية والفنية، الطوائف والملل، الوظائف والرتب، الآلات والأدوات، الإنسان ومتعلقاته، الحيوان ومتعلقاته، النبات ومستحضراته، الفضاء ومتعلقاته، الأرض ومتعلقاتها، المـعـادن، الأمـاكن والبقـاع، الزمـان، الـوقائع والأحداث، المـؤلفـات والمصنفات، المخطوطات والمصورات، الخزائن والمكتبات، موضوعات المصنفات، مؤسسات النشر والمطابع، اللغات، المؤلفون للكتب الحسينية، تاريخ الطباعة، أحجام الكتب، المصادر والمراجع، مؤلفو المراجع.

ولرغبته التامة في إشراك أعلام المدارس الفكرية والدينية غير الإسلامية في إبداء وجهات نظرهم في النهضة الحسينية بعامة وبأجزاء الموسوعة بخاصة، ضم نهاية المعجم قراءة نقدية باللغة الأردوية بقلم الدكتور رام روشن جيكمار وهو هندوسي باتستاني، قال فيها: «أنا لست بمسلم، ولكني في الوقت نفسه مسلم، أنا مسلم للحسين، مسلم للإمام العظيم الذي أنار طريق الإنسانية وأرشدنا الطريق الذي يوصلنا إلى منازل الحرية» وأضاف الدكتور جيكمار: «لقد بذل المؤلف أقصى جهده في معجم المصنفات الحسينية»، ولأن شخصية الموسوعة كونية، أقترح: «بأن تترجم جميع أجزاء الموسوعة إلى اللغة الأوردية، كي يستفيد منها كل من ينطق باللغة الأوردية في العالم». وهو إقتراح بنّاء لا اعتقد أن إمكانية المؤلف المادية قادرة على تلبيته بعد أن تعثرت طباعة المجلدات العربية نفسها.

السبت ١٧/ ٣/ ٢٠٠٧م
٢٨/ ٢/ ١٤٢٨هـ

البروفيسور نويل بن كيونتون وليام كنغ
(Noel Quinton William King)

* ولد عام ١٣٤١هـ (١٩٢٢/١٢/٢٢م) في مدينة تاكسيلا الباكستانية ومات في مدينة كورالتوس (Corralitos) بكاليفورنيا في الولايات المتحدة عام ١٤٣٠هـ (٢٠٠٩/٢/١م).

* حصل على البكالوريوس في التاريخ واللاهوت من جامعة أوكسفورد (Oxford University) في بريطانيا عام ١٣٦٧هـ (١٩٤٨م).

* حصل على الماجستير في التاريخ من جامعة أوكسفورد في بريطانيا عام ١٣٦٨هـ (١٩٤٩م).

* حصل على درجة الدكتوراه في التاريخ البيزنطي واللاهوت الكنسي من جامعة نوتينغهام (University of Nottingham) في بريطانيا عام ١٣٧٤هـ (١٩٥٤م).

* أستاذ محاضر في جامعة نوتينغهام في الفترة ١٣٧٠ ـ ١٣٧٤هـ (١٩٥١ ـ ١٩٥٥م).

* أستاذ محاضر في جامعة غانا (University of Ghana) في أكرا (Accra) العاصمة للفترة ١٣٧٥ ـ ١٣٨٢هـ (١٩٥٥ ـ ١٩٦٢م).

* أستاذ محاضر باللاهوت ومقارنة الأديان في جامعة ماكريري (Makerere University) في أوغندا للفترة ١٣٨٣ ـ ١٣٨٨هـ (١٩٦٣ ـ ١٩٦٨م).

* مدير قسم ونائب رئيس جامعة ماكريري للعام ١٣٨٧هـ (١٩٦٧م).

* عميد كلية الفنون في جامعة ماكريري للفترة ١٣٨٦ ـ ١٣٨٨هـ (١٩٦٦ ـ ١٩٦٨م).

* عمل أستاذاً زائراً في قسم دراسة الأديان بجامعة بابوا (University of Papua) في غينيا الجديدة في المحيط الهادي، للفترة ١٣٩٤ ـ ١٣٩٨هـ (١٩٧٤ ـ ١٩٧٨م).

* عمل أستاذاً زائراً في قسم الدين المقارن في جامعة البنجاب (Punjabi University) في مدينة باتيالا الهندية للعام ١٤٠١ ـ ١٤٠٢هـ (١٩٨١ ـ ١٩٨٢م).

* عمل في قسم كتاب السيخ المقدس (The Guru Granth Sahib) في جامعة البنجاب ـ باتيالا للعام ١٤١٢ ـ ١٤١٣هـ (١٩٩٢ ـ ١٩٩٣م).

* ارتبط كأستاذ محاضر في جامعة كاليفورنيا (University of California) في سانتا كروز (Santa Cruz) في قسم التاريخ والدين المقارن من عام (١٩٦٨م) حتى تقاعده في العام (١٩٩١م).

* وتكريما له أقيمت له محاضرة سنوية باسمه في جامعة كاليفورنيا منذ العام ١٤١٢هـ (١٩٩٢م) لتكريم المدرسين والعلماء الموهوبين.

* ومنذ تقاعده حتى وفاته ظل أستاذاً فخرياً في التاريخ والدين المقارن في جامعة كاليفورنيا.

* ترك الأديب والمؤرخ والقديس السيخي في آن واحد، مؤلفات عدة كتبها بمفرده أو مشتركاً، منها:

ـ الأديان في أفريقيا.. الحج نحو الأديان التقليدية (Religions of Africa: a pilgrimage into traditional religions).

ـ المسيحيون والمسلمون في أفريقيا (Christian and Muslim in Africa).

ـ قصائد في رحيل النبي محمد (A poem concerning the death of the prophet Muhammad) بالإشتراك مع آخرين.

(معجم الشعراء الناظمين في الحسين ـ الجزء الأول) أنبل وأسمى الإنجازات الإسلامية

في الوقت الذي تقدم لنا وسائل الإعلام الغربي الأخبار الباعثة على اليأس والقنوط، والتي تصور تدني المسعى البشري إلى حدود مبتذلة ومزعجة، يبدو حسنا الإحاطة علماً بأنباء مغامرة كهذه.

على مدى قرون متطاولة، تطورت طريقة عيش وتفكير الشيعة وتوفر وصف معين عنهما، لكن نادراً ما عُرف أي شيء عن ذلك في الغرب.

إن الوقائع والإنجازات الفكرية التي نتجت من التراث الحسيني تعود إلى الأصول المبكّرة والبدايات الأولى للخليقة وتمتد إلى الأبد. ولقد تركت آثارها على كل شيء بشكل عام، بيد أنه يكاد لا يُعرف شيء في الغرب فيما يتعلق بهذا التراث وأهميته، كما أن القليل من إنجازات الغرب في المجالات العلمية والتكنولوجية والأدبية وأي من الفنون الجميلة بأعلى مستوياتها المأخوذة بالحسبان في الفكر الغربي، مستوحى من آل النبي الكريم. ووفقاً لذلك، يمكننا القول على أقل تقدير: إن الموسوعة الحسينية «دائرة المعارف الحسينية» يمكنها أن تجمع بعض هذا الكنز وتجعله معروفا لدينا.

إنها ستكون خدمة للعالم بأجمعه التزاما بالدور الذي خصّ الله به الغربيين في هذه الحقبة من الزمن ولكن بصرف النظر عن حاجتنا الهائلة لهذه المادة

في الوقت الحاضر والناتجة عن التجاهل الغربي المقرون ـ لسوء الحظ ـ بقدر لا يستهان به من القوة، فإن الموسوعة الحسينية سوف تعزّز قطاعاً واسعاً من المعرفة الإنسانية بانضمامها إليها، وستدفعها قُدما إلى الخطوات اللاحقة، التي ستبعث فينا الثقة بأن الله غرس فينا ما يمكّننا من الاستمرار لنجد طريقنا نحو الحقيقة وفهم حكمة الله في العالم، على الرغم من كل المصاعب.

وفوق كل ذلك، ستحمل الموسوعة الحسينية أنبل وأسمى الإنجازات الإنسانية وستواصل بحثها ورقيّها من أجل الكون والحياة والإنسان.

نويل كيو كينغ
Noel Q. King
بروفيسور فخري في التاريخ والأديان المقارنة
جامعة كاليفورنيا في سانتا كروز
ونائب سابق لعميد كلية جامعة ماكيري
٢/١١/١٩٩٨م

إسهامات الشعراء
في بناء الحضارة الإنسانية

كانت القبيلة في الجاهلية تفرح وتقيم الليالي الملاح وتفرش الموائد ويرتفع دخان مواقدها إذا نبغ فيها شاعر أو ولد لهم ذكر، وتقام مجالس التهنئة لفرس تنتج، فالشاعر دلالة على القوة الإعلامية التي ستبلغ بها القبيلة الآفاق، والذكر دلالة على القوة البشرية في المجالات كافة وبخاصة عند ساحات الوغى، والفرس المنتجة دلالة على القوة العسكرية إن حمل معنى «تنتج» على الفرس الولود أو الفرس السريعة في الميدان، وكلما ازدادت جياد القبيلة زادتها هيبة وقوة وأدخلت الرعب في قلوب الآخر. وقد أصدقنا القران المجيد الوصف في بيان حالة الفرح والجذلان عند ولادة الذكر من خلال بيان حالة القبيلة التي يولد عندها أنثى، فالأب يشعر بالعار والشنار، ما يحمله على قتل ابنته ووأدها في قبرها صبرا، قال تعالى في سورة النحل: ٥٨ ـ ٥٩: ﴿وَإِذَا بُشِّرَ أَحَدُهُم بِٱلۡأُنثَىٰ ظَلَّ وَجۡهُهُۥ مُسۡوَدّٗا وَهُوَ كَظِيمٞ ۞ يَتَوَٰرَىٰ مِنَ ٱلۡقَوۡمِ مِن سُوٓءِ مَا بُشِّرَ بِهِۦٓۚ أَيُمۡسِكُهُۥ عَلَىٰ هُونٍ أَمۡ يَدُسُّهُۥ فِي ٱلتُّرَابِۗ أَلَا سَآءَ مَا يَحۡكُمُونَ﴾.

وربما يكون الشاعر أبو الطيب المتنبي أحمد بن الحسين (ت ٣٥٤هـ) قد جمع مثلث «الشاعر والولد والفرس المنتج» في ميميته الشهيرة في قوله من بحر البسيط:

الخيل والليل والبيداء تعرفني   والسيف والرمح والقرطاس والقلم

ومن معالم اشتهار حاتم بن عبد الله الطائي (ت ٤٦ ق.هـ) بكرمه أن ضيفاً حل عليه ولم يجد ما يضيفه إلا أنْ بقر جواده وأولمه لضيفه، فلما كان الجواد أحد أضلاع مثلث قوة القبيلة، فإن وضعه على مائدة الضيف قمة الجود والكرم.

ومن قوة الشعر أن العرب كانت تفضله على النثر، وبالتالي تفضيل الشاعر المجيد على المتكلم المفوه، وهذه الملاحظة يسجلها الجاحظ عمرو بن بحر (ت ٢٥٥هـ) في البيان والتبيين: ١/ ٤٥، بقوله: «كان الشاعر في الجاهلية يقدّم على الخطيب لفرط حاجتهم إلى الشعر الذي يقيّد عليهم مآثرهم ويُفخّم شأنهم ويهوّل على عدوهم ومن غزاهم، ويُهيِّب من فرسانهم ويُخوف من كثرة عددهم فيهابهم شاعر غيرهم ويراقب شاعرهم». ويذهب المحقق الكرباسي إلى أنَّ جد الرسول محمد ﷺ السابع عشر مضر بن نزار بن معد بن عدنان: «يحتفظ بوسام السبق في نظم الشعر العربي فهو أبو الشعراء العرب إن لم يكن الأب المطلق للشعر والشعراء».

وهذا المثلث لا زال يحتفظ بقوته إلى يومنا هذا وبخاصة لدى العشائر في القرى والأرياف، لكن ضلع الشاعرية يعتبر قوة في الحضر والمدينة، وهو محل تبجيل العشيرة وتكريمها، وفوق كل هذا وذاك فهو محط أنظار البلد الذي يعيش فيه، تفتخر به ويفتخر بها، وتسابق به الأمة المتحضرة الأمم الأخرى، لأنَّ الشاعر المجيد لسان حال الأمة والبلد.

ولما كانت دائرة المعارف الحسينية المهتمة بحفظ تراث النهضة الحسينية، في واحد من أقسامها متابعة ما نظم في واقعة كربلاء منذ القرن الأول الهجري وحتى يومنا هذا، كان من البداهة ان يصار إلى بيان سيرة الشعراء

أنفسهم، ولهذا جاء كتاب «معجم الشعراء» في جزئه الأول بوصفة باكورة باب الناظمين في الحسين عليه السلام بالعربية الفصحى، عمد مؤلفه الدكتور الشيخ محمد صادق الكرباسي إلى ترجمة الشاعر وبيان طبقته بين الشعراء ومتابعة نتاجاته الأدبية، والاستشهاد بنماذج من شعره من غير المنظوم في الإمام الحسين عليه السلام حيث ترك بيان ذلك إلى دواوين القرون، بحيث يخرج المتابع من قراءة الشاعر بحصيلة جيدة لاسيما وان المحقق الكرباسي في المعجم الصادر عن المركز الحسيني للدراسات في لندن في ٥٦٢ صفحة من القطع الوزيري، أعمل جهده في تقصي سير الشعراء الناظمين في الإمام الحسين عليه السلام بالعربية الفصحى من خلال المباشرة بالسؤال عن الشاعر المتوفى من أبنائه أو أحفاده أو مؤرخي مدينته، صارفاً في ذلك الجهد والمال، كما اعتمد في توثيق سير الأحياء منهم من الشعراء أنفسهم، بحيث يكون التوثيق لا لبس فيه، فضلاً عن الرجوع إلى أمّات المصادر والمراجع والمعاجم والتراجم.

القوافي الباترة

مهد المعجم بمقدمة أوضحت دور الشعراء في نصرة الحق والحقيقة، ولا أجلى من قضية عادلة مثل قضية الإمام الحسين عليه السلام الذي خرج لطلب الإصلاح في الأمة الإسلامية بعد أنْ تحول فيها الحكم إلى ملك عضوض، من هنا: «فالشاعر المهدف سيظل اسمه خالداً مع أنصار الحسين عليه السلام الذين بذلوا مهجهم دونه ودون أهدافه السامية حيث إنَّ النصرة هي نصرة الأهداف، ولا تنحصر بالنزول إلى ساحة الوغى بل هي من أبرز مصاديقها وأشرف أنواعها»، ولذلك يصدق الشاعر مهيار بن مرزويه الديلمي (ت ٤٢٨هـ) بقوله من المتقارب:

وما فاتني نصركم باللسان　　إذا فاتني نصركم باليد

أو قول الشريف المرتضى علي بن الحسين (ت ٤٣٦هـ) من الخفيف:

لست أرضى في نصركم وقد احتج　　تم إلى النصر مني الأشعارا

غير أني متى نصرتم بطعن　　أو بضرب أسابق النصّارا

أو قول الموفق بن أحمد الخوارزمي (ت ٥٦٨هـ) وهو من أعلام الحنفية وخطبائها، من الوافر:

وإنَّ موفقاً إنْ لم يقاتل　　أمامك يا بن فاطمة البتول

فسوف يصوغ فيك مجرات　　تنقل في الحزون وفي السهول

أو قول المعتزلي ابن أبي الحديد عبد الحميد بن هبة الله (ت ٦٥٥هـ) من الطويل:

ويا حسرتا إذ لم أكن في أوائلٍ　　من الناس يُتلى فضلُهم في الأواخر

فأنصُرَ قوماً إنْ يكن فات نصرُهم　　لدى الرَّوع خطّاري فما فات خاطري

وهذه النصرة في نظم القوافي وإظهار معالم النهضة الحسينية ضد الاستبداد والمستبد يفسر حجم الاضطهاد الذي عانى منه الشعراء تحت لهيب الحكومات الظالمة، ويعلل: «السبب من وراء اغتيال الشعر الحسيني بل شعر مدرسة أهل البيت عليهم السلام بشكل عام من كتب التاريخ والتراث والأدب والسيرة، وإبعاده من نوادي أدب ومجالس الشعر، فكلما كان الشاعر جاداً في نشر تلك الأهداف الحسينية بل المحمدية كانت معاناته أدهى وأعظم، وكلما كان الشعر بديعاً فتح طريقه إلى القلوب والأذهان كان اغتياله أسرع وأشد».

حلبة الشعر

ويبحث المصنف تحت عنوان «طبقات الشعراء» في تأليف المعاجم

وتصنيفها، ويستظهر من مجمل نصوص تاريخية: «انه في القرن الثاني الهجري كانت ولادة هذا النوع من التدوين بالنسبة للشعراء، ولعل أول كتاب حمل هذا الاسم هو كتاب طبقات الشعراء لمحمد بن سلام الجمحي المتوفى عام ٢٣١هـ والذي يحوي على طبقات الشعراء الجاهليين وطبقات الشعراء الإسلاميين، ثم تلاه كتاب طبقات الشعراء للحسن بن عثمان الزيادي المتوفى عام ٢٤٣هـ وآخر لدعبل بن علي الخزاعي (ت ٢٤٦هـ) بالاسم ذاته والذي ألفه عام ٢٤٦هـ». كما يرى المؤلف أنَّ تشخيص قوة الشعر والشاعر وطبقته في الشعراء يتأتى من خلال تقصي كل الشعراء المميزين والاطلاع على جميع أعمالهم وسائر أغراضهم حتى يمكن الحكم عليهم وإظهار المفلّق منهم، على أنَّ: «الأفضل فصل الأغراض بعضها عن بعض وموازنة أعمال الشعراء في مجال تلك الأغراض وعليه تحدد طبقة الشاعر في ذلك الغرض دون غيره، وربما كان هذا هو الأقرب إلى الحقيقة». وأبان الإمام علي عليه السلام عن شرطين لمعرفة الشاعر المتميز وطبقته في الشعراء، وهو أنْ يحيط الحَكم بجميع الشعراء وشعرهم في مكان وزمان واحد، أو ان يكون النظم حراً غير خاضع لحدي سيف الرغبة والرهبة، يقول أمير الأدباء وسيد الكلام علي بن أبي طالب عليه السلام: «لو أنَّ الشعراء المتقدمين ضمّهم زمان واحد ونصبت لهم رايةٌ فجَروا معاً علمنا مَن السابق منهم، وإن لم يكن فالذي لم يقل لرغبة ولا رهبة..»[1]، ولهذا فإنه عليه السلام عندما يُسأل عن أشعر العرب يشير إلى امرئ القيس بن حجر الكندي (ت ٥٤٠م)، ويسوق الكلام السابق ويضيف: «فقيل: ومن هو؟ فقال: الكندي، قيل: ولم؟ قال: لأنني رأيته أحسنهم نادرة، وأسبقهم بادرة»[2]، وشهادته هذه عن دراية، لأنه يقرر في الوقت

---

(١) العمدة لابن رشيق: ١/ ١١١.
(٢) العمدة لابن رشيق: ١/ ٤١.

نفسه كما في شرح نهج البلاغة لمحمد عبده: ٤/ ٧٦٥ حكمة ٤٤٩، عندما سئل عن أشعر الشعراء: «إنَّ القوم لم يَجروا في حَلبة تُعرف الغاية عند قَصَبَتها ـ الحلبة ـ فإنْ كانَ ولابد فالملك الضليل»، قال الشريف الرضي محمد بن الحسين (ت ٤٠٦هـ) يريد امرأ القيس.

وهذا المعنى يشير إليه العالم الألماني أستاذ الدراسات السامية وتاريخ التراث العربي البروفيسور كارل بروكلمان (Carl Brockelmann) (١٨٦٦ ـ ١٩٥٦م) في تاريخ الأدب العربي: ١/ ٤٦، بقوله: «كان النقاد يتخذون لتفضيل شاعر على آخر مقاييس مختلفة: منهم من قدم الشاعر لتقدمه في الزمن، ومنهم من يقدم الشاعر لجودة معناه، أو لحسن لفظه، ومنهم من قدم الشاعر لهوى أو عصبية.. ومن النقاد من يختار الشعر ويقدم صاحبه على خفة الروي أو على غرابة المعنى أو نيل قائلة أو على ندرته لأن صاحبه لم يقل غيره، وعلى سوى ذلك». من هنا فإن الشاعر يخلد بشعره المجيد وإنْ قل، ولو ببيت واحد، وهذه الحقيقة يسجلها دعبل الخزاعي في قوله من الطويل:

سأقضي ببيت يحمدُ الناسُ أمره ... ويكثر من أهل الروايات حامله

يموت رديء الشعر من قبل أهله ... وجيّده يبقى وإن مات قائله

ويفرد المؤلف مبحثاً في بيان الفرق بين «الناظم والشاعر»، بلحاظ: «إن الشعر في مصطلح الأدباء المعتدلين ما حرّك الشعور الإنساني بل مطلق الشعور مع مراعاة الوزن والقافية اللتين هما من لوازم ذلك، وأما إذا التزم بالوزن والقافية فقط فهو النظم»، ولذلك فكل شاعر ناظم وقلما يكون العكس صحيحاً، واشتهر عن الجاحظ رجزه:

الشعر صعب وطويل سلمه ... إذا ارتقى فيه الذي لا يعلمه

زلت به إلى الحضيض قدمه   يريد أن يعربه فيعجمه

ثم يعرج المؤلف على بيان معنى «الترجمة» في مجال المعاجم، والذي يعني التوضيح والتفسير، وذكر سيرة الرجل وأخلاقه ونسبه، فضلاً عن بيان نتاجات المترجَم، علىٰ أنَّ المعجم هو إزالة العجمة والإبهام، وفي باب معجم الشعراء هو بيان سيرة الشاعر وإظهار نتاجاته الأدبية وطبقته في شعراء عصره وقبل وبعد. وعمد الدكتور الكرباسي في «معجم الشعراء» إلى ذكر سيرة وحياة الأحياء من الشعراء، مع اعترافه بأنَّ هذه المهمة شاقة لأنَّ رضى الناس غاية لا تدرك، ناهيك عن الظروف السياسية والأمنية والاجتماعية المحيطة بالشاعر، ولكن المؤلف وضع نصب عينيه عند الترجمة: تكريم الشاعر في حياته، وثبت المعلومة والتثبت منها، وأخذ المعلومة من منابعها لترتفع نسبة وثاقتها. على أنَّ المؤلف في الوقت نفسه نأى بنفسه عن ذكر سلبيات الشاعر الشخصية والاقتصار على الجانب الايجابي في مجال الأدب، وابتعد عن استخدام أدوات المدح أو الذم عند التعريف بالشاعر من ألقاب وصفات ترفع به إلى زحل أو تحط به إلى وحل.

ولأن قافلة الشعراء الناظمين في الإمام الحسين من الشعر القريض طويلة جداً، فإن الجزء الأول استوعب الشعراء والشاعرات من حرف الألف والألف باء فقط في ٤٤ ترجمة مع وضع اثني عشر شاعراً في حرف الألف قيد الدرس والبحث.

المرأة الشاعرة

يفتتح المعجم بالشاعرة المعاصرة آمال عبد القادر الزهاوي المولودة في بغداد في العام ١٣٦٥هـ (١٩٤٦م)، التي نظمت الشعر منذ نعومة أظفارها، لنشوئها في أسرة علم وأدب، فجدها الشيخ محمد فيضي بن الملا أحمد

بابان كان إلى جانب شاعريته مفتي بغداد والمتوفى سنة ١٣٠٨هـ، واشتهر من أسرتها الشاعر جميل صدقي الزهاوي (ت ١٩٣٦م) والشاعر والصحافي إبراهيم أدهم الزهاوي (ت ١٣٨٢هـ)، وغيرهم.

وهي إلى جانب الشعر كاتبة وصحافية، لكنها: «تحولت إلى الشعر الحر وقد تأثرت بكلمات جبران خليل جبران (ت ١٣٥٠هـ) وجبرا إبراهيم جبرا (ت ١٩٩٤م) بدأت بالشعر القومي، ثم استخدمت الأساطير الإغريقية، ثم تحولت إلى أساطير شرقية وعربية، وكتبت مجموعة قصائد هي مراثٍ سياسية للمرحلة كما كتبت قصائد تأملية صوفية وقصيدة تصويرية».

ومن الشاعرات الراحلات آمنة بنت الشيخ الوحيد البهبهاني محمد باقر الحائرية (ت ١٨٢٧م) المولودة في كربلاء في العام ١٧٤٧م، وهي والدة السيد محمد الطباطبائي المشهور بالمجاهد لقيادته جيش المسلمين في إيران ضد القياصرة الغزاة ودفعهم عن الحدود الإيرانية، ومات في قزوين في العام ١٢٤٢هـ في طريق العودة من المعركة، ونقل جثمانه إلى كربلاء المقدسة، وكانت له وللمترجم لها مزار وقبة عند مدخل سوق التجار الكبير في مدينة كربلاء المقدسة ولكنه أزيل بصورة مشينة في العام ١٩٧٩م على عهد مدير بلدية كربلاء عباس بن أحمد العامري (١٩٧٧ ـ ١٩٨٠م) تحت زعم توسعة شارع ما بين الحرمين حيث أضاع الهدم الكثير من المعالم الأثرية والتاريخية للمدينة، وقد قاد العامري بنفسه وتحت جنح الظلام عملية إزالة مقبرة العائلة الطباطبائية وبقيت عظام الشاعرة ونجلها مرمية على الأرض لثلاثة أيام، وكلما طلب وجهاء المدينة من العامري نقل الرفات إلى مكان لائق بأصحابها كان يسخر منهم، وتحت ضغط شديد ولامتصاص نقمة الناس، تم نقل بقايا الرفاة إلى مقبرة المدينة بعد أن رفع النظام فوق أنقاض المقبرة لافتة كبيرة

بقيت لأيام طوال فيها إشارة إلى مكرمة حكومة بغداد إلى أهالي كربلاء وأسرة الطباطبائي في نقل بقايا العظام!، وقد وقفت على الحدث بنفسي.

اللُغوي الشاعر

وأول من يواجهك من شعراء النهضة الحسينية من الرجال هو المحقق والعلامة اللغوي الأديب العراقي إبراهيم بن أحمد السامرائي (١٩٢٣ - ٢٠٠١م)، الذي يعد من المحققين وعلماء اللغة القلائل، ومن شعره المتقدم قصيدة من المتقارب يحاكي فيها بغداد، نظمها في العهد الملكي في العام ١٩٥٢م بعد وثبة الطلبة والعمال ضد الوصي عبد الإله بن علي الهاشمي المتوفى سنة ١٩٥٨ م، يقول في مطلعها:

تَحِنّ ويصبيك تذكارها ... ربوع تهزّك أخبارها

تمر بقلبك لفح الهجير ... حراراً يؤجج سعارها

إلى أنْ يقول:

أبغداد إني غريب بأر ... ض تباعد أقطارها

ليوجعني إن لفح السعير ... وقود اللظى فيه أزهارها

حديث الغربة

تتنوع الأغراض الشعرية، ويشتهر شاعر بغرض دون آخر، ولكن الشعراء وعلى مر التاريخ كتبوا عن الغربة والهجرة ووجعهما، وما تخلو سيرة شاعر من غربة وتغرب وحنين إلى أول موطن، ويكثر شعر الغربة في هذا المعجم، فالشاعر اللبناني إبراهيم بن محمد حسن حاوي العاملي المولود في العام ١٩١٢م المتغرب في أفريقيا، يكتب عن الغربة من الوافر وهو في السنغال في العام ١٩٦٢م:

أقـض بـمـضـجـعـي ونـفـى رقـادي   حـديـث لـلـتـغـرب عـن بـلادي

فـقـمـت أشـد لـلـتـرحـال عـزمـاً   بـعـيـد الـقـصـد فـي نـيـل الـمـراد

ثم يقول:

ولـي وطـن يـعـاودنـي هـواه   ويـكـثـر مـن تـذكـره سـهـادي

اتـخـذت هـدى أمـانـيـه سـبـيـلاً   لـكـشـف مـلـمـة ولـدفـع عـادي

أو قول الشاعر العراقي إبراهيم بن محمد الوائلي (١٩١٤ ـ ١٩٨٨م) في قصيدة نظمها في القاهرة في العام ١٩٤٨م، يحن إلى بلده يقول في أولها من بحر الكامل:

بـغـداد إن طـال الـفـراق وشـفّـنـي   ظـمـأ فـحـسب تـعـلـتـي ذكـراك

أنـا إن بـعـدت فـلـي خـيـال هـائـم   عـبـر الـفـضـاء يـطـوف فـي مـغـنـاك

ثم يضيف:

بـغـداد والألـم الـدفـيـن يـهـزنـي   فـإذا شـكـوت فـلـسـت أول شـاكـي

لـي مـثـل مـا لـلـشـاعـريـن مـعـتـب   لـو تـسـتـجـيـب لـعـاتـب أذنـاك

أتـبـيـت دنـيـاك الـضـحـوك مـدلـةً   وعـلـى مـآسـيـهـا تـبـيـت قـراك

أو قول الشاعر اللبناني إبراهيم بن يحيى الطيبي (١٧٤١ ـ ١٧٩٩م) الذي تقاسمت المدن العربية شخصه هربا من الوالي العثماني الجزار أحمد باشا البوشناقي (ت ١٨٠٤م) فتنقل بين مدن الشام ثم حل العراق وتركه إلى إيران، ثم عاد واستقر في دمشق وفيها مات، يقول في قصيدة من الطويل وهو في طريق الهجرة بعد مقتل أمير أمراء جبل عامل الشيخ ناصيف بن نصار العاملي على يد المملوك البوسني أحمد باشا الجزار في العام ١١٩٥هـ:

غـريـب يـمـد الـطـرف نـحـو بـلاده   فـيـرجـع بـالـحـرمـان وهـو هـمـول

إذا ذكـر الأوطـان فـاضـت دمـوعـه   كـمـا اسـتـبـقـت يـوم الـرهـان خـيـول

وإن ذكر الأحباب حنّ إليهم كما حنّ من بعد الفطام فصيل
هم الأهل لا برق المودة خلب لديهم ولا ربع الوداد محيل

من كل قطر شاعر

ولما كان الإمام الحسين عليه السلام كجده محمد صلى الله عليه وآله وسلم أسوة وقدوة ورحمة للعالمين، فإنه لا يخلو قطر من شاعر أو شاعرة نظما في الإمام الحسين عليه السلام، وهذه بقية من وردت تراجمهم.

* العالمة آمنة بنت محمد علي الحائرية (١٧٨٧ ـ ١٨٥٢م) المولودة في قزوين، والتي بلغت درجة الاجتهاد على علماء كربلاء المقدسة حيث أمر زوجها العالم الشيخ محمد صالح البرغاني، النساء الرجوع إليها في الفتيا وأحكام الدين، وكانت إلى جانب حلقات الدرس في الفقه والأصول تنظم الشعر باللغتين العربية والفارسية ولها ملحمة شعرية من ٤٨٠ بيتاً في النهضة الحسينية.

* إبراهيم بن أحمد الحضراني، اليمني، المولود في مدينة عنس في العام ١٩٢٠م، وهو إلى جانب الأدب درس الفقه، وعمل في السياسة، يقول في احد قصائده من الخفيف:

يا حبيبي وفي الضلوع رماد من بقايا أيامنا عبّاقُ
ضعه فوق الجراح ضعه ولو طر فة عين فإنه ترياقُ
هذه لحظة هي الدهر لا ما ضٍ تولّى ولا غدٍ سيُطاقُ

* إبراهيم بن حسن التوبلي، البحريني، المولود في مدينة توبل في القرن ١٩ والمتوفى في القرن ٢٠، وهو إلى جانب أدبه فقيه وعالم.

* إبراهيم بن حسن قفطان (١٧٨٥ ـ ١٨٦٢م)، العراقي، المولود في ناحية الحِسعة، عالم أصولي وأديب وكاتب، وله مراجعات ومطارحات مع

شعراء عصره كالشاعر الموصلي عبد الباقي بن سليمان العمري (١٢٠٤ ـ ١٢٧٩هـ)، ومن شعر القفطان من الرمل:

يـا فـتـاة الـحـي هـل مـن لـفـتـة	بـوصـال أو خـيـال لـفـتـاك
تـحـمـلـيـن الـعـذر فـي الـهـجـر لـه	وهـو لا يـصـغـي إلـى غـيـر لـقـاك

* إبراهيم بن حسن النقشبندي (ت ١٥٠٩م) الإيراني، الشبستري المولد، له منظومتان واحدة في النحو وأخرى في المنطق، وقد أسموه «سيبويه الثاني».

* إبراهيم بن حسون آل ياس الزبيدي (١٩١٥ ـ ١٩٨٢م)، العراقي، الطويرجاوي المولد، شاعر ومدرس في الثانويات العراقية.

* إبراهيم بن حسين بحر العلوم (١٨٣٢ ـ ١٩٠١م)، العراقي، النجفي المولد، برع في العلوم الأدبية ونظم الشعر وهو في العشرين من عمره.

* إبراهيم بن حسين العلوي (١٩٢٣ ـ ١٩٦٢م)، العراقي، الكربلائي المولد، شاعر وكاتب، عمل في دوائر المالية والتربية.

* إبراهيم بن الحصين الأسدي (ت ٦١هـ) وهو ممن استشهد في واقعة الطف تحت لواء الإمام الحسين بن علي عليه‌السلام.

* إبراهيم بن حيدر فران (١٩٢٠ ـ ١٩٨٣م)، اللبناني، النبطي المولد، الذي قادته سفن الهجرة إلى ساحل العاج ثم الغابون وفيها مات.

* إبراهيم بن صادق العاملي (١٨٠٦ ـ ١٨٦٧م)، اللبناني، الطيبي المولد، وهو إلى جانب الشعر فقيه وأصولي صاحب منظومة فقهية من ١٥٠٠ بيت، وهو القائل عن بغداد من الكامل:

قلبي يحن إلى العراق ولم أكن	لا من رصافته ولا من كـرخـه
لـكـنَّ فـي بـغـداد لـي مـن قـربـه	أشهى إلـي مـن الـشـبـاب وشرخه

* إبراهيم بن العباس الصولي (٧٩٢ ـ ٨٥٧م) البغدادي المنشأ، وهو إلى جانب الشعر كاتب العراق في عصره.

* إبراهيم بن عبد الحسين العُرَيّض (١٩٠٨ ـ ٢٠٠٢م)، البحريني، المولود في مدينة بومباي الهندية، ترأس في العام ١٩٧٢ المجلس التأسيسي الذي وضع أول دستور للبحرين بعد الاستقلال وكان ينظم بالعربية والإنكليزية والفارسية والاردوية.

* إبراهيم بن عبد الرسول الحُمُوزي (١٨٩٧ ـ ١٩٥١م) العراقي، النجفي المولد، فقيه وخطيب وشاعر.

* إبراهيم بن عبد الزهراء العاتي، العراقي، المولود في مدينة النجف الأشرف في العام ١٩٤٩، وهو إلى جانب الشعر أديب وكاتب وأكاديمي، يتولى اليوم عمادة الدراسات العليا في الجامعة العالمية للعلوم الإسلامية في لندن. وهبه الله ملكة نظم العامود والحر، ومن مطلع قصيدة في ذكرى ميلاد الإمام علي عليه السلام من بحر البسيط:

لا تسأل القلب عن لحن يُردده ... ذكرى الأحبة تشجيه وتسعدُه
الذكريات غراس الروح أحملها ... والعُمُر يعهدها سقياً وتعهدُه

* إبراهيم بن عبد الله الجيلاني (ت ١٧٠٧هـ) الإيراني، اللاهيجاني المولد، فقيه وأديب.

* إبراهيم بن عبد الله الغراش، المولود في مدينة القطيف في العام ١٩٤٢م، وهو خطيب وأديب.

* إبراهيم بن علوان النصيراوي، العراقي، المولود في مدينة العمارة في العام ١٩٥٦م، وهو خطيب حسيني بارز.

* إبراهيم بن علي البلادي (ت بعد ١٧٣٧م)، البحريني الجنسية، فقيه وأديب.

* إبراهيم بن علي القرشي (٧٠٩ ـ ٧٩٢م) المولود في السيالة من قرى المدينة المنورة، وهو المشهور بابن هرمة، يقول في حب أهل البيت من المتقارب:

ومهما أُلام على حبهم　　　فإني أحب بني فاطمة
بني بنت من جاء بالمحكما　　　ت وبالدين والسنن القائمة
ولست أُبالي بحبي لهم　　　سواهم من النعم السائمة

* إبراهيم بن علي الكفعمي (ت ١٤٩٩م) اللبناني، المولود في كفرعيما، نزل كربلاء طالبا ومات فيها فقيها.

* إبراهيم بن عيسى الحاريصي (ت ١٧٧١م) اللبناني، الحاريصي المولد، وهو من علماء جبل عامل.

* إبراهيم بن مالك الأشتر (ت ٦٩٠م) العراقي اليماني الأصل، وهو إلى جانب الشعر قائد عسكري قتل قتلة الإمام الحسين عليه السلام، وقتل في العام ٧١هـ قرب سامراء، وله مزار، وهو أول من شيد مع نجله محمد، قبة لمرقد الإمام الحسين عليه السلام في العام ٦٦هـ.

* إبراهيم بن محمد بري (١٩١٧ ـ ١٩٩٧م) اللبناني، المولود في تبنين، وهو أديب وكاتب له من الدواوين ستة.

* إبراهيم بن محمد التبريزي (١٨٩٥ ـ ١٩٦١م)، المولود في النجف الأشرف، وهو مدرس وأديب.

* إبراهيم بن محمد حسن النصار المولود في مدينة كربلاء المقدسة في العام ١٩٢٩م، وينظم بالعربية والفارسية.

* إبراهيم بن محمد الحمّار (١٨٩٣ ـ ١٩٧١م) المولود في قرية الكويكب التابعة للقطيف.

* إبراهيم بن محمد الحنفي (١٦٤٥ ـ ١٧٠٨م) السوري، الدمشقي المولد، والمشهور بابن حمزة من أعلام دمشق وعلمائها.

* إبراهيم بن محمد شرارة (١٩٢٢ ـ ١٩٨٣م)، اللبناني، المولود في بنت جبيل وفيها دفن وهو إلى جانب نظم الشعر تاجر حر.

* إبراهيم بن محمد صالح الخالصي (ت ١٨٣٠م)، عراقي، أديب وفقيه أصولي.

* إبراهيم بن محمد العطار (١٤٤٤ ـ ١٥١٤م) العراقي البغدادي المولد، أديب وفقيه، وهو والد السيد حيدر الذي ينتسب إليه السادة الحيدريون في الكاظمية وبغداد.

* إبراهيم بن محمد الكوفي (١٠٠٩ ـ ١٠٧٣م) العراقي، الكوفي المولد ويرجع بنسبه إلى الإمام علي بن الحسين السجاد عليه‌السلام، وهو إلى جانب الأدب محدّث.

* إبراهيم بن محمد نشرة (ت بعد ١٨٣٤م) المولود في البحرين، وهو عالم وشاعر.

* إبراهيم بن مهدي الحسيني العاملي (١٩١٦ ـ ١٩٨٦م) اللبناني، المولود في بلدة الدوير، مارس مهنة التدريس إلى جانب نظم الشعر.

* إبراهيم بن ناصر مبارك (١٩٠٧ ـ ١٩٧٩م) البحريني، المولود في قرية هجر، مارس نظم القوافي إلى جانب تدريس العلوم الإسلامية.

* إبراهيم بن نصر الموصلي (ت ١٢١٣م) العراقي، المولود في السندية من قرى بغداد، الشافعي المذهب، وهو فقيه وشاعر.

* إبراهيم بن يوسف مرتضى، اللبناني، المولود في دير قانون رأس العين في صور في العام ١٩٤١م، يمارس مهامه الإسلامية والثقافية في أبيدجان عاصمة ساحل العاج إلى جانب نظم الشعر.

إنجازات نبيلة

ومما يضفي على المعجم أهمية، مجموعة فهارس في ٣٢ حقلاً يحتاج إليها الباحث والدارس والقارئ. وألحق الدكتور محمد صادق الكرباسي بالكتاب كما هو دأبه قراءة نقدية لعلم من أعلام البشرية، حيث أقر البروفيسور نويل كينغ (Noel Q. King) الأستاذ في علم التاريخ والأديان المقارن في جامعة كاليفورنيا (University of California, Santa Cruz) والمدير المساعد السابق لكلية جامعة ماكرير (Makerere University College)، وصاحب كتاب الدين في أفريقيا (Religion in Africa): «إن الموسوعة الحسينية سوف تعزز قطاعاً واسعاً من المعرفة الإنسانية بانضمامها إليها، وستدفعها قدما إلى الخطوات اللاحقة التي ستبعث فينا الثقة بأن الله غرس فينا ما يمكننا من الاستمرار لنجد طريقنا نحو الحقيقة وفهم حكمة الله في العالم على الرغم من كل المصاعب» وانتهى البروفيسور كينغ إلى التفاؤل بان: «الموسوعة الحسينية ستحمل أنبل وأسمى الإنجازات الإنسانية، وستواصل بحثها ورقيّها من أجل الكون والحياة والإنسان».

الخميس ٢٤/ ٥/ ٢٠٠٧م
٧/ ٥/ ١٤٢٨هـ

الدكتور دانيال بن إسحاق أوديشو

(Dr. Daniel Isaac Odishu)

* ولد في العراق سنة ١٣٦٦هـ (١٩٤٧/١/٧م).

* أستاذ جامعي وعالم آثار.

* مسيحي نسطوري خبير باللغات الشرقية والتاريخ الآشوري.

* نشأ ودرس في العراق وعمل في قسم الآثار.

* انتقل إلى المملكة المتحدة وسكن مدينة كارديف (Cardiff) بمقاطعة ويلز (Wales).

* نال من كلية كارديف (College of Cardiff) بجامعة ويلز (University of Wales) عام ١٤١٠هـ (١٩٩٠م) شهادة الماجستير عن أطروحته المعنونة: النقوش الآرامية في مدينة الحضر (العراقية) (The Aramaic Inscriptions of Hatra).

* نال عام ١٤١٢هـ (تموز ١٩٩١م) شهادة الدكتوراه في الموضوع نفسه.

* إلى جانب التدريس عمل مترجماً لدى دوائر الدولة البريطانية وبخاصة المحاكم ومؤسسات وزارة الداخلية.

* توفي عام ١٤٢٣هـ (٢٠٠٢/٧/١١م) في مدينة كارديف.

(ديوان الأبوذية ـ الجزء الثاني)

العمل الأدبي الواسع

تعتبر دائرة المعارف الحسينية عملا أدبياً واسعاً جداً، إذ أخذ سماحة الشيخ محمد صادق محمد الكرباسي على عاتقه جعل هذه الموسوعة ـ منذ أن تبلورت فكرتها عنده ـ معيناً يروي القرّاء المتعطشين للعلم والمعرفة.

وُلد مؤلف الموسوعة في مدينة كربلاء المقدسة سنة ١٣٦٦هـ في محلة باب السلالمة المجاورة لمرقد الإمام الحسين عليه السلام. وشرع بتأليف هذه الموسوعة سنة ١٤٠٨هـ. وقد دوّن ـ حتى الآن ـ ثلاثمائة جزء، وربما سيتجاوز هذا العمل الأدبي خمسمائة جزء[1].

إن دائرة المعارف الحسينية ليست كتاباً للطلبة الجامعيّين أو للباحثين في الدراسات العليا، بل هي جَنّةٌ وافرة الثمار لكل باحث مهما كان مستوى ثقافته، إذ يستطيع أن يقطف ويتناول ما يشاء من ثمار الحسين عليه السلام. ويأمل المؤلف أن تكون هذه الموسوعة شاملة وقادرة على استيعاب دائرة الإمام الحسين عليه السلام والدوائر الصغيرة المحيطة بها، لكي يُجنّب تراث الإمام من الضياع والتناسي.

(١) إشارة إلى أعداد أجزاء الموسوعة يوم كتابة المقدمة عام ١٩٩٧م، وقد فاقت الآن الستمائة مجلد.

بعد عام على ميلاد الإمام الحسن عليه السلام وفي اليوم الثالث من شهر شعبان المبارك في السنة الرابعة للهجرة، زُفت البشرى إلى الرسول صلى الله عليه وآله وسلم بميلاد الحسين عليه السلام فأسرع إلى دار علي والزهراء عليهما السلام وقال لأسماء بنت عُمَيس[(١)]: يا أسماء أعطني ابني، فحملته إليه وهو ملفوف في قماط أبيض، فابتهج الرسول صلى الله عليه وآله وسلم وضمّه إليه، وأذّن في أذنه اليمنى وأقام في أذنه اليسرى، ووضعه في حضنه وبكى، فقالت أسماء: فداك أبي وأمي يا رسول الله، مالك تبكي؟ فأجاب رسول الله الأعظم صلى الله عليه وآله وسلم: أبكي ابني هذا! فقالت: إنه وُلد توّاً؟ فقال رسول الله صلى الله عليه وآله وسلم: يا أسماء، سوف تقتله فئة باغية من بعدي، لن يغفر الله لها، وإيّاكِ أن تخبري فاطمة بهذا، لأنها نفساء. ثم سأل رسول الله صلى الله عليه وآله وسلم علياً عليه السلام: بماذا أسميت ابني؟ فأجابه علي عليه السلام: لن أسبقك بتسميته يا رسول الله. وهنا نزل الوحي المقدس على رسول الله صلى الله عليه وآله وسلم حاملاً إسم الوليد من الله، وحينما تلقّى الرسول أمر الله بتسمية وليده المبارك، التفت إلى علي عليه السلام قائلاً: سَمّهِ الحسين. وفي اليوم السابع لميلاد الحسين عليه السلام ذهب رسول الله صلى الله عليه وآله وسلم إلى بيت الزهراء عليها السلام فضحّى ـ العقيقة ـ عن الحسين عليه السلام كبشاً، وأمر بحلق شعر رأس سبطه عليه السلام والتصدّق بوزن ذلك الشعر فضةً. وهكذا فقد أجرى للحسين عليه السلام ما أجرى لأخيه الإمام الحسن عليه السلام من مراسيم إسلامية[(٢)].

للإمام الحسين عليه السلام مكانة ومنزلة رفيعة لا يرقى إليها سوى منزلة ومكانة

---

(١) أسماء بنت عميس: يرى المحقق الكرباسي أن المعنية هي أسماء بنت يزيد بن السكن الأنصاري المتوفاة عام ٦٩هـ في دمشق، لأن أسماء بنت عميس الخثعمية لم تكن في المدينة حين ولادة الإمام الحسين عليه السلام، وإنما كانت في الحبشة مع زوجها جعفر الطيار منذ عام ٥ قبل الهجرة حتى عام ٦ هجرية. انظر، السيرة الحسينية: ١/ ١٥٩.

(٢) للمزيد عن تفاصيل ولادة الإمام الحسين وحوادث ما قبل وبعد الولادة، راجع الجزء الأول من السيرة الحسينية للكرباسي: ١/ ١٣٣ وما بعدها.

أبيه وأمه وأخيه الإمام الحسن عليهم السلام والأئمة من ولده عليهم جميعاً أفضل الصلاة والسلام، ولو بذل المؤرخون المساعي المناسبة والجهد المطلوب لكتابة وتدوين أوليات ما يحظى به الإمام الحسين عليه السلام من مقام رفيع ومكانة سامية، لخرجوا بأسفار ضخمة في هذا المجال، فالقرآن الكريم ـ تلك الوثيقة الإلهية العظمى ـ الذي لا يأتيه الباطل من بين يديه ومن خلفه، يشهد عن الشوط البعيد الذي قطعه الإمام الحسين عليه السلام من درجات السموّ والنُبل والرفعة عند الله سبحانه وتعالى. فهو واحد من أهل البيت النبوي الذين نزل في حقهم قوله تعالى: ﴿إِنَّمَا يُرِيدُ ٱللَّهُ لِيُذْهِبَ عَنكُمُ ٱلرِّجْسَ أَهْلَ ٱلْبَيْتِ وَيُطَهِّرَكُمْ تَطْهِيرًا﴾ [الأحزاب: ٣٣]، والآية الكريمة: ﴿قُل لَّآ أَسْـَٔلُكُمْ عَلَيْهِ أَجْرًا إِلَّا ٱلْمَوَدَّةَ فِى ٱلْقُرْبَىٰ﴾ [الشورى: ٢٣]، فمن خلال هذه الآيات الكريمة تظهر مكانة الحسين عليه السلام وأهل البيت ومنزلتهم عند الله تعالى.

وقد وردت أحاديث عن رسول الله صلى الله عليه وآله وسلم لإبراز وإعلان منزلة الحسين الرفيعة. فقد ورد في صحيح الترمذي: ١٣/ ١٩٥ «حسين مني وأنا من حسين. أحبّ الله من أحب حسيناً. حسين سبط من الأسباط» وعن سلمان الفارسي(١) انه قال: سمعت رسول الله صلى الله عليه وآله وسلم يقول: «الحسن والحسين إبناي، من أحبهما أحبني، ومن أحبني أحبه الله، ومن أحبه الله أدخله الجنة، ومن أبغضهما أبغضني، ومن أبغضني أبغضه الله، ومن أبغضه الله أكبّه على وجهه في النار»(٢).

---

(١) سلمان الفارسي: وهو أبو عبد الله سلمان المحمدي، وكان اسمه في بلاد فارس روزبه، له مواقف جليلة في الإسلام ومنها يوم الخندق، قال فيه النبي محمد صلى الله عليه وآله وسلم: «سلمان منّا أهل البيت»، عاش نحو ١٥٠ عاماً ومات عام ٣٤هـ أو ٣٥هـ في المدائن حيث كان واليا عليها، وقبره يُزار.

(٢) المستدرك على الصحيحين: ٣/ ١٦٦.

نستطيع أن ندرك عمق علاقة الحسين عليه السلام بالله سبحانه وتعالى، إذا أخذنا بنظر الاعتبار أن يدي الرسول قد تعاهدتاه بالتربية الروحية والفكرية بمعيّة عليّ والزهراء عليهما السلام مما أضفى ذلك البعد الربّاني السامي على شخصيته ومسارها الحياتي:

* فقد قيل له يوماً ما أعظم خوفك من ربك؟ فأجاب: «لا يأمن أهوال يوم القيامة إلا من خاف الله في الدنيا»[1].

* وكان عليه السلام إذا توضأ تغيّر لون وجهه وارتعدت مفاصله، فقيل له في ذلك، فأجاب: «حقّ لمن وقف بين يدي الملك الجبّار أن يصفرّ لونه وترتعد مفاصله»[2].

* في ليلة العاشر من محرم الحرام طلب الإمام الحسين عليه السلام من الجيش الأموي أن يمهله تلك العشيّة قائلاً: «لعلنا نصلي لربنا الليلة وندعوه ونستغفره، فهو يعلم أنني أحب الصلاة له وتلاوة كتابه وكثرة الدعاء

---

(١) مناقب آل أبي طالب: ٦٩/٤.

(٢) نسبه المجلسي في بحار الأنوار: ٣٣٩/٤٣، إلى الإمام الحسن بن علي عليه السلام حيث كان إذا توضأ ارتعدت مفاصله واصفر لونه فقيل له في ذلك، فقال: «حق على كل من وقف بين يدي رب العرش أن يصفر لونه وترتعد مفاصله». وكذلك في البحار: ٣٤٦/٧٧: «حقٌّ لمن وقف بين يدي ذي العرش أن يصفرّ لونه وترتعد مفاصله». وجاء في فلاح السائل لابن طاوس: ٥١، في وصف الإمام السجاد عليه السلام عند الوضوء: «إن مولانا زين العابدين علي بن الحسين صلوات الله عليهم كان إذا شرع في طهارة الصلوات اصفرّ لونه وظهر عليه الخوف من تلك المقامات».
ولا يخفى ان أئمة أهل البيت عليهم السلام جميعهم من نسيج واحد ولبنة واحدة يظهر على السجاد ما يظهر على أبيه سيد الشهداء، ويظهر على سيد الشهداء ما يظهر على أخيه الإمام الحسن عليه السلام وهكذا في غيرهم من المعصومين، لأن عبادتهم هي عبادة الأحرار فليست من سنخ عبادة العبيد ولا من سنخ عبادة التجار، فهم يعرفون الله حق معرفته ولذلك يظهر عليهم أصالة ما لا يظهر على غيرهم مثله.

والاستغفار»(١) . إن هذا السلوك يعكس لنا عمق العلاقة التي تربط الإمام الحسين عليه‌السلام بالله سبحانه، ومدى حبّه عليه‌السلام له تعالى .

حين ننظر إلى الحسين عليه‌السلام من الجانب الخلقي نلمس مدى تفاعله مع الأمة بمختلف قطاعاتها، باعتباره قدوتها وإمامها . ولا نقصد هنا طبعاً أن الحسين عليه‌السلام كان يختلف عن سواه من الأئمة في طبيعة التفاعل مع الجماهير، لكننا نشير إلى الجانب الأخلاقي المشرق من شخصيته، وكل جوانبها المشرقة .

مرّ الإمام الحسين عليه‌السلام على مساكين وهم يأكلون كِسَراً من الخبز، فسلم عليهم، فدعوه إلى طعامهم فجلس معهم، وقال: «لولا أنه صدقة لأكلت معكم» ثم قال عليه‌السلام: (قوموا إلى داري)، فأطعمهم وكساهم وأمر لهم بعطاء(٢) . ورغم تواضعه كانت له مكانة اجتماعية لا ترقى إليها مكانة رجل في عصره، إلى درجة أن الصحابي ابن عباس(٣) كان يمسك له ركاب الفرس إجلالاً له، رغم انه يكبره سنّاً . وعندما كان الناس يلتقون به أثناء مسيره إلى الحج ماشياً كانوا يترجّلون عن أفراسهم إجلالاً له .

بعد مقتل عثمان بن عفان، بايع المسلمون الإمام علياً عليه‌السلام بالخلافة، وسلّموه مقاليد الحكم، لكن معاوية بن أبي سفيان رفض البيعة له وأعلن

---

(١) مقتل الحسين للمقرم: ٢١١.
(٢) المستطرف في كل فن مستظرف: ٣١/١.
(٣) ابن عباس: عبد الله بن عباس المطلبي (٣ق.هـ ـ ٦٨هـ)، ولد في مكة ومات في الطائف، روى عن الرسول ﷺ ١٦٦٠ حديثا، اشتهر بتفسير القرآن، ولي البصرة في عهد الإمام علي عليه‌السلام .

تمرّده عليه رغم كونه الخليفة الشرعي، ونصّب نفسه خليفة على الشام التي كان والياً عليها منذ عهد عثمان[١].

ويلاحظ الدارس للتاريخ السياسي الإسلامي لتلك الفترة أن الإمام علياً عليه السلام واجه ثلاث كُتل سياسية:

١ ـ الحزب الأموي بقيادة معاوية بن أبي سفيان.

٢ ـ الخوارج الذين انفصلوا عن جيش الإمام علي عليه السلام وتمردوا عليه.

٣ ـ كتلة عائشة[٢] وطلحة[٣] والزبير بن العوام.

وبعد فترة من الحروب والصراعات بين الإمام علي عليه السلام وبين هذه الأحزاب والكتل السياسية، استطاع أن يقضي على تمرّد عائشة وطلحة والزبير في معركة الجمل الشهيرة التي وقعت قرب البصرة[٤]. كما استطاع أن يدحر معاوية في معركة صفين[٥]، وقد انتهى الأمر إلى التحكيم والتفاوض الذي رفضه الإمام علي بعد أن علم انه مجرد خديعة سياسية، لكن الأمر آل في النهاية لمصلحة معاوية، وخرجت فئة من الناس من جيش الإمام علي عليه السلام وقد سمّاهم التاريخ فيما بعد بالخوارج. وسرعان ما انتهى هؤلاء

---

(١) ولا يخفى أن معاوية كان واليا على الشام من قبل عمر وأقره عثمان. انظر: سير أعلام النبلاء: ٣/ ١٣٣.

(٢) عائشة: هي بنت أبي بكر عبد الله التيمي (١٠ ق.هـ ـ ٥٧هـ)، قادت معركة الجمل في البصرة ضد الإمام علي عام ٣٦هـ، ولها في كتب الحديث ٢٢١٥ حديثا ورواية.

(٣) طلحة: هو إبن عبيد الله بن عثمان التيمي (٢٨ق.هـ ـ ٣٦هـ)، خرج مع عائشة لقتال الإمام علي عليه السلام في البصرة عام ٣٦هـ وفيها قتل.

(٤) البصرة: مدينة عراقية قديمة، خطها المسلمون سنة ١٤هـ، وكان عتبة بن غزوان المتوفى سنة ١٧ للهجرة أول وال لها، وهي الميناء البحري الوحيد للعراق يقع أقصى الجنوب وعندها ملتقى نهري دجلة والفرات.

(٥) صفين: وهو السهل الواقع غرب نهر الفرات بين مدينتي الرقة وبالس في سوريا.

بعد أن اشتبك معهم الإمام علي في معركة طاحنة قرب النهروان[1]، حيث دحرهم وشتّتهم.

وفي غمرة هذا التطاحن والصراع السياسي المحتدم، خططت فئة من الخوارج لاغتيال كل من معاوية وعمرو بن العاص[2] وعلي بن أبي طالب، وقد نجحت هذه المؤامرة عندما نفّذ عبد الرحمن بن ملجم، جريمته النكراء بحق التاريخ والإنسانية والمتمثلة باغتيال أمير المؤمنين علي بن أبي طالب عليه السلام، فأهوى بسيفه المسموم على رأس الإمام عند صلاة الفجر لليوم التاسع عشر من شهر رمضان سنة أربعين للهجرة، واستشهد أمير المؤمنين في اليوم الحادي والعشرين من ذلك الشهر.

باستشهاد الإمام علي عليه السلام أمير المؤمنين ورجل الدولة والجهاد والسياسة، ورائد المبدأ والحقيقة، ورمز العدالة والقيم، أفرزت الحوادث وضعاً سياسياً جديداً، واختلّ التوازن السياسي في حركة المجتمع، ودبّ الوهن في كيان الخلافة، وأخذ حزب معاوية بالنمو والتضخم.

ورغم إيمان المسلمين بعظمة شخصية الإمام الحسن السبط عليه السلام وقدسيته ومكانته السياسية والاجتماعية الفريدة، وتعريف رسول الله صلى الله عليه وآله وسلم المسلمين بمكانته، وبالرغم من وصية أبيه ومبايعة الأمة له بالولاية والخلافة، فما إن استشهد الإمام علي عليه السلام حتى أعلن معاوية نفسه خليفة للمسلمين،

(١) النهروان: وهي منطقة واسعة تقع جنوب شرق بغداد بالقرب من المدائن وعند ملتقى نهر ديالى بنهر دجلة.

(٢) عمرو بن العاص: وهو حفيد وائل السهمي (٥٠ ق.هـ - ٤٣هـ)، أرسلته قريش للحبشة لاسترداد المسلمين، أسلم متأخرا، ساهم في حروب الشام ومصر، ولي لعثمان مصر ثم عزله منها فأضمر له العداء، شارك في معركة صفين ضد الإمام علي عليه السلام، له في كتب الحديث ٣٩ رواية.

وكتب إلى الخليفة الراشد الإمام الحسن عليه السلام يطالبه بالتنازل، ويلوّح له بالسيف ويهدده بالحرب. لكن الإمام الحسن عليه السلام لم يكن يفكر بالتنازل عن رضا وقناعة، لذلك فقد أعدّ العدّة وهيأ الجيوش للاشتباك في معركة حامية الوطيس مع معاوية، إلا أن خيانة قائد جيشه عُبيد الله بن العباس[1]، وأساليب الرشوة والتلويح بالمناصب لبعضهم أمالت كفّة الميزان العسكري لصالح معاوية. فبادر الإمام الحسن عليه السلام إلى حقن الدماء وإيقاف النزيف للحفاظ على كيان الإسلام من أعدائه الذين كانوا يهدّدونه من الخارج (دولة الروم). وقد وقّع الإمام الحسن عليه السلام معاهدة الصلح التالية مع معاوية:

١ ـ هذا ما صالح عليه الحسن بن علي بن أبي طالب عليه السلام، معاوية بن أبي سفيان، على أن يُسلّم إليه ولاية المسلمين، على أن يعمل فيهم بكتاب الله وسنّة رسول الله صلى الله عليه وآله وسلم وسيرة الخلفاء الراشدين المهتدين، وليس لمعاوية أن يعهد إلى أحد من بعده عهداً.

٢ ـ أن تكون له (الإمام الحسن) الخلافة من بعده، فإن حدث له شيء، فلأخيه الحسين عليه السلام.

٣ ـ أن لا يؤاخذ أحداً من أهل المدينة والحجاز والعراق على شيء مما كان في عهد أبيه علي عليه السلام.

٤ ـ أن لا يتعرضوا إلى سبّ أمير المؤمنين علي بن أبي طالب عليه السلام على المنابر ولا يذكروه بسوء ولا يقنتوا بلعنه على مسمع من الإمام الحسن عليه السلام.

---

(١) عبيد الله بن العباس: وهو حفيد عبد المطلب الهاشمي (٢ ق.هـ ـ ٥٨هـ)، سمع النبي صلى الله عليه وآله وسلم وصحبه وكان صغيرا، وولي لعلي عليه السلام اليمن كما ولي أمارة الحج، وكان أحد القواد في جيش الإمام الحسن عليه السلام، وقيل انصرف عنه، مات في المدينة.

٥ ـ إن الناس آمنون حيث كانوا في أرض الله تعالى .

٦ ـ لا يحق لمعاوية التصرف في بيت مال الكوفة، وحق التصرّف فيه مقصور على الإمام الحسن .

٧ ـ أن لا يتعرّض للحسن والحسين وشيعتهم ومواليهم بسوء .

غير أن معاوية وقف بعد حين ـ ورغم توقيعه على وثيقة الصلح ـ قائلاً: «ألا وإني كنت قد مَنَّيْتُ الحسن أشياء وأعطيته أشياء، وجميعها تحت قدميّ هاتين لا أفي بشيء منها له»[1] .

وهكذا، قوي حزب معاوية تدريجياً، وضعفت الأحزاب المعادية له، وبدأ بتطبيق مخطط عدوانيّ مناقض لوثيقة الصلح، بإتباع الخطوات التالية:

أولاً: إشاعة الإرهاب والتصفيات الجسدية لكل القوى المعارضة للحكم الأموي، ولاسيما أتباع الإمام علي ﷿ .

ثانياً: إغداق الأموال على قطاعات من الناس وخاصة وعّاظ المساجد والوجوه الاجتماعية لإسكاتهم وشراء ضمائرهم وذممهم .

ثالثاً: المضايقة الاقتصادية والتجويع لكل من يعارضه .

وبعد أن رجحت كفّة معاوية وقوي موقعه، أعلن معاوية بتتويج ابنه يزيد مَلِكاً على الأمة من بعده، ولقد حجّ معاوية سنة إحدى وخمسين للهجرة، وبعث إلى ابن عمر[2] وابن أبي بكر[3]، وأرغمهما لمبايعة ابنه بالإكراه .

---

(١) الإرشاد للمفيد: ١٩١ .

(٢) ابن عمر: هو عبد الله بن عمر بن الخطاب العدوي (١١ق.هـ ـ ٧٤هـ)، صحب النبي محمد ﷺ وروى عنه، وشهد بعض مشاهده، كما شهد القادسية واليرموك وفتح أفريقية، قالوا كان شديد الندم لعدم مناصرته الإمام علياً ﷿ في حرب الفئة الباغية، مات في مكة ودفن في المحصب .

(٣) ابن أبي بكر: هو عبد الرحمن بن أبي بكر عبد الله التيمي، وهو أسن الأولاد ولد في مكة، =

٣٢٥

وفي هذه الأثناء، والصراع محتدم والمحنة متفاقمة، توفي الحسن عليه السلام فاتجه الناس إلى الحسين عليه السلام وقرروا مبايعته وخلع حكومة معاوية.

وعندما مات معاوية بن أبي سفيان، وتسلم مقاليد الأمور ابنه يزيد، كتب الأخير الذي كان يهاب الحسين عليه السلام ويعرف مدى تعلّق الأمة به، كتاباً في الأيام الأولى لحكمه ووجهه إلى الوليد بن عتبة بن أبي سفيان[1] والي المدينة، وحثّه على أخذ الحسين عليه السلام وعبد الله بن عمر وعبد الله بن الزبير أخذاً شديداً ليس فيه رخصة حتى يبايعوا.

تسلّم الوليد رسالة يزيد وكتم سرّها وفكّر مليّاً ثم استدعى مروان ليبلغه النبأ ويستشيره في كيفية مواجهة الحسين والآخرين. فحبّذ له مروان أن يدعوهم من ساعته ويأمرهم بالبيعة، فإن فعلوا قَبِلَ منهم وكفّ عنهم، وإن أبوا ضرب أعناقهم قبل أن يحيطوا علماً بموت معاوية، ولكن الإمام الحسين رفض مبايعة يزيد لأنه لا يصلح لقيادة الأمة بسبب فسقه وشربه الخمر وقتله النفس المحرمة وقضاء وقته باللهو والصيد والملذات وملاعبة الحيوانات، ثم كتب الإمام الحسين عليه السلام إلى كافة الأمصار وإلى مواليه في مكة والمدينة شارحاً لهم أسباب عدم مبايعته ليزيد، ومعلناً بدء تحركه الإصلاحي.

وقد تسلّم الإمام الحسين رسائل تأييد ومساندة من كافة الأمصار تدعوه إلى القيام وعدم المبايعة والرضوخ ليزيد، وخاصة تلك الرسائل الواردة من العراق. ولم يغادر الإمام الحسين المدينة المنورة حتى زار قبر جده

=حضر مع المشركين بدراً وأحداً وأسلم متأخرا، حضر الجمل مع شقيقته عائشة، رفض بيعة يزيد، قيل مات مسموما خارج مكة سنة ٥٣هـ ونقل إليها ودفن في أعاليها.

(١) الوليد بن عتبة بن أبي سفيان: الأموي، المتوفى في دمشق سنة ٦٤هـ، ولي المدينة ليزيد خلفا لعمرو بن سعيد بن العاص الأشدق (٣ ـ ٧٠هـ)، قيل وفي عام ٦١هـ خلف من بعده عثمان بن محمد بن أبي سفيان الأموي.

رسول الله زيارة مودّع. ثم راح ركبه يطوي الفلوات حتى بلغ مكة المكرمة واستقبله المكيّون والمعتمرون في بيت الله الحرام فرحين به ومرحّبين، حيث بدأت الوفود والرسائل تفد إليه من شتى الأرجاء، وبدأ الإمام يبعث بالكتب والرسل ويدعو لإصلاح الأوضاع.

وفي غمرة هذه الظروف تسلّم الإمام الحسين عليه السلام خطاب ابن عمّه مسلم بن عقيل، وتقريره عن الأوضاع والظروف السياسية في العراق.

وهكذا فقد عزم الإمام الحسين عليه السلام على الرحيل إلى العراق، فجمع نساءه وأطفاله وأبناءه وإخوته، وغادر مكة المكرمة. وبعد مسيرة مضنية ومحفوفة بالمخاطر استغرقت ثلاثين يوماً وقطع خلالها ركب الإمام ما يقارب الألفي كيلو متر[1]، اعترض الجيش الأموي طريق الإمام الحسين عليه السلام واضطروه إلى التوقف.

وراح الإمام يسأل عن اسم تلك الأرض، فقيل له إنها الطف ثم قيل كربلاء، فقال: «هذا موضع كرب وبلاء، انزلوا فها هنا محطّ رحالنا وسفك دمائنا، ومحل قبورنا، بهذا حدثني جدي رسول الله»[2].

لم يطلب الإمام الحسين عليه السلام تأجيل قراره بالحرب أو السلم إلى الغد لغرض التفكير في الأمر وتقييم النتائج وحساب الموقف وحسب، بل لعله قد فرغ من ذلك، وأتمّه قبيل تلك الليلة الليلاء، وإنما أرادها أن تكون ليلة عبادة ودعاء وليلة وداع ووصية، وهكذا كَلْكَلَ الليل وأرخى الصمت سدوله ورقدت الخلائق كلها إلا آل محمد صلى الله عليه وآله وسلم الذين باتوا ليلتهم بين داعٍ ومصلٍّ

---

(١) المسافة من مكة المكرمة إلى كربلاء المقدسة نحو ١٢٨٠ كيلو متراً، ومجموع عدد المنازل التي حلّ بها ركب الإمام الحسين عليه السلام من يوم انطلاقته يعادل ١٤٧٠ كيلو متراً.

(٢) انظر: مقتل الحسين للمقرم: ١٩٢.

ومودّع وموصٍ، تحيطهم الخيل من كل جانب، وقلوب فرسانها مليئة بروح الحقد والكراهية .

راح الحسين يودّع أهله وأحبابه، السجاد وزينب وسكينة[1] وليلى[2] والرباب[3] والباقر عليه‌السلام ويوصي آخر وصاياه، وبات آله تلك الليلة ضيوفاً في كربلاء بعيدين عن قبر جدهم رسول الله ﷺ وأمهم الزهراء مسيرة شهر .

انقضت ليلة الهدنة وطلعت شمس ذلك اليوم الرهيب يوم الاثنين[4]، وطلعت معها رؤوس الأسنّة والرماح والأحقاد، حيث بدأت المعركة بين جيش الإمام الحسين عليه‌السلام قليل العدد، وجيش يزيد بن معاوية العرمرم بقيادة شمر بن ذي الجوشن . واستشهد الإمام الحسين عليه‌السلام ومن معه، وعانقوا أرض كربلاء وسقوها بدمائهم الطاهرة . وقد احتُزّ رأس الإمام الحسين عليه‌السلام وأُبعد آلاف الأميال[5] عن جسده الطاهر على رأس رُمْحٍ إلى مدينة دمشق لتقديمه هديّة للطاغية يزيد بن معاوية .

_____

(١) سكينة : هي بنت الحسين بن علي بن أبي طالب، ولدت في المدينة سنة ٤٢هـ وتوفيت فيها سنة ١١٧هـ، وأمها الرباب الكندية، حضرت كربلاء وشهدت الأسر، اشتهرت بالعلم والأدب وخدمة الناس .

(٢) ليلى : هي بنت أبي مرة بن عروة الثقفية المولودة سنة ٢٠هـ والمتوفاة في المدينة سنة ٦٣هـ، تزوج بها الإمام الحسين عليه‌السلام سنة ٣٥هـ، وأنجبت له علي الأكبر سنة ٣٨هـ .

(٣) الرباب : هي بنت امرئ القيس بن عدي الكندية القضاعية (٦ ـ ٦٢هـ) ولدت في الشام وماتت في المدينة، تزوجها الإمام الحسين عليه‌السلام عام ١٩هـ، وأنجبت له فاطمة الكبرى (٢٠ ـ ١١٠هـ) وسكينة ورقية (٥٧ ـ ٦١هـ) وعبد الله (٦١ ـ ٦١هـ)، حضرت كربلاء وشهدت الأسر .

(٤) توصل المؤلف إلى أن العاشر من محرم عام ٦١هـ المصادف للثاني عشر من شهر أكتوبر تشرين الأول عام ٦٨٠هـ يقع يوم الجمعة، على خلاف ما يظهره التقويم على شبكة الإنترنيت والذي يقع يوم الثلاثاء .

(٥) القول بآلاف الأميال هو من باب ضرب المثل لبيان معاناة ركب الأسر الحسيني يتقدمهم=

لقد استحالت صفحات جسده الطاهر كتاباً من مدادِ دم، وكتبت أقدس مواقف البطولة والشرف، حيث قرئت تلك الحروف الجراح، فكانت ٦٧ حرفاً: ثلاثاً وثلاثين طعنة رمح، وأربعاً وثلاثين ضربة سيف[١]، ومنذ ذلك اليوم ولمدة أربعة عشر قرناً نظم الشعراء القوافي وراحوا يرثون الحسين ويندبونه، وأجمل ما في هذه الأشعار، المراثي التي تُتلى في ذكرى استشهاد الحسين عليه السلام سنوياً في مدينة كربلاء، من ذلك قول الشاعر[٢]:

يَعمّي لَيش عَالتِرْبان مِتْرَدْ

عَسَه روحيْ بَعَدَ للماي مَتْرِدْ

لِوَنْ أدْري تِرْوحِ اَوْ بَعَدْ مَتْرِدَ

مَعانْ اِطْلَبِتْ مِنّك ماي إليّه

وقول الشاعر[٣]:

لِلْخالِقْ أنْصارِ حْسَينْ وَحْدَوْا

عَنِّ الدينْ ما أصْفَحوْا وَحْدَوْا

=رأس الإمام الحسين عليه السلام وقد رفع على قناة طويلة من كربلاء إلى الكوفة ومن الكوفة إلى الشام، لأن المسافة المقطوعة هي نحو ألف كيلو متر، وللمزيد حول المسافة والمنازل التي نزل فيها ركب الأسرى، انظر للمحقق الكرباسي، تاريخ المراقد: ٥/ ٨٥.

(١) إشارة إلى ما ورد في تاريخ الأمم والملوك للطبري: ٤/ ٣٤٤: «كان عدد جراح الحسين ثلاثاً وثلاثين طعنة رمح وأربعاً وثلاثين ضربة سيف».

(٢) البيت رقم (٣٨٨) للشاعر المعاصر الحاج جابر بن جليل الكاظمي، عن لسان سكينة بنت الحسين عليه السلام وهي تخاطب عمّها العباس بن علي عليه السلام.

(٣) البيت رقم (٣٧٦) للشاعر الحاج جابر بن جليل الكاظمي، في شجاعة أنصار الإمام الحسين عليه السلام مباريا البيت المنسوب لعمر بن سعد الزهري (ت ٦٦هـ) أو لغيره، من بحر الكامل:

لَبِسوا القلوبَ على الدروع وأقبلوا يتهافتون على ذَهاب الأنفسِ

لِبْسَوْا عالْدِرْوعِ اِگْلوبْ وَحْدَوْا

إبْظَعْنِ الْموتْ وآنوَوْا لِلْمِنِيَّه

وقول الشاعر[1]:

زَمْاني شَنْ عَلَيْ غاراتْ وَعْدَه

يِسْيرَه اَصْفيتْ بَينَ أوْغادْ وَعْدَه

أخْويَه اَلْمَاخْتِلَفْ مِنْ صارْ وَعْدَه

إشْلونِ اتْيَسَّرِتْ ما فِزَعْ لَيَّه

وقول الشاعر[2]:

اِلدَّهَرْ لَمْلَمْ لِيْ اِذْيابَه وَسودَه

او أيّامي صُفَتْ گَشْرَه وَسودَه

ذاكْ اِلْعِنْت إلَهْ سَيِّدْ وِسودَه

صُبَحْ يِتْهَكَّمْ اِبْحُكْمَه عَلَيَّه

وقول الشاعر[3]:

لَيْثِ الحَرُبْ بَسْ عَبّاسْ دارَه

---

(١) البيت رقم (٤٢٤) للشاعر عطية بن علي الجمري (ت ١٤٠١هـ)، عن لسان السيدة زينب بنت علي عليها السلام وهي تذكر وفاء أخيها العباس بن علي عليه السلام.

(٢) البيت رقم (٤٦٧) للشاعر عطية بن علي الجمري، ويستظهر المحقق الكرباسي أنه ربما عن لسان الإمام الحسين عليه السلام أو ابنه علي السجاد عليه السلام واصفاً مفارقات الدهر.

(٣) البيت رقم (٥٢١) للشاعر صالح آل نعمة (الشرطي) من شعراء القرن الرابع عشر الهجري أنشده في شجاعة العباس بن علي عليه السلام.

اِبْسَيفَه الْضِرَبْ فوگ الطُوسْ دارَه

عَلْيلِ الدّينْ دَمٍّ اَحْسَينْ دْارَه

اَوْحِيَه دْينِ النَبي سَيْدِ البَرِيَّه

٢١/ ١٠/ ١٩٩٧م

المملكة المتحدة ـ كارديف

دانيال إسحاق

الأبوذية تسطع
بين ألوان الطيف الشعبي

يمتاز نظم الشعر بجانبيه القريض والشعبي بخواص عدة، قد تختلف في نواح وتلتقي في أخرى، ولكل منهما معالمه، لكن الشعر الدارج (الشعبي أو المحلي) له حاسة تذوق ينفرد بها، وتختلف كليا عن تذوق الشعر القريض، أسبغت عليه مفرداته الدارجة خاصية التذوق، فقد يجد البعض صعوبة في التعاطي مع الشعر الشعبي لجهل بجذر المفردة المستعملة، أو صعوبة إرجاعها إلى جذرها، أو تلقيه للمفردة لأول مرة، لمجيئها من وسط اجتماعي يختلف عن وسطه الاجتماعي والبيئة التي اعتاد العيش فيها والتعامل اليومي مع أهلها، ولكن يسهل على العارف باللغة الدارجة أو اللهجة المحلية الانسجام مع الشعر الشعبي وتذوق طعم أغراضه والإشراع وسط بحوره والرقص على أنغام قوافيه .

والشعر الشعبي في تناوله والتعامل معه يشبه إلى حد كبير الأكلة المحلية أو الطبخة الشعبية، يتذوقها أهلها وتكثر في موائدهم، وتغيب عن موائد أخرى، وبالعكس، والمجتمع الذي لا يتذوق مائدة الغير لا نقصا في حاستهم وأحاسيسهم، وإنما لتفاوت في القدرة على فهم الخلطة وتفهم موادها والمفردات الداخلة في تكوينها، وكذا الحال في الشعر الشعبي فإنه يخضع لذائقة النغمة والموسيقى، تعتاد عليها أسماع دون غيرها .

والشعر الشعبي إنما يأخذ اسمه من مسماه، وينحصر في بلد أو مدينة أو قرية، ويأخذ لهجة أهل المدينة وسماتهم وأعرافهم الاجتماعية، ولعل أهم ما يفرق الشعر الدارج عن القريض، أنَّ الشعر الشعبي لم يواكب الشعر القريض، أي أنَّه طرأ على الأدب العربي في فترة متأخرة عن الشعر القريض الذي يعود في جذوره إلى قرون طويلة قبل الإسلام، في حين أنَّ الشعر الشعبي بدأ يأخذ طريقه إلى الساحة الأدبية في القرن الثاني الهجري عندما راح الشعراء يستخدمون مفردات محلية في شعرهم، وتعاظم الأمر في العهد العباسي الذي شهد اختلاط الأقوام غير العربية بالمحيط العربي وتلاقح الثقافات والتزاوج بين الموروث الشعبي لكل قوم، وكلما تقدّم الزمن ترك أثره على الأدب العربي القريض، حتى استقل الشعر الشعبي بنفسه وصار قرينا للشعر القريض، على أن الشعر النبطي من حيث النشأة أقدم من الشعر الشعبي.

وكلما تطاول الزمان وقلَّ الاهتمام باللغة العربية وبالأدب العربي القريض النثري والشعري، ازدادت مساحة الشعر الشعبي، وتنوعت معه ألوان طيفه وعناوينه، ولكل لون شعري وزنه وقياسه وصفاته، وبالإمكان تشخيص شعر الأبوذية كواحدة من ألوان الطيف الدارج التي ارتفعت في سماء وسط وجنوب العراق نزولا إلى مقاطعة خوزستان في ايران، وفي البحرين. وهذا اللون من الشعر القائم على أربعة أشطر ثلاثة من قوافيه من جناس واحد متحد الرسم متعدد المعنى والرابعة تنتهي بالياء المشددة والهاء، إنما تمثل أضلاع مربع ينسج الشاعر من قماشتها قصة قصيرة محبوكة الدراما تحكي في معظمها الآهات وزفرات الأضلاع ووجع الفؤاد. وهذا النوع من الشعر الدارج وقف الدكتور الشيخ محمد صادق محمد الكرباسي في الجزء الأول من «ديوان الأبوذية» على تفاصيله وتاريخ النشأة ورجالاته والأقوال في أوزانه

وبحوره، وفي الجزء الثاني من «ديوان الأبوذية» الصادر عن المركز الحسيني للدراسات في لندن، في ٦١٠ صفحات من القطع الوزيري، يواصل المحقق الكرباسي تتبع ما نظمه الشعراء من شعر الأبوذية في النهضة الحسينية، ابتداءً من حرف الدال حتى حرف الراء في ٤٠٥ مقطوعات لعشرات الشعراء الشعبيين الماضين منهم والمعاصرين.

لهجات عصيّة الفهم

ولما كانت المفردات الداخلة في عموم الشعر الشعبي وخصوص الأبوذية بلحاظ الجناس، عصيّة على الفهم لكل الناطقين بالعربية، وبحاجة إلى معجم خاص بها، أو بعضها دخيلة، فإنَّ الجهد المبذول في إرجاع الكلمة إلى جذرها العربي أو أصلها غير العربي يعد أحد مميزات العمل الموسوعي الذي انبرى له المحقق الكرباسي، وهو عمل ليس بسهل، ويحتاج إلى تبحّر في الكلمة وجذرها، وملاحظة نطقها وترجمة النطق إلى كلمة مُحرَّكة الحروف، لأن الكلمة غير المحرَّكة وبخاصة في الجناس، تُفقد بيت الشعر معناه إنْ لم يكن القارئ حاذقاً وضليعاً باللهجات المحلية، فعلى سبيل المثال قول الشاعر المعاصر الدكتور هاشم بن ناصر العقابي، في وصف صمود الإمام الحسين عليه السلام المستشهد في كربلاء المقدسة العام ٦١هـ:

يَدِنْيَه اَبْهايْ إلْنَه اَوْياعْ وَحْدَه

إبْيومِنْ صاحْ حادي اَلموتْ وَحْدَه

إحْسَينِ اَللي تِلَگَّه الموتْ وَحْدَه

إبْصَدْرَه اَوْ لا رِجَفْ إبنِ الشِّفِيَّة

فالجناس في كلمة (وحده) بحاجة إلى سليقة شعرية شعبية للوقوف على

مضامين كلماتها، لأنَّ «وحده» الاولى تختلف عن الثانية وعن الثالثة، فضلاً عن القلب في بعض حروفها من كلمة إلى أخرى، فالأولى مخففة واحدة، والثانية من حدو الناقة، والثالثة تعني بمفرده، فضلاً عن الغموض الذي يلف الكلمات الأخرى التي قد يعجز عن فك لغزها من جهل معرفة باللغات المحلية. أما شرح الكلمات الدارجة الواردة في الأبوذية فهي كتالي: (يدنيه: يا دنيا. ابهاي: بهذه. إلنه: لنا. اوياع: محرفة وإياك بمعنى معك. إبيومن: يوم. اللي: الذي. تلگّه: تلقى).

أو قول الشاعر المعاصر عبد الصاحب بن ناصر الريحاني، وهو يتحدث على لسان السيدة زينب بنت علي عليها السلام (ت ٦٢هـ):

اِتْمَعَّنْ بِالْگَلُبْ جَرْحي وَيَسْرَه

عَفْاني اَحْمِلْ صَبُرْ وَالله وِيَسْرَه

عُگُبْ ذاكِ الْخِدِرْ حَسْرَه وَيَسْرَه

وَاْرافجْ زَجِرْ مِنْ غَصْبَنْ عَلَيَّه

فالجناس هنا بديع ولكن المعنى يختلف من كلمة إلى اخرى وان اتفقت الكلمات الثلاث من حيث الحروف والحركات، فكلمة «يسره» الأولى من يسير فيقال: سار فتق الجرح به إذا اتسع. والثانية من جسره أي من الجسارة وهي الجرأة. والثالثة مخففة أسيرة من الأسر. أما كلمة عفاني فإنَّ من لا يملك فقها في اللغات الدارجة وتأثير البيئات واللغات الأخرى عليها، يعجز عن ضبط المراد من ظاهر الكلمة، وبالرجوع إلى الهوامش التي قدمت للمفردات الشعبية مرادها، ندرك مقدرة وسعة آفاق المصنف، فعلى سبيل المثال يقول الدكتور الكرباسي في شرح كلمة عفاني في الشطر الثاني: «لعلها مأخوذة من عوفيت أي دعاء بالعافية وتستعمل عند العامة في موردين مورد

يقارن مع الترجي كما يقال: عفية اعطني كذا، ومورد يراد منه المدح مقرونا بالفخر يقال: عفيه عليك، أي أحسنت أو يقال: «عفاني، ولا يخفى أنَّ الكلمة في بعض اللهجات كاللبنانية وما في ركبها يقال عفاك أي أحسنت أما في بعض اللغات المجاورة كالتركية يقال: عفارم، لمن يراد تحسينه أيضا، أما في الكردية فيقال: أفارم، وأما في الفارسية فيقال: آفرين، وكلها بمعنى واحد تأتي للتحسين والمدح والتشجيع والتبريك». وبالإمكان القياس من شرح هذه الأبوذية على جميعها. أما شرح بقية الكلمات فهي كتالي: «اتمعن: من تمكن بالمكان إذا رسخت أقدامه فيه. الگلب: القلب. أرافج: أرافق من المرافقة في السير. زجر: هو ابن بدر النخعي الذي كان يقود النوق، واسمه الصحيح زحر بالحاء المهملة».

المباراة الشعرية

اشتهر بين الشعراء مفهوم «المباراة الشعرية»، حيث يقوم الشاعر بالنظم مبارياً لبيت شاعر آخر، فيأتي النظم الجديد يحمل معنى البيت الأصل، وقد يأتي بالمعنى والقافية، وقد تكون المباراة في أكثر من بيت، وفي الشعر الشعبي تكثر المباراة على بيت من الشعر العربي القريض. وفي بعض الأحيان يباري الشاعر مثلاً أو حكمة أو حديثاً نبوياً أو نصاً تاريخياً، أي أن المباراة لا تقتصر في طرفيها على الشعر. ومن المهارات الأدبية في مجال المباراة الشعرية ان ينسج الشاعر أبوذيته على منوال مثل أو حكمة.

ومن المباراة الشعرية «المعارضة الشعرية» حيث يقوم الشاعر في مباراة بيت أو قصيدة لشاعر آخر فينظم على الوزن والقافية نفسها وبقدر عدد التفعيلات، وفي معظم الأحيان يحاول الشاعر إبراز مقدرته الشعرية والأدبية، إما في إثبات ما أورده الشاعر الأول أو نقضه ونفيه، وقد يكون الشاعران متقابلان في المكان والزمان، أو متباعدان زماناً أو مكاناً أو بالإثنين. ومن

المباراة الشعرية «المطاردة الشعرية» بأن يأتي الشاعر أو غيره ببيت شعر مبتدءاً بما انتهى به بيت الأول شاعراً أو غير شاعر. ومن المباراة الشعرية «التقفية الشعرية» وهي أنْ يقرأ الشخص قصيدة لشاعر مشهور فيذكر البيت الأول وزنا وقافية، ويحجم عن البقية، ثم يطلب من المتسابق أو المتسابقين معرفة قافية كل بيت بعد قراءة القصيدة دون ذكر الكلمة الأخيرة.

وفي ديوان الأبوذية تجد العشرات من الأبوذيات التي نظم صاحبها مبارياً لبيت أو أبيات لشاعر قديم أو معاصر، وفي معظم الأحيان فإن المباراة تكون على بيت من القريض لشاعر ترك بصماته على سجل الأدب العربي. ومن ذلك قول الشاعر كاظم بن عبد الحمزة السلامي (ت ١٣٩١هـ)، مبارياً البيت التالي من الكامل:

تبكيك عيني لا لأجل مثوبة لكنما عيني لأجلك باكية

حيث ينشد:

عَلَه نِيتيَ اْجدامي سِرَتْ مارِدْ

واْمْصابَكْ جِعَلْ بِالگلُبْ مارِدْ

إلَكْ يَحْسَينْ عَيني اْتهَمِلْ مارِدْ

ثَوابِ اْو لا نَفعْ يَبْنِ اْلزَّعِيَّة

وهنا فإن السلامي يجاري الشاعر محمد علي بن حسين الأعسم (ت ١٢٣٣هـ)، في البيت المذكور من قصيدته المشهورة بـ «القصيدة المقبولة» ومطلعها:

قد أوهنت جلدي الديار الخاليه من أهلها ما للديار وما لية

ومتى سألت الدار عن أربابها يعد الصدى منها سؤالي ثانية

إلى أن يقول بعد البيت المبارى فيه:

تبتل منكم كربلا بدم ولا　　　تبتل مني بالدموع الجارية

أنست رزيتكم رزايانا التي　　　سلفت وهونت الرزايا الآتية

وفجايع الأيام تبقى مدة　　　وتزول وهي إلى القيامة باقية

والجناس في «مارد» حيث الأول من (ما + رد) وهي مخففة أرد أي أرجع، والثانية من مرد الشيء إذا مرسه، والثالثة مخففة من (ما النافية + أريد أو أبغي). والزعية أي الزكية.

ولاشك أنَّ بيت الأعسم على شهرته باراه الكثير من الشعراء من القريض والدارج، ومن شعر الأبوذية قول الشاعر المعاصر عبد الصاحب بن ناصر الريحاني:

مَهْو لَجْلِ الثَواب اِبْعيتْ وَجْرَه

لَعَنْ نارَهِ اِبْصَميمْ الْگلُبْ وَجْرَه

مُصابْ احْسَينْ اَبَدْ ما صارْ وَجْرَه

فَرِضْ كِلْ عامْ نِنصُبْلَه عِزيَّه

فالجناس في «وجره» حيث الأول وأصلها وأجره من الثواب، والثانية من أجر النار أي أوقدها، والثالثة من جرى أي صار. أما شرح كلمات الأبوذية: (مهو: من ما + هو، ويقال ما هو الأمر بكذا. لعن وتعني لكن. ننصبله من نصب له).

ومن تضمين المثل في الأبوذية قول الشاعر عبد العظيم بن حسين الربيعي (ت ١٣٩٨هـ) على لسان السيدة زينب بنت علي عليها السلام يروي نزول الركب الحسيني ارض كربلاء المقدسة:

وَحَگّ ٱلسّاوَمِ ٱبْنَفْسَه وَشارَه

إلاهَه ٱلْمالَهِ ٱمْعاوِنْ وَشارَه

إلْگَلُب، وِٱلرَّمِزْ يَكْفي الحُرْ وَشاره

لِوانِي مِنْ نِزِلْنَه ٱلْغاضِرِيَّة

فالشاعر هنا ضمّن المثل المشهور «الحر تكفيه الإشارة»، وهذا المثل هو بالأساس مقتبس من بيت شعر لأبي الطيب المتنبي أحمد بن الحسين (ت ٣٥٤هـ) يقول فيه:

العبد يقرع بالعصا والحر تكفيه الإشارة

وبذلك يكون الشاعر قد ضمّن شطر البيت وبارى البيت معاً.

تشاكل القريض والدارج

تمثلت في واقعة الطف في كربلاء كل التضحيات الثمينة والمثل العليا والقيم السامية، كما تمثلت في المقابل كل عناصر الجريمة والانحطاط والدناءة. وهذه المثل وأضدادها طالما ترجمها الشعراء ورفعوها فوق سنان قوافيهم كنار على علم، فمن ذلك قول الشاعر صالح آل نعمة وهو من شعراء القرن الرابع عشر الهجري في وصف شجاعة العباس بن علي عليه السلام:

لَيْثِ الحَرُبْ بَسْ عَبّاسْ داره

اِبْسَيفَه الْضِرَبْ فوگ الطوسْ دارَه

عَلْيلِ الدّينْ دَمْ ٱحْسَينْ دْارَه

ٱوْحِيَه دْينِ النّبي سَيْدِ البَرِيَّة

والجناس في «داره» حيث إن الأولى مخففة دارية وهي العلم بالشيء،

والمراد: لم نعلم سوى العباس بن علي ليثاً في الحرب. وداره الثانية بمعنى دار الحرب والهاء ضمير يعود إلى الحرب، أي طاف في المعركة وجال فيها. والثالثة مخففة داوره أي عالجه.

وهذا المعنى من الفداء والتضحية بالدم من أجل إحياء دين الإسلام نجده في شعر السيد جعفر بن محمد الحلي (ت ١٣١٥هـ)، حيث يقول:

قد أصبح الدين منه يشتكي سقماً — وما إلى أحد غير الحسين شكا
فما رأى السبط للدين الحنيف شفاً — إلا إذا دمه في كربلا سفكا
وما سمعنا عليلاً لا علاج له — إلاّ بنفس مداويه إذا هلكا

ونجد المعنى نفسه في قول الشاعر أبو الحب الكبير محسن بن محمد (ت ١٣٠٥هـ) وهو ينشد على لسان الإمام الحسين عليه السلام، من بحر الكامل الثاني:

أعطيت ربّي موثقاً لا ينقضي — إلا بقتلي فاصعدي وذريني
إن كان دين محمدٍ لم يستقم — إلا بقتلي يا سيوف خذيني
هذا دمي فلتروَ صادية الظبا — منه وهذا للرماح وتيني

وهذه الأبيات من قصيدة مطلعها:

إن كنت مشفقة عليّ دعيني — ما زال لومُك في الهوى يغريني
لا تحسبي أنّي للومك سامع — إنّي إذاً في الحبّ غير أمين

وأخذ البيت الثاني (إن كان..) شهرة واسعة في المنابر والمآتم الحسينية وفي الكتابات، حتى نسبه البعض غفلة إلى الإمام الحسين عليه السلام.

شعراء الأبوذية

أما الشعراء الذين تضمنهم الديوان فهم حسب الحروف الهجائية:

إبراهيم بن خليل أبو شبع، إبراهيم بن ناصر المبارك، إبراهيم بن عبد الحسن الخنيفري، أحمد بن صالح السلامي، إسماعيل بن محمد الحميري، ثريا بنت عطية الجمري، جابر بن جليل الكاظمي، جابر بن صالح الموسوي، جعفر بن محمد الحلي، جمعة بن سلمان الحاوي، حاچم الخياط، حسن بن حسين الموسوي، حسن بن كاظم سبتي، حسين بن علي الكربلائي، حيدر بن سليمان الحلي، خلاف بن حسن العفراوي، دشاش بن علوان الشمخي، راضي بن صالح القزويني، رمضان بن شريف، زاير بن علي الدويچي، سعيد بن كاظم الصافي، صالح بن حسين الحلي، صالح بن مهدي البصري، صالح بن مهدي القزويني، صالح آل نعمة، عباس بن علي الترجمان، عباس بن علي الحزباوي، عباس بن غانم المشعل، عباس بن ناصر البحراني، عباس الحميدي، عباس العگيلي، عبد الأمير بن علي الفتلاوي، عبد الأمير بن مؤيد الكنعاني، عبد الأمير بن نجم النصراوي، عبد الحسن بن محمد الكاظمي، عبد الحسين بن عواد الديراوي، عبد الرحيم بن خزعل المقدم، عبد الرضا الحجار، عبد الزهرة بن محمد السراج، عبد السادة بن حبيب الديراوي، عبد الصاحب بن ناصر الريحاني، عبد العال الرميثي، عبد العظيم بن حسين الربيعي، عطية بن علي الجمري، علوان بن مجيد الخميسي، علي بن حسين البازي، علي بن الحسين الهاشمي، عيسى بن علي الحياوي، فاخر بن طاهر الموسوي، كاظم بن حسن سبتي، كاظم بن حسون المنظور، كاظم بن حسين العنبگي، كاظم بن طاهر السوداني، كاظم بن حمزة السلامي، كريم بن محمد آل عزام، لطيف بن صالح النزاري، محمد بن سعيد المنصوري، محمد بن قاسم العراخ، محمد بن مهدي السويج، محمد حسن بن عيسى دكسن، محمد رضا بن حسين فتح الله الكربلائي، مرتضى بن أحمد قاو الكربلائي، معين

الخياط، مهدي بن حسن الخضري، مهدي بن حسن الماجدي، مهدي بن راضي الأعرجي، مهدي بن محمد السويج، موسى الصيادي، ناجي بن حسن العبان، ناصر بن عيسى الصخراوي، نجم بن عبود الكواز، هادي بن محمد ثويني، هاشم بن ناصر العقابي، ياسر بن نعمة الساري، وياسين بن عبد الكوفي.

جنة وافرة الثمار

وفي الواقع إنَّ ديوان الأبوذية في جزئه الثاني، يمثل ثروة غنية في أبواب وعلوم مختلفة أفاض المؤلف من قلمه، وبملاحظة عناوين الفهارس يمكن قراءة المعارف التي تضمنه الديوان بحيث أخرج مقطوعات الأبوذية من إطارها الشعبي الضيق إلى آفاق واسعة تحلق في فضاء الأدب واللغة والتراث والرجال وغير ذلك، وضمت الفهارس العامة: فهارس المتن وهذه بدورها ضمت: فهرس الأعلام والشخصيات، القبائل والأنساب والجماعات، القوافي والروي، البحور والأوزان. وضمت فهارس الهامش: فهرس الأبيات وأنصافها (القريض)، الأبيات وأنصافها (الدارج)، التأريخ، الناظمون والشعراء، الأعلام والشخصيات، القبائل والأنساب والجماعات، الفهرس اللغوي، فهرس اللهجة، فهرس الكلمات الدخيلة، فهرس الجناس. وضمت الفهارس المشتركة بين المتن والهامش: فهرس الآيات المباركة، الأحاديث والأخبار، الأمثال والحكم، مصطلحات الشريعة، المصطلحات العلمية والفنية، الطوائف والملل، الوظائف والرتب، الآلات والأدوات، الإنسان ومتعلقاته، الحيوان ومتعلقاته، النبات ومستحضراته، الفضاء ومتعلقاته، الأرض ومتعلقاتها، المعادن، الأماكن والبقاع، الزمان، الوقائع والحوادث، المؤلفات والمصنفات، المصادر والمراجع، فهرس مؤلفي المراجع، وأخيراً فهرس المحتويات والمندرجات.

ولما كان الدكتور الكرباسي حريصاً بأنْ ينتهي كل مجلد من مجلدات دائرة المعارف الحسينية بقراءة نقدية لعلم من الأعلام، فإنَّ الأكاديمي العراقي، المسيحي النسطوري، المقيم في بريطانيا الدكتور دانيال إسحاق، وجد في قراءته التي كتبها باللغة السريانية الشرقية: «إن دائرة المعارف الحسينية ليست كتاباً للطلبة الجامعيين أو الباحثين في الدراسات العليا، بل هي جنّة وافرة الثمار لكل باحث مهما كان مستوى ثقافته، إذ يستطيع أن يقطف ويتناول ما يشاء من ثمار الحسين»، ووقف الدكتور إسحاق إجلالا وتعظيما لتضحيات الإمام الحسين، حيث: «استحالت صفحات جسده (الحسين) الطاهر كتاباً من مداد دم، وكتبت أقدس مواقف البطولة والشرف، حيث قرأت تلك الحروف الجراح فكانت ٦٧ حرفاً، ثلاثاً وثلاثون طعنة رمح، وأربعاً وثلاثون ضربة سيف. ومنذ ذلك اليوم ولمدة ثلاثة عشر قرنا، نظم الشعراء القوافي، وراحوا يرثون الحسين ويندبونه»، ورأى ان المؤلف يسعى في سبيل: «أنْ تكون هذه الموسوعة شاملة وقادرة على استيعاب دائرة الإمام الحسين والدوائر الصغيرة المحيطة بها لكي يجنّب تراث الإمام من الضياع والتناسي»، واعتبر في ختام القراءة ان: «دائرة المعارف الحسينية تشكل عملاً أدبياً واسعاً جداً، إذ أخذ سماحة الشيخ محمد صادق الكرباسي على عاتقه جعل هذه الموسوعة منذ أن تبلورت فكرتها عنده، معينا يروي القراء المتعطشين للعلم والمعرفة». وما اخطأ سهم الدكتور دانيال إسحاق الحقيقة، فكل كتاب هو بحر فيه علوم كثيرة ذات مشارب عدة.

الجمعة ٢٠٠٧/٩/١٤م

١٤٢٨/٩/٢هـ

الباحث مارونا بن بنيامين أرسانيس
(Marona Benjamin Arsanis)

* ولد في مدينة أرومية الإيرانية عام ١٣٣٦هـ (١٩١٨م) لعائلة آشورية، وتوفي في موسكو عام ١٤٢١هـ (٢٠٠١/٢/٤م).

* تخرج من جامعة طهران عام ١٣٥٦هـ (١٩٣٧م).

* رجع إلى بلاده والتحق بالمؤسسة العسكرية عام ١٣٥٨هـ (١٩٣٩م) ودخل الكلية العسكرية عام ١٣٦٠هـ (١٩٤١م) وتخرج منها برتبة ملازم أول.

* بعد انتهاء الحرب العالمية الثانية عام ١٣٦٤هـ (١٩٤٥م) عمل محرراً باللغة الفارسية في دار النشر السوفياتي قسم اللغات الأجنبية.

* خلال عمله في دار النشر التحق بالجامعة الماركسية اللينينية قسم الصحافة.

* بدأ في نهاية عام ١٩٥٠م (١٣٧٠هـ) العمل في اللجنة السوفياتية للبث الإذاعي والتلفزيوني كمذيع ومترجم.

* عضو اتحاد الصحافيين السوفيات.

* عضو مجلس تحرير صحيفة أخبار موسكو.

* رئيس الاتحادات التجارية في لجنة الإذاعة والتلفزيون.

* في مطلع عام ١٩٦٠م (١٣٧٩هـ) قام بتدريس اللغة الآشورية على مئات من الطلبة في موسكو.

* على مدار خمسة عشر عاماً تنقل بين أرمينيا وجورجيا مع أخيه جوارجيس (Gewargis) لتدريس اللغة والآداب الآشورية.

* وهو إلى جانب الفلسفة والأدب والترجمة رسام وموسيقار.

* ترك الكثير من المقالات والدراسات وخمسة كتب، منها:

ـ الأمثال والخواطر (Aphorisms and Thoughts).

ـ بنيامين أرسانيس وعائلته (Benjamin Arsanis and his family)، وهو كتاب سيرة أفراد العائلة.

ـ سقوط المملكة الآشورية (The Fall of the Assyrian Kingdom)، وهو ترجمة لكتاب والده الأب بنيامين أرسانيس، وصدر باللغة الروسية قبل وفاته بعام.

(ديوان الأبوذية ـ الجزء الثالث)
عمل لا نظير له

عندما نتحدث عن حركات الشيعة في العالم الإسلامي، يجب أن لا ننسى نهضة الحسين بن علي الإمام الثالث للشيعة الذي خرج لإصلاح أوضاع المسلمين في عهد يزيد بن معاوية ثاني ملوك بني أمية وذلك في القرن السابع الميلادي، إلا أن الخليفة الأموي يزيد وقف دون الوصول إلى أهدافه السامية، فأرسل الجيوش لمقاتلته والقضاء عليه، وبالفعل فقد قتله بأرض يقال لها كربلاء من ناحية العراق.

لم تتوقف القضية عند مقتل الحسين، فقد تفاعلت، وعلى أثر ذلك ضاعفت الشيعة من تحركها ضد النظام الأموي، وأخذت القضية أبعاداً مختلفة وتأسست فرق وحركات عدة، منها حركة المختار بن أبي عبيدة الثقفي، التي عرفت بالكيسانية، والتي قامت لأخذ الثأر من أنصار الأمويين الذين شاركوا في اضطهاد الشيعة وقتل إمامهم الحسين بن علي عام ٦٨٠م، ويعتبر هذا أول تحزب[1] للشيعة، حيث افترقت هذه الجماعة عن عموم الشيعة، وقامت بقتل كل الظالمين ممن كان لهم دور في واقعة كربلاء.

---

(١) إذا كان مفهوم التحزب هو التكتل لمواجهة حكم بني أمية بعد استشهاد الإمام الحسين فإن حركة التوابين بقيادة سليمان بن صرد الخزاعي التي اندلعت عام ٦٥هـ، تعتبر الأولى زمنيا.

وكان المختار يوالي الأخ غير الشقيق للإمام الثالث (الحسين)، حيث كان يدعو له بعد مقتل أخيه الحسين[1]، وظلت الحركة نشطة حتى أوائل القرن الحادي عشر الميلادي.

وفي القرن الثاني الهجري برزت فرقة ثانية من الشيعة، وقد عرفوا بالزيدية، وكان يقود هذه الحركة زيد ابن الإمام الرابع للشيعة الإمامية علي بن الحسين، وحفيد الإمام المقتول في كربلاء، وقد كان أتباع زيد يعتبرونه الإمام الخامس لهم، ولكن الأمويين تمكنوا من قتله عام ٧٤٠م، إلا أن هذه الفرقة ظلت تواصل نشاطها بعد مقتله، وقد اتخذت من إيران مركزاً لتحركاتها، وذلك بعد ثلاثمائة سنة من مقتله، وإلى يومنا هذا لهم وجود بيّن في اليمن، وفلسفتهم حول الإمامة تكمن في أن الإمام هو الذي يقود الأمة الإسلامية بالسيف.

وهناك فرقة ثالثة ظهرت في منتصف القرن الثامن الميلادي، وقد تولت جعفر الصادق بوصفه الإمام السادس لهم، وعرفوا بالجعفرية[2]، وهؤلاء لهم دور كبير في الوسط الشيعي والعالم الإسلامي، وهؤلاء اعترفوا بإمامة الإبن الأصغر لجعفر الصادق، وهو موسى الكاظم، ثم ظهرت فرقة أخرى عرفت بالإسماعيلية، نسبة إلى إسماعيل الإبن الأكبر لجعفر الصادق، حيث قالوا بإمامته بعد أبيه[3]، فأصبح الإمام السابع لهم، وقد اتخذوا لأنفسهم فلسفة خاصة بهم، ثم تشعبت منهم فرق عدة، والفرقة الإسماعيلية لهم وجود فاعل

---

(١) إشارة إلى محمد ابن الحنفية المتوفى عام ٨١هـ.

(٢) نشأت الشيعة الإمامية الإثنا عشرية في حياة النبي محمد ﷺ، ويطلق عليهم الجعفرية، لتفرغ الإمام جعفر الصادق عليه السلام ومن قبل أبيه الإمام محمد الباقر عليه السلام في إظهار فقه محمد وآل محمد، بعد أن كادت الدولة الأموية تشوّهه كليا بدس الأحاديث ووضعها.

(٣) جرت الإشارة أن إسماعيل مات في حياة أبيه الإمام جعفر الصادق عليه السلام عام ١٤٣هـ.

في الهند وإيران وشبه الجزيرة العربية وباكستان وطاجكستان وغيرها من الدول. وفي هذه المقدمة نتوجه إلى منطقة بدخشان[١] الجبلية الواقعة في طاجكستان، حيث لهم تواجد كثيف فيها، وفي تاريخ ٢٥ يناير (كانون الثاني) من عام ١٩٢٥م، أخذت حكما ذاتيا في ظل حكومة طاجكستان، وقاعدتها مدينة «خروق»[٢]، وكان الإسماعيليون العرب قد نزحوا إلى الإقليم في القرنين السابع والثامن الميلادي، إلا أنهم في القرن الحادي عشر الميلادي شكلوا لأنفسهم هناك كياناً خاصاً ومميزاً، وهم الآن معروفون بالأغاخانية[٣] ولهم تواجد في ٢٢ دولة.

هذه أهم فرق الشيعة في العالم، وهؤلاء كلهم يقدسون إمامهم الحسين بن علي، الذي استشهد في القرن السابع الميلادي، ولازالوا يعظمونه ويحيون ذكراه وينشدون الأشعار والمراثي في حقه، ويؤلفون الكتب عن قضيته، ولاشك أنه قدوة في سبيل ترسيخ المبادئ الحقّة، فنهض لإنقاذ المظلوم من يد الظلم والجور.

وقد بدأ الشيعة نظم الشعر في أئمتهم منذ القرن السابع الميلادي بعد مقتل علي والحسن والحسين، ويعتبر الشعر الشيعي من أكثر الأشعار تراجيديا،

---

(١) بدخشان: وهي منطقة واسعة يقطنها الطاجيك يقع القسم الأكبر منها شمال شرقي أفغانستان ومركزها مدينة فيض آباد، في حين يقع القسم الآخر في طاجيكستان ومركزها مدينة خاروغ، ويفصل بينهما نهر جيحون.

(٢) خروق: أو خاروغ مركز مقاطعة بدخشان التي تتمتع بحكم ذاتي، تقع قرب الحدود مع أفغانستان عند نهر غُند وآمودريا (جيحون)، ويتحدث أهلها اللغة الشغنية.

(٣) الآغاخانية: نسبة إلى الآغا خان الأول حسن علي بن خليل الله علي المولود في محلات بإيران سنة ١٢١٩هـ والمتوفى في مدينة بومباي سنة ١٢٩٨هـ، وله قبر في ضاحية مزاكاؤون (Mazagaon) من بومباي، وهو الإمام السادس والأربعون من أئمة الإسماعيلية النزارية، وخلفه ابنه آغا خان الثاني علي المتوفى سنة ١٣٠٢هـ.

ويحتوي على الحزن والغم وبيان الملحمة، وقد فاق الشعر الحسيني على غيره، والشعر العربي للشيعة له مميزاته وخصائصه الأدبية، حيث يغلب عليه الوجدانية أكثر من غيره، ويتحدث عن مآسيه وما يختلج في ضميره وداخله، وليس هذا لسهولة هذا النوع من الشعر، بل لأن الشعر عندهم يخرج من القلب ويتحدث عن الروح الإنسانية، وهو شعر لا يتكلف فيه الشاعر في نظمه، ومن تلك المراثي نوع خاص يسمونه «الأبوذية» وهو شعر شعبي درج على نظمه معظم العراقيين، ويغلب عليه الطابع الحزين.

والكتاب الذي بين أيدينا هو الجزء الثالث من ديوان الأبوذية، ويضم ٢٦٧ بيتاً في ٢٩٦ صفحة من القطع الوزيري، كلها في شرح هذه الأبيات وتفسيرها، وبما أن هذه اللهجة غير مفهومة لكثير من متكلمي العربية، عمد المؤلف إلى شرح تلك الكلمات وتفسيرها، وقد ألحق بها ١٦٥ صفحة من الفهارس في أبواب متفرقة. وقد قام المؤلف محمد صادق محمد الكرباسي بتنظيم وترتيب هذه الأبيات بأحسن الوجوه، كما علق عليها وفسّر كلماتها بشكل دقيق وبأسلوب فني رائع، فهو جهد مشكور وعمل تحقيقي عظيم، ويبدو انه باحث قدير ومحقق ماهر، قد أنجز عمله بشكل متقن لا نظير له كما يظهر ذلك جليا من خلال مطالعتي لهذا المصنف.

مارونا أرسانيس أيجور

MARONA ARSANIS - AJOUR -

HALIST AND AWZITER,

MOSSCOW, RUSSIA

موسكو ـ روسيا

السهل الممتنع في شعر الأبوذية

يستسهل الكثير من الشعراء النظم باللغة الدارجة، بوصفها لغة المحادثة والتعامل اليومي في كل مرافق الحياة، وقليل منهم ينظم بالعربي القريض مع انه عمود الشعر العربي، والنادر من هذا القليل من ينظم باللغتين القريض والدارج، فيحلق بهذين الجناحين عاليا في سماء الأدب العربي.

ولا يختلف الشعر الدارج عن القريض كثيراً من حيث الأوزان والبحور والقافية، وإنما جاءت مرونة النظم فيه من الاستعمالات اليومية لمفرداته، على خلاف المفردات العربية الفصيحة التي يحتاج البعض في معرفتها الرجوع إلى معاجم اللغة وأهل الاختصاص ولذلك قلَّ شعراء القريض وكثر شعراء الدارج، ساعدت بعض المؤسسات الحكومية والأدبية على انتشار الشعر الشعبي في حين يفترض في مثل هذه المؤسسات تشجيع الناشئة العودة إلى جذور اللغة العربية وإشاعة الأدب العربي الرصين الذي يحفظ للأمة تراثها اللغوي والأدبي، ويجعل من اللغة العربية في مصاف اللغات العالمية الحية القابلة للانتشار والتعامل اليومي بها.

وبالطبع لا يعني الحديث عن السهولة في الشعر الشعبي، أنَّ كلماته ومفرداته قابلة للفهم السريع، بل إنَّ عدداً غير قليل من المفردات العربية يسهل إرجاعها إلى جذرها ومعرفة المعنى المراد في النص الفصيح نثراً أو نظماً، في حين يصعب إرجاع مفردات شعبية إلى جذر عربي وحتى لو تم

إرجاعها قد يصعب معرفة المعنى الظاهر والمراد في النص الشعبي نثراً أو نظماً، ولعل شعر الأبوذية من أنواع الشعر الشعبي الذي ينطبق عليه وصف «السهل الممتنع»، إذ ينبغي أن تتوفر في ناظم شعر الأبوذية القدرة على تطويع الكلمات بما يحقق الجناس في الأشطر الثلاثة من اشطر الأبوذية الأربعة، بحيث تتحد الكلمات الثلاث من حيث الرسم وتختلف من حيث المعنى، ولذلك يقع البعض في الخطأ، فمنهم من يختل عنده الجناس فيتحد الشكل والمعنى في لفظين وينفرد الثالث بمعنى مستقل، ومنهم من يتحد عنده الجناس لفظاً ومعنى، وربما اعتبره البعض جانبا من التجديد في شعر الأبوذية، ولكنه سيخرج حينئذ عن أصل التعريف وإنْ كانت التفعيلات واحدة، لأنَّ عنوان الأبوذية قائم على عمود الجناس، ومثال ذلك قول الشاعرة المعاصرة ثريا بنت عطية الجمري:

أَوفيتِ اَوْ طِحتْ هَالْيوم وَعْدَكْ

وَاَدّيتِ وزِدتْ وَاَنْجزِتْ وَعْدَكْ

نايِمْ بِالشَّريعَه اَو وَيْن وَعْدَكْ

مَعَ سِكْنَه يَبو نَفْسِ الأبيَّه

فالشاعرة تتحدث عن لسان السيدة زينب بنت علي عليها السلام (ت ٦٢هـ) تستنهض أخاها العباس في نصرة أخيه الإمام الحسين عليه السلام وتشير إلى الوعد الذي قطعه على نفسه بنصرة أخيه وسقاية النساء والأطفال، وقد أدى الوعد سلام الله عليه يوم ولد ويوم استشهد ويوم يبعث حيا.

كما إنَّ القول بأنَّ شعر الأبوذية من السهل الممتنع، لا ينحصر في الناظم فقط، بل في الأذن التي تتلقى الجناس، فهي بحاجة إلى معرفة باللهجات الدارجة وبخاصة لهجة سكان الفرات الأوسط في العراق وجنوب إيران في

خوزستان وعدد من مناطق الخليج، حيث يكثر فيها نظم الأبوذية، ولذلك يصعب على المتلقي الوقوف على كامل المعنى من شعر الأبوذية إذا لم يستطع التمييز بين معاني الجناس، وإذا لم يكن يمتلك مخزونا من المفردات الدارجة، أو لم يحتك بالبيئة الشعبية، لأنَّ الجناس في شعر الأبوذية أشبه بلعبة الكلمات المتقاطعة.

واقعة الطف مثالاً

ويكثر النظم على منوال الأبوذية كما هو الظاهر في أحد معاني الأبوذية (صاحب الأذى والألم والوجع) في التعبير عن زفرات النفس وآهاتها، ولما كانت الملحمة الحسينية في عاشوراء كربلاء في العام ٦١ هجرية فيها من الآهات والآلام ما فاق صبر رائدها صبر أيوب، فإنَّ النظم في وقائع معركة الطف وتفجعاتها كثير، والناظمين كثر، وهذا ما تابعه المحقق الدكتور محمد صادق الكرباسي في الجزء الأول والثاني من سلسلة ديوان الأبوذية في إطار موسوعة دائرة المعارف الحسينية التي تفوق أعدادها الستمائة مجلد، وفي الجزء الثالث من «ديوان الأبوذية» الصادر عن المركز الحسيني للدراسات في لندن في ٤٤٤ صفحة من القطع الوزيري، يلاحق الكرباسي مقطوعات الأبوذية التي نظمها أصحابها في النهضة الحسينية، ابتداءً من قافية الزاي حتى الكاف الفارسية، وقد جاءت أكثر خطوطها في رسم معالم صورة معركة استشهاد الإمام الحسين عليه السلام وأهل بيته وصحبه ظهيرة العاشر من المحرم، ويقدم تصوراته في كل مقطوعة من حيث شرح ألفاظ الجناس وتقييم المقطع أو تقويمه ونقده من حيث القوة والضعف، وإظهار النص الأدبي من نظم أو نثر تبارى فيه شاعر الأبوذية أو اعتمده في نظمه أو تأثر فيه أو نظم على شاكلته، وهو ما يشبه في عملية قراءة أفكار الشاعر واستكناه ضميره الأدبي،

ولذلك يقدم الكتاب معلومات غير قليلة تعين القارئ على تفهم الأبوذية وسهولة معرفة جذور الكلمات.

مساجلة شعرية

وما يلاحظ على شعر الأبوذية اشتهار المساجلات بين الشعراء والناظمين، بل إنَّ المساجلة بحد ذاتها فن لا يقدر عليه كل شاعر، لأنها تعتمد البداهة والسرعة والفطنة والخزين الشعري الذي يساعد الشعراء على النظم الآني أو استرجاع النظم السابق، والشاعر القدير هو الذي يصرف المساجلة الشعرية إلى النقطة التي يريد توجيه الأنظار إليها باعتبارها قطب الرحى، كما فعل عميد الشعر الشعبي، الشاعر المعاصر جابر بن جليل الكاظمي عندما أجاب على أبوذية مهداة من صديقه الأديب الدكتور عباس بن علي الترجمان بأبوذية جعل فيها كربلاء محورها حيث ألهبت معركة الطف كل قلب وكبد حتى صارت صفحة الخد أحر من الجمر تستمد حرارتها من صعيد كربلاء التي توسدها خد الإمام الحسين عليه السلام وصارت الرمال له دثاراً، يقول الشاعر الكاظمي:

اَمِسْ بِالطَّيفْ يا عَبّاسْ شِفْتَكْ

اَوْ كِتْلَكْ جَرْحي ذاكِ اَلطّابْ شِفْتَكْ

أخاَفْ لو بِسِتْني اَتذوبْ شِفْتَكْ

اَحْتِوَتْ وَجْناتي نارِ اَلْغاضِرِيَّة

وهو يجيب على أبوذية الترجمان:

أريد اوصل اللندن بستكانه

واشرب وصل خمرك بستكانه

لو تحصل يجابر بستكانه

بوسه اترد شبابي اردود اليه

ويقع الجناس في «شفتك» فالأولى بمعنى رأيتك، والثانية مركبة من «أشوف + أفتك» أي فتك وبطش، والثالثة أراد الشفّة. كما يقع الجناس في «بستكانه» فالأولى من الاستقرار والثانية فارسية وتعنى إناء الشاي، والثالثة فارسية تعبير عن وحدة الحال، فالشاعر الترجمان يتمنى الوصول إلى لندن حيث مقر إقامة الشاعر الكاظمي ويتناول الشاي معه حتى يستعيد ذكريات الشباب. أما الجناس الأول فيقع في «شفتك»، فالأولى بمعنى رأيتك، والثانية مركبة من «أشوف + أفتك» أي فتك وبطش، والثالثة أراد الشفَّة.

شذرات من الأبوذية

ومع أنَّ الغموض يلف جناس الأبوذية وهو في الوقت نفسه يعبر عن قوة في شاعرية الشاعر وإبداعه، فإنَّ الكثير من شعراء الأبوذية يحاولون رفع العجمة عن الجناس وتعريبه، خلال استحضار مفردات من نص أدبي نثري أو نظمي أو نص قرآني أو حديثي أو تراثي، بما يقرب المعنى للمتلقي، وهو في الوقت نفسه يكشف حجم ثقافة الشاعر وتمكنه من أدوات الأدب ومفاصله.

ولعل المباراة الشعرية واحدة من معالم استنطاق مفردات النص، بحيث يحفز لدى المتلقي مستمعاً أو قارئاً استحضار كامل للمعاني التي يعبر عنها الشاعر في الأبوذية، بخاصة إذا كان المتلقي على دراية بالنص الأول، فتقوم الأبوذية باستنهاض ذاكرته للامساك بما تبقى من خيوط الذاكرة في النص الأول والتي أخفتها عقد الزمان.

وفي هذا الجزء من الديوان الكثير من الأبوذيات التي بارى فيها الشاعر

شاعراً أو نصاً، أو أنَّه ألمح إلى نصوص وأشار إليها وترك لفراسة المتلقي وجدانها والركون إليها، وقد عمد المحقق الكرباسي إلى إرجاع مفردات كل أبوذية إلى منابعها الأصلية واضعاً نفسه كوسيط بين الشاعر والمتلقي لمعرفة الخلفية الأدبية والثقافية التي انطلق منها شاعر الأبوذية في نظمه، والنص الذي بارى فيه الشاعر في أبوذيته، ومن ذلك قول أمير شعراء الأبوذية حسين بن علي الكربلائي (ت ١٣٢٨هـ)، وهو يباري بيت الشاعر الشيخ محسن بن محمد أبو الحب الكبير (ت ١٣٠٥هـ)، من بحر الكامل الثاني:

إن كـان ديـن مـحـمـد لـم يـسـتـقـم   إلا بـقـتـلـي يـا سـيـوف خـذيـنـي

فينشد:

أريد ابْعي اوْ أهِلِ الدَّمعْ يا سيفْ

ابْجُبِّ اهويتْ يِشْبَه لَعِدْ يا سيفْ

لَوَنْ بِيَّه استِقامِ الدِّينْ يا سيفْ

إخِذْني اوْ خَلْ يِتِمّ الْشَّمِلْ بِيَّه

والجناس في «يا سيف» حيث الأولى محرفة يؤسف من التأسف، والثانية محرفة من النبي يوسف بن يعقوب، والثالثة من ياء النداء وسلاح السيف.

ومن المفارقات الباعثة على الفخر وتحسب لصالح الشاعر (أبو الحب الكبير)، أنَّ هذا البيت أخذ شهرة منقطعة النظير، بما يمثله من لسان حال صاحب النهضة الكربلائية، حتى صار ومنذ عقود ينسب إلى الإمام الحسين عليه السلام مباشرة، مع أنَّ الفاصلة الزمنية التي تبعدنا عن الشاعر ليست بطويلة، بل إنَّ البعض يصاب بالصدمة عندما يكتشف أن البيت عمره قرن واحد، وقد أحسن صنعاً حفيد الشاعر، الأكاديمي الدكتور جليل بن كريم

أبو الحب عندما أخرج الديوان المخطوط إلى النور في طبعة أولى العام ٢٠٠٣م عن «بيت العلم للنابهين» في بيروت، وتربع هذا البيت قلب الغلاف.

ومن المباراة واستحضار نص تراثي شهير قول الشاعر المعاصر عباس بن كريم الحلي الشهير بـ «أبو يقظان الحلي» مبارياً البيتين المنسوبين للإمام الحسين عليه السلام من بحر الوافر:

تركت الخلق طرّاً في هواكا وأيتمت العيال لكي أراكا

فلو قطّعتني في الحب إرباً لما مال الفؤاد إلى سواكا

فينشد:

تِخَضَّبْ بِالدِّمَه جِسْمَه وَراكَه

وِتْرَكْتِ الْخَلَگْ كِلْهَا وَراكَه

أيَتْمِ اعْيالِي بَسْ تِرْضَه وَراكَه

إعْيالِي وِالْنَفِسْ لَجْلَكْ ضَحِيّه

فالجناس في «وراكه»، فالأولى أصلها ورك من الركاكة بمعنى الضعف، والثانية محرفة وراءك بمعنى خلفك، والثالثة أصلها أراك أي انظر إليك.

وكما يحصل «التناص» في الأدب المنثور يحصل مثله في المنظوم، حيث تتشاكل الخواطر في حدث واحد من قبل كاتبين أو شاعرين فيأتي النص الثاني محاكياً للنص الأول كأنه يصدر عن كاتب واحد، وقد يتحدان زماناً ومكاناً أو يفترقان، وفي الشعر تأتي بعض المفردات كقاسم مشترك، وفي الغالب فإنّ المفردات دالة على معنى كبير يلجأ الشاعر لاستخدامها حتى تحرك في المتلقي مشاعره وأحاسيسه.

ومن ذلك قول الشاعر المعاصر السيد سعيد بن كاظم الصافي وهو يتناول فضيلة زيارة الإمام الحسين عليه السلام:

ابْذِكْرِ حْسَينْ اَظَلْ ألْهَجْ وَطافه

اوْ يِلْهَبْ جَمُرْ دَلاَلي وَطافه

هِنْيالَه الْوِصَلْ گَبْرَه وَطافَه

طَوافِ الْحَجْ تاسِعْ مِنْ ضَحِيَّه

والجناس في «وطافه» فالأولى وأصلها طفّ وهي من أسماء مدينة كربلاء، والثانية محرفة أطفأه، من أطفأ النار إذا أذهب لهبها، والثالثة من طاف أي دار حول المكان.

فالشطر الثاني تناص مع الشطر الأول لأبوذية الشاعر علي بن شمخي اليوسفي وفيها يقول:

يلهب جمر دلالي ولطفه

على اللي انتظر عطفه ولطفه

ايحضن أمه وأناغيله ولطفه

اگول ايصير صار وخان بيه

والجناس في «ولطفه»، فالأولى من إطفاء لهيب النار، والثانية من اللطف، والثالثة من الملاطفة والتلاطف.

أما الشطر الرابع فقد تناص مع نظيره في أبوذية الشاعر حسين بن علي الكربلائي (ت ١٣٢٨هـ) حيث يقول:

نحت لك ما نحت لمي ولبي

الخمسة رزهن لعبدي ولبي

أطوفن بين نهدينك ولبي

السعي واجب ابتاسع من ضحيه

والجناس في «ولبي»، فالأولى وتعني الأب، والثانية الفؤاد أو العقل، والثالثة من التلبية.

كما ويكثر البعض من استعمال مفردات قرآنية أو حديثية لتأخذ الأبوذية موقعها المناسب في قلب المتلقي، ومن ذلك قول الشاعر عباس الترجمان:

أَهَلْ بَيتِ الرِّسالَه بابْ حِطَّه

الْيِحِبْهُمْ ذَنْبَه الْمَعْبودْ حَطَّه

والْيِبْعي الْمُصابِ احْسينْ حَطَّه

بِالْفِرْدوسْ يَمْ سَيْدِ الْبَرِيَّه

والجناس في «حطه»، فالأولى من الحط وهو الوضع يقال حط عن ذنبه أي غفر له، وفي الآية ٥٨ من سورة البقرة: ﴿وَقُولُواْ حِطَّةٌ نَّغْفِرْ لَكُمْ خَطَٰيَٰكُمْۚ﴾، وفي الحديث النبوي الشريف: «مثل أهل بيتي فيكم، مثل باب حطة من دخله نجا ومن لم يدخله هلك» (أمالي الطوسي: ١/ ٥٩).

وقد يستخدم بعض الشعراء مثلاً شهيراً ليقوي لدى المتلقي وقع ابوذيته ويختصر المسافات إلى مشاعره، بخاصة وإنَّ المثل حظه من التأثير حظ الخط المستقيم الذي هو اقصر الطرق لنيل المراد، ومن ذلك قول الشاعر جابر الكاظمي:

سَنَدْ ما سِنَدْ دَوْلَتْهُمْ وَلا مناصْ

وِجَبْ تَفْجيرْ هَالثّورَة وَلا مناصْ

السِّكوتِ اعْلَه الْعَدو آلْغاشِمْ وِلا مناصْ

مِثِلْ خَرْطِ الْقِتادْ اَصْبَحْ عَلَيَّه

والجناس في «ولا مناص»، فالأولى مخففة ومركبة من «ولا + من + نص» النص من الكلام هو الصيغة الأصلية والذي لا يحتمل التأويل، والثانية المناص هو الملجأ والمفر، والثالثة من الناصي وهو الداني.

فالشاعر استخدم المثل العربي الشهير «دونه خرط القتاد» الدال على استحالة تحقق أمر ما حتى وإنْ أعدَّ له المرء عدته، والخرط التقشير، والقتاد هو شجر صلب له شوك كالإبر.

الصورة الشعرية

ويستظهر المحقق الكرباسي من خلال تناوله للأبوذيات الخاصة بالنهضة الحسينية، استلهام الشاعر لبيت أو أبيات من شعراء ماضين أو معاصرين من دون أن يشعر المتلقي بذلك، وهذا النوع من الاستلهام يختلف عنِ التضمين حيث يقوم الشاعر بتضمين صريح لبيت شعر أو شطر من بيت لشاعر آخر، إما أنْ يؤطره بمعكوفين أو أنْ يتركه لنباهة المتلقي، وفي الاستلهام لا يتمكن كل متلقٍ من اكتشاف ذلك، لأنَّ الشاعر في هذه الحالة يستلهم من شاعر آخر الصورة الشعرية وليست مفردات بعينها، وهذه الصورة يكتشفها المتلقي الحاذق الذي يملك مصرفاً من النصوص الشعرية، تتيح له فرصة الفرز السريع، لأنَّ الشاعر بقوته الشعرية يستحضر الصورة الأدبية أو انه يعيد خلق صورة جديدة من صورة سابقة، وهذا بحد ذاته نوع من الإبداع، لأن الصورة الجديدة هي مخاض انفعال مع صورة سابقة والتفاعل معها لإنتاج صورة أدبية ومخيلة شعرية جديدة.

والمحقق الكرباسي الذي عمد إلى ملاحظة الجزئيات في كل أبوذية له اكتشافاته في هذا المجال، ومن ذلك قول الشاعر مهدي بن حسن الخضري (ت ١٣٤٧هـ):

مَتَى اتْهَلْهِلْ الْغِيدِ السُمُرْ وَالْبيضْ

او تِتْخالَفِ ارْماحِ السُمُرْ وَالْبيضْ

اوْ نِسْمَعْ مِنْ رِنْينِ الطوسْ وَالْبيضْ

نَفْخِ الصّورْ بارضِ الغاضريَّه

والجناس في «البيض»، فالأولى من البيض واحدها البيضاء أو الأبيض، والثانية السيوف، والثالثة مخففة ومركبة «الذي + به + ضوء» قالها مجازاً عن السيوف لما فيها من بريق، وفيها قال عنترة بن شداد العبسي (ت ٢٢ ق.هـ) من الكامل:

فوددت تقبيل السيوف لأنها ومضت كبارق ثغرك المتبسم

كما ان الشاعر استحضر في الشطر الرابع صورة النفخ في الأموات أو «نفخ الصور»، قال تعالى في الآية ٧٣ من سورة الأنعام: ﴿يَوْمَ يُنفَخُ فِى ٱلصُّورِۚ﴾.

شعراء الأبوذية

أما الشعراء الذين تضمنهم ديوان الأبوذية في جزئه الثالث واستأثروا بنحو ٢٦٠ قطعة أبوذية فهم حسب الحروف الهجائية: باقر بن حبيب الخفاجي (ت ١٣٨١هـ)، باقر الحلي (ق ١٤هـ)، ثريا بنت عطية الجمري (ق ١٥هـ)، جابر بن جليل الكاظمي (ق ١٥هـ)، جابر بن هادي أبو الريحة (ت ١٤٠٣هـ)، حسن بن حسين الموسوي (ق ١٥هـ)، حسن بن محمد الكاظمي

(ق ١٥هـ)، حسين بن علي الكربلائي (ت ١٣٢٨هـ)، سعيد بن كاظم الصافي (ق ١٥هـ)، صالح بن حسين الحلي (ت ١٣٥٩هـ)، عباس بن علي الترجمان (ق ١٥هـ)، عباس بن علي الحزباوي (ق ١٥هـ)، عباس (أبو يقظان) بن كريم الحلي (ق ١٥هـ) عباس بن ناصر البحراني (ق ١٥هـ)، عباس الحميدي (ق ١٥هـ)، عبد الأمير بن علي الفتلاوي (ت ١٣٨٠هـ)، عبد الحسين بن حسن أبو شبع (ت ١٣٩٩هـ)، عبد الرحيم بن خزعل المقدم (ق ١٥هـ)، عبد الرضا الحجار (ق ١٤هـ)، عبد السادة بن حبيب الديراوي (ق ١٥هـ)، عبد الصاحب بن ناصر الريحاني (ق ١٥هـ)، عبد العال الرميثي (ت ١٤١٤هـ)، عبد العظيم بن حسين الربيعي (ت ١٣٩٨هـ)، عبد المنعم الربيعي (ق ١٤هـ)، عبود بن جابر البحراني (ق ١٥هـ)، عطية بن علي الجمري (ت ١٤٠١هـ)، علوان بن مجيد الخميسي (ق ١٥هـ)، فاخر بن طاهر الموسوي (ق ١٥هـ)، قاسم بن محيي الدين(...)، كاظم بن حسون المنظور (ت ١٣٩٤هـ)، كاظم بن حسين العنبگي (ق ١٤هـ)، كاظم بن حمزة السلامي (ت ١٣٩١هـ)، لطيف بن صالح النزاري (ق ١٥هـ)، محسن بن مجيد قره غولي (ق ١٤هـ)، محمد بن حسين السراج (ت ١٣٦١هـ)، محمد بن سعيد المنصوري، محمد (أبو مؤيد) بن قاسم العراخ (ق ١٥هـ)، محمد حسن بن عيسى دكسن (ت ١٣٥٤هـ)، محمد سعيد بن موسى المنصوري (ق ١٥هـ)، محمد علي بن راضي المظفر (ق ١٥هـ)، مهدي بن حسن الخضري (ت ١٣٤٧هـ)، مهدي بن راضي الأعرجي (ت ١٣٥٩هـ)، مهدي بن محمد السويج (ق ١٥هـ)، ناصر بن عيسى الصخراوي (ق ١٥هـ)، هاشم بن ناصر العقابي (ق ١٥هـ)، وياسر بن نعمة الساري (ق ١٥هـ).

تحقيق منقطع النظير

والى جانب هذه الكوكبة من الشعراء انتهى الكتاب بمجموعة فهارس في موضوعات شتى، وبخاصة فهرس الكلمات الدارجة وفهرس الجناسات، حيث يقف القارئ على جذر الكلمة المحلية، مع قراءة نقدية باللغة الروسية للأكاديمي الطاجيكي، الآشوري المعتقد، الدكتور مارونا أرسانيس أجور، الذي يقر أنَّ اللهجة المستعملة في الشعر الشعبي: «غير مفهومة لكثير من متكلمي اللغة العربية»، وتأسيساً على ذلك: «عمد المؤلف إلى شرح تلك الكلمات وتفسيرها» ووجد: «إنَّ المؤلف محمد صادق محمد الكرباسي قام بتنظيم وترتيب أبيات الأبوذية بأحسن الوجوه، كما علق عليها وفسر كلماتها بشكل دقيق وبأسلوب فني رائع»، ومن رأي الدكتور مارونا أنَّ ديوان الأبوذية يمثل: «جهد مشكور وعمل تحقيقي عظيم»، وعنده: «أن المؤلف باحث قدير ومحقق ماهر، قد أنجز عمله بشكل متقن لا نظير له، كما يظهر ذلك جليا من خلال مطالعتي لهذا المصنف».

الإثنين ١/١٠/٢٠٠٧م
١٩/٩/١٤٢٨هـ

البروفيسورة ليندا بنت غاري كلارك

(Lynda Gary Clarke)

* ولدت في مدينة نوفا سكوتيا (Nova Scotia) الكندية عام ١٣٧٥هـ (٢٧/ ٦/ ١٩٥٦م).

* أستاذة في علم الأديان، مهتمة بتاريخ التشيع والتصوف والقانون والمقارنة بين المدارس المتصوفة.

* لها اهتمام كامل باللغتين العربية والفارسية.

* تحمل الجنسيات الكندية واللبنانية والأميركية.

* نالت عام ١٣٩٧هـ (١٩٧٧م) شهادة البكالوريوس في العلوم السياسية عن جامعة ماكجيل (McGill University) في مونتريال بكندا.

* نالت عام ١٤٠٠هـ (١٩٨٠م) شهادة الماجستير في دراسات الشرق الأوسط من جامعة تورونتو (University of Toronto).

* نالت عام ١٤٠٧هـ (١٩٨٧م) شهادة الماجستير في الدراسات الإسلامية من جامعة ماكجيل الكندية.

* نالت عام ١٤١٦هـ (١٩٩٥م) درجة الدكتوراه في الدراسات الإسلامية بدرجة امتياز من معهد الدراسات الإسلامية (Institute of Islamic Studies) في جامعة ماكجيل.

* عملت في العام ١٤١٩هـ (١٩٩٨م) أستاذاً مساعداً في الأديان والإسلام في قسم الأديان في جامعة كونكورديا (Concordia University) في مونتريال.

* عملت في الفترة ١٤١٠ ـ ١٤١٩هـ (١٩٨٩ ـ ١٩٩٨م) كباحثة في مركز الشرق الأوسط بجامعة بنسلفانيا (University of Pennsylvania).

* عملت في الفترة ١٤١٦ ـ ١٤١٩هـ (١٩٩٥ ـ ١٩٩٨م) كمحاضرة دائمة في اللغة والأدب الفارسي وفي الدراسات الآسيوية والشرق الأوسط في جامعة بنسلفانيا.

* عملت في الفترة ١٤١٤ ـ ١٤١٦هـ (١٩٩٣ ـ ١٩٩٥م) أستاذةً مساعدةً زائرةً في الدين والإسلام في قسم الأديان في كلية بارد (Bard College) في نيويورك.

* عملت في الفترة ١٤١٠ ـ ١٤١٤هـ (١٩٨٩ ـ ١٩٩٣م) كمحاضرة دائمة ومؤقتة في الدراسات الشرقية في جامعة بنسلفانيا.

* عملت عام ١٤١٠هـ (١٩٨٩م) في متحف أونتاريو الملكي (Royal Ontario Museum) قسم غرب آسيا الخاص بالعهد التيموري.

* عضوة مساعدة للهيئة المنظمة للمؤتمر الدولي حول: التشيع: التاريخ، العقيدة ونظرة العالم (Shiism: History, Faith, and Worldview) الذي عقدته جامعة بنسلفانيا عام ١٤١٤هـ (١٩٩٣م).

* عضوة مجلس المركز الإسلامي اللبناني في مونتريال.

* عضوة في المجلس الإستشاري لبيت الحكمة الكندي (الجامعة المفتوحة) في مونتريال (The Canadian House of Wisdom Open University).

* عملت في طهران عام ١٤١٩هـ (١٩٩٨م) في قسم الترجمة الخاص بترجمة أصول الكافي من اللغة العربية.

* شاركت وحاضرت في ندوات أكاديمية وعلمية كثيرة في بلدان مختلفة.

* لها أبحاث كثيرة في الإسلام والتشيع والتصوف واللغتين العربية والفارسية.

* لها ثلاثة مصنفات من تأليفها وبالاشتراك مع آخرين، وهي:

ـ التراث الشيعي (Shiite Heritage: Essays in Classical and Modern Traditions).

ـ معتقدات الشيعة (Beliefs of the Shiah).

ـ المسلم وقانون الأسرة الكندية (Muslim & Canadian Family Law: A Comparative Primer) بالاشتراك مع بام كروس (Pam Cross).

(الرؤيا تأويل ومشاهدات ـ الجزء الأول)

مادة مفيدة للمؤمنين العصريين

«ذهبت النبوة فلا نُبوة بعدي الاّ المبشرات، قالوا: يا رسول الله! وما المبشرات؟ قال: الرؤيا الصالحة يراها الرجل أو تُرى له». (حديث النبي محمد)[1].

يحمل المجلد الحالي لدائرة المعارف الحسينية، عنوان «الرؤيا تأويل ومشاهدات»، وهو يتعلق بالرؤى التي شاهدها الإمام الحسين، شهيد العبرات في كربلاء، وأصغر إبني فاطمة بنت النبي، وعلي بن أبي طالب، ابن عم النبي، اللصيق، و- في رأي الشيعة ـ الوريث الشرعي لمحمد، والرؤى التي رآها آخرون حول الحسين.

ومؤلف الموسوعة، هو آية الله محمد صادق محمد الكرباسي، الذي تلقى تعليمه في كربلاء بالعراق، ويقيم حاليا في لندن، حيث يُشرف على الموسوعة، وهو هنا، جَمع نصوصاً تمّ تداولها بالأساليب الشفهية، ودُوّنت في كلاسيكيات الأدب الشيعي، مثل: «أمالي الطوسي»[2] و«مناقب آل أبي

(١) كنز العمال في سنن الأقوال والأفعال للمتقي الهندي: ١٥/ ٣٧٠ ح: ٤١٤٢٠.
(٢) أمالي الطوسي: وهو مجموع الأحاديث الشريفة التي أملاها الشيخ أبو جعفر محمد بن الحسن الطوسي (٣٨٥ ـ ٤٦٠هـ) في مجالسه.

طالب» لابن شهرآشوب[١]، و«مقتل الحسين» لأبي مخنف[٢]، و«أمالي الشيخ الصدوق»[٣]، وغيرها. والمجموعة تسعى إلى أن تكون شاملة، وأن يكون كل جزء منها مشفوعاً بالملاحظات الشاملة والتعليقات.

إن موضوع الأحلام أمرٌ مهم في الإسلام بشكل عام، وقد احتوت سيرة النبي نفسها على روايات حول العديد من الأحلام والرؤى التي أكدت أن صحة الإسلام وصدق بعثة النبي تم إثباتهما ابتداءً بما أخبر به جدُّ النبي عبد المطلب[٤]، حين روى أنه قد أُمر في عالم الرؤيا بأن يحفر بئر زمزم[٥]. وقد طُمئن النبي بأنه سيدخل مكة بسلامٍ آمناً خلال رؤيا رآها[٦]، وحتى الوحي

---

(١) إبن شهر آشوب: هو محمد بن علي بن شهرآشوب المازندراني (٤٨٩ ـ ٥٨٨هـ) فقيه وأديب ومفسر إمامي، ولد في مازندران ومات في حلب، حفظ القرآن وله ٨ سنوات، تتلمذ على أحمد الغزالي وجار الله الزمخشري والخطيب الخوارزمي وغيرهم، وتتلمذ عليه إبن إدريس الحلي وابن البطريق الحلي وابن زهرة الحلي وغيرهم. من مصنفاته: مثالب النواصب، أسباب النزول على مذهب آل الرسول، والمثال في الأمثال.

(٢) أبو مخنف: هو لوط بن يحيى بن سعيد الأزدي الكوفي المتوفى سنة ١٥٧هـ، وينسب إلى مخنف جد أبيه، ويعد شيخ أصحاب الأخبار بالكوفة، روى عن الإمام جعفر الصادق عليه السلام وعبد الله بن عاصم وفضيل بن خديج وغيرهم، وممن رووا عنه: هشام بن محمد الكلبي، نصر بن مزاحم، ومحمد بن الحكم، له مصنفات كثيرة منها: فتوح العراق، مقتل محمد بن أبي بكر، وكتاب المغازي.

(٣) أمالي الشيخ الصدوق: إشارة إلى كتاب «أمالي الصدوق» وهو مجموع الأحاديث الشريفة التي أملاها الشيخ الصدوق محمد بن علي بن الحسين (ب٣٠٥ ـ ٣٨١هـ) في مجالسه.

(٤) عبد المطلب: هو إبن هاشم بن عبد مناف القرشي (١٣٠ق.هـ ـ ٤٦ق.هـ)، جد النبي محمد صلى الله عليه وآله وسلم اشتهر بشيبة الحمد، ولد بيثرب ودفن في الحجون من ضواحي مكة، كفل حفيده بعد موت أمه آمنة بنت وهب، مات وللرسول ثمان سنوات.

(٥) في ترجمة سيرة ابن هشام (حياة محمد، أوكسفورد ١٩٥٥) ص ٤٥، ٦٢، ٦٤.

(٦) المصدر نفسه: ٥٠٧.

إشارة إلى قوله تعالى في الآية ٢٧ من سورة الفتح: ﴿لَقَدْ صَدَقَ ٱللَّهُ رَسُولَهُ ٱلرُّءْيَا بِٱلْحَقِّ لَتَدْخُلُنَّ ٱلْمَسْجِدَ ٱلْحَرَامَ إِن شَآءَ ٱللَّهُ ءَامِنِينَ مُحَلِّقِينَ رُءُوسَكُمْ وَمُقَصِّرِينَ لَا تَخَافُونَ فَعَلِمَ مَا لَمْ تَعْلَمُوا۟ فَجَعَلَ مِن دُونِ ذَٰلِكَ فَتْحًا قَرِيبًا﴾.

الأول، رُوي أنه قد جاء إلى النبي في حالٍ تُشبه النوم[١]. وكذلك فروايات الأحلام والرؤى، ترتبط وتتعلق، في الواقع، بأشخاص من كل الأنواع، وتوجد في طيات الكتب الدينية (على سبيل المثال مجموعات الحديث) وفي الأدبيات الأكثر علمانية مثل التواريخ والسِيَر.

وتبدو علاقات الأحلام واضحة، وخصوصاً في أعمال السِيَر[٢]، وهي تستخدم بشكل شامل في معظم المجالات التي يشملها الحديث، فيما تشاطره وظيفة مشابهة جداً، وهي أن الرؤى الحرفية (تلك الأحلام التي تصوِّر الأحداث بوضوح، بدلاً من الظهور في رموز مشفَّرة) ربما بَدَتْ حتى كنوعٍ فرعي لأدب إنشاء الحديث[٣].

إن مادة بمثل هذا الحجم تمتلك كلتا الميزتين التاليتين: فهي سِيَرِيّة، كما انها

---

(١) المصدر نفسه: ١٠٦.
جاء في هامش السيرة النبوية لابن هشام تعليقا على نزول الوحي في غار حراء لأول مرة: قال السهيلي عبد الرحمن بن عبد الله المتوفى عام ٥٨١هـ: «قال في الحديث: فأتاني وأنا نائم، وقال في آخره: فهبت من نومي فكأنما كتبت في قلبي كتابا. وليس ذكر النوم في حديث عائشة ولا غيرها، بل في حديث عروة ما يدل ظاهره على أن نزول جبريل حين نزل بسورة (إقرأ) كان في اليقظة، لأنها قالت في أول الحديث: أول ما بدئ به رسول الله صلى الله عليه وسلم الرؤيا الصادقة، كان لا يرى رؤيا إلا جاءت مثل فلق الصبح، ثم حبب إليه الخلاء.. إلى قولها حتى جاءه الحق، وهو بغار حراء، فجاءه جبريل. فذكرت في هذا الحديث أن الرؤيا كانت قبل نزول جبريل على النبي عليه السلام بالقرآن، وقد يمكن الجمع بين الحديثين بأن النبي صلى الله عليه وسلم جاءه جبريل في المنام قبل أن يأتيه في اليقظة توطئة وتيسيرا عليه ورفقا به، لأن أمر النبوة عظيم وعبئها ثقيل والبشر ضعيف». انظر: السيرة النبوية لابن هشام: ١/٢٥٣، عبد الملك بن هشام الحِمْيَري (ت ٢١٨هـ)، دار إحياء التراث العربي ـ بيروت ـ لبنان.

(٢) راجع ما ناقشته البروفيسورة فدوى مالتي ـ دوغلاس (Fedwa Malti - Douglas) في: «الأحلام، الأعمى وعلامات الملاحظة السِيَرية» (Dreams, the Blind and the Semiotics of the Biographical Notice) Studia Islamica. 51 (1980): 62 - 137.

(٣) لي كنبرغ (Leah Kinberg) «الأحلام الحرفية والأحاديث النبوية» (Literal dreams and prophetic Hadîts) ـ الإسلام ٧٠ (١٩٩٣): ٢٨٣ و٣٠٠.

تلخّص ذات النمط من الأسئلة المبوّبة وفق الأحاديث الشيعية، تلك الحقوق والمُعاينات والعلم الكلي للإمام، وهو في هذه الحالة الإمام الحسين.

إن موقع الأحلام والرؤى مركزيّ في الحضارة الإسلامية، وقد عُدّت قناة الانعكاسات الحقيقية من العالم الآخر إلى هذا العالم، وإن كان من المعترف به أن بعض الأحلام كانت أكثر صحة من البعض الآخر، وعلاوةً على ذلك فإن تعبير الأحلام وتأويلها كان علماً محترماً عموماً. ولم يكن مريباً أو «غير تقليدي» مثل ممارسة بضعة أشخاص يعملون سرّاً وعلى الهامش، لموضوع منحصر عادة بالممارسة والتحقيقات العلنية، مثل الكيمياء، وهذا ما هو مبَرهنٌ عليه في الأدبيات الشاملة لكتب الأحلام، التي ألّفها العلماء المشهورون، والتي تتضمن قوائم للرموز التي تظهر في الأحلام، وتفسيراتهم الواقعية لها[(١)].

وقد ظهر أن «التكهُّن بالأحلام، يبدو الوحيد المقبول إسلامياً، من بين الأشكال المتعددة للكهانة والعِرافة ذات الأصل غير الإسلامي»[(٢)].

وقد كان تفسير الأحلام سمة واضحة للتصوف خاصة، إذ إن أشهر كتاب لتفسير الأحلام من بين جميع الكتب ذات الصلة، هو كتاب ابن سيرين[(٣)] (المتوفى سنة ٧٢٨ أو ٧٢٩م) وهو من المتصوفة[(٤)].

---

(١) للاطلاع، راجع ما قيل إنها أقدم مقالة متبقية حول عقدة تكهّن المسلم بالأحلام (منذ منتصف القرن التاسع الميلادي) أنظر: جي. م. كستر (MJ Kister) «تفسير الأحلام، مخطوطة مجهولة لكتاب ابن قتيبة (عبارات الرؤيا)» (The Interpretation of Dreams, an Unknown Manuscript of Ibn Qutayba's Ib?rat al - ru y?) Israel Oriental Studies 4, 1974, pp. 67 - 101.

(٢) دوغلاس ـ «الأحلام» ١٤٢.

(٣) ابن سيرين: هو محمد بن سيرين البصري (٢١ ـ ١١٠هـ) من فقهاء البصرة ومحدثيها، أخذ عن زيد بن ثابت وأنس بن مالك وعبد الله بن عباس وغيرهم، ومن تلامذته: يونس بن عبيد، مهدي بن ميمون، وابن عون.

(٤) منتخب الكلام في تفسير الأحلام، وعرف أيضاً بتفسير الأحلام الكبير أو تفسير الرؤيا، وقد تُرجم إلى لغات عدة، من بينها الانكليزية والفرنسية.

ومن المحتمل أن يكون الاهتمام بالرؤى والأحلام متزايداً أيضاً لدى التشيع، بما فيه الإثنا عشرية، منذ أن ركّز هذا المذهب ـ مثل الصوفية ـ على المسائل الغيبية، بالإضافة إلى ذلك، فقد عُدّ الأئمة الشيعة وارثين لكل علم النبي، وحائزين ـ في الحقيقة ـ على كلّ شيء، وممتلكين لقابلية الاتصال بما وراء العالم المشهود، وإن لم تكن هذه القوة والقابلية كالنبوة تماماً، ويستتبع هذا الأمر، من ثمّ أن يكون ما يرونه من رؤى وأحلام صادقاً، وأن يتفوّقوا ويمتازوا على غيرهم في تفسيرهم للأحلام، ولذلك فلا عجب أن نسمع عن وجود[1] رسالة لتفسير الأحلام منسوبة للإمام السادس، جعفر الصادق ـ الذي يعتبره الشيعة موضعاً ومصدراً لأعلى درجات المعرفة، بما فيها الحكمة الباطنية[2].

إن الإيمان بصحة الأحلام وتعبير الرؤى يمتد عميقاً في المذهب الشيعي، ولذلك فنحن نجد مشاهد للأحلام ظهرت بشكل مباشر وبصورة شاملة في الروايات الشيعية وفي تفسير القرآن، ويمكن لهذه المشاهد العفوية أن تزوّدنا بصورة لبعض الأفكار الكامنة وراء ما جمع في هذا المجلد من موضوعات.

ففي كتاب «بحار الأنوار» للشيخ محمد باقر المجلسي[3] (موسوعة في الحديث تنتمي إلى القرن السادس عشر الميلادي) تمت الإشارة إلى الأحلام

---

(١) صدرت نسخ عدة بعنوان تفسير الأحلام للإمام الصادق، ومنها نسخة في ٧٨ صفحة من القطع المتوسط صدرت طبعتها الثالثة عام ١٤٢١هـ (٢٠٠٠م) عن داري المحجة البيضاء والرسول الأكرم في بيروت.

(٢) أنظر: ن. بلاند (N. Bland) «في علم تفسير الأحلام الإسلامي» (On the Muhammadan Science of Tabir, or Interpretation of Dreams) مجلة الجمعية الملكية الآسيوية الاجتماعية ص ١٦. و. م. هدايت حسين «رسالة في تفسير الأحلام»، وعنوان المادة والذي هو باللغة الفارسية «كامل التقاسيم» والوصف يظهره على أنه قائمة مفاتيح إلى فك الرموز، كما وجدت عادة في كتب التعبير.

(٣) محمد باقر المجلسي: هو إبن محمد تقي بن مقصود علي (١٠٣٧ ـ ١١١١هـ)، ولد ونشأ في=

والرؤى كجزءٍ من باب «حقيقة النفس والروح وأحوالهما» وقد تابع هذا الجزء مناقشة «حقيقة» النفس والروح، وخلق الأبدان والأرواح، وكيف جاءت الأبدان والأرواح سويّة. وهكذا فقد اعتُبرت الأحلام والرؤى جزءاً من التكوين الطبيعي والنفسي للوجود الإنساني، والموقف إزاءها مشجِّعٌ ومؤيدٌ على نحوٍ بيِّن.

وهناك على أي حال، وفي الوقت ذاته، نوعيات متعددة من الأحلام المميزة: الحق والباطل، الحرفي، الرمزي، والخليط أو المشوَّش (أما ما يتعلق منها بالأئمة، فهي، طبعاً، حقيقية وواضحة) وهكذا، فقد عُنون الفصل الأول لدراسة المجلسي بـ «حقائق تتعلق بالرؤى وتعبيرها، وفضيلة وعلّة رؤية الرؤيا الصادقة وسبب الرؤيا الباطلة».

ويذكِّرنا المجلسي أولاً بإشارات القرآن إلى الأحلام، وخاصة تلك المتعلقة برؤى يوسف[1] ـ النموذج القرآني للرؤيا المُلْهَمة ـ وفيما يتعلق بيوسف، فقد اقتبس جزءاً من تفسير القمّي النيسابوري[2]، مفسِّر القرن الثالث[3]، حيث حلّل سيكولوجية الأحلام، يقول النيسابوري: «واعلم أنه سبحانه خلق جوهر النفس الناطقة بحيث يمكنها الصعود إلى عالم الأفلاك ومطالعة اللوح المحفوظ، والمانع لها من ذلك هو اشتغالها بتدبير البدن وما يرد عليها من طريق الحواس، وفي وقت النوم تقلّ تلك الشواغل فتقوى

=إصفهان، من رواة الإمامية وأعلامها، درس على حسن علي التستري، محمد النائيني، وعلي الطباطبائي، وغيرهم، وعنه: المحقق البحراني، نعمة الله الجزائري، ومحمد حسين النوري، من مصنفاته: مرآة العقول، ملاذ الأخيار، وحياة القلوب.

(1) يوسف: هو إبن يعقوب بن إسحاق (٢٠٧٨ ـ ١٩٦٨ق. هـ) ولد في قرية فدان آرام (سهل آرام) في العراق ومات في مصر وهو عليها ملك ونبي.

(2) القمي النيسابوري: هو الحسن بن محمد الشهير بالنظام النيسابوري المتوفى عام ٧٢٨هـ، صاحب تفسير (غرائب القرآن ورغائب الفرقان) الذي فرغ منه سنة ٧٢٧هـ.

(3) القرن الثالث: يفترض أن يكون القرن الثامن الهجري.

النفس على تلك المطالعة، فإذا وقفت النفس على حالة من تلك الأحوال فإن بقيت في الخيال كما شوهدت لم تحتج إلى التأويل، وإن نزلت آثار مخصوصة مناسبة للإدراك الروحاني إلى عالم الخيال فهناك يفتقر إلى المعبّر. ثم منها ما هي منتسقة منتظمة يسهل على المعبّر الانتقال من تلك المتخيلات إلى الحقائق الروحانيات، ومنها ما تكون مختلطة مضطربة لا يضبط تحليلها وتركيبها لتشويش وقع في ترتيبها وتأليفها فهي المسماة بالأضغاث، وبالحقيقة الأضغاث ما يكون مبدؤها تشويش القوّة المتخيّلة لفساد وقع في القوى البدنية، ولورود أمر غريب عليه من خارج، لكن القِسم المذكور قد يُعد من الأضغاث من حيث إنها أعيت المعبِّر عن تأويلها»[١].

نرى هنا، تأثيرات الفكر اليوناني، فتحليلات النيسابوري تعتمد على سيكولوجية المَلَكة العقلية (القدرة أو الاستعداد) المشتقّة من أرسطو[٢]، والأساسية بالنسبة للشرائح الأبيستمولوجية (فلسفة المعرفة) في الفلسفة الإسلامية[٣]، وهذا النوع من الفلسفة مندمج جيداً في الإسلام الشيعي، لأن الأحاديث تذكر أن الوجود الإنساني يحتمل أن يمتلك خمس مَلَكات أو

---

(١) بحار الأنوار: ٥٨/ ١٥٤ (بيروت ـ مؤسسة الوفاء ١٩٨٣/ ١٤٠٣)، وهو ينقل نص النيسابوري في: غرائب القرآن ورغائب الفرقان: ٤/ ٩٢، في تفسير الآية ٤٤ من سورة يوسف: ﴿قَالُوٓاْ أَضۡغَٰثُ أَحۡلَٰمٖۖ وَمَا نَحۡنُ بِتَأۡوِيلِ ٱلۡأَحۡلَٰمِ بِعَٰلِمِينَ﴾. وقد ناقش المجلسي سيكولوجية الأحلام أيضاً بشكل مفصّل ص ١٩٠ وما بعدها من الجزء نفسه.

(٢) أرسطو: أو ارسطوطاليس (Aristotle) (٣٨٤ ـ ٣٢٢ ق.هـ) فيلسوف يوناني، ولد في مدينة ستاغيرا (Stageira) شمال اليونان ومات في جزيرة يوبويا (Euboea) في بحر إيجة، درس في أثينا وفيها درّس، اهتم بعلم الأحياء، إليه ينسب تأسيس علم المنطق، وإليه ينسب إنشاء المدرسة المشّائية (من المشي) في مقابل المدرسة الرواقية (من الرواق)، ترك مجموعة من المصنفات، منها: المجموعة الإرسطوطالية، الدستور الأثيني، ومجموعة أشعار.

(٣) لمناقشة الأحلام كجزء من نظرية المعرفة الفلسفية، أنظر: شلومو باينس (Shlomo Pines) «النّص العربي المنقّح لبارفا ناتوراليا» (The arabic Recension of Parva Naturalia) Israel Oriental Studies 4(1974): 104 - 153.

قدرات «أرواح»[1] والأئمة وحدهم، هم الذين يمتلكون، على أي حال، القدرة أو المَلَكة الأعلى، أو روح القدس. وهذه نفس الروح اللازمة في الأنبياء ـ مع أنها لا تجعل الإمام طبعاً في حالة تلقّي الوحي ـ والروح (يصرّ الشيعة) شيءٌ ما، مختلف بالكامل عن جبرئيل. ومن خلال الروح، يُخبَر الأئمة بتطور الأحوال والظروف[2]، هذا الوصف لقدرة الإمام الرفيعة والمتفتحة إلى تلقِّي الاتصال من العالم الآخر، يعيننا على أن نفهم لماذا يتلقى الأئمة رؤى صادقة، ويعرفون تفسير الأحلام.

وبشكل مشابه يجمع المجلسي عدداً من الأحاديث التي تصف الأحلام كـ «جزءٍ باقٍ من النبوة»[3]، وتتعلق إشارات المجلسي الأخرى في الغالب بشأن تفسير الأئمة الحاذق لأحلام أتباعهم، ولكننا نسمع أيضاً عن ظهور الأئمة في الأحلام، ويوصي أحد الأحاديث باسم الإمام جعفر الصادق بأن يبادر الراغب في رؤية الأئمة إلى الوضوء ومناشدتهم ثلاث ليالٍ متتالية، وبعدها سيرى الإمام الذي سيُخبره بما يحتاج أن يعرف حول وضعه[4]، ويطمئننا المجلسي بأن أي رؤيا يظهر فيها النبي أو الإمام ويأمر الحالم بأن يعمل حسناً، إنما هي رؤيا صادقة يمكن الاعتماد عليها[5].

---

(١) مثل هذه الفكرة، في الحقيقة، عامة في الإسلام ككل. أنظر: دنكان بلاك ماكدونالد (Duncan Black Macdonald) «تطور فكرة الروح في الإسلام» (the development of the idea of spirit in islam). Acta Orientalia (1931) 307 - 351.

(٢) أنظر: الكافي: ١/ ٢٧١ ـ ٢٧٤، وانظر قسم الأحلام من: بحار الأنوار: ٥٨/ ١٥١ وما بعدها.

(٣) البحار للمجلسي: ٥٨/ ١٩٠ ـ ١٩٣، وهذه الأحاديث تظهر أيضاً في المذاهب السُنيّة.
ـ عن عبادة بن الصامت، أن النبي ﷺ قال: (رؤيا المؤمن جزء من ستة وأربعين جزءاً من النبوة). وعن أبي سعيد الخدري عنه ﷺ قال: (الرؤيا الصالحة جزء من سبعين جزءاً من النبوة). البحار: ٥٨/ ١٩٢.

(٤) بحار الأنوار: ٥٨/ ١٦٧.

(٥) بحار الأنوار: ٥٨/ ٢١١ ـ ٢١٢.

ويبدأ هذا الجزء من دائرة المعارف الحسينية بوصف ظاهرة الأحلام، بشكل عام، وهي المناقشة التي أخذت أكثر من نصف هذا الجزء، وقد دوّنت آراءٌ شيعية في الأحلام (تتطابق إلى حدٍّ كبير مع الآراء الإسلامية العامة) مع مناقشة النظريات العلمية المعاصرة المتعلقة بأوضاع الحلم. إن كياني المعرفة يفترضان أن يكونا منسجمين.

أما الجزء الثاني، فيتعلق بالرؤى التي أخبر الحسين ـ أحد الأئمة الإثني عشر ـ بأنه رآها بنفسه، مبوّبة بعشرين حلماً تدور حول الحسين في حياته، ثم بأربعين حلماً عن الحسين رؤيت في غضون الفترة الواقعة بين مقتله وغيبة الإمام الثاني عشر، المهدي[1].

إن أكثر الأحلام في الصنفين الأولين هي تنبؤات لمعاناة الأئمة واستشهادهم، وهي تستخدم في تصعيد الأهمية الكونية لتلك الوقائع. ونحن نعلم أن توقع وحدس الحسين بكل وضوح، من خلال رؤية الحلم بنفسه وهو قدره الخاص وهذا يتسق تماما مع وجود معرفة غير محدودة للإمام، ويؤكد المآسي غير المتحققة لحياته. وقد جرّبت فاطمة تنبؤات عدة مثل هذه، بما يليق بالصلة القريبة والشعورية للأم إلى ابنها، ومعظم الأحلام من الصنف الأخير من الثلاثة يتعلق بالاستشهاد أيضاً. وهذه الرؤى تصوِّر المعزّين (النادبين) القادرين على المشاركة بشكل أكثر مباشرةً في تجربة كربلاء، وتشكل صلة شخصية مع الشهداء خلال أحلامهم.

---

(١) المهدي: هو محمد بن الحسن العسكري المولود سنة ٢٥٥هـ في سامراء، وله غيبتان، الأولى بدأت من رحيل والده عام ٢٦٠هـ ويطلق عليها الغيبة الصغرى وكان له خلالها أربعة سفراء، والثانية الكبرى وتبدأ من وفاة السفير الرابع علي بن محمد السمري عام ٣٢٩هـ حتى يأذن الله له بالخروج.

وتصوِّر الرؤى الأخرى الحسين في الجنة بمعيّة أفرادٍ من عائلته المقدسة، هنا يطَمْئن الحالم أو القارئ بالنصر النهائي للشهيد، وباتساع قضية التشيع، وهكذا، فمن وجهة نظر القارئ، فالأحلام إما أن تعكس وتشجّع مشاعره أو مشاعرها الخاصة بالحزن للأئمة أو هي تعويضية، وهذه الرؤى والأحلام، في التحليل النهائي، اتساع شخصي إلى حدٍّ كبير في أدب الحداد الشيعي، لأنها تسجّل إمكانية التوحّد الحقيقي مع الشهيد وحزنه، في حيّز الحلم.

والمؤلف، يصنّف كلاً من هذه الأحلام على أنها إما واضحة وحرفية، أو تتطلب تفسيراً، وأينما تطلبت الرؤى تعبيراً، فإن معاني الرموز الفردية ومعاني الحلم ككل سيتم شرحها، مستعملاً أبعد ما يمكن من مفاتيح أُعطيت مسبقاً عبر الوصايا الشفهية، وبينما يبدو إحصاء الأحلام محدداً بما قبل الغيبة الصغرى، فمن المحتمل أن تكون مادة هذا الجزء مفيدة للمؤمنين العصريين الذين أدركوا أو يرغبون في أن يدركوا السيماء الحقيقية للإمام.

البروفيسورة ليندا كلارك

Lynda Clarke

جامعة كونكورديا ـ مونتريال ـ كندا

رحلة معرفية نحو عالم الماورائيات

من السهل على الإنسان أن يقطع المسافات البعيدة مشيا على الأقدام، ولكن من المستحيل أن يقفز بجسمه مجرداً إلى الأعلى أو أن يقفز إلى الأسفل دون وسيلة، ومن السهل عليه تناول فاكهة الشتاء في الشتاء وفاكهة الصيف في الصيف، ولكن يستحيل عليه تناول فاكهة الشتاء في الصيف إذا ما اشتهاها في الآن واللحظة، ومن السهل عليه أن يستقل طائرة تنقله من مكان إلى آخر، ولكن يستحيل عليه أن يستقل الهواء بجسمه أو يركب بساط الريح ينتقل فوق المدن والأقطار. وهكذا يسهل في جانب ويستحيل في جانب آخر، لأن السهولة خاضعة لنواميس الأرض والطبيعة، في حين تمنع هذه النواميس من تحقيق المستحيلات لأنها خلاف الخلقة والوجود.

ولكن هذه المعادلة المُحكمة لها أن تنفتح مغاليقها وتتلوى أعمدة سياجها، بمجرد أن يخلد الإنسان إلى النوم خفيفه أو ثقيله، فتصبح المستحيلات في عالم الوجود والشعور ممكنة في عالم اللاشعور المنفلت عن عقال الأرض وأوتادها، عالم يقطع فيه الإنسان المسافات البعيدة في انطلاقة ربما أسرع من الضوء، ويفوق في طيرانه أسرع مركبة فضائية أوجدها العقل البشري، انه عالم الأحلام صادقها وكاذبها، عالم لا تحده حدود الأرض يصبح فيه كل شيء ممكنا، يعود القهقرى إلى الزمن الماضي، ويستشرف المستقبل، فتصدق في بعضها وتخيب في أكثرها.

عالم الماورائيات

هذا العالم المخملي المتضارب في اتجاهاته بين أحلام وردية تأخذ بصاحبها بعيداً نحو سماء الأمنيات، وبين أحلام رمادية تجذب بصاحبها إلى وديان المعاناة، وبينهما رؤى صادقة، يناقشه الدكتور محمد صادق محمد الكرباسي في كتابه «الرؤيا مشاهدات وتأويل» في جزئه الأول، الصادر عن المركز الحسيني للدراسات في لندن، في ٥٤٠ صفحة من القطع الوزيري، حيث أفرد مقدمة من نحو مائتي صفحة لمناقشة حقيقة النوم والنوم المغناطيسي وطرق النوم المثلى وما يصدر عن النوم من أحلام وأطياف ورؤى، وحقيقة النوم والرؤى من الناحية الفلسفية والعلمية والعقيدية، ودور الإرادة والإيمان في نوع المنامات والرؤى، ليدخل بعدها في إيراد ثلاثة أنواع من الرؤى على علاقة مباشرة بالنهضة الحسينية وشخص الإمام الحسين عليه السلام، باعتبار أن الرؤيا من المبشرات يراها الإنسان المحظوظ في عالم الرقاد، وكما جاء في مسند أحمد بن حنبل: ١/ ٢٨٨، قال النبي محمد صلى الله عليه وآله وسلم: (أيها الناس إنه لم يبق من مبشرات النبوة إلا الرؤيا الصالحة يراها المسلم أو ترى له)، أو قوله صلى الله عليه وآله وسلم، كما في مسند ابن حنبل: ١/ ٤١٠: (الرؤيا الصالحة جزء من سبعين جزءاً من النبوة). على أن الرؤيا في ذاتها كما يذهب المصنف: «ليست من المسائل الاعتقادية التي يؤثر الإعتراف بها سلباً أو إيجاباً في العقيدة شيئا».

وكما أن اليقظة عالم الماديات والحواس الظاهرة في جسم الإنسان، تنتج عنها أفعال وإرادات من سنخ الأرض والحياة الدنيا، فإن النوم عالم الماورائيات غير الظاهرة، تنتج عنه أفعال وإرادات غير خاضعة لسنخية الأرض، وإن كانت في صورها العامة لا تخرج عن مظاهر هذه الدنيا، على

أن النوم حالة رقود جسم الإنسان وانخفاض عمل الحواس إلى أدنى مستوياتها، وله مرادفاته ومستوياته، فمنها: الخفقة، النعاس، الكرى، السِّنة، الغفوة، الرقاد، والسبات، ويرى الثعالبي النيسابوري عبد الملك بن محمد (٣٥٠ ـ ٤٢٩هـ) في فقه اللغة: ١٦٥، أن عملية النوم تمر بمراحل، فعنده: «أول النوم النعاس، وهو أن يحتاج الإنسان إلى النوم، ثم الوسن وهو ثقل النعاس، ثم الترنيق وهو مخالطة النعاس العين، ثم الكرى، والغمض وهو أن يكون الإنسان بين النائم واليقظان، ثم التغفيق وهو النوم وأنت تسمع كلام القوم، ثم الإغفاء وهو النوم الخفيف، ثم التهويم والغرار والتهجاج وهو النوم القليل، ثم الرقاد وهو النوم الطويل، ثم الهجود والهجوج والهيوع وهو النوم الغرق، ثم التسبيخ وهو أشد النوم»، فيما يرى الشيخ الكرباسي أن مراحل النوم هي: «كرى فخفقة تدل على النعاس تتلوها سِنة فغفوة فنوم فرقاد فسبات».

بين منزلتين

وبشكل عام فإن النوم ينظر إليه العلماء من منظار خلفياتهم العلمية، وهذا ما يبحثه المؤلف تحت عنوان «النوم.. تعريفه»، فهو: «غشية ثقيلة تهجم على القلب فتبطل عمل الحواس»، وهو: «الغالب على القلب والسمع والبصر»، وهو: «المبطل للوضوء»، وهو: «الركود الذي يأخذ حواس الحيوان لعوامل طبيعية في بدنه»، وهو: «الغيبة عن المحسوسات الظاهرة»، وبتعبير لقمان بن عنقاء الحكيم: «إنما النوم بمنزلة الموت وإنما اليقظة بعد النوم بمنزلة البعث بعد الموت»[1]، وبتعبير المؤلف: «حالة صحية تعتري الإنسان عادة بعد عناء النهار»، وقد يعترض النوم الإنسان لأسباب مرضية أو

---

(١) بحار الأنوار: ٤٢/٧.

طبية أو كيمياوية أو نفسية مثل التنويم المغناطيسي، كما إن النوم حالة يشترك فيها مع الإنسان الحيوان والنبات.

والفترة الطبيعية للنوم هي الليل الذي يستريح فيه الإنسان من عناء العمل في النهار، وهذه سنّة الحياة، كما يقول الرب الجليل في الآية ٦١ من سورة غافر: ﴿ٱللَّهُ ٱلَّذِى جَعَلَ لَكُمُ ٱلَّيْلَ لِتَسْكُنُوا۟ فِيهِ وَٱلنَّهَارَ مُبْصِرًا﴾، وقد وضع العلماء للنوم في ساعات النهار أسماء عدة حسب الوقت، فهناك: نوم العيلولة ووقته بين طلوع الفجر والشمس، وهذا النوم يورث الفقر والنكد، ونوم الفيلولة وهو بعد طلوع الشمس وهذا يورث الضعف والفتور، ونوم القيلولة وهو قبل زوال الشمس، وهو ممدوح يجعل المرء يستعيد نشاطه من جديد، ونوم الحيلولة وهو بعد الزوال وهو غير محبذ، ونوم الغيلولة وهو قبل غروب الشمس وهو مذموم يورث الوهن والكسل.

نظريات ومرويات

وتحت عنوان «دورة النوم واليقظة في الأحياء»، يشرح المصنف مراحل النوم وساعاته للفئات العمرية، جامعاً بين العلم والشرع. ثم يقدم تحت عنوان «نظرة العلم الحديث إلى النوم» شروحات حول أسباب النوم وعوامله من الناحية الفسيولوجية مستخدما رسومات بيانية لمعرفة الموقف الطبي والعلمي لكل نظرية، ويقدم فهمه للنظرية فيقف مع واحدة ويخالف أخرى ويصحح ثالثة، فهناك: نظرية التسمم الذاتي أو «النظرية الكيمياوية»، ونظرية مركز النوم العصبي أو «النظرية العصبية»، ونظرية شبكة النوم واليقظة أو «النظرية الشبكية»، ونظرية التوعية الدموية أو «النظرية الفيزياوية»، ونظرية الإثارة والكف أو «النظرية التذبذبية»، ونظرية النوم عادة وراثية أو «النظرية الوراثية»، ونظرية القوة الروحية أو «النظرية الروحية». ولكن رغم النظريات

الكثيرة لمعرفة «حقيقة النوم» فإنها كما يقول المؤلف: «وإن لم تكن بعيدة عن حقيقته إلا أنها ليست حقيقته تماما، وإنما هي أمور ملازمة له وأدوات مسيرة لعملية النوم واليقظة»، ولكن من الثابت أنَّ «الهدف من النوم» هو الخلود إلى الراحة واسترجاع القوى المنهارة، كما في الحديث المروي عن الإمام جعفر بن محمد الصادق عليه السلام (ت ١٤٨هـ): «الكرى يقتضي النوم الذي فيه راحة البدن وإجمام قواه» (توحيد المفضل: ٣٥)، فهناك استراحة لخلايا هدّها العمل وبناء لأنسجة أعياها النهار.

والنوم الطبيعي لا يأتي فجأة ومرة واحدة، كما إن حالة النوم نفسها فيها مراحل وأشواط يقطعها النائم لا يشعر بها، أثبتتها التجارب العلمية، ولذلك يرى المؤلف وبملاحظة الشروحات الطبية المسندة بالرسوم البيانية أن النائم يقطع خمس مراحل، تبدأ بالمرحلة الأولى «التمهيدية» وتنتهي بمرحلة «النوم الأعمق» وما بينهما «النوم الخفيف» و«النوم المتوسط» و«النوم العميق» وهناك «نوم غير مألوف» يُشكل مرحلة سادسة، وهذه الدورة من النوم تتكرر في الليلة الواحدة بين ٤ إلى ٦ مرات تتخللها يقظات، ومعظم الأحلام تحصل في الدقائق ربما في الثواني الأخيرة قبل اليقظة. كما إن لطريقة الاستلقاء دورها في تحقق الأحلام ونوعها، وأثرها على الصحة البدنية سلبا وإيجاباً، ويتحدد الإنسان بأربعة أشكال من النوم على البطن والظهر والجانبين الأيسر والأيمن، وغير ذلك فإنها غير طبيعية، ويسترشد المؤلف بالطب وبالمرويات وبالتجربة في بيان «الطريقة المثلى للنوم» لتحقيق راحة الجسم ومشاهدة أحلام سعيدة أو رؤيا صادقة، وأفضل أنواع النوم هو على الجانب الأيمن، وهو نوم النبي محمد صلى الله عليه وآله وسلم حيث كان ينام على الجهة اليمنى ويضع خده على كفه الأيمن، ومن المرويات في هذا الإطار نصيحة الإمام علي بن موسى الرضا عليه السلام (١٤٨ ـ ٢٠٣هـ) للمأمون العباسي عبد الله بن هارون

(١٧٠ ـ ٢١٨هـ) يقول فيها: «إن النوم سلطان الدماغ وهو قوام الجسد وقوته فإذا أردت النوم فليكن اضطجاعك أولا على شقك الأيمن ثم انقلب إلى الأيسر وكذلك فقم من مضجعك على شقك الأيمن كما بدأت به عند نومك وعوّد نفسك القعود من الليل ساعتين وادخل الخلاء لحاجة الإنسان والبث فيه بقدر ما تنقضي حاجتك ولا تطل فيه فإن ذلك يورث داء الفيل» (رسالة الإمام الرضا الذهبية: ٤٩)، أي ورم وتصلبات في الساق والقدم.

حقيقة التنويم المغناطيسي

ويشكل «التنويم المغناطيسي» أو «النوم بالإيحاء» محوراً آخر من النوم، له استخدامات عدة، وقائم على الإيحاء وقدرة المنوم أو الطرف المؤثر على تسليط إرادته على النائم أو إخضاع إرادة النائم إليه، أي: «إخضاع الطرف الآخر للنوم بواسطة الإيحاء، وبتعبير آخر التأثير عليه عبر أمواج مغنطية يوجهها المنوِّم إليه»، والعملية بمجموعها تمثل حسب تعبير الشيخ الكرباسي: «سلطة ذي الإرادة الأقوى على ذي الإرادة الأضعف».

ويعود «تاريخ التنويم المغناطيسي» إلى زمن سحيق، قيل بدأ مع خلق الإنسان، وقيل: «انه يعود إلى الكلدانيين والبابليين والإغريق وغيرهم، ولكنه لم يكن معروفا بهذا الاسم وقد استخدمه بعض علماء المسلمين وغيرهم ضمن علم السحر تارة، وعلم الطب تارة أخرى، وقد عبروا عنه بالتسخير»، فهو: «تسخير الروح الإنساني في حال حياة جسمه، وأداته الإيحاء وأثره الطاعة»، ويشار إلى الفيزيائي النمساوي، فرانز انطون مسمر (Franz Anton Mesmer) (١٧٣٤ ـ ١٨١٥م)، بأنه أثبت علمياً في العام ١٧٧٥م هذا النوع من النوم وحيثياته، واعتبر أن في الإنسان سيالا مغناطيسيا له أثره في تنويمه، وكان الفيزيائي الإنكليزي الدكتور جيمس بريد (James Braid) (١٧٩٥ ـ

١٨٦٠م)، أول من أطلق عليه في العام ١٨٤١م إسم «hypnotic trance»، أي الغشية المغناطيسية أو التنويم المغناطيسي كما هو المشهور، ويسمى «Hypnotic State» أيضا، وهي كلمة مشتقة من كلمة «Hypnosis» اليونانية والتي تعني النوم. ومن الناحية الشرعية فإن الفقيه الكرباسي يرى: «إنَّ التنويم المغناطيسي بما انه نوع اصطناعي فلا يجوز شرعاً استخدامه إلا لحالات استثنائية علاجية» وهذا يقودنا إلى مسألة شرعية أخرى: «إنَّ المنوِّم إذا قام بعملية التنويم من غير رضا الطرف الآخر فإذا اقترف شيئاً فهو المسؤول عن تلك الأعمال ويعاقب دون النائم، وأما إذا كان برضاه فكلاهما مسؤولان..».

الوحي في القرآن والسنة

ولما كان الوحي من مفردات الرؤيا، فإن المؤلف شرحه في مبحث مستقل، ذلك أن الوحي من حيث اللغة والاصطلاح هو: «كل ما ألقي إلى الغير ليعلمه كيف كان، ثم غلب الوحي عند المتشرعة فيما يلقى إلى الأنبياء من عند الله تعالى. ومنهم من قال: إن الوحي هو إعلام في خفاء. وربما أطلق الوحي وأريد منه الموحى أي اسم المفعول، فيكون عند المتشرعة هو كلام الله المنزل على أنبيائه».

والوحي كما جاء في القرآن المجيد فهو يشير إلى معان عدة، فهو: الإلهام أو التسخير: ﴿وَأَوْحَىٰ رَبُّكَ إِلَى ٱلنَّحْلِ﴾ [سورة النحل: ٦٨]، ومن الإلهام الإلقاء: ﴿وَأَوْحَيْنَآ إِلَىٰٓ أُمِّ مُوسَىٰٓ﴾ [سورة القصص: ٧]، والوحي يعني الإشارة بأية واسطة: ﴿فَخَرَجَ عَلَىٰ قَوْمِهِۦ مِنَ ٱلْمِحْرَابِ فَأَوْحَىٰٓ إِلَيْهِمْ أَن سَبِّحُوا۟ بُكْرَةً وَعَشِيًّا﴾ [سورة مريم: ١١]، والوحي يشير إلى التحدث: ﴿وَمَا كَانَ لِبَشَرٍ أَن يُكَلِّمَهُ ٱللَّهُ إِلَّا وَحْيًا﴾ [سورة الشورى: ٥١]، كما إن من هذا الوحي: «رؤيا الأنبياء دون

غيرهم. . وألحقوا بذلك رؤيا الأئمة الأطهار من آل الرسول»، ويرى الشيخ المفيد العكبري البغدادي محمد بن محمد (٣٣٨ ـ ٤١٣هـ) إن: «أصل الوحي الكلام الخفي ثم يطلق على كل شيء قصد به إفهام المخاطب على السرّ له على غيره، والتخصص له به دون من سواه وإذا أضيف إلى الله تعالى كان فيما يخص به الرسل خاصة دون سواهم على عرف الإسلام وشريعة النبي»[١].

وينتقل المؤلف من الوحي إلى «الإرادة» ودورها ببعض أنواع التنويم ليدخل إلى المبحث الرئيس الذي انعقدت عليه لحمة كتاب «الرؤيا مشاهدات وتأويل»، فيبدأ ببحث «الرؤيا في اللغة والاصطلاح»، فالكلمة مشتقة من الرأي، والفعل منها يقع عبر ثلاث قنوات: العين والعقل والروح، فإن استخدم العين كان بمعنى شاهد، وإن استخدم العقل كان بمعنى اعتقد، وإن استخدم الروح كان بمعنى حَلَمَ. ومن مرادفات الرؤيا الحلم والمنام، وعند المقارنة بين الألفاظ الثلاثة أمكن القول: «في الغالب يستعمل المنام في مطلق ما يراه النائم، والحلم فيما لم يكن صادقاً، والرؤيا فيما إذا كان صادقاً».

ومن التعريف العام ينتقل المؤلف إلى بيان «الرؤيا في القرآن»، وعدها سبعاً، فهي رؤيا النبي إبراهيم عليه السلام في ذبح ابنه إسماعيل عليه السلام والنبي يوسف عليه السلام وسجود أهله له، ورؤيا مَنْ سجن مع يوسف عليه السلام، ورؤيا عزيز مصر في قحط بلاده، ورؤيا الرسول محمد صلى الله عليه وآله وسلم في غزوة بدر، ورؤياه صلى الله عليه وآله وسلم في دخول مكة، ورؤياه صلى الله عليه وآله وسلم في إعتلاء بني أمية منبره وهم على شكل قردة على قول بعض المفسرين. ومن القرآن ينتقل المؤلف إلى

(١) أوائل المقالات: ٣٩.

«الرؤيا في الحديث»، فقد ورد عن النبي محمد ﷺ: «خياركم أولو النهى. قيل يا رسول الله ومن أولو النهى؟ فقال: أولو النهى أولو الأحلام الصادقة»[1]، ويستنتج المحقق الكرباسي من الحديث: «إنَّ نوعية الرؤيا ترتبط بمدى المكانة العلمية لصاحب الرؤيا إذ إن أرباب العقول الكاملة بعيدون عن الهلوسة والأضغاث»، وقد ميز الإمام جعفر الصادق عليه السلام (ت ١٤٨هـ) بين الرؤى والأحلام في حديث طويل، منه: «أما الكاذبة المخلفة فإن الرجل يراها في أول ليلة.. وأما الصادقة إذا رآها بعد الثلثين من الليل.. وذلك قبل السحر فهي صادقة لا تخلف إن شاء الله إلا أن يكون جنبا أو يكون على غير طهر أو لم يذكر الله عزل وجل حقيقة ذكره فإنها تخلف وتبطئ على صاحبها»[2].

الحلم سريرة المرء

وينتقل المؤلف إلى تفاصيل «حقيقة الرؤيا» القائمة على عضادتي الاستقبال والبث، ويعتقد أن: «الداعي إلى الرؤيا قد يكون القلق النفسي أو الطموح، أو الخبر المسموع، أو المشاهدات أو التخيلات أو الأفكار، أو رؤى سابقة على هذه الرؤيا إلى غيرها من أمور تكون مصدراً من مصادر الرؤيا، وقد تكون هناك عوامل جسمية وأمراض وعقاقير استعملها الإنسان في اليقظة..». وقد اختلف العلماء في تصنيف حقيقة الرؤيا وهي لا تخلو من تصنيف روحي وآخر مادي، وقد أورد المؤلف آراء عدة لفلاسفة وعلماء وأطباء، ويرى بعضهم أن الأحلام كاشفة عما في سريرة المرء ولهذا قال قائلهم: «خبّرني بأحلامك أخبرك ما دخيلتك». كما إن الروح هي الكاشفة عن رؤى المستقبل وهي الكاشفة عن الماضي: «لأن الروح بإمكانها رؤية

(١) بحار الأنوار: ٥٨/ ١٩٠.

(٢) الكافي: ٨/ ٩١.

المستقبل بل الماضي لشفافيتها وتمكنها من أقامة الاتصالات..». ولهذا يستقل المؤلف ببحث خاص عن «الروح» والتي يقول عنها الإمام جعفر الصادق عليه السلام في وصفها: «إن الأرواح لا تمازج البدن ولا تواكله وإنما هي كلل للبدن محيطة به»(١)، ويرى المصنف وجود سنخية بين روحي الإنس والجن، وتأثير ذلك على بعض أجزاء الرؤيا من خلال قنوات اتصال بين روح الإنس وروح الجن، ولهذا عندما سأل نصرانيان الإمام علياً عليه السلام عن الرؤيا الكاذبة والصادقة قال في حديث طويل: «إن الله تعالى خلق الروح وجعل لها سلطاناً فسلطانها النفس، فإذا نام العبد خرج الروح وبقي سلطانه فيمر به جيل من الملائكة وجيل من الجن..»(٢).

والحديث عن الرؤيا يقود إلى الحديث عن «النفس» وهي حاصل ارتباط الروح بالجسم عبر شفرة إلهية، كما إن: «النفس يمكن تنميتها لتصل إلى أعلى درجات الكمال، وهي أيضاً يمكنها أن تتلون بالعديد من الألوان، وهي كذلك تموت بفك الارتباط، كما إنها تأتي بإعادة الارتباط» وموطنها القلب، ولها علاقة بالإرادة.

كما إن الحديث عن الروح والنفس والإرادة يقود إلى الحديث عن «العقل» بوصفه القوة التي تقيّم الأمور وتزنها وتختار ما هو الأنسب والأصح في الموقع المناسب، وكما يقول النبي محمد صلى الله عليه وآله وسلم: «إنما يدرك الخير كله بالعقل»(٣) وقوله صلى الله عليه وآله وسلم: «قوام المرء عقله»(٤)، والعقل منبع الأفكار كما يقول الإمام علي عليه السلام: «العقول أئمة الأفكار، والأفكار أئمة القلوب ـ

---

(١) بحار الأنوار: ٥٨/ ٤٠.
(٢) بحار الأنوار: ٥٨/ ٤١.
(٣) بحار الأنوار: ٧٤/ ١٥٨.
(٤) بحار الأنوار: ١/ ٩٤.

النفس ـ والقلوب أئمة الحواس، والحواس أئمة الأعضاء»[1]، والتكليف الإلهي مرتبط بالعقل، كما إن الفكر يستمر في نشاطه حال النوم، وهو ما يبحثه المؤلف بقراءة علمية وطبية لمخطط الدماغ، وتأثير هذا النشاط على الأحلام ورؤيتها.

ومن آثار رباعية الروح والنفس والإرادة والعقل «الحاسة السادسة» والتي هي نتاج «إدراك يحصل خارج دائرة الحواس الخمس الظاهرة أو الباطنة»، وبهذه الحاسة يتوصل الإنسان إلى حقائق قبل حدوثها، وهنا تتحد الحاسة السادسة مع الرؤيا الصادقة من حيث النتيجة.

شروط الرؤيا الصادقة

والرؤى منها الصادقة ومنها دون ذلك وهي أضغاث أحلام، ويشترط في الصادقة: راحة المعدة، راحة النفس، راحة الجسد، الخلو من الأمراض، النوم المتوسط، انعدام الإثارة، عدم استخدام وسائل خارجية، صلاح السريرة، النوم المنتظم، وأخيراً النوم على الطهارة وبخاصة الجنابة. وإذا تحققت هذه الشروط تحققت الرؤية الصادقة، وبغير ذلك تصاعدت الأحلام الكاذبة أو ما يعبر عنها بالوسوسة الشيطانية، كتصاعد الدخان.

على انه «يجوز في الرؤيا ما لا يجوز في اليقظة»، فالرؤيا تختلف عن واقع اليقظة بأمور كثيرة منها:

ـ **البعد الزماني**: أي سرعة الزمان، حيث يقطع المرء المسافات البعيدة في لحظات.

ـ **الاتجاه الزماني**: أي الماضي والمستقبل، فلا تعد هناك حواجز لانتقال المرء بين الماضي والمستقبل.

---

(١) بحار الأنوار: ١/٩٦.

ـ **تناسخ الأرواح**: حيث يتحقق تناسخ أرواح البشر في الحيوانات.

ـ **الحلول**: حيث يحل الشيء في شيء آخر.

ـ **الاختزال**: حيث يختزل الحلم الوقائع كاختزال الفيلم أو الكتاب.

ـ **خفة الحركة**: حيث يحلق المرء بما يشبه انعدام الجاذبية على الأرض أو الكون.

ـ **العمل بالمستحيل**: حيث يباح العمل في عالم الرؤيا ما لا تبيحه قوانين الطبيعة.

ـ **الدمج**: وقد تستخدم في الرؤيا حركة اليقظة مع صورة النوم.

ـ **وبشكل عام**: «إنَّ حقائق الرؤيا لا تختلف عن حقائق اليقظة إلا أنَّ متعلقاتها تختلف، فلم يؤت في الرؤيا حقيقة لم نعرفها في اليقظة بل إن الحقائق تتبادل على أرضية متعلقاتها، فالطيران مثلاً موجود في اليقظة لا أن الإنسان يطير بل الحمام هو الذي يطير، وهكذا. . . ».

وكما إن لعموم الرؤيا شروطها، فإن لـ «نسيان الرؤيا» عواملها أيضا، وهي لا تخلو من: الاستيقاظ أو الإيقاظ المفاجئ، وضعف جهاز التخزين، وانعدام التفاعل مع الرؤيا، وانشغال البال، وكثرة المعلومات المودعة، وكثرة الرؤيا، والمرض، أخيراً تحقق الأجواء غير المناسبة من تعب ونوم على شبع مفرط ومرض وغير ذلك.

ويتناول الكتاب قبل أن يدخل في صلبه، الحالة البرزخية «بين اليقظة والنوم» حيث يرى المرء ما يراه النائم، وهي حالة: «خارجة من السيطرة الكاملة لقوة الشعور وأصبحت تسبح في فلك اللاشعور» ويعبر عنها بين الألسنة «كنت بين النائم واليقظان»، والحالة البرزخية فترة خصبة يستعين بها بعض المتصوفة في إجراء: «طقوسهم العملية، أو إلهاماتهم المزعومة».

بعد هذه المقدمة العلمية المستفيضة في مجريات عالم النوم، يدخل المؤلف في تناول ثلاثة أنواع من الرؤى على ارتباط من قريب أو بعيد بالإمام الحسين ﵇، فالقسم الأول خاص بالرؤيا التي رآها الإمام الحسين ﵇، وهي ١٢ رؤية، والقسم الثاني رؤى رآها آخرون أثناء حياة الإمام الحسين ﵇ وهي ٢٢ رؤية، والقسم الأخير رؤى رآها آخرون بعد استشهاد الإمام الحسين العام ٦١هـ حتى العام ٢٦٠هـ وفيه غاب الإمام الحجة المنتظر عن الأنظار في غيبته الصغرى، وهي ٤١ رؤية.

جهد متميز

وامتاز عمل المؤلف في تصنيفه للرؤى، بأن أعمل جهده عند ترقيمها وترتيبها وبيان زمن وقوعها باليوم والشهر والسنة، وتحديد مكان حصول الرؤيا وضبط نص الرؤيا، وبيان مقتضيات الرؤيا. وفي تعبير الرؤيا اعتمد المصنف في ذلك على ما موجود من نصوص مفسرة تضمنتها روايات النبي ﷺ وأهل بيته ﵇، أو استخدام المفردة في التعبير عن أحد المعصومين ﵇، أو استخدامها من قبل أرباب التعبير، أو استخدامها في أمثالها من قبل العلماء، أو اشتهار ذلك وشيوعه، واستنباط ذلك من الأصول اللغوية أو الممارسات العملية.

كما إن القارئ ليس بحاجة لأن يصعد مراقي صعبة في تسقّط المعلومة من بين ثنايا الكتاب، فإن الفهارس المتعددة الأغراض سُلّمه إلى قاعدة البيانات والمعلومات، ولذلك فقد ضم هذا الجزء الفهارس التالية: فهرس الآيات المباركة، الأحاديث والأخبار، الأمثال والحكم، الأعلام والشخصيات، القبائل والأنساب والجماعات، الطوائف والملل، الأشعار، التأريخ، الرؤى، الفهرس اللغوي، مصطلحات الشريعة، المصطلحات العلمية والفنية،

الوظائف والرتب، الآلات والأدوات، الإنسان ومتعلقاته، الحيوان ومتعلقاته، النبات ومستحضراته، الفضاء ومتعلقاته، الأرض ومتعلقاتها، المعادن، الأماكن والبقاع، الزمان، الوقائع والأحداث، المؤلفات والمصنفات، المصادر والمراجع، فهرس مؤلفي المراجع، بالإضافة إلى فهرس محتويات الكتاب ومندرجاته.

وفي خاتمة الكتاب قدمت البروفيسورة في الشؤون الإسلامية في جامعة كونكورديا (Concordia University) في مونتريال، المستشرقة الكندية ليندا كلارك (Linda Clarke)، قراءة نقدية، تعرضت فيها إلى مفهوم الرؤى في الثقافة العربية قبل الإسلام وبعده، ولاحظت أن: «المؤلف يصنف كلا من هذه الرؤى على إنها إما واضحة وحرفية، أو تتطلب تفسيرا، وأينما تطلبته الرؤى تعبيرا، فإن معاني الرموز الفردية ومعاني الرؤية ككل، سيتم شرحها مستعملا أبعد ما يمكن من مفاتيح أعطيت مسبقاً عبر الوصايا الشفهية»، وكان للعرض الجديد والمتميز الذي قدمه الدكتور محمد صادق الكرباسي في فهم النوم والأحلام، أثره الكبير في قلب البروفيسورة ليندا كلارك، ما حدا بها إلى تقديم محاضرات من وحي الكتاب في عدد من جامعات كندا والمملكة المتحدة.

وأخيراً فإن ما يلاحظ في معظم الرؤى التي رآها الإمام الحسين عليه السلام أو رؤيت فيه، الصبغة الدرامية المتلونة بحروف الشهادة والاستشهاد في واقعة الطف في كربلاء.

الجمعة ٣١/ ٣/ ٢٠٠٧م
١٢/ ٣/ ١٤٢٨هـ

الدكتورة صابرينا بنت ليون ميرفن

(Dr. Sabrina Leon Mervin)

* ولدت في باريس عام ١٣٧٨هـ (١٩٥٨م).

* نالت سنة ١٤٠٠هـ (١٩٨٠م) دبلوم دراسات عليا في التجارة والإدارة والتمويل (اميان ـ باريس).

* نالت سنة ١٤١١هـ (١٩٩١م) ليسانس باللغة العربية (سونسييه ـ باريس).

* نالت سنة ١٤١٩هـ (١٩٩٨م) دكتوراه في الدراسات العربية من المعهد الوطني للغات والحضارات الشرقية في باريس (the Institute National des Langues at Civilizations Orientals)، ومختصرها (INALCO - PARIS).

* عملت في الفترة ١٤١٥ ـ ١٤١٧هـ (١٩٩٤ ـ ١٩٩٦م) باحثة في المعهد الفرنسي للدراسات العربية في دمشق.

* عملت في الفترة ١٤١٩هـ ـ ١٤٢١هـ (١٩٩٨ ـ ٢٠٠٠م) محاضرة في المدرسة العليا بباريس.

* عملت في الفترة نفسها محاضرة في المدرسة العلمية للدراسات العليا بجامعة السوربون (Sorbonne University).

* تعمل حاليا مديرة أبحاث في مركز الدراسات والتخصصات الدينية في باريس. (Le Centre d'Etudes Interdisciplinaires des Faits Religieux) (CEIFR).

* مديرة مشاركة في معهد دراسات الإسلام والمجتمعات الإسلامية في باريس (Institut d'études de l'Islam et des sociétés du monde musulman) (IISMM).

* لها عدد من البحوث والدراسات والمحاضرات في اختصاصها.

* شاركت في ندوات فكرية وعلمية عدة.

* لها حضور في صحف ومجلات عدة.

* لها مؤلفات عدة منفردة ومشتركة مع آخرين، منها:

ـ تـاريـخ الإسـلام: الأصـول والـمـذاهب (Histoire de l'Islam: Fondements et doctrines).

ـ الإصلاح الشيعي: علماء ورسائل جبل عامل منذ نهاية الإمبراطورية العثمانية ولغاية استقلال لبنان (Un Reformisme Chiite: Ulemas Et Lettres Du Gabal Amil (Actuel Liban - Sud) De La Fin De L'Empire Ottoman a L'independance Du Liban).

ـ المرأة: عبر العالم وخلال العصور (Women: Around the World and Through the Ages)، بالاشتراك مع السيدة كارول برونهوبر (Carol Prunhuber).

(الحسين والتشريع الإسلامي - الجزء الأول)

الموسوعة مظهر جديد للحب والمودة

لعب الحسين بن علي دوراً له صداه في تاريخ أصول التشيع، فلم يحتل مكانه في سلسلة أئمة أهل البيت فقط، بل انه منح باستشهاده كل المعاني للحركة الدينية التي أنشأتها عائلته، كما أن الإمام الحسين قد أصبح رمزاً مقدساً، بخاصة عند الشيعة، وهذا واضح من خلال الشعائر الحسينية، والمجالس والمواكب والزيارات، وتعتبر الموسوعة التي كرّس لها الشيخ محمد صادق الكرباسي جهده مظهراً جديداً للحب والمودة التي يكنها المخلصون لإمامهم.

وُلد الإمام الحسين، سبط نبي الإسلام في شهر ٤ سنة ٦٢٦م[(١)] وهو نجل الإمام الأول علي بن أبي طالب. خَلَفَ الإمام الحسين أخاه البكر الحسن، حسب ما يذكره التراث والذي مات بعد أن دسّت زوجته[(٢)] إليه

(١) وُلد الإمام الحسين عليه السلام عشية يوم الخميس ليلة الجمعة الخامس من شهر شعبان من السنة الرابعة للهجرة، الموافق للتاسع من يناير كانون الثاني عام ٦٢٦م. وشعبان هو الشهر الثامن من الأشهر القمرية الهجرية. انظر: السيرة الحسينية للكرباسي: ١/١٥٧.

(٢) زوجته: هي جعدة بنت الأشعث بن قيس الكندية، رغّبها معاوية لقتل الإمام الحسن عليه السلام مقابل أموال وتزويجها من ابنه يزيد، وفَى لها بالمال وتنكر لها بالزواج.

السم بأمر معاوية. وهكذا أصبح الحسين إمام الشيعة عام (٦٦٩م)[١]، وقد احترم الحسين عقد الصلح الذي أبرمه الحسن مع معاوية، إلا أنه في هذه الأثناء بدأ أهل الكوفة بالتذمر وأظهروا معارضتهم لمعاوية حتى مات هذا الأخير عام (٦٨٠م) مخلفا وراءه على كرسي الحكم ولده يزيد[٢]. إلا أن هذا الاختيار في نظر أهل الكوفة لم يكن مقبولا، فيزيد لا يحترم قوانين الإسلام ولم يكن أهلا للخلافة، فبعث أهل الكوفة للإمام الحسين يستنجدونه ويرجونه القدوم من أجل صلاح وهداية الأمة.

غادر الحسين المدينة لتفادي بيعة يزيد وذهب إلى مكة، وأرسل ابن عمه مسلم بن عقيل إلى الكوفة وعزم على اللحاق به، وفي هذه الأثناء قام حاكم الكوفة عبيد الله بن زياد بقتل مسلم بن عقيل، وبعث قواته لمواجهة الحسين ومنعه من الوصول إلى الكوفة، ولم ينضم إلى صفوف الحسين سوى نفر قليل من أهل الكوفة، وتخلى الآخرون عن إمامهم وتركوه ليواجه قدره.

في الثاني من محرم سنة (٦١هـ/ ٦٨٠م) وصل الحسين إلى سهل كربلاء، وبدأت المفاوضات بين الطرفين، في الوقت الذي كانت قوات الحسين المشكّلة من أهل بيته وأصحابه تعاني من العطش، بعد أن قطعت القوات الأموية طريق الماء عنهم. وفي النهاية بعد أن أصرّ الإمام الحسين على عدم

(١) تولى الإمام الحسين عليه السلام الإمامة من يوم استشهاد الإمام الحسن عليه السلام في ٧/ ٢/ ٥٠هـ ويقع في سنة ٦٧٠م.

(٢) اختار معاوية بن أبي سفيان (ت ٦٠هـ) ابنه يزيد (ت ٦٤هـ) وليا للعهد واخذ في العام ٥٩هـ البيعة له من الأمصار بسلاحي الترغيب والترهيب، ونقض معاوية بذلك بنود الصلح الذي أبرمه مع الإمام الحسن عام ٤١ للهجرة، حيث ينص البند الثاني على: أن يكون الأمر للحسن من بعده، فإن حدث به حدث فلأخيه الحسين، وليس لمعاوية أن يعهد إلى أحد.
انظر: صلح الإمام الحسن أسبابه نتائجه، محمد جواد فضل الله، ص ١٣٠.

إعطاء البيعة ليزيد، تهيأ الأمويون لقتاله، فطلب منهم أن يتركوا من يحبه النبي ليغادرهم بكرامته فأبوا عليه ذلك. في العاشر من المحرم كانت المعركة، وبدأ الحسين يفقد رجاله الواحد تلو الآخر في الوقت الذي أشعل أعداؤه النار في مخيم النساء اللاتي أسرهن الأعداء بعد أن قتل الحسين ومُزِّقت أشلاؤه.

يعتبر هذا الحدث في نظر التاريخ زمنا متجدداً في التشيع، بل أكثر من ذلك، فإنَّ عملية استشهاد الحسين تشكل قصة أساسية. ألم يقال بأن الحسين قد أحيا دين جده بمأساة كربلاء؟ فهي في كل سنّة تُمثَّل وتُعاش وتُصاغ خلال إحياء (عاشوراء)، وقد شكلت في ذاكرة المجتمع الشيعي الذي أعطته السلوك المثالي نموذجا للحياة السياسية ومجموعة من القيم الأخلاقية التي يجب اتباعها، وكل هذا من خلال شخص الإمام الحسين.

كتب العلماء الشيعة أدباً غزيراً حول الإمام وتاريخه وما يمثله لهم، ومن الآن فصاعداً فإن الموسوعة قد كرّست له كدليل على حيوية التراث الشيعي ونشاط علمائه، ولا نستطيع في هذا المجال إلا أن نحيّي الجهد والسعي اللذين صاحبا هذا العمل الضخم الذي يرمي إلى وضع كل ما يتعلق بالإمام الحسين بنتاج واحد وبمتناول الجميع، وإضافة إلى إحيائه لذكرى الحسين، فإن هذا العمل سيكون مفيداً للباحثين والطلبة وكل من يهتم بالتوثيق عن الحسين، وبالتالي عن التشيع. وقد عكف الشيخ محمد صادق الكرباسي على هذا العمل منذ خمسة عشر عاماً[1]، لتبدأ نتائج أعماله في التجميع والبحث والتحقيق بالصدور.

---

(١) نهض المحقق الكرباسي بمشروع دائرة المعارف الحسينية مساء يوم عاشوراء من عام ١٤٠٨هـ الموافق لـ ٥/٩/١٩٨٧م.

إن هذا المجلد الذي نقدّم له يعالج مسألة القانون وبشكل أعمّ الحقوق والتشريع، وقد كانت هذه الموسوعة فرصة للمؤلف لينقل معارف هذا الموضوع لكل مهتم بالحسين والتشريع، وفي الواقع فإنَّ المؤلف لم يكتف بتقديم المدرسة الفقهية الجعفرية التي يتبعها الشيعة الإمامية، بل انه قدّم عرضا مفصلاً للموضوع، مرتكزاً بمنهجية على تراث علماء الإسلام والفكر المعاصر، فهو يعتمد في الوقت نفسه على التطور التاريخي الإسلامي الذي يمنح مساحة عريضة للتاريخ المقدس من جهة، ومن جهة أخرى يفتح المجال لوجهات النظر الغربية.

وهكذا يبدأ المؤلف بتعريف التشريع، سواء فيما يتعلق بالقانون المنزل من السماء أو القانون الوضعي، فإن ما يهم المؤلف في كلا الحالتين هو تشخيص الثبات في عملية سنّ القوانين وهوية المشرِّع، ومن ثم يعرض تاريخ ما يتعلق بالتشريع في الحضارة الإسلامية وفي بقية الأديان السماوية وغيره، وبعد ذلك يعرّج المؤلف لشرح القانون الإسلامي (الشريعة) بدقّة وتفصيل، فنصل هنا إلى المجال التقني للتشريع في الإسلام ونتعرف على منهجية وأصول الفقه.

وقد عرض المؤلف هذا المجال التقني بإسهاب ودقة، هذا بالإضافة إلى تطرق المؤلف إلى مفاهيم وتقنيات المدارس الفقهية في الإسلام: المدرسة الجعفرية، المدارس السنية الأربع، المدرسة الزيدية، المدرسة الأباضية، مدرسة الصحابة[1]، فيما يسمى بالفقه المقارن.

---

(١) ومدرسة الصحابة هي المدارس السنية الأربع: الحنفية والمالكية والشافعية والحنبلية، وقسّم المؤلف المدارس الفقهية إلى ثلاث: مدرسة الرأي واشتهر بها الحنفية، ومدرسة الحديث واشتهر بها الإمامية والمالكية والحنبلية والإباضية، وما بينهما مدرستا الشافعية والزيدية. انظر: الحسين والتشريع الإسلامي: ١/ ٣٨١.

ونحن نعلم أهمية ما قدّمه علماء الإمامية في تطور الفقه ومنهجيته ومازالوا يقدمونه، ففي الوقت الذي تغلق المدارس السنية الأربع على نظامها الخاص تاركة مساحة ضيقة للعلماء في مجال الاجتهاد، تظهر حركة معاكسة في أوساط علماء الشيعة.

لاشك أن أول مفهوم متطور طُرح من قبل علماء الشيعة في موضوعة الفقه هو مفهوم الاختلاف الذي طوّره الطوسي[١] المتوفى سنة (٤٦٠هـ)، والذي فتح طريق الاجتهاد للعلماء، علماء الحلة تابعوا أعمالهم على هذا النمط، فإبن إدريس[٢] المتوفى سنة (٥٩٨هـ)، منح حافزاً جديداً في الأصول، ومن بعده المحقق الحلي[٣] المتوفى سنة (٦٧٦هـ)، والعلامة الحلي[٤] المتوفى سنة (٧٢٦هـ). ثم نظّم العلماء من بعده هذه النظرية لاسيما حسن بن زين الدين العاملي[٥] المتوفى سنة (١٠١١هـ)، الذي صاغ مذهبيا

---

(١) الطوسي: هو محمد بن الحسن بن علي ولد بطوس سنة ٣٨٥هـ، سكن بغداد ودرس على الشيخ المفيد والسيد المرتضى وغيرهما، وانتقل إلى النجف بعد وقوع فتنة طائفية وأقام فيها حوزة علمية، مات فيها ودفن في منزله وقبره معروف.

(٢) إبن إدريس: هو محمد بن منصور بن أحمد العجلي الحلي المولود في الحلة سنة ٥٤٣هـ، وينسب إلى إدريس جد أبيه، تتلمذ على: ابن شهرآشوب، ابن زهرة الحلبي، وابن مسافر العبادي وغيرهم، وعنه: جعفر الحلي، طومان العاملي، وابن معد الموسوي وغيرهم، من مصنفاته: السرائر، خلاصة الاستدلال، وكتاب التعليقات.

(٣) المحقق الحلي: هو جعفر بن الحسن المولود سنة ٦٠٢هـ، نشأ في الحلة وفيها مات وله مقبرة شاخصة، درس على: إبن يحيى الحلي، ابن معد الموسوي، ومحمد الحلبي وغيرهم، وعنه: العلامة الحلي، ابن طاوُس، وابن حاتم الحلي وغيرهم، من مصنفاته: شرائع الإسلام، المسلك في أصول الدين، والنكهة في المنطق.

(٤) العلامة الحلي: هو الحسن بن يوسف المولود في الحلة سنة ٦٤٨هـ وفيها مات ودفن في الحضرة العلوية في النجف الأشرف، من فقهاء الإمامية وعلمائها، درس على: أبيه والمحقق الحلي والمحقق الطوسي وغيرهم، وعليه: ولده محمد فخر المحققين ومحمد الجرجاني وابن سنان المدني وغيرهم، ترك مصنفات كثيرة منها: التذكرة، التحرير، ومصابيح الأنوار.

(٥) العاملي: هو حفيد علي الجبعي العاملي، من فقهاء الإمامية وعلمائها، ولد في قرية جبع=

مفهومي الاجتهاد والتقليد، وذلك بأنه ثبّت بأن بإمكان الفقيه أن يمارس الإجتهاد وعلى العوام أن يقلدوا الفقيه الأعلم[١].

واستمر تطور دراسة الفقه والأصول حتى وصلت مرحلتها الجازمة في أعمال مرتضى الأنصاري[٢] المتوفى عام (١٢٨١هـ)، التي فتحت باب الاجتهاد على مصراعيه ليسمح للمجتهد بطرح مسائل أوسع باعتباره نائب الإمام، وبذلك أسس مفهوم المرجعية الذي عكس اليوم خصوصية النظام الفقهي الشيعي ومقوماته، والتي يعرضها لنا محمد صادق الكرباسي في دراسته حول الفقه المقارن.

صابرينا ميرفن

Sabrina Mervin

باريس ـ فرنسا

٢٧/ ٣/ ٢٠٠٠م

=اللبنانية سنة ٩٥٩هـ وفيها مات، نشأ في مسقط رأسه ودرس في العراق، تتلمذ على: حسين الحارثي والمقدس الأردبيلي وعلي الصائغ وغيرهم، وعنه: ابنه محمد وعبد السلام العاملي وعلي العاملي وغيرهم، من مصنفاته: مشكاة القول السديد، منتقى الجمان، التحرير الطاووسي.

(١) الفقيه في المدرسة الإمامية ملزم بالاجتهاد، والأمة في مسائل العبادات والمعاملات ملزمة بالتقليد بنص حديث الإمام الحسن العسكري (ت ٢٦٠هـ): (فأما من كان من الفقهاء صائنا لنفسه، حافظا لدينه، مخالفا على هواه، مطيعا لأمر مولاه، فللعوام أن يقلدوه..). وسائل الشيعة للحر العاملي: ٢٧/ ١٣١. ونص حديث الإمام المهدي المنتظر (عج): (وأما الحوادث الواقعة فارجعوا فيها إلى رواة حديثنا، فإنهم حجتي عليكم وأنا حجة الله). وسائل الشيعة للحر العاملي: ٢٧/ ١٤٠. وللمزيد، راجع: الحسين والتشريع الإسلامي للكرباسي: ٢/ ١٤٠.

(٢) مرتضى الأنصاري: هو ابن محمد أمين بن مرتضى الأنصاري الخزرجي، ولد في مدينة دزفول الإيرانية سنة ١٢١٤هـ، من فقهاء الإمامية وأعلامها، نشأ في مسقط رأسه ودرس في العراق وخراسان، تتلمذ على: محمد المجاهد وشريف العلماء والنراقي وغيرهم، وعنه: محمد حسن الشيرازي وحبيب الله الرشتي والمامقاني وغيرهم، من مصنفاته: المكاسب، الرسائل، والرجال.

مقاربة مناهجية
في فقه المذاهب الإسلامية

لازمت التشريعات الإنسان منذ أول يوم وطأت قدماه الأرض، فهي ظله ومنه كالروح للجسد، لا يستطيع منها فكاكاً، لأن التشريعات إنْ كانت وحياً سماوياً أو وضعاً أرضياً، تتحرى في قمة أغراضها سعادة الإنسان تجلب له الغنم وتدفع عنه الغرم، وتنظم له علاقاته السداسية الأبعاد، من بعد العلاقة مع المعبود إلى بعد العلاقة مع البيئة مروراً ببعد علاقة الفرد بنفسه والفرد الآخر والمجتمع والدولة، في منظومة علاقات مترابطة، تؤثر الواحدة بالأخرى إنْ سلبا فسلبا وإنْ إيجابا فإيجابا في أنساب متفاوتة بين بعد وآخر وتشريع وآخر .

والتشريعات بتفريعاتها حالها حال المجتمعات البشرية، خاضعة للتطور، لأن التشريع في أصله يوضع لتنظيم هذه العلاقات، وكلما ازدادت شبكات المجتمع وتعقيداته إزدادت معها الحاجة إلى تفريعات في النظم والقوانين تواكب حركة عجلة الحياة حتى تفك من عقد الشبكات وتجعل الحياة أكثر يسراً وتقرب المسافة بين الأبعاد الستة وترطب أجواءها بما فيه صالح الإنسان وصالح الكرة الأرضية التي تستوعب هذا الإنسان، وتوفر له الحياة الرغيدة في دار الدنيا بقياسات التشريعات الأرضية، وسعادة الدارين الدنيا والآخرة بقياسات التشريعات السماوية .

مقاربة فقهية

وللوقوف على سلسلة التشريعات التي مرت على البشرية منذ الأب الأول لسلالتنا، آدم عليه السلام حتى يومنا هذا، مروراً بالنظام الرأسمالي والاشتراكي، والتوقف مطولا عند التشريع الإسلامي وتفاصيله قبل الإفاضة إلى الإرث التشريعي الذي تركه الإمام الحسين عليه السلام في التشريع الإسلامي، صدر الجزء الأول من كتاب «الحسين والتشريع الإسلامي» من سلسلة من عشرة أجزاء تعتبر أحد أبواب دائرة المعارف الحسينية الستين. والكتاب الذي يعد مقدمة في التشريعات بعامة والتشريع الإسلامي بخاصة، صدر عن المركز الحسيني للدراسات في لندن في ٥٤٠ صفحة من القطع الوزيري، وهو واحد من ٣٦ مجلداً صدر حتى اليوم، يبحث فيه الفقيه آية الله الشيخ محمد صادق الكرباسي ولأول مرة في عالم التأليف في النهضة الحسينية عن دور الإمام الحسين عليه السلام في التشريع الإسلامي بوصفه ممن يشمله قوله تعالى في الآية ٥٩ من سورة النساء: ﴿يَٰٓأَيُّهَا ٱلَّذِينَ ءَامَنُوٓاْ أَطِيعُواْ ٱللَّهَ وَأَطِيعُواْ ٱلرَّسُولَ وَأُوْلِي ٱلۡأَمۡرِ مِنكُمۡۖ﴾ فيكون قوله وفعله وتقريره حجة، فيتناول هذا الدور: «بشكل مستدل وموثق ومقارن ومفلسف في آن واحد»، وهو يستعرض المسألة الشرعية ومناقشة نسبتها ووثاقة السند ودراسة الدلالة علمياً وبيان الأقوال فيها ومقارنتها بين المدارس الفقهية السبع القائمة في عالم الفقه الإسلامي: الإمامية والأباضية والحنبلية والحنفية والزيدية والشافعية والمالكية، في محاولة جادة يرجو بها الفقيه الكرباسي: «تخفيف الهوة بين الاجتهادات ومبانيها عن طريق الاطلاع عليها وممارستها» وذلك في سبيل: «خلق روح التسامح بين تلك المذاهب عبر طرح الرأي والرأي الآخر والذي نأمل أن يصل إلى نوع من الاندماج في ظل وحدة لا تتأثر باختلاف وجهات النظر في مثل هذه المسائل الجزئية»، لكون مثل هذا الطرح يعطي للمسألة المعروضة

للمناقشة قيمة علمية من شأنه أن يقلل من مساحة الخطأ في الاستنباط واستخراج الحكم الشرعي.

ثلاثية الاتزان البشري

وبأسلوب علمي رصين يمهد المصنف للغوص في تاريخ التشريعات، وخصوص التشريع الإسلامي، بجملة مباحث أولية ضرورية، فيتناول تحت عنوان «حقيقة التشريع» موضوعة التشريع في اللغة والاصطلاح، ليخلص إلى أنَّ التشريع بالإجمال هو: «وضع السنن والمناهج»، كما إنَّ بين الشريعة والفقه من النسب المنطقية الأربع: «عموم وخصوص من وجه أي إن كل فقه شريعة وليس العكس». كما لا يعدو أنْ يكون المشرع وهو إسم فاعل من شرّع أحد ثلاثة: الله أو الفرد أو الشعب.

والتشريعات إما أن تكون موحاة أو أنها من بناة عقل الإنسان كفرد أو كمجتمع، وما يمكن تسجيله في مقام التشريع الإلهي: «إنَّ الله هو المشرع الحقيقي وأما الرسل ثم الأئمة ثم الفقهاء فهم وإن صدر عنهم بعض الأحكام الجزئية فلا يمكن تسميتهم بالمشرعة إلا مجازا»، لأن دور الرسول يتجه إلى: «تبليغ الرسالة» وبيان الرسالة وتطبيقها على موضوعاتها، أي: «رد الفروع إلى الأصول والحفاظ عليها». وما يمكن تسجيله على تشريع الفرد: «إنَّ حكم الفرد يختلف باختلاف البيئة الجغرافية والقومية والعقائدية كما يختلف باختلاف شخصية الحاكم ونفسيته، ويبقى في النهاية رأيا فرديا يتبع حكمة وسياسة شخص الحاكم». وما يميز تشريع الشعب الذي يتم عادة عبر ممثلين، أنَّه: «كلما كان النظام حراً كلما كانت نسبة شعبيته أكثر وأقوى، وأينما وجدت الحرية الموزونة كان الوعي أكثر انتشاراً، وكلما كان الشعب

واعياً كلما كانت قراراته ناضجة». ويعتقد الدكتور الكرباسي إنَّ مثل هذا النوع من الحكم: «تغلب عليه الصبغة الشوروية المصطلح عليها بالديمقراطية، فإنْ طبقت بالشكل الصحيح كانت الحقوق بشكل عام غير مهدورة وخفت معاناة الشعوب وقلت نسبة الانتفاضات والثورات».

وما يميز الشرائع السماوية أنها: «قد تختلف في الكثير من الأحكام إلا أنَّ جوهر التشريع فيها واحد»، وربما كان: «الفارق الأساس بين التشريعين الإلهي والبشري: «أن الأول يعالج العقيدة والنظام والثاني يعالج النظام فحسب». كما إنَّ الشريعة الإلهية لها كامل القابلية في خلق التوازن في سلوك الإنسان من خلال تنظيم العلاقة بين ثلاثية الفكر (العقل) والنفس والجوارح لخلق التوازن المعرفي والعقيدي والسلوكي والوصول إلى حد الكمال الإنساني، حيث يعمل التشريع الموحى على علاج الفكر بالعقيدة والنفس بالأخلاق والجوارح بالأحكام، وبالتالي ضمان نشوء شبكة من العلاقات الموزونة تنظم علاقة الفرد بالمشرّع (الله) وبنفسه وبنظيره وبمحيطه الاجتماعي وبالسلطة القائمة وبالبيئة.

وبالتأكيد إنَّ قناعة الإنسان وتحصله على المعرفة بأنَّ المشرع هو الله تفرز فائدتين: الأولى: «الثقة بالشريعة الإلهية واحترامها بشكل يخفف معها الاختراقات»، والثاني: «ثبات الشريعة واستقرارها لأنها صدرت على أساس شمولية معرفة الواضع بكل أطراف القضية من جهة، ومراعاة مصلحة جميع الأطراف في القضية من جهة أخرى». ولم تغب عن الخالق: «الحالة التطورية في الحياة والإنسان»، لأن هدف التشريع كما يستنتج المصنف من مجمل نصوص مقدسة وشريفة، تحقيق سعادة الإنسان وإقامة النظام ومواكبة التطور وتمهيد الإنسان للمرحلة الأخيرة من حياة البشرية.

تاريخ التشريعات

وللمصنف رأيه في تقسيم تاريخ التشريعات الإلهية، حيث استنتجها وفقاً لأنبياء أولي العزم أصحاب الشرائع نوح وإبراهيم وموسى وعيسى ومحمد ﷺ، مع البدء بهبوط آدم عليه السلام إلى الأرض في جزيرة سريلانكا في العام ٦٨٨٠ قبل الهجرة النبوية، حيث نزلت عليه ٢١ صحيفة، مهدت لمرحلة النبي نوح المولود في العام ١٠٥٦ من عام الهبوط الموافق للعام ٥٨٢٤ قبل الهجرة، وكان كتابه يحوي ٨٠ صحيفة، وتلته الشريعة الحنيفية الإبراهيمية نسبة للنبي إبراهيم الخليل المولود في الكوفة في العام ٤٦٣٧ من الهبوط الموافق للعام ٢٢٤٣ قبل الهجرة، وتلته الشريعة اليهودية الموسوية نسبة إلى يهوذا بن يعقوب ونبيهم موسى بن عمران المولود في مصر في العام ٥٣١٢ من الهبوط الموافق للعام ١٥٦٨ قبل الهجرة، وترك في بني إسرائيل ١٢ خليفة وكتابه التوراة. وتلته الشريعة النصرانية العيسوية نسبة إلى مدينة الناصرة موطن السيدة مريم عليها السلام ونبيهم عيسى المسيح المولود في بيت لحم عام ٦٢٣٨ من الهبوط الموافق للعام ٦٤٢ قبل الهجرة، وخلّف في أمته ١٢ حوارياً وكتابه الإنجيل. وأخيراً شريعة الإسلام المحمدية المأخوذة من السلم والاستسلام لله ونبيها محمد بن عبد الله ﷺ المولود في مكة المكرمة في عام الفيل في سنة ٦٨٢٧ من عام الهبوط الموافق للعام ٥٣ قبل الهجرة، وترك في أمته ١٢ خليفة وكتابه القرآن. وإلى جانب الأديان العالمية الثلاثة، هناك المجوسية أتباع زرادشت (١٥٠٠ ـ ١٦٠٠ ق.م)، والصابئة أتباع صابئ بن شيث بن آدم عليه السلام (ولد في القرن الخامس من عام الهبوط)، والبوذية نسبة إلى بوذا سيذهارتا غوتاما (٥٥٨ ـ ٤٨٣ ق.م).

مدارس وفقهاء

ويتناول المحقق الكرباسي بشيء من التفصيل «نظرة فقهاء القانون إلى مصدر التشريع» التي حددها رجال القانون بثلاث مدارس أو فلسفات، وهي المدرسة المثالية والمدرسة الواقعية والمدرسة التعادلية.

فالمدرسة المثالية وتسمى بالقانون الطبيعي أيضا، تقوم على: «الاعتقاد بوجود قيمة عليا تسمو على جميع القيم وتحتويها وهي قيمة العدل ومن شأن القانون إقامة العدل بين الناس». وتسمى المدرسة الواقعية بالمدرسة التجريبية وتقوم فلسفتها على: «الاعتراف بالواقع المادي الملموس وتنكر كل تصور فكري مجرد لا يكون له وجود في العالم المادي الملموس وترفض كل ما يمت إلى المعنويات بصلة». وأخيراً المدرسة التعادلية التي: «تبحث عن محطة وسطى بين المدرستين المتطرفتين» ومنها الإسلام.

وفي مجال الأنظمة القائمة في عالم البشرية اليوم، فيمكن في مجال التشريع ملاحظة نظريات وفلسفات عدة، الأولى: النظرية العقلية وتبنتها الفلسفة الرأسمالية. والثانية: النظرية الحسية التي تبنتها الاشتراكية والماركسية. والثالثة: النظرية الإسلامية التي تجمع بين النظريتين فلا تلغي دور العقل ولا تلغي دور التجربة.

ويتناول الكتاب في مباحث مستقلة تاريخ النظامين الرأسمالي والاشتراكي وظروف نشأتهما وشخصيات النظامين، ويخلص الباحث إلى أنَّ: «الرأسمالية الديمقراطية هي رد فعل للاضطهاد الكنسي، كما إنَّ الاشتراكية الماركسية جاءت بدورها رد فعل للنظام الرأسمالي الديمقراطي»، ويرى: «إنَّ الدولة في النظام الرأسمالي الديمقراطي تكون في خدمة الشعب بينما تكون في خدمة الدولة في النظام الاشتراكي».

أسس ومقومات

ويستقل الكتاب بباب عن النظام الإسلامي، ملتقطاً اثني عشر أساساً
ومقوماً اعتمدها الإسلام في تشريع نظامه، وهي: تكريم الإنسان بوصفه
محور الحياة. والعقل بوصفه حجة فطرية طبيعية وحجة شرعية اعتبارية وبه
أناط الإسلام التكليف. والعلم بوصفه مرتبة تأتي بعد العقل ومن لا عقل له
لا علم له. والمحبة بوصف الدين المحبة. والاتحاد والتي تبدأ بتوحيد الله
وإشاعة المحبة والتعايش والتعارف في المجتمعات البشرية. والحرية بوصفها
مناط الثواب والعقاب. والعدل بوصفه من أصول الدين، فالعادل لا يصدر
منه إلا العدل. والمساواة حيث لا فرق لعربي على أعجمي ولا أبيض على
أسود إلا بالتقوى. والنظم فهو مخ كل عمل. والشورى ويقابلها الاستبداد
المنهي عنه على: «إنَّ الشورى أكثر سعة وأشمل حكمة من الديمقراطية كما
أن الاستبداد أعم من الديكتاتورية». والنزاهة والإخلاص بوصفهما مظهراً
ناصعاً للطهارة المادية والمعنوية، العضوية والنفسية، وعليها اعتماد نظام
الإسلام أفراداً ومجتمعات، حركات ومؤسسات. وأخيراً المواهب والكفاءات
أي التخصص القائم على الخبرة.

إجتهادات فقهية

للفقيه الكرباسي وجهة نظر خاصة في تقسيم المراحل التي مر بها التشريع
الإسلامي، فهو يقسم تاريخ الشريعة إلى مرحلتين:

المرحلة الأولى: تبدأ في ٢٧ رجب عام ١٣ قبل الهجرة أي عام البعثة
وتنتهي برحيل نبي الإسلام محمد ﷺ في ٢٨ صفر عام ١١ هجرية، أي
مرحلة الوحي.

ويتشعب الوحي إلى ثلاث شعب: الوحي القرآني: «وهو جميع ما بين

دفتي القرآن الذي بين أيدينا حيث نزل على الرسول ﷺ بحدوده وخصوصياته محفوظاً إلى يومنا هذا دون زيادة أو نقيصة». والوحي القدسي: «وهو عبارة عن الأحاديث التي أملاها الله عز شأنه على نبيه محمد ﷺ عبر الوحي والتي عرفت بالأحاديث القدسية». والوحي التفسيري: «وهو في الحقيقة الأحاديث التي أملاها الرسول الأعظم ﷺ على أهل بيته الأطهار عليهم السلام وأصحابه، وتعد مضامينها من الوحي الإلهي، أما صيغتها وألفاظها فهي نبوية».

المرحلة الثانية: وتبدأ منذ رحيل النبي ﷺ، وتنتهي عند الشيعة الإمامية بالغيبة الأخيرة للإمام المهدي عليه السلام في ١٥ شعبان ٣٢٩هـ، وعند المدارس الفقهية الأخرى تنتهي بعهد الخلافة الراشدة برحيل الإمام علي عليه السلام في ٢١ رمضان ٤٠هـ.

وهي على فترات ثلاث: فترة الخلافة الراشدة وظهور مدرستي الرأي والحديث، وفترة التابعين، وفترة نشوء المذاهب الإسلامية. وحيث يرفض الدكتور الكرباسي التمذهب في الفقه الإسلامي، فإنَّه يعتقد: «إنَّ المذاهب الإسلامية ليست هي إلا اجتهادات فقهية»، ولذلك لو تم التعامل معها مجرداً عن المسائل العقائدية المذهبية والمسائل الكلامية: «لوجدنا أنَّ المذاهب الإسلامية السبعة المتواجدة اليوم على أرض الواقع مختلفة في مسائل جزئية لا تصلح لهذه الفرقة التي التزمتها جماعة متطرفة من المسلمين، وغذتها فئة معادية من غير المسلمين»، وعليه فإنَّ: «هذا المقدار من الاختلاف لا يضر بوحدة الصف الإسلامي شأنه شأن أي اختلاف علمي في العلوم الاجتماعية والطبية وغيرها في سائر الشؤون».

مصادر التشريع الإسلامي

يناقش الكتاب في نصفه الثاني مصادر التشريع لدى المذاهب الإسلامية، وحيث لا تختلف المذاهب في مصدري القرآن والسنة، فإنَّ المذاهب توسعت في المصادر إلى ستة عشر مصدرا، تختلف في تقديم واحد وتأخير آخر أو قبول مصدر ورفض آخر. ويسلط الفقيه الكرباسي الضوء على كل مصدر، والبحث في تمام حجيته وموقعه التراتبي في قائمة المصادر، مفصلا في كل مصدر ومستعرضا الآراء المؤيدة والمخالفة لبعض المصادر ويبين رأيه فيها واقفا مع هذا ومعارضا الآخر.

القرآن: وهو في مقدمة المصادر والركيزة الأولى في التشريع، ويذهب المؤلف بضرس قاطع: «إنَّ ما نزل بين الدفتين من الألفاظ والمعاني والأسلوب نزل من قبل الله دون نقص أو زيادة وليس لنبيه محمد ﷺ أي دخل في صياغته ووضعه» ولذلك يؤكد إنَّ: «القول بالتحريف مردود من قبل المذاهب كافة، وما قيل من التحريف في القرآن فهي آراء فردية نُجلها إلا أنها لا تعكس إلا رأي قائلها ولا يمكن نسبتها إلى المذاهب».

السنّة: وهي سنّة رسول الله ﷺ من قول وفعل وتقرير، وعند الإمامية تنسحب السنة إلى ابنته فاطمة ﷺ والأئمة الأثني عشر أولهم الإمام علي عليه السلام وآخرهم الإمام المهدي عليه السلام، وزادت المدارس الفقهية الأخرى على السنة الشريفة رأي الصحابة.

الإجماع: وهو الاتفاق، وفي اصطلاح الأصوليين اتفاق الأمة أو الصحابة أو العلماء، فالأصوليون اتفقوا على أصله واختلفوا في متعلقه إلى أحد عشر متعلقاً، والإجماع على أنواع: دخولي وسكوتي ومنقول ومحصل وبسيط ومركب وتركيبي، وزاد الفقيه الكرباسي عليها الإجماع الافتراضي أو

التعليقي: «وهو ما يعتمد على قبول نظرية، فلو التزم بها لكان الإجماع قائما عليها، وقد سبق وقلنا: إن قبول سنة أهل البيت عليهم السلام لو افترض قبول العامة بالعصمة للزم القول بحجيتها دون مناقشة، وبما أن العصمة ثابتة بما لا ينكر فالإجماع قائم». وبالإجمال فإن الإجماع: «حجة عند جميع المذاهب وهو احد الأصول المعتمدة في التشريع رغم الجدل القائم في انه أصل برأسه أم أنه حاكٍ عن أصل».

العقل: وسمي بالعقل لأنه يعقل صاحبه عن التورط في المهالك، وهي: «القوة التي يدرك بها الإنسان ويحكم من خلالها على مدركاته»، والعقل في موضع التشريع عقلان فطري وعصموي، والقدر المسلم: «إنَّ العقل الفطري يمكنه الحكم على البديهيات ولكن فيما يفوق ذلك لا يمكن ضمانة عدم خطئه وإن كان ما قطع عبره حجة له، وأما العقل العصموي فلا يتصور فيه الخطأ مطلقا»، والعقل في نظر الكرباسي: «المرتكز الأساس لكل استدلال، وعليه تتفرع بقية الأدلة»، ولهذا فهو يشترط في الفقيه: «أن يتحلى بعقلية قريبة من الفطرة الإنسانية والواقع المعاش والمذاق الإسلامي»، أي التعقل فلا يقع في الإفراط والتفريط.

القياس: ويعرف بأنه التعرف على حكم النظير من خلال علة مظنونة في نظيره، وزاد الكرباسي: «فيما إذا لم يرد بذلك الحكم نص من الكتاب والسنة». واختلفوا في حجيته، ففي حين لم تعتمده الإمامية عدته الأحناف الثالث من أصول الشريعة، والموالك والزيدية الرابع، والشوافع الخامس، والحنابلة السادس.

الاستحسان: وهو في اللغة: عد الشيء حسناً، وتعدد الأصوليون في تعريفه إلى حد التناقض، ويعود في خلفيته بشكل عام إلى القياس الخفي أو

النص أو العرف أو الضرورة، ولم يعده الفقيه الكرباسي دليلاً في قبال الكتاب والسنة والعقل والإجماع، وعنده: «إنَّ الاستحسان من الظن الذي لا يغني عن الحق شيئا».

المصالح المرسلة: وهي الأفعال والتروك التي لم تجلب المنفعة والمتروكة أمرها دون تحديد، وفي اصطلاح المتشرعة: «الموارد التي لم يحددها الشارع فيها حكمه بل اعتمد في ذلك على جلب المنفعة أو دفع المضرة». ولما كان مرد المصالح المرسلة إلى الدليل العقلي أو النص الإلهي أو النبوي، اذاً: «فلا معنى لعدها دليلاً مستقلاً ووصفها في قبال الكتاب والسنة والعقل، وأما إن كانت خلفيتها الرأي والقياس وما إلى ذلك فهو مرفوض».

الذرائع: وهي الوسيلة ويقال سد الذرائع أو فتحها، وأراد الأصوليون منها: الوسيلة إلى الأحكام الشرعية التي تتصف بالحالات الخمس: الوجوب، الاستحباب، الإباحة، الكراهة، والحرمة، وبتعبير آخر هي: «حكم الوسيلة المؤدية إلى حكم شرعي»، وعند الكرباسي: «إنَّ سد الذرائع ليس أصلا من الأصول الشرعية».

العرف: وهو من حيث اللغة: ما استقر في النفوس من جهة شهادات العقول وتلقته الطباع السليمة بالقبول. ومن حيث الاصطلاح: ما تبناه المجتمع من دون إنكار. والعرف بنظر المؤلف: «ليس أصلاً برأسه ليضاهي الكتاب والسنة بل مآله إما إلى العقل أو السنة».

الشرائع السابقة: أو قولهم: «شرع مَن قبلنا شرع لنا» أي العمل بالشرائع السماوية السابقة، ومن رأي الفقيه الكرباسي: «إنَّ أدلة القائلين بالحجية مطلقاً لا يفهم منها أكثر من التصديق برسالة السابقين وأنها منزلة من قبل الله،

وأما إننا ملزمون بالعمل على مضامينها فهذا ما لم يدل عليه الدليل»، وخلاصة الأمر إنَّ الشرائع السابقة: «ليست بأصل قائم لوحده بل مرجعه إلى الكتاب والسنّة».

مذهب الصحابي: أو قول الصحابي واجتهاده ورأيه، واختلفوا في تعريف الصحابي وحجيته وماهيته، والرأي عند المصنف انه: «لا يمكن الاعتماد على مذهب الصحابي كأصل في التشريع بل لا يمكن الركون إليه في قبول روايته أيضاً بمجرد كونه صحابيا إلا بعد التثبت من عدالته».

الحيل الشرعية: وهي الحذق أو الطرق الملتوية أو بتعبير الفقهاء: المخارج من المضايق، وحقيقتها: التخلص من مأزق بسلوك آخر خفي على غير الفقيه يؤدي ذلك المؤدى دون الوقوع في حرمة أو عسر. أي العامل به لا يتخطى حكم الشرع ولكن يسلك طريقاً شرعياً آخر، وهو أشبه بدور المحامي بتخليص موكله من التهمة باستعمال مواد قانونية أخرى، وهي عند الكرباسي: «ليست أصلا بل مسألة فرعية من مسائل الفقه».

الشهرة: أي الذيوع وتستعمل في الحديث والفتوى فيقال شهرة روائية وشهرة فتوائية، وهي: «ليست أصلاً بل من المسائل المرتبطة إما بالسنة وعلومها أو بالإجماع وفروعه».

السيرة: أي السلوكية أو التباني العملي، وللناس يقال سيرة العقلاء وللفقهاء يقال سيرة المتشرعة، وهي: «ليست أصلاً من الأصول التشريعية».

القرعة: ويعني السهم أو النصيب يتعين بها نصيب الإنسان، وعند الأصوليين: إجالة الشيء بين أطراف مشتبهة لاستخراج الحق من بينها، ولولا التعبد فيما لو ثبت فإنها لمجرد رفع الحيرة والنزاع، لا الوصول إلى الحق. ويستخدمها الفقهاء في بعض المجالات لرفع النزاع والخصومة.

والقرعة: «من المسائل الجزئية وتدخل في نطاق القواعد الفقهية الخاصة ببعض الأبواب والتي لا يمكن أنْ تكون في مصاف الأصول في التشريع».

الأصول العملية: والأصل في اللغة الأساس أو القاعدة، ولا يختلف معناه عند الأصوليين، فهي القواعد التي يستندون إليها في استنباط الأحكام. والأصول العملية الوسيلة المباشرة للحصول على الحكم الظاهري في قبال الحكم الواقعي.

وفي ختام البحث في مصادر التشريع الإسلامي، انفرد المحقق الكرباسي بوضع جدول لهذه المصادر وبيان موقف المذاهب السبعة منها، بحيث يقف القارئ على مواضع الاتفاق والاختلاف عند المذاهب في كل مصدر.

مدرستا الحديث والرأي

مع أن الفقيه الكرباسي في تناوله لمراحل التشريع الإسلامي ومبحث السنة ومذهب الصحابي طرق باب الحديث والرأي، لكنه في خاتمة بحث المصادر أفرد مبحثاً خاصاً تناول فيه أهم معالم المدرستين والموقف من الحديث وجمعه، والاستشهاد بقصص تاريخية عدة، حيث بيّن رواة الحديث أنَّ مدرسة الرأي انتشرت في البلدان الإسلامية على يد الموالي: «أولاد سبايا الأمم» حسب تعبير عروة بن الزبير بن العوام الأسدي (ت ٩٣هـ).

ويعتقد المصنف أنَّ الصراع على السلطة كان أحد دوافع التمسك بالرأي، كما ساهمت الحكومات المتعاقبة على ذلك، وقد وضع في خاتمة البحث خارطة بالمذاهب السبعة وموقعها من مدرستي الرأي والحديث، مصنفا الحنفية من الأولى والإمامية والمالكية والحنبلية والاباضية من الثانية، فيما أخذت الشافعية والزيدية من المدرستين.

وفي سبيل تذليل المعلومة وضع المصنف ٢٤ فهرساً في أبواب شتى تضمنتها متنون وهوامش مباحث الكتاب، كما أحال الدكتور الكرباسي الجزء الأول من سلسلة الحسين والتشريع الإسلامي إلى الدكتورة صابرينا ميرفين (Sabrina Mervin)، المسيحية المعتقد، الخبيرة في المعهد الفرنسي لدراسات الشرق الأدنى في بيروت، صاحبة كتاب «المرأة حول العالم وعبر العصور» - «Women: around the world and through the ages»، فأبدت رأيها في عموم الموسوعة الحسينية وخصوص الكتاب، فكتبت مقالة نقدية باللغة الفرنسية وجدت أن: «علماء الشيعة كتبوا أدباً غزيراً حول الإمام الحسين وتاريخه، وما يمثله لهم، ومن الآن فصاعداً فإن الموسوعة قد كرّست له كدليل على حيوية التراث الشيعي ونشاط علمائه»، ورأت: «إنَّ هذا المجلد الذي نقدم له يعالج مسألة القانون، وبشكل أعم الحقوق والتشريع، وقد كانت هذه الموسوعة فرصة للمؤلف لينقل معارف هذا الموضوع لكل مهتم بالحسين والتشريع»، وثمّنت الدور المعرفي الذي قام به الشيخ الكرباسي، ذلك: «إنَّ المؤلف لم يكتف بتقديم المدرسة الفقهية الجعفرية التي يتبعها الشيعة الإمامية، بل انه قدم عرضاً مفصلاً للموضوع، مرتكزاً بمنهجية تراث علماء الإسلام والفكر المعاصر، فهو يعتمد في الوقت نفسه على التطور التاريخي الإسلامي الذي يمنح مساحة عريضة للتاريخ للمقدس من جهة، ومن جهة أخرى يفتح المجال لوجهات النظر الغربية».

الثلاثاء ٣/ ٧/ ٢٠٠٧م
١٨/ ٦/ ١٤٢٨هـ

الأديب
الدكتور أنطون بن يوسف بارا

* ولد عام ١٣٦٢هـ (١٩٤٣م) في بلدة بيرود التابعة لمحافظة ريف دمشق التي تبعد ٨٠ كيلو متراً عن مركز العاصمة السورية دمشق.

* درس في كلية الملكيين الكاثوليك، ودار المعارف الإسلامية في مسقط رأسه وأكمل في المدارس الحكومية.

* حصل على شهادة البكالوريوس في المنهاج العربي الفرنسي.

* أكمل دراسات عليا في الأدب العربي والتاريخ الإسلامي وفلسفة الأديان.

* منح دكتوراه الإبداع الإنساني من الاتحاد العالمي للمؤلفين بالعربية خارج الوطن العربي (WUWAU) في باريس برتبة (مفكر حر).

* أستاذ مستشار في جامعات الاتحاد الأوروبي لكليات الدراسة الشرقية (EUOSC) في روما بمسمى (بروفيسور).

* عمل في حقل الإعلام منذ عام ١٣٨٣هـ (١٩٦٣م) صحافياً ومذيعاً ومقدماً للبرامج الإذاعية والتلفزيونية وكان أول عمل له محرراً رياضياً في جريدة أخبار الكويت اليومية التي تحولت إلى (الأنباء) فيما بعد، ويتولى حالياً مدير تحرير مجلة «شبكة الحوادث» ومقدماً للبرامج الأخبارية والحوارية في قناة

«العدالة» وسكرتيراً لتحرير جريدة «الدار».

* عضو الاتحاد العالمي لكتاب الخيال العلمي.

* عضو اتحاد الكتّاب العرب في دمشق.

* عضو منظمة الصحافيين العالمية (IOJ) في براغ.

* عضو الاتحاد الدولي للصحافة (IFJ) في بروكسل.

* عضو اتحاد الصحافيين السوري.

* عضو جمعية الصحافيين الكويتية.

* هويته الفكرية: «أنا مسيحي الديانة... مسلم المواطنة والهوية التراثية.. عربي اللسان.. شيعي الهوى».

* كاتب وروائي له من المؤلفات ١٥ كتاباً في مختلف الألوان الأدبية معظمها مترجم لأكثر من لغة عالمية، منها:

ـ الحسين في الفكر المسيحي (ترجم إلى ٣٥ لغة ومقرر دراسات عليا في خمس جامعات).

ـ عشرة أيام ساخنة (أدب رحلات ترجم إلى سبع لغات).

ـ دخان فوق دسمان (رواية من أدب الاحتلال).

(المدخل إلى الشعر الحسيني ـ الجزء الأول)

الشعر الحسيني... خُلَّبٌ فكري زادته العصور رواءً

لو قلنا: إن الإسلام بدؤه محمدي واستمراره حسيني، فلن نكون مجافين لحقيقة تجلت في شواهد دينية وتاريخية، فعلى المستوى الديني كانت ملحمة كربلاء عنواناً صريحاً لقيمة الثبات على المبدأ، ولعظمة المثالية في أخذ العقيدة وتمثلها، حيث أوجدت خلال مسيرة الإسلام كدين، حركة وجدانية بتشكيلها ذاك المنعطف الروحي خطير الأثر في الضمائر، والتي لولاها لكان الإسلام مذهباً باهتاً يركن في ظاهر الرؤوس، لا كما غدا بعدها عقيدة راسخة تستوطن أعماق الصدور، وإيماناً مترعاً في وجدان كل مسلم، وحركة روحية عقائدية على هذا المستوى وبهذه الفعالية.

كيف لنا أن نلمّ بشخصية مفجّرها دون فهم لأهداف حركته ودور العناية الإلهية في تكوينها بالشكل الذي بدت فيه، وبالأهداف التي آلت إليها بعد عدة قرون؟

أهداف تمحورت حول الحق الإلهي الذي خرج الحسين عليه السلام ذلك الخروج الدامي ليكرس حقيقته في النفوس طالباً الإصلاح في أمّة جدّه، آمراً بالمعروف وناهياً عن المنكر، لتظل العقيدة نبراساً والحق هادياً للمخلصين له والمتعايشين بالمعروف المطهر من المنكر، كي يتحقق للمسلم ذلك الانسجام

الهيولي مع الحق، فكانت ثورته عليه السلام خروجاً محباً من أجل الجماعة، وستظل ملحمة استشهاده وكوكبة من أهل بيت النبوة إيقاظاً مستمراً وتذكيراً دائماً بسمو المبادئ التي كان فداها هذه الأنفس المطهرة.

ولو تساءلنا: ترى ماذا في هذه الثورة من سحر روحي جعلها لا تتخذ كما لسواها شكل المذهب الصوفي أو المبدأ النظري، بل تغدو شيئاً كالاستحواذ يتمدد في القلب ويختلط في الفكر ليغدو متلقيها قلباً وفكراً في آن معا؟ السرّ في كل ذلك كما يفهمه كل ذي عقل متنوِّر يكمن فيما يسمى بـ «الهيولية الروحية» تلك الذخيرة الإيمانية، صانعة الشفافية، ملهمة الفكر بوصلة الوجدان العقيدي وموجّهته نحو قطب الحق والصلاح وموصلته إلى سبل الحقيقة والسطوع الفكري والخلقي: (وممن خلقنا أمة يهدون بالحق وبه يعدلون) الأعراف: ١٨١.

هذه الثورة التي استمدت ديمومتها وخلودها من قدسية مفجرها وسموّ أهدافه، هل كانت مصادفة تاريخية أو حدثاً ظرفياً أملته عوامل ومعطيات أوصلت إليها كحتمية....؟

لا يجادل اثنان في أن الحسين عليه السلام كان معداً للقيام بهذه المهمة السامية، فقد اجتمعت في شخصيته كل مقومات الشهيد لا على مستوى فردي، بل على مستوى العقيدة ككل، وكان النبي صلى الله عليه وآله وسلم يُعد سبطه لتحمل ضنك تلك النقلة الروحية المجددة للصدور حينما تهتز الأرض من تحت أقدام المسلمين وتميد الدنيا بالإسلام ويتزعزع هيكل العقيدة بفعل الضلالات والظلم والتحريف.

«اللهم أحبه فاني أحبه»[1] كلمة رجاء من نبي لربه في أن تكلأ عزته ما

(١) كفاية الأثر: ١١، وانظر: السيرة الحسينية: ٢/ ٤٦.

سينزرع فيه من فضائل نبوية فذّة فيباركه من عليائه ويهديه بإلهامه ليكمل مسيرة رسالة جدِّه الوليدة.

وكان عليه السلام صورة تشكلت من صورة جدِّه صلى الله عليه وآله وسلم شبيه له في الخلق والخلقة، تطلّع إليه الجدّ فرأى في شمائله سيماء مستقبل العقيدة وسؤددها وحامل لوائها من بعده بأمانة الشهداء واقتدار المصلحين.

لقد أثمرت تلك الزهرة اليانعة في تربة القداسة التي تعهدها النبي صلى الله عليه وآله وسلم فسيلاً غضاً وصقلها الإمام علي عليه السلام بمثالية آل البيت، فغدت فيئاً ظلّل الإسلام من هجير الانحراف والتنكر للسنّة، وصارت نموذجاً إيمانياً بلغت جواذبه مداها، صار المسلم يفضل معها مصارع الكرام على طاعة اللئام ومهادنة الظالمين بعد أن كان يصمت أمام تغير الدنيا وإدبار معروفها ويرضى بالصبابة كصبابة الإناء ويسير بخسيس العيش كالمرعى الوبيل ويتجاهل ما يراه من باطل لا يُتناهى عنه وحقٌ لا يُعمل به، وصار يردد مع إمام الثوار: «موت في عزّ خير من حياة في ذلّ»[1] إذا كان في هذا العيش إلغاء لدوره كمسلم وإهدار لكرامته كإنسان.

وعلى مرّ الدهور وتكرار متوالية السنين، ظل الحسين رمزاً لعظمة انسجام الإنسان مع الحق، بما قدّمه من فداء لعقيدة جدِّه الكريم فوق بطاح كربلاء لتظل عاشوراء ضمير الدين المطور المبدع بتحريره من مظاهر المنكر جموداً وتخلفاً وخروجاً متعمداً عن جادة الإيمان وفهم جوهر العقيدة.

ولقد أسعدنا وأثار إعجابنا ذلك الجهد الفريد من نوعه الذي تصدت له دائرة المعارف الحسينية بوضع موسوعة بجهد سماحة المحقق الشيخ محمد

---

(١) النص للإمام الحسين عليه السلام، أنظر: بحار الأنوار: ٤٤/١٩٢.

صادق الكرباسي، تتضمن سيرة ومسيرة ريحانة الرسول ﷺ وأهل بيته وأنصاره الكرام الذين استشهدوا في واقعة الطف الأليمة عام ٦١ من الهجرة فوق بطاح كربلاء، وما علمناه من أن عدد أجزاء هذه الموسوعة المزمعة يربو على الخمسمائة جزء[١] سوف تغطي ستين باباً منوعاً، وبهذا تكون الموسوعة مشروعاً إعلامياً وتوثيقاً غير مسبوق وجهداً لا يماثل، يجزى عليه الشيخ الكرباسي ومعاونوه كل الجزاء، لأنه عمل فكري لا يجارى، لاسيما أن هذه المشاريع الموسوعية بحاجة إلى سهرٍ وتحقيق ومتابعة وبحث لا يتوقف على مدار الأربع والعشرين ساعة، ومن لم يجرب القيام بمثل هذه المشاريع، لا يعرف مقدار المعاناة والجهد اللازمين لإنجاز واحد منها، فكيف بخمسمائة؟ إننا نثمّن مسبقاً هذا الجهد ونبارك لسماحة المحقق هذا الإنجاز الذي سيُكتب بأحرفٍ من نور في سجلّ الاجتهاد والتضحية والإيثار في سبيل إضافة جديدة لسيرة ومسيرة سبط الرسول وريحانته، هذه المسيرة التي لن تتوقف حتى تبلغ بالإنسان مداها وإلى أن يرث الله الأرض ومن عليها.

وحول الجزء الخاص المعنون بـ «المدخل إلى الشعر الحسيني» الجزء الأول، فإن المكتبة العربية تفتقر إلى كتاب يجمع بين دفتيه ما نظم من أشعار عن ملحمة كربلاء التي شكّلت على مرّ التاريخ إلهاماً للشعراء وذوي النفوس الشفيفة، لما حملته الفاجعة الأليمة من معان روحية وتوثب ثوري وغيرة على العقيدة، فكانت على الدوام دعوة تستحثّ شاعرية الأنفس النزاعة للتحليق في عالم المُثُل الزاخر بكمال الأخلاق، تبحث في تلافيفه عن الجماليات الفكرية المتزاحمة في فسيفساء لا أجمل منها، شكّلتها ملايين المعاني والصور الإنسانية الخلاّبة لتصبّها في قالب بلاغي بما تتضمنه من رموز جاذبة وما تورثه من خلب عقلي ورواء نفسي وارتواء روحي يوزع سناه كما توزع

---

(١) تمت الإشارة إلى أن أعداد الموسوعة زادت على الستمائة مجلد.

بلورة صافية ضوء الشمس المنعكس عليها يدور مدارها حول شخصية سيد الشهداء عليه‌السلام بما اختصت به من إعجاز الله في خلقه وما نفحته العناية الإلهية في أفكارهم وأفعالهم، فكانت خلقتهم وخلقهم ومواقفهم صورة أمينة لما استودعه الله فيهم من سرّ إعجازه في الخلق.

وهكذا شخصية التقت فيها شعلة النبوة المقدسة بالمثالية البشرية، لم تترك قلباً إلا ومسّته ولا فكراً إلا وألهبته، فليس غريباً أن تنطلق تلك الانسيالات الفكرية ممجدة مواقف البطولة التي جسدها الحسين فوق أرض الطف، ولا عجب فإن من آيات القلوب والأفكار أن تعشق الجمال وتجانس بين النبض والإلهام فتجعل أصحابها شعراء وأدباء يرسمون بالكلمات عالماً من المثل والجماليات لا يحده ولا تلحق بانطلاقته أشد الأخيلة جموحاً.

وفي هتاف القلوب ورسم الأفكار صدى لما استعر فيها من أصوات رجافة تنساب إليها من أعماق الدهور لتمسّ مواطن الجمال فيها فتخط على صفحة أعماقها الصافية خط حنان واستذكار. وشهيد كالحسين انتهت إليه كل سمات العظمة قمين بأن تستوحيه العقول والأفئدة إلهاماً دوّاماً وتستكين لسيرته العطرة النفوس النزّاعة إلى مثوى السكينة والسلوى وتنشد آيات الحب والجمال ورضى القلب، وهذا ما عناه الإمام الصادق عليه‌السلام بقوله لأبي عبد الله جعفر بن عفان الطائي[1]: «ما مِن أحدٍ قال في الحسين شعراً، فبكى وأبكى به إلا أوجب الله له الجنة وغفر له»[2].

---

(١) أبو عبد الله جعفر بن عفان الطائي: ويكنى أبو الفضل أيضا، وربما نسبوه إلى ابن عثمان بدلاً من عفان، شاعر كوفي توفي نحو ١٥٠هـ، وكان بصيرا، أكثر شعره في أهل البيت عليهم‌السلام، ذكر له المحقق الكرباسي ثلاث قصائد خاصة بالإمام الحسين عليه‌السلام في ديوان القرن الثاني: ٥٨، ٦١، ٧٨.

(٢) أنظر: رجال الكشي: ١٨٧، ووسائل الشيعة: ١٤/ ٥٩٤، وغيرهما.

وهكذا على مرّ التاريخ ظلت فاجعة الطف مصدر إلهام لا ينضب للشعراء، فهذا وذاك شاعر تُبهلل نفسه مخارف الدنيا وبلهنية العيش تراه في موضع يذكر فيه الحسين وقد تحول إلى ناسك متبتِّل يقنع بالبلغة تستقر في حلقه لا تغادره لجفافها إلى فوق أو تحت.

وهذا وذاك شاعر لا تتحرك كوامنه إلا للفج من المشاعر المكثفة الصارخة، تجده ينفعل بأخفت شعور يصله من فضاء كربلاء فيعطي أبلغ ما عنده من فصاحة ويرسل أفصح ما لديه من بلاغة شعراً ونثراً.

وشاعر يبخل بمدحه للملوك يملأ بعده جرابه ذهباً ويسخو أيما سخاء في مدح الحسين على غير أمل في درهم واحد، وعلى توقع نوال الأذى والمشقّة والإحن.

وشاعر آخر لم تكن أهوال الدنيا ومفاتنها لترف له جفناً، لكن كان يبكي كطفل كلما نزعت أفكاره إلى ذكرى كربلاء فيرسل الدمع الهتون أسًى وحرقة.

وكانت كربلاء بإرهاصاتها الروحية أنشودة وضعها الحسين على الشفاه فما ملّتها قط، استوطنت حناجر الأجيال، تطرب لها العقول وتحنو عليها الأضلع والصدور كدرّة ثمينة، فتلهب المشاعر وتهز القرائح لها اهتزاز الصبّ المستهام فتخلّدها كلماً وشعراً إلى جانب ما خلّده التاريخ منها سرداً وتحليلاً.

من هنا تأتي أهمية كتاب المدخل إلى الشعر الحسيني ليجمع بين دفات دواوينه المعطى الجوهري لرمزية حركة الحسين وأثرها في النفوس، وما خلّفته من إيحاءات فكرية وروحية مذ كان المقتل في العاشر من محرم عام ٦١هـ وحتى يومنا هذا، حيث تحول الشعر الحسيني على مرّ التاريخ إلى

نهضة فكرية متكاملة ومنهج فلسفي فجّر العديد من الثورات الاجتماعية والسياسية رغم محاولات الأنظمة الحاكمة الحد من تأثيره بأساليب الترهيب والترغيب، وطرح بدائل له لصرف الأنظار عنه، إلا أن الأدب الحسيني كان يسري كالسِّحر لأن محوره «واقعة الطف» كانت أدبياتها قد ربضت في الوجدان الجمعي للأمة الإسلامية، واختلفت بذرات ضميرها الديني، فلم يعد التأثير عليها ممكناً، بل زادتها تلك المحاولات عُلواً ورسوخاً وتفاعلاً تحقق بمتوالية هندسية تضاعفت تلقائياً بمرور الأيام وتعاقب القرون.

فشكراً للشيخ الكرباسي الذي وفّر على قرّاء العربية عاشقي سيرة آل البيت[1] معاناة البحث في بطون الكتب عن الشعر الحسيني بتحقيقه وجمعه في دواوين خاصة، وهنيئاً للمغرمين بأدب الطف على هذه الهدية النادرة التي لا تُقدّر بثمن.

أنطون بارا ـ الكويت

٢/٦/١٤٢١هـ ـ ١/٩/٢٠٠٠م

---

(١) آل البيت: والصحيح «أهل البيت»، فالنسبة إلى البيت «أهل» والنسبة إلى الرجل «آل»، فيقال آل محمد ولا يقال أهل محمد، ويقال أهل البيت ولا يقال آل البيت.

تاريخ الأدب العربي بعيون حسينية

يمثل الكلام الجميل صك المحبة إلى القلب يدخله دون حاجب أو استئذان، وإذا انتظمت الكلمات وسالت موسيقاها ألحاناً في أخاديد أذن السامع، متسربة إلى حقول نفسه ومشاتل عاطفته، أسَرته وأفقدته صولجانه ودفعته عن عرش جلموده مهما أوتى من قوة العقل وصلادة النفس، وهذا ما يفعله الشعر المجيد، يغرق مستمعه في بحوره بمرساة أوزانه، ليطلعه وهو يغوص بين أمواج الشعر وسحره على اللئالئ والدرر المنظومة.

وما أجمل الشعر حينما ينسج الشاعر خيوطه الحريرية في حب شخصية ملَكَت المكارم كلها، وينشئ عقدها في تعظيم رمز حاز الفضائل جميعها، وهب الإله كل ما يملك، فوهبه الرحمن حب الناس، تأسرهم العَبرة فينيخوا ركابهم عند رحله، يميرون أنفسهم ويزدادون كَيل عِبر، إنها شخصية سبط الرسول الأكرم محمد ﷺ قتيل العبرة وشهيد الحق الإمام الحسين بن علي عليه السلام.

البحاثة الدكتور محمد صادق الكرباسي، يسلك بنا هذه المرة في الموسوعة الحسينية التي تنوء أبوابها بالعصبة أولي القلم، سبل التحقيق إلى بساتين «الحسين في الشعر العربي القريض»، من خلال «المدخل إلى الشعر الحسيني» في جزئه الأول الصادر عن المركز الحسيني للدراسات في لندن، في ٥٦٠ صفحة من القطع الوزيري، حيث تناول فيه كل صغيرة وكبيرة لها

علاقة بالأدب الشعري، فهو قبل أن يأخذنا في رحلة معرفية ويطلعنا على مراحل الشعر الحسيني كمقدمة ضرورية للدخول فيما نظم في الإمام الحسين عليه السلام من الشعر القريض، يتوقف عند محطات عدة، لبيان الشعر وتاريخه وخصائص مفرداته.

الأدب وحقيقته

ولما كان هذا الجزء والذي يليه هو مدخل إلى الدواوين الشعرية لخمسة عشر قرنا، فإنَّ المصنف يبحث في الشعر ومنهاجيته ويستعرض الموضوعات اللصيقة بدائرة الشعر، فأول ما يبدأ به هو شرح معنى كلمة (الديوان) وأصلها، فقد قالوا فيها إنها فارسية أو آشورية أو آكدية أو سومرية أو عربية، ويخلص إلى أن الكلمة غير دخيلة يمكن إرجاعها إلى أصول عربية، ولكن لا ينافي أن تكون لها في اللغات الأخرى معان قريبة من ذلك، ولا يستبعد: «أن تكون عربية الأصل دخيلة على اللغات الأخرى ولكنها دخيلة الاستخدام في العربية للمؤسسات والدوائر الرسمية».

وتحت عنوان (تعريف الأدب)، يفصل القول في المعنى اللغوي والاصطلاحي. كما إن (الأديب) تسمية تطلق على من يجيد التعبير نثراً أو شعراً، ومن يتصف بالفضيلة فهو مؤدب. أما (ولادة الأدب) فإنَّ: «البذرة الأولى للأدب هي التجربة الشعورية التي تتولد في مخيلة الأديب نتيجة لتلاقح مؤثرات خارجية مخزونة أو حاضرة»، والأديب ليس فكراً مجرداً بل عملاً وتطبيقاً على أرض الواقع. لأن (قيمة الشعور الأدبي) تعادل القيمة الوجودية. كما إن (قيمة الاختيار الأدبي) تتحقق في جمع الحروف والكلمات والجمل والفقرات في منظومة موزونة ومنمقة، لأن الجزئيات هي التي تشكل الكليات، والكليات تأخذ خصائصها من كينونة الأجزاء، فمتى ما أحسن استخدام المفردة صار الكلام جميلاً، وفي الشعر لابد عند تنسيق

جزئيات الكلام مراعاة التنسيق بين الغرض الشعري والبحر وأوزانه والقافية بحركاتها وحروفها، فجودة الشعر ملزومة بتناسقية ثلاثي الغرض والبحر والقافية، ذلك إنَّ (القيمة التعبيرية) تعتمد على تحول الشحنة الذهنية إلى ارض الواقع بالأسلوب الشعوري.

ولكن ما هي (حقيقة الأدب)، هل هو فن أم علم؟ وهل هو عمل أم مجرد فكر؟ وهل هو هدف أم وسيلة؟

يرى المصنف أنَّ: «الأدب بما أنَّه يبحث عن أساليب التعبير وفنون الأداء بغرض تحسين صورة الفكرة فهو فن، ومن المجاز إضافة العلم إلى الأدب» ومن رأيه أن الأدب عمل والأديب يستحق هذا الوصف: «اذا مارس الأداء الفني في التعبير»، كما إن الأدب وسيلة لإيصال فكرة معينة، وحكمه حكم المقبلات في مائدة الكلام، فعليه: «إن شئت سميت الأدب بالمقبلات اللفظية». ثم إن (منابع الأدب ومجاله) كامنة في مخيلة الإنسان تترجمها التجربة الشعورية. والأدب النابض بالحياة هو (الأدب الموجه) الذي لا يتخذه المرء مطية لشهواته ونزواته، لكون (هدف الأدب والشعر) هو تقديم رسالة مسؤولة إلى المجتمع عبر الكلام الخميل والنظم الجميل. بيد أن الترابط بين (الأدب والالتزام) لا يدعونا إلى التحجر، لأن مسألة الالتزام في الأدب والشعر التي شاعت في خمسينيات القرن العشرين، كانت قائمة على فكرة الالتزام لحشد الطاقات الأدبية والفكرية لخدمة قضايا الأمة. وأعلى درجات (قمة الأدب) عندما تكون القطعة النثرية أو الشعرية في تناسبها التكعيبي (التركيب والموضوع والتعبير) في منتهاها. لأنه عند (التقسيم الأدبي) فإنَّ: «الأديب يحلق بجناحين: جناح الشعر وجناح النثر والقاسم المشترك بينهما هو حسن الأداء للصورة التجريبية سواء الواقعية منها أو الخيالية».

مرتبة النثر والشعر

وتحت عنوان (أدب النثر وفنونه) يفصل المحقق الكرباسي القول في تقسيماته، وبخاصة: القصة، التمثيل، المقالة، الخطابة، النقد، المكاتبة، المناظرة، المثل، والمقامة. ويفرد عنواناً للحديث عن (أدب القرآن) وبلاغته التي انبهر بها فطاحل الأدب الجاهلي. ويستقل بعنوان لبيان العلاقة بين (الأدب والشعر) وموقع الشعر الحر من النثر والشعر القريض، منطلقاً من ذلك لبيان (مرتبة الشعر) في سلّم الأدب وتعريفه، حيث توصل إلى أنَّ: «الأدب الشعري يأتي في المرحلة الثانية من الأدب النثري من حيث التأريخ لأن الشعر في الحقيقة تطوير للنثر وفيه التزام أكثر من النثر، ولكن من جهة أخرى فإن الشعر يأتي في الدرجة الأولى من حيث الفن الأدبي»، ولابد لمن يريد نظم الشعر ويرتقي أعواده أن يقرأ كما يقول الخوارزمي (لعله كمال الدين حسين الخوارزمي المتوفى حدود ٨٤٠هـ): «حوليات زهير (ت ١٢ق.هـ) واعتذارات النابغة (ت ١٨هـ) وحماسيات عنترة (ت ٨ق.هـ) وأهاجي الحطيئة (ت ٥٩هـ) وهاشميات الكميت (ت ١٢٦هـ) ونقائض جرير (ت ١١٠هـ) وخمريات أبي نؤاس (ت ١٩٩هـ) وتشبيهات ابن المعتز (ت ٢٩٦هـ) وزهريات أبي العتاهية (ت ٢٦١هـ) ومراثي أبي تمام (ت ٢٣٢هـ) ومدائح البحتري (ت ٢٨٦هـ) وروضيات الصنوبري (ت ٣٣٤هـ) ولطائف كشاجم (ت ٣٦٠هـ) وحكم المتنبي (ت ٣٥٤هـ) وغزليات ابن الفارض (ت ٦٣٢هـ)»(دائرة المعارف للبستاني: ١٠/ ٤٨٠هـ). وقد عمد المصنف إلى بيان المقصود من كلام الخوارزمي بمتابعة كل شاعر وما اتصف به شعره. ولا يخفى أن بين (النظم والشعر) عموم وخصوص من وجه: «وذلك لأن كل شعر نظم وليس العكس حيث إن الشعر هو ما حرك الشعور الإنساني بل مطلق الشعور مع مراعاة الوزن والقافية». فالشعر الحسن وليد المعنى الجيد

واللفظ الجيد، ولذلك فإن الشعر المنتوج يقع مدار (الشعر بين العفوية والتكلف) حيث: «إن الشعر العفوي بريق شحنة فكرة تتولد بشكل عفوي وطبيعي.. بينما الشعر المصطنع عبارة عن إفراغ ما احتوته القوالب العروضية حين يريد صانعه استخدامه». وهذا يقودنا إلى معرفة مدار (الشاعر بين القريحة والعروض) حيث: «لا يستغني الشاعر المبدع عن القريحة الخلاقة ولا عن العروض الخليلية» لكون الأولى بمثابة الوقود تسوق مركب الكلمات والمعاني على طريق العروض الممهد إلى قمة العطاء الأدبي. على إن القول بأن الشعر (أعذبه أكذبه) فيه استغراق غير مبرر، لأن: «شاعر العفوية لا يمكن أن يقول الكذب لأن الطبيعة غير كاذبة، والكذب لا يأتي إلا من التصنّع فهو إلى النظم أقرب منه إلى الشعر، فالشعر أبلغه أعذبه وأخيله أصوبه، وأما المبالغة فهي ضرب من ضروب الأدب». ومن يتكلف الشعر أو تقصر همته يسهل عليه (سرقة الشعر) الغالي والنفيس، وتتمحور السرقات كما يضيف المصنف حول: سرقة الفكرة أو الألفاظ أو القالب الشعري أو الانتحال، والأخيرة تعتبر أخس السرقات الأدبية، وفيه حرمة شرعية، على أن التضمين والتشطير يعدان من الفن لا من السرقة. وفي مقام (الرخص الشعرية) اشتهر القول إنَّه يجوز في الشعر ما لا يجوز في غيره، ويعلق عليه المصنف ويرى هناك فرقاً بين الرخص المعيبة والرخص الفنية من قبيل التقدير والحذف واستخدام الخاص بمعنى العام وبالعكس. ولا يرى مانعاً من (الانفتاح الأدبي) المسؤول على الآداب العالمية.

تاريخ الشعر وتطوره

وقبل الدخول في صلب الشعر الحسيني وتاريخه، يأخذنا المحقق في جولة للاطلاع على (تاريخ الشعر وتطوره) واضعاً في حسبانه ثلاثة عصور:

الجاهلي والإسلامي والحسيني، فالعصر الأول ينتهي حتى عام البعثة النبوية في ١٣ قبل الهجرة، وكان: «يصب في غالبه على الفخر والمدح والهجاء والفروسية والشجاعة والغزل إلى غيرها من المعاني المتسمة بهذه الصفات»، وينتهي العصر الإسلامي باستشهاد الإمام الحسين عليه السلام في بداية العام ٦١ هجرية، ولوحظ في هذا العصر: «ان الإسلاميين استعملوا مفردات القرآن الكريم والأحاديث الشريفة في إنشائهم مما ألبسوه وشاحاً عقائدياً وأعطوه طابعاً علمياً فدخلت فيه الفلسفة والعلوم الأخرى»، ويرد المصنف على اولئك الذين قالوا بوقوف النبي صلى الله عليه وآله وسلم في وجه حركة الشعر بل يرى أن تشجيعه صلى الله عليه وآله وسلم للشعراء مثل كعب بن زهير (ت ٢٦هـ) وحسان بن ثابت (ت٥٤هـ) دليل تأييده فضلاً عن ما اشتهر عن بعض أئمة المسلمين قولهم الشعر مثل الإمام علي عليه السلام.

وتستمر مرحلة الشعر الحسيني حتى يومنا هذا، لكنها مرت هي الأخرى بثلاث مراحل: الأولى: وتنتهي بغيبة الإمام المهدي عليه السلام عام ٣٢٦ هجرية، والثانية حتى نهاية القرن الثالث عشر الهجري، والأخيرة منذ القرن الرابع عشر الهجري وحتى يومنا هذا. وضمت المرحلة الأولى دورين: الأول حتى نهاية العصر الأموي العام ١٣٢ هجرية، وقد بدأ الشعر الحسيني في معظمه بالرجز السياسي واتسعت رقعته إلى باقي البحور، أما الدور الثاني فيبدأ من العصر العباسي وينتهي بغيبة الإمام المهدي المنتظر عليه السلام، وفي هذه الفترة تعرض الأديب الحسيني لمحنة كبيرة نتيجة لممارسات حكومة بني العباس القمعية، لكن الأدب الحسيني ظل نابضاً ومتحركاً مع حركة الزمان والتطور وذلك: لوجود أئمة أهل البيت عليهم السلام وحثهم للشعراء على الإنشاء والإنشاد، وقيام العلويين بالثورات والانتفاضات، وبروز بعض الدول والحكومات الموالية لأهل البيت عليهم السلام، وبشكل عام كان التفوق من نصيب

الأديب الشيعي حتى قال الأديب الأندلسي محمد بن هاني (ت ٣٦٢هـ): «وهل رأيت أديباً غير شيعي»[(١)].

الأدب في العصر العباسي

وتستغرق (المرحلة الثانية) حدود عشرة قرون هجرية، ما تبقى من عصر الدولة العباسية حتى سقوطها على يد التتار في العام ٦٥٦ هجرية ثم سيطرة العثمانيين على البلاد العربية عام ٩٢٣هـ، وما بعده. وقد مر الأدب العربي بشكل عام في الدولة العباسية بعصرين: أولا (العصر الذهبي) ثم (عصر الانحطاط)، وفي العصر الأول شهد العالم الإسلامي نشوء حواضر علمية أرفدت الأدب بصورة رئيسة، مثل الحاضرة العلمية في دولة الأدارسة في المغرب العربي والحاضرة العلمية في حلب على عهد الحمدانيين، وحاضرة طرابلس الشرق في عهد الدولة العمارية، وحاضرة القاهرة في عهد الدولة الفاطمية، والحاضرة العلمية في كربلاء على عهد البويهيين والحاضرة العلمية في النجف الأشرف على عهد الشيخ الطوسي والمدرسة النظامية في بغداد على عهد النظام السلجوقي، وقد ترك التبادل المعرفي بين المسلمين من عرب وعجم تأثيره على مسار الأدب، فضلاً عن أن بغداد وحلب وإصفهان والقاهرة وطرابلس كانت تعج بالمترجمين، على أن من خصائص هذا العصر: «الإسراف في الصناعة اللفظية، خاصة التزام السجع وكثرة التضمين للأشعار والأمثال والآيات والأحاديث واستخدام التشابه والاستعارات..».

أما (عصر الانحطاط) فإنَّه يبدأ عند منتصف القرن الخامس الهجري مع سيطرة السلاجقة على أمور الدولة العباسية في بغداد وخروج دويلات عن

---

(١) أعيان الشيعة: ١٠/٨٦.

دائرة الحكم العباسي ونشوب الحروب الصليبية، ففي هذا العصر أصبح العنصر العربي غريباً في وطنه، وتغرّب معه الأدب، كما إن بعض الدويلات كانت قائمة قبل الدولة العباسية واستمرت في وجودها، وبعضها تولدت في العصر العباسي وهي بالعشرات، كما أنهكت الحروب الصليبية كاهل الدولة العباسية، فضلاً عن شخصيات مثل يوسف بن أيوب التكريتي الشهير بصلاح الدين الأيوبي (ت ٥٨٩هـ)، وعلى خلاف المشهور كما يذهب المحقق الكرباسي تآمرت مع الدولة البيزنطينية وساهمت في تقويض أركان الدولة الإسلامية والسماح للصليبيين باحتلال المدن الإسلامية مثل القدس. في مثل هذه الظروف يساعدها الصراعات الطائفية، برز شعر التصوف والعقيدة والتمذهب، كما ظهر شعر الفلسفة أيضاً وبالأخص في أروقة الفاطميين، كما: «إن التشرذم والتقلب أثّر بشكل فاعل في تراجع الشعر الحسيني كغيره، كما إن الصراع الطائفي والنزاع على الملك كان له الأثر في نوعية الشعر الحسيني».

الأدب في العصر العثماني

ويتابع المصنف في (العهد العثماني) حركة الأدب بعامة والشعر بخاصة والشعر الحسيني على وجه الخصوص، حيث قسم العهد العثماني الذي ينتهي بانتهاء الدولة العثمانية في العام ١٣٤٢هـ (١٩٢٤م) إلى أربعة عصور، يبدأ بالعصر المغولي وينتهي بعصر التدهور وبينهما عصر الفتوحات وعصر الاستقرار، ويعتبر العصر المغولي هو الحلقة بين سقوط الحكم العباسي وقيام الحكم العثماني، ويشير إلى الفساد الذي استشرى في قصر المستعصم بالله العباسي عبد الله بن منصور (ت ٦٥٦هـ) وعدم استماعه إلى صوت العقل ونصائح العقلاء من وزرائه من قبيل الوزير ابن العلقمي محمد بن أحمد (ت

٦٥٦هـ) لتجنيب سقوط بغداد بيد المغول الذين راحوا يحتلون المدن الإسلامية كالسيل العرم، وبشكل عام: «وفي هذه الفترة العصيبة لم يكن للحركة الأدبية مرتع يناسبها فقد ضعفت مباني الشعر وتراكيبه واتجه من كان بمقدوره نظم الشعر في ظل هذه الظروف إلى تناول المعاني المتداولة وبرز العنصر الديني في الأدب والشعر معا».

وفي العصر العثماني الذي ابتدأ من إنشاء الدولة العثمانية عام ٦٨٠ هجرية، انفتحت شهية الحكام على الفتوحات والحروب، وفي المقابل انعقد لسان: «الأدب العربي في ظل هذه الحروب والانتهاكات والاحتلالات وتعاقب الحكومات من شتى اللغات والقوميات غير العربية والتي على أثرها دخل اللحن في اللغة والتسيب في آدابها وظهر الشعر الملمع بالتركية والفارسية والهندية وغيرها، واستخدمت الكلمات الدخيلة وراجت اللهجات الدارجة»، أما الشعر الحسيني فإنَّه لم يشذ عن مسار الشعر العام الذي نظم في هذه الفترة، ولما كان محوره الإمام الحسين عليه السلام فلابد أن يكون النظم على الولاء والعقيدة، إذ إن: «الحسين عليه السلام كان وسيبقى المادة الخصبة للشعراء والنقطة الروحية الناطقة لتجميع الأمة يلجأ إليها الإنسان في مثل تلك الظروف الحالكة ليتقرب إلى الله ويشكو همه».

وبعد أن سيطر العثمانيون على جل البلاد العربية حل (عصر الاستقرار) فاستتب الأمن وافترشت لهم وسادة الحكم، وحاولوا جاهدين تحميل ثقافتهم التركية على المسلمين مع التزامهم بالثقافة الإسلامية بشكل عام. وقد اتسم (الحكم العثماني الأول) كما يرى المحقق، بالاستبداد، والطائفية، والقومية، وبروز التصوف، والعنف، وهذه أثرت على النتاج الأدبي النثري والشعري، حيث اكتسب الأدب في عصر الاستقرار الكثير من سمات هذه الظواهر، حيث: «تمكن الضعف في النفوس وفسدت ملكة اللسان وجمدت القرائح

فلا نبغ شاعر مشهور خارج البلاد العربية، لأن البيئة الأدبية قد انكمشت انكماشاً ملموساً فانحصرت في مصر والشام وحدهما»، وأفضل من يصف حالة الأدب في ذلك العصر هو الطاشكبرى زاده أحمد بن مصطفى الرومي (ت ٩٠١هـ) صاحب كتاب (العقد المنظوم في أفاضل الروم)، حيث يقول: «قد انتهيت إلى زمان يرون الأدب عيباً ويعدون التضلع في الفنون ذنبا وإلى الله الحنان المشتكى من هذا الزمان» (الحياة الأدبية بعد سقوط بغداد حتى العصر الحديث: ١٦٢)، على أنه برز في هذا العصر كما يقول البحاثة الكرباسي: «شعر التصوف والمدائح النبوية بشكل عام وخفت الأغراض الشعرية الأخرى كالغزل والفخر والحماسة والمدح وما شابه ذلك ومعه خف المستوى الأدبي والإبداعي في الشعر، كما برز شعراء مخضرمون ينظمون بالعربية وبالفارسية أو بالتركية والعربية».

وبموت السلطان سليمان الثاني ابن إبراهيم العثماني (ت ١١٠٢هـ) حكم الدولة العثمانية سبعة عشر سلطاناً حتى انقراضهم، وهذه الفترة يصفها المؤلف بأنها فترة (عصر التدهور) حيث نشبت الحروب على أطراف الدولة العثمانية نتج عنها استقطاع المدن وضمها إلى هذه الدولة أو تلك، أو الاستقلال بنفسها، وبالتبع نال الأدب النثري والشعري ما نال الواقع السياسي العام، وهكذا: «ضعف الشعر في هذا العصر وأصبح ركيك الأسلوب، سخيف المعاني، كثير الأغلاط، ضعيف الأغراض»، ولكن في المقابل حيث لا يرتبط الشعر الحسيني بالبلاط فإنَّه استطاع أن يقفز على الضعف الذي أصاب الشعر، ولهذا فإنَّ: «المجموعة الشعرية التي حصلنا عليها عن هذه الفترة والتي تطابق تاريخيا القرنين الثاني عشر والثالث عشر، والنصف الأول من القرن الرابع عشر الهجري تزايدت باضطراد»، فإنَّ الشعراء: «عددهم في هذه الفترة تجاوز ٣٣٠ شاعراً، القرن الثاني عشر نحو ستين شاعراً، القرن

الثالث عشر نحو ١٣٠ شاعراً، القرن الرابع عشر حتى عام ١٣٤٢هـ نحو ١٣٠ شاعراً، والعيون منهم نحو خمسين شخصية».

الأدب في العصر الحديث

أما (المرحلة الثالثة) من مراحل الشعر الحسيني، فإنَّ البلدان العربية والإسلامية شهدت احتلالا من قبل هذا الاستعمار واستقلالا عن ذاك، ولا يخفى: «إن الاستقلال لم يأت عن فراغ ولا عن إرادة دولية أو غربية، بل اثر نهوض الشعوب الإسلامية بوجه الاستعمار وتقديم التضحيات الجسام من قبل الأشراف وبقيادات شريفة كالشيخ محمد تقي بن محب علي الشيرازي (ت ١٣٣٨هـ) في العراق، وعمر المختار إبن محمد فرحات (ت ١٣٥٠هـ) في ليبيا، وعبد القادر الجزائري إبن محيي الدين الحسيني (ت ١٣٠٠هـ) في الجزائر، واحمد عرابي إبن محمد وافي الحسيني (ت ١٣٢٩هـ) في مصر، وإبراهيم هنانو إبن سليمان آغا الحلبي (ت ١٣٥٤هـ) في سوريا، ومحمد أحمد المهدي إبن عبد الله فحل (ت ١٣٠٢هـ) في السودان، ومحمد المهدي إبن عبد الله حسن (ت ١٣٣٨هـ) في الصومال، وشرف الدين عبد الحسين بن يوسف (ت ١٣٧٧هـ) في لبنان، وأمثالهم في أقطار أخرى». ولابد أن يصطبغ عموم الأدب بملامح (العصر الحديث)، فعلى صعيد اللغة خرجت الأمة من هيمنة اللغة التركية، ولكن الاستعمار حاول فرض لغته كما في شمال أفريقيا، وعلى صعيد الجانب السياسي: «تأثر العالم الإسلامي بالسياسة الغربية وذلك بفضل الحكام الذين وصلوا إلى الحكم في البداية على أكتاف الغربيين إن بشكل مباشر أو غير مباشر»، وتأثر الأدب بهذه التحولات، وساعد (الأدب والأدباء في هذه المرحلة) ظهور: الصحافة والمدارس والإذاعة والطباعة والترجمة والمواصلات والاتصالات والاستقلال

والمكتبات والهجرة والمجامع العلمية والجامعات، وقد ازداد الشعراء في هذا العصر، لكنه شهد من جانب آخر (صراع اللهجتين) بين الفصحى والدارجة .

وقبل أن يلج المصنف صلب موضوع الشعر وأغراضه وبحوره وأوزانه، يرى أن التطلع إلى (المستقبل) يستدعي أن يتحول الأدب إلى أدب تخصص في أغراضه، وأن يبتعد عن التسيس فيكون طوع الحاكم، وأن يكرم الشاعر أيام حياته وعطائه، وان يتم إنشاء مجمعات وندوات أدبية، وأن يصار إلى إعادة المباراة الشعرية، وأن يتم الالتقاء بالحضارات الأخرى عبر عقد الندوات، وأن تتم دراسة الشعر والأدب من قبل اختصاصيين معترف بهم، وأن يصار إلى تقييم النتاج الأدبي والشعري بين فترة وأخرى، وأن تتوجه الأنظار للاعتناء بالمواهب الفنية وصقلها، وأن يوجه الأدب لصالح المجتمع .

بحور تنفتح على أخرى

ويوضح المصنف ضمن (معيار النظم) مصطلحات العروض والوزن والبحر، فالأول يبحث أوزان الشعر والبحور ومتعلقاتهما، والثاني يتناول المقاييس الإيقاعية، والثالث يبحث نوعية الوزن والإيقاع، فنوعية التفعيلات التي تشكل الإيقاع الجميل هو البحر . ويعترض المصنف ضمن بحث (عروض الخليل بين الأصالة والتحديث) على اولئك الذين يحاولون عبثاً نسبة ما اكتشفه الخليل بن أحمد الفراهيدي (ت ١٧٣هـ) من بحور إلى غيره . ثم يتناول (البحور) بشيء من التفصيل، وبخاصة التي توصل إليها الخليل وهي خمسة عشر بحراً: الطويل، المديد، البسيط، الوافر، الكامل، الهزج، الرجز، الرمل، السريع، المنسرح، الخفيف، المضارع، المقتضب، المجتث، والمتقارب . وزاد الأخفش بحر المتدارك، وزاد أبو العتاهية

إسماعيل بن القاسم العنزي (ت ٢١١هـ) بحر المِدَق، وزادوا بمرور الأيام بحور: المستطيل، الممتد، المتئد، المنسرد، المُطرد، المتوافر، الدوبيت، السلسلة، المبسوط، المستدق، المستدرك، المستقرب، القريب، المشترك، الموجز، المستكمل، المستزاد، المتوفر، المخفف، المركب، والمتسرح.

ويلحق بهذه البحور عشرون أخرى، فضلاً عن (المربوع) في ٢٢ نوعاً، وبشكل عام لا يمكن قصر البحور على عدد معين، ذلك: «إن اختراع البحور ليس حكراً على احد وإنما تابع للقواعد والمعايير، فأينما وجد الإيقاع وتوفرت الشروط فلا يمكن رفضه» ولهذا أوجد الدكتور الكرباسي أوزاناً جديدة أدرجها في كتابه «الأوزان الشعرية»، وواصل في هذا التوجه حتى وضع كتابه هندسة العروض ليوصلها إلى ٢١٠ بحور بغض النظر عن مولداتها.

ويعتقد: «إن البحر من جهة والوزن من جهة أخرى تابعان لموسيقى الكلام ووقعه لدى السامع ويتدخل فيه الذوق ولا يمكن حصره بما وضع له»، ولذلك لا يعترض على (التجاوزات المجازة)، بلحاظ انه: «كل ما لم يستهجنه الذوق السليم فهو موزون» أيده فيما توصل إليه الأديب واللغوي العراقي الراحل الدكتور إبراهيم بن أحمد السامرائي (ت ٢٠٠١م) في قصيدتين بعث بهما للمؤلف.

أصل الشعر: الرجز أم الحداء؟

ويحدثنا المصنف عن (الرجز)، ولا يؤيد قول البعض انه ليس من الشعر، وقد: «سمي بحمار الشعراء أو حمار الشعر لسهولة النظم على زنته أو لسهولة التلاعب مع تفعيلاته ورويه»، بل يؤيد ما ذهب إليه البعض بأن أصل الشعر بدأ بالرجز، فيكون تاريخه من تاريخ الشعر، على أنَّ البعض يرى أنَّ

الحداء، وهو سوق الإبل والغناء لها، هو أساس الشعر عند العرب ثم تطور إلى سائر ألوان الرجز ومن ثم إلى غيره من الأوزان والبحور، ربما يؤيده في ذلك قول النبي محمد ﷺ: «لا تدع العرب الشعر حتى تدع الإبل الحنين»[(١)].

ومن الرجز (الأرجوزة) حيث يلتزم الشاعر بالقافية الموحدة في كل من الصدر والعجز دون غيرهما. وفي مقابل الرجز ظهر (القصيد) حيث كان أول تطوره أن قاموا بتطويل شعر الرجز فنتج عن ذلك القصيد. واشتهر الرجز بوصفه (شعر الحرب).

الشعر الحر وأمور أخرى

ويفرد المصنف عنواناً مستقلاً للحديث عن وزن (الدوبيت) وتتبع أصل الكلمة وتاريخها وتفاصيلها، و(نشأة الدوبيت)، والعلاقة بين (الأدب العربي والدوبيت)، وحجم (وقع الدوبيت) و(تركيبة الدوبيت)، ومناقشة (أقوال شاذة في وزن الدوبيت)، وملاحظة (أنواع الدوبيت وتطوره). وبشكل عام فإنَّ الدوبيت كلمة فارسية مركبة من «دو + بيت» وتعني البيتين: «وفي الحقيقة أنَّه كالمربع في كونه يحتوي على أربعة أشطر ولكن يخالفه في الوزن ويتفق معه في اتحاد قافية الشطر الأول والثاني والرابع»، ولعل الشاعر الإيراني جعفر بن محمد رودكي (ت ٣٢٩هـ) أول من نظم على وزنه، بيد أنَّ: «أدباء العرب وشعراءهم تفننوا في القالب الشعري من الدوبيت وطوروه حتى أصبح له أنواع مختلفة»، أما في الأدب الحسيني فإن الدوبيت دخله منذ القرن السادس الهجري أو قبله بقليل.

---

(١) العمدة في صناعة الشعر ونقده: ٣٠.

ويفرد البحاثة الكرباسي عنواناً خاصاً يتناول (الشعر الحر) بوصفه حالة وسطى بين النثر المقفى والشعر الموزون، وإن كان البعض يرى أنَّ الشعر الحر في عائلة الأدب كالخنثى، لا هو من جنس النثر ولا من جنس الشعر، حيث ضاع قائله بين المشيتين! وعند المصنف أن المختار من الشعر الحر: «المتحرر من القافية فقط دون الوزن تناسبا مع وضع الشعر وما حملته الكلمة من معنى حيث إن موسيقى الكلمات المعبّرة هي التي تهزّ مشاعر الإنسان»، مشيراً إلى قصائد نازك بنت صادق الملائكة (ت ٢٠٠٧م) وبدر بن شاكر السيّاب التميمي (ت ١٩٦٤م) بوصفهما ممن حرك في قصائده من الشعر الحر مشاعر الإنسان.

والعنوان الأخير من عناوين الجزء الأول من كتاب المدخل إلى الشعر الحسيني، اختص بوزن (البند) أو القفل أو العقدة أو الفقرة أو القسم، فهذه أسماء عربية لأصل الكلمة الفارسية بفتح الباء وسكون النون، وحاصل البحث: «إن البند نوع من أنواع الشعر كان معروفا قديما وهو يشبه ما يسمى بالشعر الحر في زماننا».

ولا يتنازل المصنف عن حق القارئ في أن يعرف كل ما تضمنه الكتاب فترك له فهارس غنية بالمعلومات، يتابع من خلالها: الآيات المباركة، الأحاديث والأخبار، الأمثال والحكم، الأعلام والشخصيات، القبائل والأنساب والجماعات، الطوائف والملل، الأشعار، التأريخ، اللغة، مصطلحات الشريعة، المصطلحات العلمية والفنية، الوظائف والرتب، الآلات والأدوات، الإنسان ومتعلقاته، الحيوان ومتعلقاته، النبات ومستحضراته، الفضاء ومتعلقاته، الأرض ومتعلقاتها، المعادن، الأماكن والبقاع، الزمان، الوقائع والأحداث، المؤلفات والمصنفات، المصادر والمراجع، مؤلفو المراجع.

ولا يتنازل المصنف أيضاً عن حق الآخرين في النقد أو بيان وجهة نظرهم أو فكرة جديدة يقدمها علم من الأعلام من جنسيات وأديان ومذاهب مختلفة، ولذلك فإننا في هذا الجزء نقرأ وجهة نظر المفكر اللبناني المسيحي أنطون بارا الذي يبدأ قراءته لهذا الكتاب بالتأكيد انه: «لو قلنا إن الإسلام بدؤه محمدي واستمراره حسيني، فلن نكون مجافين لحقيقة تجلت في شواهد دينية وتاريخية» فقد «كانت كربلاء بارهاصاتها الروحية أنشودة وضعها الحسين على الشفاه فما ملّتها قط، استوطنت حناجر الأجيال، تطرب لها العقول وتحنو عليها الأضلع والصدور كدرّة ثمينة، فتلهب المشاعر وتهز القرائح لها اهتزاز الصبّ المستهام فتخلدها كلماً وشعراً إلى جانب ما خلده التاريخ منها سرداً وتحليلاً»، وعبّر عن سعادته لصدور الموسوعة الحسينية ومتابعتها للنهضة الحسينية: «لأنه عمل فكري لا يجارى». وبوصفه أديباً رأى أنطون بارا أن ما أتى به المحقق الكرباسي في هذا الجزء وما سيليه من أجزاء هو كنز عظيم لأن: «المكتبة العربية تفتقر إلى كتاب يجمع بين دفتيه ما نظم من أشعار عن ملحمة كربلاء التي شكّلت على مر التاريخ إلهاما للشعراء وذوي النفوس الشفيفة».

وأجد أن هذا الجزء بما فيه من مادة أدبية ومعرفية دسمة لا يستغني عنه أي طالب أدب من نثر أو شعر، فهو ينقل أقدامه إلى الجادة الصحيحة التي ينبغي أن يسلكها للوصول إلى مصفى العمل الأدبي وزلال الأدب الموجه.

السبت ٢٠٠٧/٢/١٧م
١٤٢٨/١/٣٠هـ

البروفيسورة سلفيا بنت ألبرتو نايف

(Silvia Alberto Naef)

* ولدت عام ١٣٧٩هـ (١٩٥٩م) في إيطاليا.

* حصلت عام ١٤٠٤هـ (١٩٨٤م) على شهادة الليسانس باللغة العربية من جامعة جنيف (Universite de Geneve).

* نالت شهادة الدكتوراه في الآداب عام ١٤١٣هـ (١٩٩٣م) من جامعة جنيف عن أطروحتها: الفنون البصرية في العالم العربي.

(Thèse consacrée aux arts plastiques dans le monde arabe)

* قدمت في الفترة ١٤١٤ ـ ١٤١٥هـ (١٩٩٣ ـ ١٩٩٤م) بجامعة توبينجن الألمانية (Université de Tübingen)، وبدعم من المركز الوطني السويسري للبحوث العلمية، أبحاثاً عن: الشيعة والحداثة: محمد حسين آل كاشف الغطاء ومدرسة النجف في القرن العشرين.

(Ecrits chiites sur la modernité: Muhammad Husayn Al Kâshif al - Ghitâ' et l'école d'al - Najaf au début du 20ème siècle)

* قدمت في الفترة ١٤١٥ ـ ١٤١٧هـ (١٩٩٤ ـ ١٩٩٦م) بجامعة فريبورغ (Université de Fribourg) الألمانية أبحاثاً عن: الإسلام بين النماذج الموروثة والتجديد مجلة العرفان مثالاً.

(L'islam entre modèles acquis et renouveau: l'exemple de la revue chiite Al - 'Irfân 1909 - 1960)

* قدمت في الفترة ١٤١٨ ـ ١٤٢٢هـ (١٩٩٧ ـ ٢٠٠١م) بجامعة بال (Université de Bâle Die) السويسرية أبحاثاً عن: الشيعة العرب وسحر الشيوعية ١٩٤٥ ـ ١٩٧٩م.

(Die arabische Schia und die Faszination des Kommunismus (1945 - 1979))

* مديرة منتدى العالم العربي في جنيف. (Du Mondes arabes) (DESS).

* مديرة منتدى العالم الإسلامي المعاصر في جنيف (mondes musulmans contemporains) (MAMMC).

* تعمل في قسم العلاقات الدولية في جامعة جنيف، مندوب رئاسة الجامعة للبلدان العربية.

* تعمل حاليا محاضرة في قسم اللغة العربية في جامعة جنيف.

* عضو تحرير في مجلة العالم الإسلامي الصادرة في مدينة بيرن (Berne) السويسرية.

(Membre du comité éditorial de la collection "Mondes de l'Islam")

* لها أبحاث ودراسات عدة، فضلاً عن مؤلفات، منها:

ـ طور الفن التشكيلي في مصر ولبنان والعراق

A La Recherche D'une Modernite Arabe: L'evolution Des Arts Plastiques En Egypte, Au Liban Et En Irak

ـ تساؤلات حول صورة الإسلام

(Y A - T - Il Une question De L'image En Islam)

ـ الشيعة الآخرون: من البحر الأبيض المتوسط إلى آسيا الوسط

(The Other Shiites: From the Mediterranean to Central Asia).

بالإشتراك مع: أليساندرو مونسوتي (Alessandro Monsutti) وفريان صباحي (Farian Sabahi).

(ديوان القرن السادس)

العمل الصرحيّ

أن تكون شخصية الحسين في مركز الفكر والانتماء الشيعي فهذا لا يحتاج إلى برهان، وهذا العمل الصرحي الذي قام به الشيخ محمد صادق الكرباسي ساعياً إلى جمع كل ما كتب عن حفيد محمد خلال العصور والبلدان، ليس سوى إبراز لهذه الحقيقة.

يسعى الكاتب منذ بدء عمله سنة ١٩٨٧ لإصدار ٣٣٢ مجلداً، صدر البعض منها، كما انه من الممكن أن يصل عدد المجلدات في النهاية إلى ٥٠٠ مجلد، وهذا العمل الجبّار، الموضَّح من خلال كتيِّبٍ صغير[1] مصنّف على أقسام عدة: قسم يجمع كل النصوص الشعرية المتعلقة بالإمام الحسين، وقسم مكرَّس لكلامه (الأجزاء ٢٢٤ إلى ٢٤٦) وقسم السيرة المخصص

---

(١) إشارة إلى كتيب «دائرة المعارف الحسينية.. تعريف عام» الصادر في طبعته الأولى عام ١٤١٣هـ (١٩٩٣م) وهو من إعدادنا، وترجمه إلى الفرنسية الدكتور صلاح بن عبد الكريم الخطيب. كما ترجم إلى اللغات الفارسية والانجليزية والألمانية والأردوية، ثم صدر في عام ١٤٢١هـ (٢٠٠١م) تعريف ثان بقلم الأستاذ علاء بن جبار الزيدي، بعنوان «معالم دائرة المعارف الحسينية للكرباسي» وفيه خارطة بيانية لـ (٥٥٨) مجلداً، بيد أن أعداد الموسوعة فاقت في الوقت الحاضر الستمائة مجلد، صدر منها أكثر من ستين مجلداً.

للأتباع والأصحاب ونَقَلَة الأخبار، والذي يغطي مساحة من المجلد ٢٤٧ إلى المجلد ٣٣١، كما خصص المجلد ٣٣٢ كخاتمة[١].

عندما نحيط بالمكانة التي يحتلها الشعر في الثقافة العربية بعامة، وفي الثقافة الشيعية بخاصة، فإننا لا نستغرب عندما نعلم بأن أكثر من مائة مجلد من هذه الموسوعة الحسينية قد كُرِّست للشعر، وقسم الشعر هذا قد تمّ توزيعه على ثلاثة شُعَب: الأولى مخصصة للشعر العربي الفصيح، والثانية للشعر العربي العامي، والثالثة ـ والتي استوعبت ٢٩ مجلداً ـ جمعت الشعر المكتوب باللغات غير العربية، سواء من اللغات الشرقية أو الغربية.

وقد خُصص ٤٤ مجلداً لتغطية الشعر العربي الفصيح خلال القرون الخمسة عشر المنصرمة منذ الهجرة، استقل فيها العصر الحديث بأعداد كثيرة من المجلدات، حيث كُرِّست سبعة مجلدات للقرن الثالث عشر، ثلاثة عشر مجلداً للقرن الرابع عشر، وتسعة مجلدات للقرن الخامس عشر.

وفي جميع مجلدات الشعر اتبع المؤلف المنهج التالي: يضع القصيدة أو المقطوعة المنظومة في الحسين، ويقوم بشرح الكلمات النادرة والصعبة، ثم يورد بعض التفاصيل عن سيرة الشاعر وحياته، وهذا ينطبق بطبيعة الحال على المجلد الذي بين أيدينا الذي تناول شعر القرن السادس الهجري. فما يمكن أن يُقال عن النتاج الأدبي والفكري لهذا العصر هو أن القرن السادس الهجري ـ والذي يقابل بشكل عام القرن ١٢ الميلادي ـ لم يعد العصر الذهبي كما كان القرن الرابع، العصر العباسي الكبير، إلا أن هذه الفترة، بالرغم من إشكالية تحليل الإبداع الأدبي والفنّي على أساس القرون الزمنية، فإن هناك

(١) لا يخفى أن الترقيم اختلف بزيادة عدد الأجزاء مع حركة الزمن والتحقيق والتنقيب، وهو قابل للتغيير مع مرور الزمن أكثر فأكثر، ومن تلك الأجزاء مجلدات الشعر بخاصة في القرنين الرابع عشر والخامس عشر الهجري.

حوليّات أهم من هذه التقسيمات، لم تكن بالعقيمة ثقافياً. وإذا كانت بالنسبة لجاستون ويت[١]، في تاريخ الأدب العربي، قد اتسمت، باحتضار الحضارة البغدادية الأصيلة[٢] فإن كارل بروكلمان[٣] يتحدث بالمقابل عن ازدهار متأخر من العام ١٠٠٠م تقريباً وحتى سقوط بغداد في العام ١٢٥٨م (٤٠٠ إلى ٦٥٦هـ)[٤].

في مجال الأدب، نلاحظ وجود بناء تعبيري جديد، ألا وهو المقامات، والتي يُنسب منشؤها عموماً للهمذاني المتوفى عام ٣٩٨هـ (١٠٠٨م)[٥]، والتي طوّرها الحريري (٤٤٦ ـ ٥١٦هـ) (١٠٥٤ ـ ١١٢٢م)[٦]، فانتشر هذا

---

(١) جاستون ويت: (Gaston Wiet) (١٨٨٧ ـ ١٩٧١م)، عالم فرنسي، خبير بالآثار والتاريخ، ترأس إدارة متحف الفن الإسلامي في القاهرة، له مؤلفات كثيرة في تاريخ الشرق بعامة والإسلام بخاصة، منها: "The Mosques of Cairo", "Baghdad; metropolis of the Abbasid caliphate", و"Mohammed Ali et les beaux - arts".

(٢) جاستون ويت: مدخل إلى الأدب العربي. باريس ١٩٦٦، ص ١٣٨ (بالفرنسية).
Introduction a La Litterature Arabe by (Paperback - 1966), p138.

(٣) كارل بروكلمان: (Carl Brockelmann) (١٨٦٨ ـ ١٩٥٦م)، عالم ألماني، خبير باللغات والآداب الشرقية بعامة والسامية بخاصة، وتعتبر موسوعته «تاريخ الأدب العربي» مرجعا، كان بروفيسورا في جامعات برسلاو وبرلين وكوينجسبيرغ، له مؤلفات ومجاميع لغوية عدة، منها: "Arabische Grammatik", "Syrische Grammatik mit Litteratur, Chrestomathie und Glossar"، و"Semitische Sprachwissenschaft".

(٤) كارل بروكلمان: تاريخ الأدب العربي. ليدن ١٩١٧ ـ ١٩٤٩، ج١ ص ٢٨٤ (بالألمانية).
Geschichte der Arabischen Literatur, Leiden. 1937 - 1949. vol. 1. p284.

(٥) الهمذاني: أبو الفضل أحمد بن الحسين بن يحيى، ولد في همذان ومات في هرات، كاتب وأديب، كان ضليعا بالآداب العربية والفارسية، تتلمذ على إبن فارس وإبن تركان والفراء وغيرهم، تنقل في بلاط الملوك والأمراء، وأهدى مقاماته الشهيرة إلى أمير سجستان خلف بن أحمد، من آثاره مجموعة رسائل وديوان شعر.

(٦) الحريري: أبو محمد القاسم بن علي بن محمد، من أدباء البصرة وفيها مات، اشتهر بمقاماته الخمسين التي استغرقت كتابتها عشرة أعوام (٤٩٥ ـ ٥٠٤هـ)، من مؤلفاته: «درة الغواص في أوهام الخواص»، «ملحة الإعراب»، و«توشيح البيان».

الأسلوب من الشرق إلى الغرب الإسلامي، وحظي بمكانة كبيرة عند العرب، كما نجد أيضاً المقامات في شمال أفريقيا خلال القرن ١٨م، وفي اللغات الأخرى (السريانية، الفارسية، العبرية). كما عرف هذا القرن علماء للغة أمثال الزمخشري المتوفى عام ٥٣٨هـ (١١٤٤م)[١]، وكُتّاباً صوفيين كباراً أمثال عمر بن الفارض المتوفى عام ٦٣٢هـ (١٢٣٥ م)[٢]، وفريد الدين العطار المولود عام ٥١٣هـ (١١١٩م)[٣]، وابن عربي المتوفى عام ٦٣٨هـ (١٢٤٠م)[٤].

وبالرغم من أن هذا النتاج لا يُستهان به، فإن الشعر في هذه الفترة لا يمثل الغزارة ذاتها التي كانت قبل قرنين، وهذا كما يصدق على الشعر بشكل عام يصدق على الشعر المكرّس للإمام الحسين.

يحصي الكرباسي في تواريخ الآداب ٧٦ شاعراً للقرن السادس الهجري، وقد ضمّ الديوان هذا الرقم تقريباً، دون أن تتشابه القائمتان، وذلك أن ثلث

---

(١) الزمخشري: أبو القاسم محمد بن عمر بن محمد الخوارزمي، ولد عام ٤٦٧هـ في زمخشر من قرى خوارزم ومات في عاصمتها الجرجانية، فقيه ومفسّر وأديب ونسّابة، تنقل في البلدان، من مؤلفاته: «الكشاف في تفسير القرآن»، «أساس البلاغة»، و«الجبال والأمكنة والمياه».

(٢) عمر إبن الفارض: هو نجل علي بن مرشد، ولد عام ٥٧٦هـ في مصر وفيها مات، من كبار شعراء المتصوفين ويلقب بسلطان العاشقين، أخذ الحديث عن إبن عساكر، وعنه الحافظ المنذري، تنقل في البلدان وأقام في مكة خمسة عشر عاما، وكان يقول بوحدة الوجود، وله ديوان شعر.

(٣) العطار: أبو حامد محمد بن أبي بكر إبراهيم بن اسحق النيشابوري، ولد حدود عام ٥٤٠هـ وقتله المغول عام ٦١٨هـ، وقبره في نيشابور، اشتغل بالعطارة والطبابة والصيدلة، وكان يتخلص في قصائده بالعطار وفي بعض الأحيان بفريد، تنقل في البلدان، وكان يعتقد بوحدة الوجود والاتحاد مع الحق، من مصنفاته: «تذكرة الأولياء»، «منطق الطير»، وله ديوان شعر.

(٤) إبن عربي: محمد بن علي بن محمد المولود في مرسية بالأندلس عام ٥٦٠هـ، تنقل في البلدان واستقر في دمشق وفيها مات، ويعرف بمحيي الدين ابن عربي، وكان يقول بوحدة الوجود، له مصنفات كثيرة، منها: «الفتوحات المكية»، «فصوص الحكم»، وله ديوان شعر.

الشعراء المذكورين وردوا في القائمتين، في حين أن الثلث الثاني مشار إليه فقط في عمل الكرباسي، في الوقت الذي يمثل الثلث الأخير القصائد مجهولة الناظِم[1]، غير أن المؤلف يدعم ما أكده في مقدمته لقسم الشعر، بأن معظم الشعراء قد نظموا أبياتاً في الحسين.

إن الكمّ الكبير من المقاطع المجهولة الناظِم التي أوردها المؤلف إنما سببه الانخفاض الكمّي للإنتاج[2]، حيث نلاحظ في النصف الثاني من القرن صعوداً قوياً للقصائد ذات العناوين الحسينية[3].

في المجلد الحالي، وبعد المقدمة التي كتبها المؤلف (الصفحات ١٣ ـ ٢٥) يأتي القسم الأساس والذي يُعرض على مساحة ٢٧٨ صفحة، قصائد كاملة أو مقاطع مختارة (وفي بعض الأحيان بيت واحد) تتضمن قضية الإمام الحسين، كما أن الـ ١٣١ قصيدة ومقطوعة، المرقمة بالتسلسل، قد صُنِّفت حسب الحروف الهجائية للقوافي.

وكما أشار المؤلف في مقدمته[4] فإننا نواجه نسبة كبيرة من القصائد المجهولة الناظِم، وكذلك بعدد كبير من الشعراء المصنفين والذين نجهل عنهم تقريباً كل شيء، إذ لم يتوصل الكرباسي إلى أكثر من القول بأن ناظم القصيدة (توفي قبل القرن السابع). وأغلبية المقاطع مستخرجة من قصائد مخصصة لآل النبي أو لإحياء استشهاد الحسين.

ونلاحظ أن بعض الشعراء قد ذكروا في أكثر من موقع لاسيما الفقيه

---

(١) محمد صادق الكرباسي. ديوان القرن السادس، ص ١١٥.
(٢) المصدر السابق، ص ٢١.
(٣) المصدر السابق، ص ٣١٢.
(٤) المصدر السابق، ص ٢.

الإمامي سعيد قطب الدين الراوندي المتوفى عام ٥٧٢هـ (١١٧٧م)[١]، ومحمد بن عبيد الله التعاويذي المتوفى عام ٥٨٤هـ (١١٨٧م)[٢]، أو موفق بن أحمد الخوارزمي المتوفى عام ٥٦٨هـ (١١٧٢م)[٣]، كما يحتل الوزير الفاطمي طلائع بن رزيك الأرمني المتوفى عام ٥٥٦هـ (١١٦١م)[٤] المعروف بنظم القصائد في المناسبات الخاصة، أكبر مساحة من القصائد والمقطوعات، حيث أورد المؤلف له في هذا المجلد حوالى عشرين قصيدة كاملة أو مقاطع من قصائد.

وفي الخاتمة فإن الصفحات (٣٠٩ ـ ٣٢٥) يعود فيها المؤلف إلى هذا العصر لبيان نتائج النتاج الشعري، حيث يعلّق على كثير من النصوص مسطِّراً عدداً من الملاحظات حول الشعراء، كما يجد القارئ في نهاية المجلد ملاحق لمجاميع القرنين الخامس الهجري (صفحة ٣٢٦) والثالث الهجري (صفحة ٣٢٧).

وقد أكمل المؤلف عمله هذا بشكل مفيد بإضافة ثلاثة فهارس مفصّلة،

---

(١) الراوندي: أبو الحسن سعيد بن هبة الله بن الحسن، المتوفى عام ٥٧٣هـ وقبره بجوار مرقد السيد فاطمة المعصومة في قم، فقيه ومفسر ومحقق ومحدث، من مصنفاته: «الخرائج والجرائح»، «قصص الأنبياء»، و«لب الألباب».

(٢) التعاويذي: أو سبط التعاويذي نسبة إلى الزاهد أبي محمد ابن التعاويذي، وهو حفيد عبد الله ولد في بغداد سنة ٥١٩هـ وفيها مات، شاعر وكاتب، تولى الكتابة في ديوان المقاطعات في بغداد، من مصنفاته «الحجبة والحجاب»، وله ديوان شعر.

(٣) الخوارزمي، وهو حفيد محمد القرشي، وهو مصري حنفي المذهب، فقيه ومحدث وخطيب وشاعر وأديب، تتلمذ على الزمخشري، من مشاهير مصنفاته كتاب «المناقب»، مات عن ٨٤ عاما تقريبا.

(٤) الأرمني: نسبة إلى أرمينيا حيث ولد فيها عام ٤٩٥هـ، وكان رجل سياسة وحكمة، تولى الوزارة في عهد الفائز بالله الفاطمي عام ٥٤٩هـ، وسمي بالملك الصالح لمكانته السياسية والاجتماعية.

لتسهّل للقارئ عملية البحث عن المادة بأساليب متعددة، كما أن هذه الفهارس الثلاثة مقسّمة حسب المواضيع، فالفهرس الأول (الصفحات ٣٣٠ ـ ٣٥٣) مخصص للنصوص الشعرية، والثاني (الصفحات ٣٥٤ ـ ٤٢٠) للهوامش، والثالث (الصفحات ٤٢١ ـ ٤٧٤) مشترك بين الاثنين، ويسمح للبحث عن الآيات القرآنية والأمثال والمصطلحات الفقهية والعلمية والفنية، كما انه يشمل المذاهب والمدارس الدينية، والمصطلحات المتعلقة بالواقع والإنسان والحيوان، إضافة إلى مصادر أخرى.

سلفيا نايف
سويسرا ـ جنيف
٢٠/١/١٤٢١هـ
٢٥/٤/٢٠٠٠م

إشراقات الشعر العربي
في القرن السادس الهجري

يمثل الأدب بشقيه النثري والنظمي مفردة من مفردات الحياة، على علاقة مباشرة بصميم المجتمع، يقوي من روحيته ونفسية أبنائه ويرفع من شأنهم، فيتقوى الأديب معهم، ويضعف بضعفهم وتخور كلماته وقوافيه، والأدب في الوقت نفسه علامة بارزة من علامات صحة الحياة أو سقمها، ولذلك فإنَّ الأدب بوصفه صفحة ثقافية يشكل أحد مداخل المختصين والخبراء في دراسة تاريخ مجتمع ما وبيان خطوط القوة والضعف فيه، لأنَّ الثقافة الأدبية في واقع الحياة هي تداعيات لكل مكونات المجتمع في بلد ما وما ينطوي على مقومات في مجالات الحياة كافة، يقيدها الأديب بكتاباته أو قوافيه، فيأتي الآخر ناقداً ومحققاً ليبحث في واقع ذلك المجتمع عبر ما تركه من أدب نثري وشعري .

هذه المهمة التي لا تبدو سهلة، انبرى لها الدكتور الشيخ محمد صادق الكرباسي عبر سلسلة مؤلفات حملت عنوان ديوان القرون الهجرية، يبحث في طبيعة الأدب العربي في كل قرن، بعيون الحاضر وعبر منظار القوافي التي نضَّد حباتها شعراء كل قرن في تخليد النهضة الحسينية، فبعد القرون الأول والثاني والثالث والرابع والخامس، ينتقل المحقق الكرباسي في كتاب «ديوان

القرن السادس» الصادر عن المركز الحسيني للدراسات في لندن في ٤٨٦ صفحة من القطع الوزيري، عبر سلّم القوافي، متحدثاً عن النتاجات الشعرية بعامة والحسينية بخاصة، واضعاً يده على مواقع الضعف والقوة في جسد الأدب العربي للقرن السادس الهجري الممتد للفترة (٢٢/٨/١١٠٧ ـ ٢٨/٨/١٢٠٤م)، ومتبحراً في (١٣١) قصيدة وقطعة وبيت لـ (٧٩) شاعراً، يقوّم بيتاً ويرمم آخر بمبضع الأديب الحاذق.

قوافي الحرية

ويلاحظ أنَّ القرن السادس سحب معه سيئات القرن الخامس الهجري، حيث الاضطرابات الأمنية التي حلت بالبلدان الإسلامية، وعلى وجه الخصوص العاصمة بغداد، وسيطرة الأعاجم والمماليك على الحكم: «ففي السنوات الأولى من هذا القرن سقطت دولة بني عمار في طرابلس الشرق، ونشأت دولة الموحدين في المغرب، وخليفة بغداد كان ألعوبة بيد السلاجقة ليس له حول ولا قوة»، في مثل هذه الأجواء السلبية: «ظلت الحركة الأدبية بطيئة ونبضاتها خفيفة حيث خف روادها وتوقف عنها الدعم من قبل السلطات لانشغالها بأمور الدولة وثبات الحكم إذ لم يجد الشعراء مرتعاً خصباً لإنتاجهم الأدبي، ولم يعد بلاطهم سوق عكاظ يمكّنهم من استعراض وتبادل ما نظموه»، ولكن رغم هذه الظروف السيئة وسقوط حكومات وقيام أخرى، فإنَّ الشعر الحسيني وجد مكانته لاسيما وقوافيه تضرب على أوتار الوجدان والدعوة إلى الوقوف أمام الظلم والاستبداد، من هنا: «اخترق الشعر الحسيني الصفوف ليبرز ثانية في حلة جديدة وآفاق مختلفة، ويبقى قلبه نابضا يتنفس برئة جديدة خلقتها تلك الظروف وروتها تلك الأزمات حيث كان لهذه الصراعات الطائفية والتقلبات السياسية أثر في صياغة الشعر خاصة والأدب عامة».

أوروبا ونظم القريض

وكان من آثار هذا الاختراق بزوغ الشعر الولائي في الأندلس في القرن الخامس الهجري بعد سقوط الدولة الأموية الثانية (سنة ٤٢٢هـ)، وانتشاره بقوة في القرن السادس، وإنْ كان الشعر الحسيني في الأندلس من حيث التوثيق يعود إلى القرن الرابع ممتداً من شمال أفريقيا على عهد الحكومات الموالية لأهل البيت عليهم السلام، على أنَّ بعض الحكومات في شمال أفريقيا كان لها امتدادات على الضفة الثانية من البحر الأبيض، وهو ما ساعد في انتقال الشعر الولائي بعامة والحسيني بخاصة من القارة الأفريقية إلى القارة الأوروبية، ونموه وظهور أدباء وشعراء أندلسيين، من قبيل الشاعر أبي طالب عبد الجبار (ت بعد عام ٥٢٠هـ) الشهير بالمتنبي الأندلسي، والشاعر ابن عبدون عبد المجيد بن عبد الله الأندلسي (ت ٥٢٩هـ)، والشاعر ابن أبي الخصال الشقوري محمد بن مسعود الغافقي (ت ٥٤٠هـ) وابن البراق محمد بن علي الوادي آشي (ت ٥٩٦هـ) والتجيبي صفوان بن إدريس المرسي (ت ٥٩٨هـ).

ويرجع الشيخ الكرباسي انتشار الشعر الحسيني في البلدان الإسلامية مع وجود حكومات تصادر ألسنة الناطقين بالولاء الحسيني وتقطعها إلى جنبتين فطرية ونفسية:

الأولى: إنَّ التحرر والانعتاق من رسن الظلم فطرة إنسانية لا تختص بدين أو معتقد أو مذهب، ولما كان الإمام الحسين عليه السلام استشهد على مذبح الحرية، فموقفه يبقى صورة حية مرسومة في قلوب الناس، وهو: «رمز مغروس في وجدان الشعوب».

الثانية: ولما كان الإنسان حريصاً على ما منع، فإنَّ الناس تواقون إلى

معرفة القوافي التي تعرقل ماكنة السلطة الإعلامية وأجهزتها القمعية من إشراقاتها، خاصة وإنَّ هذه الأبيات والقوافي يقطر منها شهد الحرية.

شاعر القضاء

لم يقتصر النظم على الشاعر لوحده، لأنَّ القريحة الشعرية والنبوغ الأدبي ليسا وقفاً على المتفرغ للنظم، بل إنَّ التاريخ مليء بشخصيات برعوا في أبواب شتى، لكنهم في الوقت نفسه قبضوا على سجاد الشعر من طرفه ينسجون عقده وقوافيه وربما أجود من الشاعر المتبتل في محراب شعره، مثل الفقيه الشريف الرضي أبو الحسن محمد بن الحسين (ت ٤٠٦هـ) الذي رأس نقابة الطالبيين في بغداد، والوزير أبي الحسن مهيار بن مرزويه الديلمي (ت ٤٢٨هـ)، والوزير الصاحب إسماعيل بن عباد (ت ٣٨٥هـ) وغيرهم.

ومن شعراء القرن السادس الفقيه أبي الوفاء يحيى بن سلامة الحصكفي (ت ٥٥٣هـ) الذي كان يدرّس الفقه ويفتي في دمشق، فضلاً عن الملك الصالح طلائع بن رزّيك الأرمني (ت ٥٥٩هـ) الذي تولى الوزارة في الدولة الفاطمية. ولكن ما يميز القرن السادس وجود نخبة من القضاة نظموا في النهضة الحسينية، منهم: القاضي الجليس عبد العزيز بن الحسين السعدي التميمي (ت ٥٦١هـ) والقاضي المهذب الحسن بن علي (ت ٥٦١هـ) والقاضي الرشيد أحمد بن علي الغساني (ت ٥٦٢هـ) وقاضي القضاة محمد بن عبد الله الشهرزوري (ت ٥٧٢هـ).

فالقاضي الجليس له في ديوان القرن السادس أربع قصائد، يقول في إحداها من الطويل تحت عنوان «قضيت حقهم»، في رثاء أهل البيت عليهم السلام، والإمام الحسين عليه السلام بشكل خاص:

لولا مُجانبةُ المَلول الشاني ... ما تمَّ شاني في الغرام بشاني

ولما دعاني للهوى فأجَبتُهُ ... طَرفي وقلتُ لعاذلَيَّ دعاني

ثم يقول:

إني على ما قد عناني في الهوى — لأغُضُّ عن شأو المِزاح عِناني
وتعودُني لمصاب آل محمدٍ — فِكَرٌ تُعرّجُ بي على الأشجان

ثم يصل موضع الشاهد:

طلَبت أميةُ ثأر بدرٍ فاغتدى — يُسقى ذعافَ سِمامها السبطان
جسد بأعلى الطف ظل دَريةً — لسهام كل حَنيّةٍ مِرنان

وينشد القاضي المهذب من الكامل تحت عنوان «نقضوا عرى الإيمان»، من قصيدة نونية مطلعها:

أعلمت حين تجاور الحيان — أن القلوب مواقد النيران

إلى أن يصل مورد استشهاد الإمام الحسين عليه السلام، فيقطع أنَّ بعضاً ممن قاتلوه كان قد أرسل إليه الرسائل وتعهد له بالنصرة، ولكنه بقتله الحسين عليه السلام وأهل بيته جاء بأفضع من نقض العهد والأيمان:

حتى لقد ورد الحِمام على الظّما — أكرِم به من وارد ظمآنِ
لا الدين راعوه ولا فعلوا به — ما يفعل الجيرانُ بالجيرانِ
تالله ما نقضوا هناك بقتله الـ — أيمانَ بل نقضوا عُرى الإيمان
فثوى وآل المصطفى من حوله — يكبون للجبهات والأذقانِ

وقاضي القضاة ينشد من مجزوء الكامل تحت عنوان «أهذا من بيتكم؟»

يا راكبا يطوي الفلا — بشِملَّةٍ حَرفٍ وخودِ
عرّج بمشهدِ كربلا — وأنِخ وعفِّر في الصعيدِ
وأقرَ التحيةَ وادعُ يا — ذا المجد والبيتِ المشيدِ

شعر الولاء

ومن خلال قراءته المستفيضة للأدب الحسيني، وجد الباحث الكرباسي أنَّ النظم في القرن السادس كثرت فيه أبيات التوسل بأهل البيت عليهم السلام وطلب الشفاعة في الدنيا والآخرة، بل كان سمة بارزة في الشعر الحسيني، وعَزَاه إلى عوامل ثلاثة:

أولاً: ظهور مدرسة التصوف من ناحية فقوبل بشعر الولاء والتوسل.

ثانياً: ضعف السلطة المركزية في بغداد.

ثالثاً: وصول عدد من الموالين لأهل البيت عليهم السلام إلى سدة الحكم مثل الحاكم العباسي المناصر لدين الله أحمد بن حسن (ت ٦٢٢هـ) الذي تولى الحكم بعد وفاة أبيه المستضيء بالله حسن بن يوسف في العام ٥٧٥هـ.

ومن ذلك قول الفقيه يحيى الحصكفي، في قصيدة في أهل البيت من الرجز التام بعنوان «خالطني حبهم» ومطلعها:

أقوت مغانيهم فأقوى الجلد ... ربعان بعد الساكنين فدفدُ

ثم يقول:

ومصرعُ الطف فلا أذكرُهُ ... ففي الحشا منه لهيبٌ يَقِدُ

يرى الفراتَ ابنُ الرسول ظامئا ... يلقى الردى وابنُ الدعي يردُ

إلى أنْ ينشد:

يا أهل بيت المصطفى وعُدتي ... ومَن على حُبهمُ أعتمِدُ

أنتم إلى الله غداً وسيلتي ... وكيفَ أخشى وبكم أعتضدُ

أو قول الوزير طلائع الأرمني الذي استأثر بـ (٢٣) قصيدة وقطعة من الديوان، في ذكر مصاب أهل البيت عليهم السلام في كربلاء المقدسة، من الكامل تحت عنوان «سفينة الأمان»، ومطلع القصيدة:

ألائمُ دع لومي على صبَواتي فما فات يمحوهُ الذي هو آتِ

ثم يقول:

شُغلتُ على الدنيا بحبي لمعشرٍ بهم يصفحُ الرحمانُ عن هفواتي
إليكَ فلا أخشى الضلالَ لكونهم هداتي وهم في الحشر سُفنُ نجاتي
أئمة حقٍّ لا أزالُ بذكرهم أُواصلُ ذكرَ الله في صلواتي
تجليتُ بين العالمين بحُبهم وناجيتهم بالوُدِّ في خَلواتي

أو قول أبي الواثق العنبري المتوفى قبل القرن السابع الهجري، ينشد فيها من الطويل تحت عنوان «شفعائي إلى الله»:

شفيعي إليك اليوم يا خالق الورى رسولُكَ خيرُ الخلقِ والمرتضى علي
وسبطاهُ والزهراءُ بنتُ محمدٍ ومن فاق أهل الأرض في زهده علي

أو قول محمد بن حمزة الحسيني المتوفى قبل القرن السابع الهجري من الطويل تحت عنوان «أمسكت بحبلهم»:

بحبلِ رسولِ اللهِ والبَرِّ حيدرٍ وشِبليه والزهراءِ مفقودة العِدلِ

أو قول قطب الدين سعيد بن هبة الله الراوندي (ت ٥٧٢هـ)، من البسيط تحت عنوان «معتصم بحبهم» في مدح أهل البيت عليهم السلام:

إني بحبهمُ يا ربِّ معتصمٌ فاغفر بحُرمتهم يوم القيامةِ لي

شرعية العمل الحزبي

يذهب المشككون بشرعية قيام أحزاب سياسية إلى الاستشهاد بالآيات القرآنية الواردة في ذم الأحزاب، للاستدلال على دعواهم، في المقابل يرى المؤيدون أنَّ هناك آيات أخرى تؤيد مفهوم الحزب وبخاصة «حزب الله»، ويرد المؤيدون على المخالفين بأنَّ كلمة الحزب مفردة مجردة يمكن استخدامها في الخير والشر، ولا تنحصر بالشر، بدليل أنَّ القران استخدمها

في وصف المؤمنين، واستخدمتها الروايات الشريفة، وأقام المصنف آية الله الشيخ محمد صادق الكرباسي الدليل على شرعية قيام الأحزاب الإسلامية في أحد فصول الجزء الأول من كتابه «الحسين والتشريع الإسلامي»، فضلاً عن كتاب «مشروعية الأحزاب في الإسلام» من إعداد وتحقيق الكاتبين العراقيين حسين بن جهاد الحساني ونجاح بن جابر الحسيني، وكتيب «متطلبات الأمة» وكراس «شريعة الانتخابات» من إعداد وتعليق القاضي الباكستاني آية الله الشيخ حسن رضا بن مزمل حسين الغديري، وهذه الكتب الثلاثة هي في الأصل قراءة لأفكار الكرباسي وتنظيراته في موضوعة العمل الحزبي والموقف الإسلامي منها.

ويرى المؤيدون للعمل الحزبي أنَّ مفردة «الحزب» لو كانت دالة على الذم مطلقاً، لما استخدمها النص القرآني والحديثي في مدح المؤمنين، من ذلك قوله تعالى في الآية ٢٢ من سورة المجادلة: ﴿رَضِيَ ٱللَّهُ عَنْهُمْ وَرَضُواْ عَنْهُۚ أُوْلَٰٓئِكَ حِزْبُ ٱللَّهِۚ أَلَآ إِنَّ حِزْبَ ٱللَّهِ هُمُ ٱلْمُفْلِحُونَ﴾، وفي الحديث القدسي فيما أوحى الله إلى عيسى المسيح عليه السلام: «ثم إني أوصيك يا بن مريم البكر البتول، بسيد المرسلين وحبيبي منهم أحمد. يا عيسى: دينه الحنيفية، وقبلته مكية، وهو من حزبي وأنا معه، فطوباه طوباه»[١]، وفي بعض الأيام رأى النبي بعض المسلمين انقسموا صفين يتسابقون، ورأى الصحابي محجن بن الأدرع الأسلمي (ت نحو ٦٠هـ)، فقال صلى الله عليه وآله وسلم: «أنا مع الحزب الذي فيه ابن الأدرع»[٢].

من هنا لم يجد الشعراء غضاضة في استخدام لفظ الحزب، بل ويعتبر

---

(١) أمالي الصدوق: ١/٤١٦.
(٢) مستدرك وسائل الشيعة: ٢/٥١٦.

هذا الاستخدام واحداً من أدلة القائلين بالعمل الحزبي، ومثل هذه الاستخدامات نجدها في شعراء القرن السادس الهجري الذين تناولوا النهضة الحسينية، فضلاً عن القرون السابقة واللاحقة عنه. ومن ذلك قول أخطب خوارزم الموفق بن أحمد الخوارزمي (ت ٥٦٨هـ) من الكامل تحت عنوان «الخلود في الهاوية»، في رثاء الإمام الحسين عليه السلام:

مَن يكتسب سخط النبيِّ محمدٍ ... ليـنالَ في الدنيا رضى ابنِ معاوية

حُرم الشفاعةَ في الحساب وسيق في ... زُمر الضلالة نحو نارٍ حامية

فجزاءُ قومٍ حاربوا من دونه ... واستشهدوا غُرفُ الجِنان العالية

وجزاءُ مَن قَتل الحسينَ وحِزبَه ... يوم الجزاء خُلودهُ في الهاوية

أبيات وأمثال

يشكل «المَثَل» عنواناً بارزاً لحالة أو ظاهرة، يتمثلها قائلها بكلمات عدة ليوصل إلى من يعنيه الأمر المعنى المطلوب، أي تصوير الحالة الجديدة بنظير وشبيه سابق، فيفهم القصد من ضرب المثل، وهو بمثابة نصيحة وبيان سلوك جيد للاقتداء به أو إظهار سلوك سيّئ لتجنبه. وحسب تعبير الراغب الإصفهاني الحسين بن محمد (ت ٥٠٢هـ) في «المفردات في غريب القرآن» ص ٤٦٤، أن المثل عبارة عن: «قول في شيء يشبه قولاً في شيء آخر بينهما مشابهة ليبين أحدهما الآخر ويصوره»، أي إنه قول مأثور في كلمات قصيرة بليغة قيل في مناسبة ويعمم على غيرها مشابهة له.

ويكثر المثل وضربه في أبيات الشعراء، لأن الشعر يتوفر على كامل مفردات المثل من سحر بيان وبلاغة وكلمات قصار وصورة وصفية قادرة على الارتكاز السريع في الذاكرة، فيستحضرها المرء في مناسبتها، وهي على نوعين: أن يبتدعها الشاعر أو القائل فيصير البيت مضرباً للأمثال، أو أن

يتمثلها الشاعر في شعره من مثل دارج بين الناس جرى أولا في مناسبة سابقة، فيصبح بيت الشعر مضرباً للأمثال أيضا، أي إن الشاعر يستعير المثل، وينتجه حسب الروي والقافية، أو يعيد إنتاجه من أبيات شعرية سابقة، بالقافية نفسها أو بقوافٍ أُخر.

وفي قصائد ديوان القرن السادس أبيات كثيرة هي مضرب للأمثال، تضم النوعين، فضلاً عن حكم كثيرة، ومن ذلك، المثل المشهور «وكل إناء بالذي فيه ينضح»، وهو لحيص بيص سعد بن محمد التميمي المتوفى عام ٥٧٤هـ، قالها في بيان سياسة الرسول صلى الله عليه وآله وسلم مع البيت الأموي عند فتح مكة حيث جعل بيت أبي سفيان آمنا لمن دخله، مقارنة مع سياسة البيت الأموي في قتلهم لسبط النبي محمد صلى الله عليه وآله وسلم الإمام الحسين عليه السلام، حيث أنشد من الطويل تحت عنوان «الإناء ينضح بما فيه»:

ملَكنا فكان العفو منّا سجيّةً ... فلمّا ملكتُم سالَ بالدّمِ أبطحُ
وحلّلتم قتلَ الأُسارى وطالما ... غَدَونا عن الأسرى نَعفُّ ونصفَحُ
فَحسبُكُمُ هذا التفاوُتُ بيننا ... وكلُّ إناءٍ بالذي فيهِ ينضحُ

ومن النوع الثاني قول الوزير طلائع بن رزّيك الأرمني، من البسيط من قصيدة تحت عنوان «يا حرّ قلبي» يأتي على رثاء الإمام الحسين عليه السلام، يقول في مطلعها:

لا تبك للجيرة السارين في الظعن ... ولا تعرج على الأطلال والدمن

ثم يقول:

لهفي على عُصب بالطفّ ظاميةٍ ... نالت من القتل فيهم أعظم المحنِ

ثم يصل موضع الشاهد:

أغريتموني بأن أُبدي مقابحكم ... وأن أُردّي إليكم أظهرَ الجُننِ

فالوزير الشاعر هنا يتقمص المثل «قلب له ظهر المجن» وهو يُضرب لمن انقلب على صاحبه.

صور شعرية

ومثل الشاعر كمثل الفنان التشكيلي يرسم بقوافيه لوحات شعرية وصوراً، تظل عالقة بالأذهان ما كر الزمان ودارت الأيام، فمرة تكون الصورة من وحي خياله، ومرة من الواقع، وفي كلتيهما تمضي قوافيه في وجدان الناس مجرى الدم في العروق، فعلى سبيل المثال عوتب الشاعر احمد بن عيسى الهاشمي المتوفى عام ٥٩٣هـ لأنه اكتحل في يوم عاشوراء وهو يوم حزن، فأنشد من مخلع البسيط تحت عنوان «اكتحلت حزنا»:

لم أكتحل في صباحِ يومٍ أُريق فيه دمُ الحسينِ
إلا لحُزني وذاك أنّي سوّدتُّ حتى بياضَ عيني

فالعين الشرقية يغلب على عدستها السواد، والشاعر لفرط حزنه اكتحل ليصل بياض عينيه بسوادها حزنا على رزء الشهيد بكربلاء.

ومن الصور البليغة، قول أبي بكر الآلوسي من شعراء القرن السادس الهجري، من مجزوء الكامل، تحت عنوان «مشهده بقلبي»:

لا تطلُبوا رأس الحسينِ بشرقِ أرضٍ أو بغربِ
وَدَعوا الجميع وعرّجوا نحوي فمشهدُهُ بقلبي

ومن الصور المفجعة التي تحمل معها تناقضاتها ولوعاتها في الوقت نفسه، قول الشاعر الطغرائي الحسين بن علي المتوفى سنة ٥١٥هـ، من البسيط تحت عنوان «جسم ابن رسول الله» وهي في الحكم والنصيحة، ومطلعها:

أما الزمان ففي تنبيهه عِظةٌ لولا الغِشاوةُ في أجفان مُسبوتِ

إلى أنْ يصل موضع الشاهد:

**أما رأيت حُظوظ الدّهر قد عُكست		فالماء للضَّبِّ والرّمضاء للحوتِ**

**ومَبسمُ ابنِ رسولِ اللهِ قد عبثت		بنو زيادٍ بثغرٍ منه منكوتِ**

فالضب حيوان زاحف صحراوي ذنبه كثير العقد يشبه التمساح تقريباً، ولذلك ضرب في ذنبه مثلاً، فيقال «أعقد من ذنب الضب»، كما ضرب فيه مثلاً، فتقول العرب: «لا افعله حتى يردَ الضب» أي يرد الضب الماء، إشارة إلى الاستحالة، فموطن الضب الصحراء في حين أنَّ موطن الحوت أو السمك هو الماء، ولكن الدهر عكس المعادلة الطبيعية، فثغر الإمام الحسين عليه السلام الذي كان يلثمه جده النبي محمد صلى الله عليه وآله وسلم صار تحت رحمة عبيد الله بن زياد (ت ٦٧هـ) يضربه بعصاه!

انتقالة مناطقية

يرى المصنف في الخاتمة، أنَّ النصف الثاني من القرن السادس شهد بدايات ظهور الموشح في المشرق الإسلامي القادم من الغرب الإسلامي، كما أنه شهد انحسار التفوق الظاهر لعدد شعراء العراق الناظمين في النهضة الحسينية مقارنة بشعراء بلاد الشام وشمال أفريقيا وبلاد فارس، وهذه الظاهرة دليل قوة وصحة حاكية عن اتساع رقعة الشعر الحسيني، لكن الأدب الحسيني في الوقت نفسه لاحقته نيران التطرف الديني الذي ساد فترة سقوط حكومات وقيام أخرى على مبانٍ مذهبية.

واستدرك الكتاب على القرنين الثالث والخامس بقطعتين جديدتين، فدأب المصنف التحقيق والتدقيق فإنْ فاته شيء أدركه في كتاب آخر، كما من شأنه تذليل المعلومة للقارئ والباحث، فأفرد ٣٢ فهرساً في حقول شتى هي الدليل إلى متن الكتاب وحواشيه، فضلاً عن قراءة نقدية للكتاب وعموم دائرة

المعارف الحسينية، بقلم الدكتورة سلفيا نايف (Silvia Naef) السويسرية الجنسية، المسيحية المعتقد، أستاذة تاريخ الفن العربي في جامعة جنيف (Universite de Geneve)، خلصت إلى القول: «أن تكون شخصية الحسين في مركز الفكر والإنتماء الشيعي، فهذا لا يحتاج إلى برهان، وهذا العمل الصرحي الذي قام به الشيخ محمد صادق الكرباسي، ساعياً إلى جمع كل ما كتب عن حفيد محمد خلال العصور وعبر البلدان، ليس سوى إبراز لهذه الحقيقة».

الإثنين ٢٠٠٧/٦/٢٥م
١٤٢٨/٦/١٠هـ

الأديب مير بصري
(مير شلومو حاي بن شاؤول بن بصلئيل - بصري - عوبيديا)

* أديب وشاعر ومؤرخ عراقي.

* ولد في بغداد عام ١٣٢٩هـ (١٩١١م)، وتوفي في لندن عام ١٤٢٦هـ (٢٠٠٦م).

* نشأ ودرس في مسقط رأسه وتخرج من مدرستي التعاون والإليانس الأهليتين.

* عمل سنة ١٣٤٦هـ (١٩٢٨م) ملاحظاً في وزارة الخارجية ثم مديراً للتشريفات فيها.

* عمل سنة ١٣٥٣هـ (١٩٣٥م) في غرفة تجارة بغداد، وبعد عام أصبح معاون سكرتير الغرفة، وفي سنة ١٣٦٢هـ (١٩٤٣م) تولى إدارتها.

* تولى رئاسة تحرير مجلة غرفة تجارة بغداد للفترة ١٣٥٦ - ١٣٦٤هـ (١٩٣٨ - ١٩٤٥م).

* تولى عضوية مجلس لواء بغداد، وترك العمل الحكومي عام ١٣٧١هـ (١٩٥٢م) وانصرف للأعمال الحرة وكتابة الأدب والتاريخ.

* ساهم في تحرير الدليل العراقي الرسمي (قسم الانكليزي) لعام ١٣٥٤هـ (١٩٣٦م)، ودليل الجمهورية العراقية الصادر عام ١٣٨٠هـ (١٩٦١م).

* أتقن اللغات الانكليزية والفرنسية والعبرية.

* تولى إدارة شؤون الطائفة الموسوية في العراق بعد رحيل الحاخام ساسون خضوري سنة ١٣٩١هـ (١٩٧١م).

* ترك العراق عام ١٣٩٤هـ (١٩٧٤م) واستقر في لندن حتى رحيله.

* ضمّن تجاربه في مذكرات أسماها: رحلة العمر: من ضفاف دجلة إلى وادي التيمس.

* ترك مؤلفات عدة وفي أبواب مختلفة، منها:

ـ مباحث في الاقتصاد العراقي.

ـ أعلام اليقظة الفكرية في العراق الحديث.

ـ أغاني الحب والخلود (شعر).

(ديوان القرن السابع)

الأدب الإنساني الشجي

أكتب كلمة في تقديم (ديوان القرن السابع) لـ «دائرة المعارف الحسينية» التي يصدرها المركز الحسيني للدراسات في لندن، وقد جاءت هذه الموسوعة في أجزاء عدة تصدر تباعاً، وتتناول مناحي أدبية وتاريخية مختلفة، وتجلو صفحات كانت مجهولة، من التراجم والآثار والأشعار والأخبار.

اهتمت «دائرة المعارف الحسينية» هذه في جانب منها بالأدب الحسيني، وهو أدب إنساني شجيّ، يُخلّد فاجعة كربلاء التي تردد ذكرها على مرّ العصور رمزاً للحرية والفداء، قلّما نجد في الآداب العالمية مثالاً لهذا الأدب الذي ارتفعت أصواته من فوق المنابر ورهنت آياته في بطون الكتب، وظلّ حيّاً في الصدور وعلى الألسنة مئات الأجيال، يثير الشجون ويبكي العيون.

وقد نقل هذا القسم من الموسوعة قصائد معروفة ومجهولة، منها: الصنوبري[1]،

---

(١) الصنوبري: هو أحمد بن محمد بن الحسن الضبي الحلبي الصنوبري المتوفى سنة ٣٣٤هـ، شاعر مجيد اشتهر بوصف الطبيعة والرياض حتى اشتهرت قصائده بين الشعراء والنقاد بـ «روضيات الصنوبري»، وأكثر شعره في مدح أهل البيت عليهم السلام سكن حلب ودمشق، له في الإمام الحسين ١٦ قصيدة أوردها الكرباسي في ديوان القرن الرابع الهجري، تسع منها في الجزء الأول وسبع في الجزء الثاني.

والعدوي[1]، والزاهي[2]، وابن الحجاج[3]، والسروي[4]، وابن قريعة البغدادي[5]، والصاحب ابن عبّاد[6]، وغيرهم وغيرهم.

---

(١) العدوي: هو سليمان بن قتة العدوي التيمي بالولاء، المتوفى في دمشق سنة ١٢٦هـ، وقيل إن اسم أبيه حبيب وينسب إلى أمه قتّة، وقيل إنه أول من رثى الإمام الحسين عليه السلام حينما مر على مصارع الشهداء في كربلاء، كان منقطعا إلى بني هاشم، أورد له الكرباسي في ديوان القرن الثاني الهجري ثلاث قصائد.

(٢) الزاهي: هو علي بن إسحاق بن خلف القطان البغدادي، ينسب إلى زاه من قرى نيشابور، ولد سنة ٣١٨هـ، أكثر شعره في أهل البيت عليهم السلام مدحاً ورثاءً ودفاعا، مات شابا في بغداد سنة ٣٥٢هـ ودفن في مقابر قريش، أفرد له الكرباسي في ديوان القرن الرابع الهجري سبع قصائد، أربع في الجزء الأول وثلاث في الجزء الثاني.

(٣) ابن الحجاج: هو الحسين بن أحمد بن محمد بن الحجاج النيلي البغدادي، نسبة إلى مدينة النيل بين بغداد والكوفة، وفيها مات سنة ٣٩١هـ ودفن في الكاظمية عند قدمي الإمام موسى الكاظم عليه السلام، كان كاتبا وشاعرا، تولى الحسبة في بغداد، له ديوان شعر في مجلدات عدة، جمع الشريف الرضي (٣٥٩ ـ ٤٠٦هـ) في حياة الشاعر، المختار من شعره وسماه «الحسن من شعر الحسين»، أورد له الكرباسي في ديوان القرن الرابع الهجري سبع قصائد ومقطوعة، اثنتان في الجزء الأول وخمس في الجزء الثاني.

(٤) السروي: هو محمد بن إبراهيم السروي المتوفى سنة ٣٨٥هـ، وهو شاعر طبرستان (مازندران ولستان وسمنان)، له مساجلات ومكاتبات مع وزير بني بويه أبي الفضل بن العميد المتوفى سنة ٣٦٠هـ، له أشعار كثيرة في أهل البيت عليهم السلام، أورد له الكرباسي في ديوان القرن الرابع الهجري مقطوعة واحدة.

(٥) ابن قريعة البغدادي: هو محمد بن عبد الرحمن بن قريعة البغدادي، وقريعة لقب جده، ولد سنة ٣٠٢هـ ومات في بغداد سنة ٣٦٧هـ، ولي القضاء في مدينة السندية من أعمال بغداد على نهر عيس بين بغداد والأنبار، اختص بالوزير المهلبي الحسن بن محمد البصري (٢٩١ ـ ٣٥٢هـ)، كان الناس يتداولون له كتابا فيه مسائل غريبة وأجوبة مدونة، أورد له الكرباسي في الجزء الثاني من ديوان القرن الرابع الهجري قصيدتين.

(٦) الصاحب ابن عباد: هو إسماعيل بن عباد بن عباس الديلمي، ولد باصطخر وقيل طالقان سنة ٣٢٦هـ ومات في الري سنة ٣٨٥هـ ودفن في إصفهان، من علماء الإمامية وفقهائها وأدبائها، له مشاركة في علوم كثيرة، اشتهر بالصاحب لأنه صحب الملك مؤيد الدولة البويهي (٣٣٠ ـ ٣٧٣هـ) منذ صباه، أخذ العلم عن ابن فارس وابن شجرة وابن العميد وغيرهم، وعنه أبو الطيب الطبري وابن المقري والذكواني وغيرهم، تولى الوزارة خلفا لابن العميد سنة ٣٦٧هـ، ترك مصنفات كثيرة منها: المحيط في اللغة، جوهرة الجمهرة، والإبانة عن الإمامة، أورد له=

ومن الشعراء والشاعرات الذين ورد ذكرهم في الجزء الأول من معجم الشعراء من هذه الموسوعة(١)، آمال بنت عبد القادر الزهاوي(٢)، حفيدة مفتي بغداد(٣) الشهير، وقد ولدت سنة ١٩٤٦م، ومن شعرها الحُرّ «النهر القديم» ومطلعه:

أين التقينا قبل هذا اليوم

يا هذي الثواني العابرة

فضّي الغبار وغيبيه عن خلايا الذاكرة

وهي محاولة غريبة من فتاة تذكر النهر القديم وما يوحي به إلى الذاكرة.

=الكرباسي في ديوان القرن الرابع الهجري ٢٢ قصيدة وقطعة، ثمان منها في الجزء الأول والبقية في الجزء الثاني.

(١) صدر الجزء الأول من «معجم الشعراء الناظمين في الحسين» في طبعته الأولى في العام ١٤١٩هـ (١٩٩٩م)، وضم ترجمة لأربعة وأربعين شاعرا، وحسب الحروف الهجائية.

(٢) آمال بنت عبد القادر الزهاوي: وهي حفيدة صالح بن محمد أمين فيضي البابان الزهاوي، نشأت ودرست في بغداد وتخرجت من كلية الآداب في جامعة بغداد قسم اللغة العربية، نظمت الشعر العمودي مبكرا ثم عكفت على الشعر الحر، كتبت في الصحافة العراقية والعربية، من أعمالها الأدبية: آبار النقمة، إخوة يوسف، والطارقون بحار الموت.

(٣) مفتي بغداد: إشارة إلى الشيخ محمد أمين فيضي بن أحمد بن حسن البابان الخالدي الزهاوي (١٢٠٧ ـ ١٣٠٨هـ) ولد في مدينة السليمانية وفيها درس المقدمات ثم انتقل مع والده إلى مدينة زهاو في إيران وفيها واصل دراسته ثم عاد إلى مسقط رأسه ثم انتقل إلى مدينة سنندج بإيران وأكمل دراسته، وعاد إلى السليمانية مدرسا في مسجد عبد الرحمان باشا (مسجد بابا) ثم انتقل إلى كركوك مدرسا في مسجد أحمد بيك النفطجي، وانتقل إلى بغداد مدرسا في المدرسة السليمانية، وفي عام ١٢٦٥هـ أصبح فيها أستاذ الأساتذة، وفي عام ١٢٦٩هـ أصبح مفتيا للعراق خلفا للشيخ حاجي محمد أمين أفندي زند المتوفى سنة ١٢٨٥هـ، ترك مؤلفات في العلوم والحكمة والمنطق والفلك وعلم الكلام، مات ودفن في المدرسة السليمانية، وتولى ابنه الشيخ محمد سعيد سدة التدريس والإفتاء ببغداد، صدر للكاتب محمد علي القرداغي كتاب عنه بعنوان «محمد فيضي الزهاوي».

ولم تغفل «دائرة المعارف الحسينية» خطباء المنبر الحسيني[1]، وشعر الأبوذية[2]، إلى جانب الشعر الدارج[3] الذي كان له تأثير في نفوس أبناء الشعب، كما وردت في «معجم المصنفات الحسينية»[4] بحوث مفيدة في تاريخ الكتابة والخطوط والورق والكتاب والمكتبات والخطابة.

وقد تناول ديوان القرن السابع (الثالث عشر الميلادي) تمهيداً في ذكر الدول المختلفة التي حكمت في هذا العهد والحركة الأدبية التي برزت خلاله. ومن الشعراء الذين نبغوا في القرن الهجري السابع: البوصيري[5] صاحب البردة، وابن عبد ربّه[6]،

---

(١) صدر الجزء الأول من «معجم خطباء المنبر الحسيني» في طبعته الأولى في العام ١٤٢٠هـ (١٩٩٩م).

(٢) صدر حتى الآن من شعر «ديوان الأبوذية» في طبعاتها الأولى تسعة أجزاء، صدر الأول في العام ١٤١٨هـ (١٩٩٧م)، والثاني والثالث في العام ١٤٢٠هـ (١٩٩٩م)، والرابع في العام ١٤٢٢هـ (٢٠٠١م)، والخامس والسادس والسابع في العام ١٤٢٩هـ (٢٠٠٨م)، والثامن والتاسع في العام ١٤٣٠هـ (٢٠٠٩م).

(٣) صدر من الشعر الدارج «ديوان الموال ـ الزهيري ـ» في طبعته الأولى في العام ١٤٢٢هـ (٢٠٠١م)، و«ديوان السريع» في طبعته الأولى في العام ١٤٣٠هـ (٢٠٠٩م).

(٤) صدر الجزء الأول من «معجم المصنفات الحسينية» في طبعته الأولى في العام ١٤١٩هـ (١٩٩٩م).

(٥) البوصيري: هو محمد بن سعيد بن حماد البوصيري، ولد في قرية دلاص من قرى بني سويف في صعيد مصر سنة ٦٠٨هـ ونشأ في بوصير من أعمال بني سويف، مغربي الأصل من صنهاجة، أخذ عن إبراهيم بن أبي عبد الله المصري فن الخط وأجاد فيه، سكن الشرقية والقاهرة واستقر في الإسكندرية حتى مماته سنة ٦٩٤هـ وقيل ٦٩٥هـ، له ديوان شعر، أورد له الكرباسي في ديوان القرن السابع الهجري قصيدة وبيتا واحداً.

(٦) إبن عبد ربّه: ليس من شعراء القرن السابع الهجري، وإنما ورد ذكره في ديوان القرن السابع في التمهيد: ٣١.

وهو: أحمد بن محمد بن عبد ربه القرطبي الأندلسي (٢٤٦ ـ ٣٢٨هـ) ولد في قرطبة وفيها مات، شاعر وأديب ومؤرخ، له كتاب العقد الفريد، كان شاعر بلاط الأمير المنذر بن محمد ابن عبد الرحمن الأوسط الأموي المتوفى سنة ٢٧٥هـ ومن خلفه.

وابن باجه(١)، وابن سناء الملك(٢)، وابن الساعاتي الخراساني(٣)، وابن نما الربعي(٤)، وفتيان الشاغوري(٥)، وعلي بن عيسى الأربلي(٦)، وغيرهم، ولا

---

(١) ابن باجة: ليس من شعراء القرن السابع الهجري، وإنما ورد ذكره في ديوان القرن السابع في التمهيد: ٢٤.
وهو: محمد بن يحيى بن الصائغ النُجيبي السرقسطي (ن٤٧٥ ـ ٥٣٣هـ) ولد في سرقسطة في إسبانيا ومات مسموما في فاس، وقيل مات سنة ٥٢٩هـ، عالم بالرياضيات والمنطق والهندسة والطب والأدب، كان وزيرا للمرابطين في سرقسطة وغرناطة، ثم هرب إلى المغرب، كتب شروحا كثيرة على مؤلفات أرسطو والفارابي، من مصنفاته: كتاب التجربتين على أدوية ابن وافد، تدبير المتوحد، ورسالة الوداع.

(٢) إبن سناء الملك: هو هبة الله بن جعفر بن سناء الملك محمد السعدي (ن٥٥٠ ـ ٦٠٨هـ) ولد في القاهرة وفيها نشأ ومات، أديب وشاعر، من مصنفاته: فصوص الفصول وعقود العقول، دار الطراز في عمل الموشحات، وديوان شعره البديع والنظم الرائق، أورد له الكرباسي في ديوان القرن السابع قصيدة وبيتين منفصلين.

(٣) ابن الساعاتي الخراساني: هو علي بن محمد بن رستم (٥٥٣ ـ ٦٠٤هـ) ولد في دمشق ومات في القاهرة، خراساني الأصل، لقب بالساعاتي لمهنة أبيه في بيع الساعات، سكن دمشق واستقر في مصر، لجزالة شعره سمي بـ «عين الشعراء»، له ديوان شعر في مجلدين، كما له ديوان «مقطعات النيل»، أورد له الكرباسي في ديوان القرن السابع مقطوعتين.

(٤) ابن نما الربعي: هو جعفر بن محمد بن جعفر بن هبة الله بن نما الحلي الربعي الأسدي، المتوفى في الحلة نحو ٦٨٠هـ، من فقهاء الإمامية وأعلامها، له: مثير الأحزان ومنير سبل الأشجان، وذوب النضار في شرح الثار، أورد له الكرباسي في ديوان القرن السابع ١٩ مقطوعة شعرية.

(٥) فتيان الشاغوري: هو إبن علي بن ثمال الأسدي (٥٣٣ ـ ٦١٥هـ) ولد في بانياس وسكن دمشق وفيها مات، وينسب إلى شاغور أحد أحياء دمشق القديمة، اتصل بالملوك ومدحهم وعلّم أولادهم، له ديوان شعر، كما له ديوان جمع فيه شعر الدوبيت، أورد له الكرباسي في ديوان القرن السابع قصيدة وثلاث مقطوعات شعرية.

(٦) علي بن عيسى الأربلي: وهو حفيد أبي الفتح، ولد في إربل (أربيل) في شمال العراق وسكن بغداد وفيها مات، وكان له قبر يزار لكنه أُزيل في توسعة بغداد في القرن الرابع عشر الهجري، من محدثي الإمامية وأدبائها وأعلامها، تتلمذ على ابن طاوُس وعلي بن فخار وأبي عبد الله الكنجي الشافعي وغيرهم، وعنه ولده تاج الدين محمد والعلامة الحلي ورضي الدين الحلي وغيرهم، من مصنفاته: كشف الغمة في معرفة الأئمة، كتاب الطيف، والمقامات، أورد له الكرباسي في ديوان القرن السابع قصيدتين وخمس مقطوعات شعرية.

بد من ذكر الشاعر يحيى بن عبد العظيم المصري[1] المتوفى سنة ١٢٨٠ م، كان شاعراً ظريفاً عمل جزّاراً في الفسطاط، ومدح السلاطين والأشراف، لكنه اشتهر بأبيات له يهجو ممدوحيه البخلاء، ويمدح الكلاب التي تجتمع تحت دكانه وتلتقط عظام اللحوم المنثورة.

وعلى ذكر فاجعة الطف، فإن كربلاء كانت ولا تزال مركزاً ثقافياً إسلامياً تعاقبت عليها العهود. فقد كان آل حردون[2]، العائلة الموسوية المعروفة، تلتزم الدفن في كربلاء من الحكومة التركية، وتقيم وكلاءها في البلد لتنفيذ التعهد، فإذا حلّ شهر محرم يدفع آل حردون المال لإقامة موكب تعزية خاص باسمهم، ويختارون أبلغ خطباء المنبر الحسيني مشاركة لهم لأهل كربلاء في التفجُّع على الإمام الشهيد.

وقد ذكرت مأساة الإمام الحسين في ملحمتي التاريخية «مواكب العصور» التي تعد آلاف الأبيات، فقلت:

أنا للحق أنا سبط الرسول أنا للعدل وللدين القويم

قد دعاني القوم فلأطوي السهول والبوادي أقمع الظلم الوخيم

وأتى يقصد أرجاء العراق مع أطفال ضعاف ونساء

ورجال حملوا عهد الوفاق قلّة أهل تفانٍ ووفاء

---

(١) يحيى بن عبد العظيم المصري: حفيد يحيى بن محمد، اشتهر بالجزار لمهنة أبيه في القصابة، ولد سنة ٦٠١هـ في الفسطاط ومات سنة ٦٧٩هـ وقيل ٦٧٢هـ، تقرب إلى الملوك والوزراء والأمراء بشعره، له: فوائد الموائد، الوسيلة إلى الحبيب، تقاطيف الجزار، وديوان شعر، أورد له الكرباسي في ديوان القرن السابع قصيدة ومقطوعة شعرية.

(٢) آل حردون: من العوائل اليهودية التي كانت متواجدة في بغداد، وكان لها في عشرينيات وثلاثينات القرن العشرين موكب عزاء حسيني باسم «موكب آل حردون»، كما هو شأن بقية الأقليات الدينية في العراق، هاجروا إلى فلسطين وغيرها.

يا لأرض قد تروّت بالدماء وقف الدهر أسىً في كربلاء

يشهد المأساة في القفر الخلاء

نثرت ثم صدور وعظام وتراءى الموت مشهور الحسام

وسواد الحزن قد غطى السماء

تلك أنفاس كربلاء الطيّبة، علقت بالنفس ورتعت في الذهن .

وفي الختام أثني على جهود الأستاذ الشيخ محمد صادق محمد الكرباسي وتحقيقاته الرائعة المفيدة، وأرجو له مواصلة التوفيق في دائرة معارفه ومساعيه الأدبية الجميلة .

مير بن شاؤول بصري
لندن ـ المملكة المتحدة
١٠/ ٣ /١٤٢١هـ
١٣/ ٦ /٢٠٠٠ م

هجرة القوافي العربية
إلى ضفتي البحر المتوسط

تختلف الأغراض الشعرية وتتنوع مقاصده من جيل إلى آخر ومن حقبة إلى أخرى، ويترك النظام السياسي الحاكم أثره الكبير في عناوين الشعر ومساحاته وفضاءاته، كما يترك الزمن بصماته على الشعر فيتلمسه بحنان أو ينشب أظافره فيه، فترى البعض من الشعراء إذا ما هوى نظام وقام آخر، صرعى على مذبح السلطان يسبح بدمائه يقدم ضريبة الولاء للسابق ورفض اللاحق، وبعضهم يتلون مع صبغة النظام يتحرك حيثما هبت الريح وحيثما حطت الأمور رحالها، يتبضع بقوافيه يملأ جيوبه من صفراء هذا النظام وبيضاء ذاك النظام، فهو في كل واد يهيم، لا يهمه اهتزاز عرش قوافيه ما سلم معاشه، وإنْ كان بذلك تثبيت عرش سلطان جائر، فليس كل شاعر دعبل بن علي الخزاعي (ت ٢٤٦هـ) يحمل على ظهره خشبته ينتظر نصف قرن من يصلبه عليها بتهمة الولاء للحق والتغني بقوافي الحرية .

ولعل القرن السابع الهجري يشكل علامة بارزة في تاريخ الأدب العربي بعامة والقريض منه بخاصة، لاسيما وأنه شهد سقوط دول ودويلات وقيام أخرى على أنقاضها، ومن الطبيعي وفي هذه الأجواء الحساسة المليئة بالمفاجآت أن يسطع نجم شاعر ويأفل نجم آخر، وهجرة الشعر وانتقال

الشعراء إلى بلدان أخرى. وهذا ما يحاول أنْ يثيره الدكتور الشيخ محمد صادق الكرباسي في كتابه «ديوان القرن السابع» الخاص بالمنظوم في الإمام الحسين عليه السلام من الشعر القريض، والصادر في لندن عن المركز الحسيني للدراسات، في ٣٦٥ صفحة من القطع الوزيري.

اهتزاز عرش القوافي

فسنوات القرن السابع الهجري (٢٩/٨/١٢٠٤ ـ ٥/٩/١٣٠١م)، كانت حبلى بالحوادث والوقائع، حيث انقرضت الدولة الأيوبية في مصر (٦٤٧هـ)، والدولة العباسية في بغداد (٦٥٦هـ) والدولة الزنكية في الموصل (٦٥٧هـ) والدولة الموحدية في تونس (٦٦٧هـ). وفي المقابل قامت الدولة الحفصية في تونس (٦٢٧هـ) ودولة بني الأحمر الخزرجية في الأندلس (٦٣٥هـ) ودولة المماليك البحرية في مصر (٦٤٨هـ)، والدولة المغولية الإيلخانية في ايران (٦٤٩هـ) التي قامت على أنقاض الدولة الخوارزمشاهية، والدولة العباسية الثانية في مصر (٦٥٩هـ)، وقيام الدولة العثمانية في الأناضول (٦٨٠هـ) على أنقاض الدولة السلجوقية، وغير ذلك من الحوادث والكوارث التي حلت بالمسلمين.

ويعزو المحقق الكرباسي انحسار موجة الأدب في القرن السابع الهجري إلى أسباب عدة، أهمها:

أولاً: كثرة الحوادث والفتن التي أنهكت قوى المسلمين في سائر الأقطار الإسلامية.

ثانياً: زيادة الكوارث الطبيعية والأمراض الفتاكة التي أدت إلى القحط والغلاء.

ثالثاً: اهتمام المماليك البحرية في مصر بالفن والعمران والبناء أكثر من اهتمامهم بالأدب والشعر.

رابعاً: انتقال العاصمة الإسلامية من بغداد إلى الأناضول ثم استانبول، ما أدى إلى توزع الحواضر العلمية والأدبية.

خامساً: انتشار أدب النثر والتأليف والتصنيف وفن القصص كبديل عن الشعر، ما ساعد على انحسار رقعة الشعر. لكنه في الوقت نفسه يلاحظ انتشار فن الموشحات والمقامات، على أنَّ ابتعاد الحكام من التتر والمماليك والعثمانيين عن اللغة العربية كان الأثر المساعد في انحدار الشعر عن مكانته الأدبية والسياسية.

وخلاصة الأمر إنَّ عرش القوافي أصابه الاهتزاز بسبب ضعف قوائمه وعدم إسناد الأسر الحاكمة للشعر ودعم الشعراء، وعزوف بعضها عن الأدب العربي لأنها جاءت من محيط غير عربي، وانشغال بعضها بالحروب الداخلية بين دوائر العائلة الحاكمة الواحدة.

قوافي العرب في الأندلس

كانت الطلائع الأولى التي فتحت الأندلس عام ٩٢هـ قادمة من العراق، وهذه الطلائع فيها إلى جانب العسكر رجال أدب وثقافة، وكان لهم الدور الكبير في انتشار الأدب العربي في البلدان الأوروبية التي بدأت تفتح الواحدة بعد الأخرى حتى سيطرة الأسبان على الأندلس في العام ٨٩٨هـ، ومن ذلك الأدب الحسيني الذي يبث في النفوس روح التحدي والاستشهاد من أجل سلامة الأهداف السامية والقيم العالية.

وبناءً على رأي المؤرخين فإنَّ الأدب العربي في الأندلس شهد تطوراً على

حكم الأمويين (١٣٨ ـ ٣١٦هـ)، وتراوح مكانه تحت حكم المروانيين في الأندلس (٢١٦ ـ ٤٢٢هـ)، وبدأ يشرئب بعنقه ويزدهر في عصر ملوك الطوائف (٤٢٢ ـ ٤٨٤هـ)، وفي الجانب الآخر من البحر الأبيض المتوسط إزدهر الأدب في شمال أفريقية أيام حكم الأدارسة (١٧٢ ـ ٣٦٣هـ) واستمر في أيام الفاطميين (٢٩١ ـ ٥٥٥هـ).

ويرى المحقق الكرباسي أنَّه: «وفي ظل حكومة ملوك الطوائف وبفضل دولة بني حمود (٤٠٧ ـ ٤٤٩هـ) ظهر التشيع في الأندلس بعدما كان فاشيا في أفريقية في عهد الأدارسة والفاطميين واستمر الأمر على هذه الحالة على عهد دولة الموحدين (٥١٥ ـ ٦٦٧هـ) التي حكمت شمال أفريقية والأندلس أيضا، ومع ظهور التشيع وانتشاره ظهر الشعر الحسيني وانتشر في المغرب الإسلامي بشكل عام».

ويعود الشعر الحسيني في الأندلس في بعض جذوره إلى هروب عدد من الموالين بمن فيهم الشعراء من المشرق الإسلامي إلى مغربه، وكان من إفرازات الهجرة ظهور انتفاضات وثورات عدة في الأندلس، كما ساعد سقوط الدولة المروانية الأموية في الأندلس وقيام دولة الحموديين على نشر فكر أهل البيت عليهم السلام وبالتالي انتشار الأدب الحسيني بما فيه الشعر، وقبل ذلك كان الأمويون يقتلون من يوالي أهل البيت عليهم السلام، وهذا ما يؤرخه الرحالة المقدسي محمد بن أحمد (ت ٣٨٠هـ) في كتابه «أحسن التقاسيم في معرفة الأقاليم» حيث يؤكد في (ص ٣٢٢): «إنَّ الأندلسيين ـ الأمويين منهم ـ إذا عثروا على شيعي فربما قتلوه»، واستخدام المقدسي كلمة (عثروا) دلالة على عظم الجريمة بإشهار الشيعي ولاءه لأهل البيت في ظل حكم الأمويين!

ويرى البعض كما يشير الكرباسي: «إنَّ من أسباب دخول التشيع في

الأندلس بل جميع بلاد المغرب العربي هو رحلة عدد من الأندلسيين إلى المشرق الإسلامي ويعتبرون الأعشى القرطبي المتوفى عام ٢٢١هـ من أوائلهم فقد رحل عام ١٧٩ إلى العراق المركز الشيعي ثم رحل بعده عباس الثقفي (ت ٢٣٨هـ) الذي أوفده عبد الرحمان الأوسط (١٧٦ ـ ٢٣٨هـ) عام ٢٠١هـ في التماس الكتب القديمة». ورويداً رويداً أخذ الناس في الأندلس في إقامة مجالس العزاء في عاشوراء ذكرى استشهاد الإمام الحسين عليه السلام، وفي هذا يقول المؤرخ عمر بن عبد الله فروخ (ت ١٤٠٧هـ) في تاريخ الأدب العربي: ٦/ ١٣٠، وهو يتحدث عن الأدب في الأندلس والمغرب: «من المناسبات التي كان أهل الأندلس والمغرب يحتفلون بها ذكرى عاشوراء التي كانت بها مأساة عاشوراء ومقتل الحسين بن علي رضي الله عنه».

ولا خصوصية للأدب الحسيني في المغرب الإسلامي عما كان عليه في المنشأ في المشرق الإسلامي، كما يذهب بذلك الشيخ الكرباسي، ولم يختلف الاتجاه الأدبي كما: «إنَّ الأغراض الشعرية ظلت كما هي ولم تتغير بشكل عام ويعترف الجميع بأنَّ الشعر بالذات وصل أوجه في الأندلس في عصر المماليك وبسقوطهم انحط الشعر انحطاطاً كبيراً لابتعاد المرابطين ـ البربر ـ عن العربية، وفي شمال أفريقيا وصل الشعر أوجه بعد المرابطين حين وصل الموحدون إلى السلطة وكان للشعر الحسيني بالذات أرضية خصبة».

أسماء لامعة

ومع ان الأدب العربي بعامة والحسيني بخاصة أصابه ما أصاب الوضع السياسي من مد وجزر، نتيجة: «الأوضاع المتردية في مجمل الأقطار الإسلامية وبالأخص تلك الاضطرابات التي هزت القلب والمناطق الوسطى من الخارطة الإسلامية»، فإنَّ الشعر الحسيني ظل: «ينشد من هنا وهناك

وصوته يدوي في أرجاء الديار الإسلامية»، وفي الوقت نفسه فإن ما يلاحظ على الشعر الحسيني في هذا القرن أنَّ الشعر القادم من المغرب الإسلامي فاق الشعر المنظوم في المشرق الإسلامي، حيث: «بلغ مجموع من وصلنا اسمه من الشعراء الحسينيين من بلاد المغرب الإسلامي في هذا القرن ستة وعشرين شاعراً وهو كبير في قبال شعراء العراق البالغ عددهم أربعة عشر شاعراً وشعراء مصر البالغ عددهم ثمانية ومثلهم من شعراء الشام بغض النظر عن سائر الشعراء».

ولاحظ المصنف أنَّ القرن السابع الهجري شهد تنوعاً فريداً في وظائف الشعراء وجنسياتهم، إذ كان فيهم الفقيه والقاضي والأمير والوزير والرحالة والكاتب والأديب توزعوا على اسبانيا وإيران والبرتغال وتونس والجزائر والجزيرة العربية وسوريا والعراق وفلسطين وليبيا ومصر والمغرب واليمن وغيرها. فيشار بالبنان إلى القاضي السعيد ابن سناء الملك هبة الله بن جعفر السعدي (ت ٦٠٨هـ) وهو من خريجي مدرسة أبي تمام حبيب بن أوس الطائي (ت ٢٣١هـ) وأبي الطيب المتنبي أحمد بن الحسين (ت ٣٥٤هـ): «وقالوا بأنه أشهر وأجود من نظم من المشارقة في الموشحات وكان صاحب نظرية موسيقية فيها». ومن شعره الحسيني قوله في قصيدة أنشأها في مدح القاضي الفاضل عبد الرحيم بن علي اللخمي (ت ٥٩٦هـ)، من الشعر المتقارب ومطلعها:

مديحك كالمسك لا يكتتم ... به يبتدى وبه يختتم

ثم يقول:

وما ضيّع اللهُ آل الحسينِ ... إذا رفع الدهرُ آل الحَكَم

فالشاعر يحاول أنْ يخفف عن القاضي الفاضل تخليه عن القضاء والوزارة

في الدولة الأيوبية، فيجري مقارنة بين آل الحسين وآل الحكم، حيث رفع الله الأسرة الأولى وإن بان أن الدهر رفع الثانية.

ويشار إلى الأمير العيوني علي بن المقرب (ت ٦٢٩هـ) وهو من خريجي مدرسة أبي تمام والمتنبي والنابغة زياد بن معاوية الذبياني (ت ١٨ ق.هـ)، وهو صاحب القصيدة العينية من ٨٧ بيتاً في رثاء الإمام الحسين، يقول من الرجز التام ومطلعها:

يا باكيا لدمنةٍ وأربُعِ إبكِ على آل النبيّ أو دَعِ

ثم يقول:

وإنّ حُزني لقتيلِ كربلا ليس على طول المدى بمُقلِعِ
إذا ذكرتُ يومَهُ تحدّرت مدامعي لأربَعٍ في أربَعِ

ويشار إلى الحكيم المتكلم ابن أبي الحديد عبد الحميد بن محمد المدائني المعتزلي (ت ٦٥٦هـ)، وهو صاحب شرح نهج البلاغة، وصاحب القصيدة العلوية وهي واحدة من سبع قصائد سميت بالقصائد العلويات السبع، يقول فيها من الطويل في مدح الإمام علي عليه السلام ثم يأتي على واقعة كربلاء، ومطلعها:

لمن ظعن بين الغميم فحاجر بزغن شموساً في ظلام الدياجر

إلى أن يصل مورد الشاهد، فيقول:

فيا لك مقتولاً تهدّمتِ العلى وثُلّت به أركانُ عرشِ المفاخر

ثم يقول:

أما كان في رُزء ابن فاطمَ مُقتَضٍ هبوطَ رواسٍ أو كُسوفَ زواهرِ
ولكنما غدرُ النفوس سجيةٌ لها وعزيزٌ صاحبٌ غيرُ غادرِ

ويشار إلى الإمام البوصيري محمد بن سعيد (ت ٦٩٤هـ) صاحب البردة

الميمية في مدح النبي محمد ﷺ. وفي قصيدة له في مدح السيدة نفيسة بنت الحسن الأنور ابن زيد الأبلج ابن الإمام الحسن عليه السلام (ت ٢٠٨هـ)، ينشد من الطويل ويعرج فيها على الإمام الحسين عليه السلام وأهل بيته، ومطلعها:

جنابُك منه تستفيد الفوائد ... وللناس بالإحسان منك عوائد

ثم يقول:

وطُفِّفَ يومَ الطّفِّ كيلُ دمائكم ... إذا الدمُّ جارٍ فيه والدمعُ جامدُ

ويلاحظ أنَّ الفقيه والشاعر الشيخ ابن نما جعفر بن محمد الربعي الحلي (ت ٦٨٠هـ) قد استأثر بتسع عشرة قصيدة وقطعة وبيت من مجموع ٩٤ قطعة من بين ٥٢ شخصاً ضمهم ديوان القرن السابع الهجري. ومن قصيدة له من الطويل ينعى ديار آل رسول الله ﷺ وقد خلت من ساكنيها، فينشد:

وقفتُ على دار النبيّ محمدٍ ... فألفيتُها قد أقفرت عرصاتها
وأمست خلاءً من تلاوةِ قارئ ... وعُطّلَ فيها صومُها وصلاتُها

إلى أنْ يقول:

فعيني لقتل السبطِ عبرى ولوعتي ... على فقدهم ما تنقضي زَفَراتها
فيا كبدي كم تصبرين على الأذى ... أما آن أن يُغني إذاً حسراتُها

ومن المفارقات أنَّ الشيخ ابن نما صاحب كتاب «مثير الأحزان» والذي مات على الولاء لأهل البيت، دفع ضريبة هذا الولاء ليس في حياته فحسب، بل وحتى وهو ثاويا في لحده، فقد تعرض قبره في الحلة بتاريخ ١٣/٨/٢٠٠٥م إلى عملية تخريبية لغرض هدمه، أدى العمل الإرهابي إلى سقوط عشرين مواطناً عراقياً بين قتيل وجريح.

ظاهرة الشعر الملمع

ويسجل الدكتور الكرباسي ظاهرة طرأت على الشعر العربي القريض في القرن السابع الهجري على يد الشاعر الفارسي جلال الدين الرومي محمد بن محمد البلخي (٦١١ ـ ٦٧٢هـ) بخاصة، وإنْ كانت بذورها غرست في القرن السادس الهجري، وهو ظهور «الشعر الملمع» المتضمن لمقاطع من الشعر غير العربي يرد فيه شطر أو بيت من الشعر العربي، وهذا النمط من الشعر: «ظهر من جراء اختلاط المسلمين من قوميات شتى بعضهم بالبعض الآخر نتيجة الفتوحات الإسلامية وأخذوا شيئاً فشيئاً يستخدمون المفردات العربية في النثر والشعر».

ومثال ذلك قول الرومي:

راح بفيها والروح فيها كي أشتهيها قم فاسقنيها

إين راز يارست إين ناز يارست أواز يارست قم فاسقنيها

أي: (هذا سر الحبيب، هذا دلال الحبيب، نداء الحبيب قم فاسقنيها).

ولأنَّ الأدب الحسيني دخل في كل ثقافات الشعوب الداخلة في الإسلام، فإن هذه الظاهرة شملته وبخاصة لدى الفرس والأتراك والهنود، وأصبحت هذه الظاهرة سائدة في النظم، ومثال ذلك:

شيعتي ما إن شربتم عذب ماء فاذكروني

أو سمعتم بقتيل أو شهيد فاندبوني

مَن شهيد كربلايم سَر بُريده أز قفايم

أي: (أنا شهيد كربلا، مقطوع الرأس من القفا)، حيث يحكي الشاعر الفارسي على لسان الإمام الحسين عليه السلام، وما حلّ به. أما البيتان الأولان فمنسوبان للإمام الحسين عليه السلام.

يوم الشهيد العالمي

تتخذ الأمم المتحضرة أياما في السنة للاحتفال بمناسبة أو مناسبات معينة تحتفل بها لتخليد ذكرى حدث أو شخص، وكلما مرت السنون تجددت الذكرى، ولعل من أهم أغراض الاحتفال هو تخليد الذكرى تأسيا بها إن كانت تحمل معها بذور آمالها أو منعاً لحصول أمثالها إنْ كانت ذكرى تحمل معها بذور آلامها، ولا ذكرى أعظم من ذكرى عاشوراء، لتخليد يوم الشهيد العالمي، حيث لا يوم كيوم أبي عبد الله الحسين عليه السلام استشهد فيه وأهل بيته وأصحابه.

ومنذ زمن بعيد نادى الأحرار بتخليد الشهيد يوم عاشوراء من كل عام، للاحتفاء بشهداء البشرية ولمنع تجدد نزيف الدماء، وتبارى الشعراء إلى تخليد هذا اليوم ومطالبة العالم بتخليده وتكريم الشهيد، ومن ذلك نداء الشاعر السوري كمال العباسي المتوفى بعد العام ٦٥٦هـ ينشد من الطويل قائلاً في عزاء سيف الدين علي بن عمر المشد المتوفى في المحرم عام ٦٥٦هـ والمدفون بسفح جبل قاسيون:

أيا يوم عاشورا جعلت مصيبة ... لفقد كريم أو عظيم مبجل
وقد كان في قتل الحسين كفايةٌ ... فقد جاءَ الرزء المعظّم في علي

وهذا اليوم الكبير الذي قال فيه فقيه الحنفية وشاعرها محمد بن عبد المنعم التنوخي المتوفى عام ٦٦٩هـ، في قصيدة من الكامل في نعي سيف الدين علي بن عمر المشد، ومطلعها:

أأخي أي دجنة أو أزمة ... كانت بغير السيف عنا تنجلي

إلى ان يصل مورد الشاهد:

عاشورُ يومٌ قد تعاظَمَ ذنبُهُ ... إذ حلَّ فيه كل خطب معضل

لم يكفه قتل الحسين وما جرى حتى تعدّى بالمصاب على علي

من هنا فإن الفقيه آية الله الشيخ محمد صادق الكرباسي الذي انفرد في عصرنا بتتبع آثار النهضة الحسينية يرى أنَّ يوم العاشر من محرم الحرام هو رمز للشهادة وهو يوم المصائب، ولذلك فان: «من الإنصاف أن يتخذ هذا اليوم يوما عالمياً لتكريم الشهيد من اجل الحق، فلولا شهادة طلاب الحق لما قامت للإنسانية قائمة ولا بقيت للكرامة مصداقية».

تشبيهات كربلائية

ولأن مصاب الإمام الحسين عليه السلام لا يعلوه مصاب، فهو مصاب الإنسانية جمعاء، فإن كل إنسان على وجه الأرض صاحب مصاب وعزاء، يحاول أن يقترب من مصاب الحسين بأن يجعل ما حلّ به من مصاب يناظر مصاب الإمام الحسين عليه السلام، وهذا المعنى يظهر بجلاء في شعر الرثاء، على ان صاحب المصاب مهما علا شأنه وارتفع كعب مقامه، لا يمكن قياس مصابه بمصاب الحسين عليه السلام ابدا، ولكنها مقاربة رثائية تجري على لسان الشاعر لبيان عظم المصاب وخطره.

فهذا الشاعر عبد الرحمان بن إسماعيل المقدسي (ت ٦٦٥هـ) يرثي الملك الكامل محمد بن غازي الذي قطع التتر رأسه ومن معه سنة ٦٥٨هـ بعد ان استولوا على الشام، وطافوا برأسه في الأزقة ثم دفن في مسجد الرأس الشريف في دمشق، فينشد من الخفيف:

ابن غازٍ غزا وجاهدَ قوماً أثخنوا في العراق والمشرِقَين

ثم يقول:

لم يَشِنهُ إذ طيفَ بالرأس منه فله أسوةُ برأس الحسينِ

وافق السبطَ في الشهادة والحمـ ـل لقد حاز أجره مرتين

وهذا الشاعر ابن الساعاتي علي بن رستم الخراساني (ت ٦٠٤هـ)، يرثي فقد ولده محمود، فيقول في قصيدة من الكامل ومطلعها:

لا تنكري سقمي ولا تسهيدي　　　أبلى جديد الدهر كل جديد

إلى أن يقول:

ولكلّ حَيٍّ أسوةٌ بمحمدٍ　　　ومحمدٌ ذو الموقف المحمود

كم في مصارع آله من عبرةٍ　　　سوداءَ عدّوها من التسويد

فتأسَّ بالمأموم والمسموم والـ　　　ـمقتول والمجلوب نحو يزيد

فالمأموم إشارة إلى الإمام علي عليه السلام حيث أصبح مأموما بصرف الخلافة عنه وهو الإمام بنص الغدير، والمسموم إشارة إلى الإمام الحسن عليه السلام الذي مات بالسم، والمقتول إشارة إلى الإمام الحسين الشهيد في كربلاء، والمجلوب إشارة إلى الإمام علي بن الحسين السجاد الذي جلب مأسوراً إلى الشام مع رحل الإمام الحسين عليه السلام.

ويستقرئ المحقق الكرباسي من جملة قصائد ومتابعة للتراث الإسلامي، أن التأسي بمصاب الحسين عليه السلام أصبح سنة في المجتمعات المسلمة: «ولعل هذه هي بداية لترسيخ العادة المتبعة عند الموالين لأهل البيت عليهم السلام في التذكير بمصاب سيد الشهداء عند مصابهم والتي تحولت فيما بعد إلى قراءة سيرة الإمام الحسين عليه السلام في مجالس العزاء على أمواتهم والتي تطورت أيضاً إلى تخصيص قراءة مقتل علي الأكبر ـ نجل الإمام الحسين ـ مثلاً فيما إذا كان المتوفى شاباً وإلى ذكر مصائب السيدة زينب عليها السلام مثلاً فيما إذا كانت المتوفاة امرأة وهلمجرا».

ولأن الاستشهاد في سبيل القيم النبيلة شهادة عالمية لا تختص بدولة أو فئة، فإن عاشوراء لا تختص بالشيعي أو السني ولا تختص بالمسلم أو بغيره،

وهذه الحقيقة يؤكدها الشعراء، فهذا هبة الله ابن سناء الملك بن جعفر السعدي (ت ٦٠٨هـ) يقول في قصيدة من مجزوء الكامل ومطلعها:

جاءت بحسنٍ مطمئن ... جاءَت منه بكل فن

إلى أن يقول:

ونظمتُها في يوم عا ... شوراءَ مِن همّي وحُزني
يومٌ يناسب غَبنَ مَن ... قتلوهُ ظلما مثل غَبني
يومٌ يُساءُ به وفيه ... ه كُلُّ شيعيٍّ وسُنّي

أدب شجي

ودرج المحقق الكرباسي كما في كل نتاجاته على تضمين الكتاب بعشرات الفهارس في أبواب شتى، ويختمه بقراءة نقدية لواحد من الأعلام، وفي هذا الديوان قراءة للأديب والمؤرخ العراقي، مير شاؤول البصري (١٩١١ - ٢٠٠٦م)، رئيس اللجنة الإدارية ليهود العراق ورئيس الطائفة الموسوية، صاحب المؤلفات الكثيرة منها: أعلام الأدب في العراق الحديث، وأعلام الوطنية والقومية العربية، وأعلام الكرد، وهو إلى ذلك له دواوين شعر. يقول البصري في قراءته إنَّ الموسوعة الحسينية في جانب منها: «تتناول مناحي أدبية وتاريخية مختلفة، وتجلو صفحات كانت مجهولة من التراجم والآثار والأشعار والأخبار»، ورأى أنَّ الأدب الحسيني الذي تهتم به دائرة المعارف الحسينية هو: «أدب إنساني شجي يخلّد فاجعة كربلاء التي تردّد ذكرها على مرّ العصور رمزاً للحرية والفداء، قلّما نجد في الآداب العالمية مثالاً لهذا الأدب الذي ارتفعت أصواته من فوق المنابر ورهنت آياته في بطون الكتب وظلّ حيّاً في الصدور وعلى الألسنة مئات الأجيال يثير الشجون ويبكي العيون». وعنده: «إنَّ كربلاء كانت ولا تزال مركزاً ثقافياً إسلامياً تعاقبت

عليها العهود»، مثنيا في الوقت نفسه: «على جهود الأستاذ الشيخ محمد صادق محمد الكرباسي وتحقيقاته الرائعة المفيدة، وأرجو له مواصلة التوفيق في دائرة معارفه ومساعيه الأدبية الجميلة».

الأربعاء ١١/٧/٢٠٠٧م
٢٦/٦/١٤٢٨هـ

الأستاذ أحمد أغنيو بيلانيك

(Ahmed Agneau Belanyek)

* ولد في مدينة وويندي (Waoynde) في الكاميرون عام ١٣٩١هـ (٣/٢٢/ ١٩٧١م).

* يقيم في المملكة المتحدة في مدينة ساوث أمبتون (Southampton College) جنوب إنكلترة.

* أستاذ الرياضيات في كلية تونتونز (Tauntons College) في مدينة ساوث أمبتون، منذ العام ٢٠٠٠م، وهو مرشد أكاديمي لطلبتها.

* من المشرفين على أسئلة الامتحانات في مرحلة الإعدادية في مجال علوم الرياضيات والحاسوب.

* عضو المنظمة الدولية للناطقين بالاسبرانتو (Esperanto)، وله مقالات ودراسات نشرت في مجلتها.

* له كتاب (OCR COMPUTING FOR A LEVEL) في مجال الحاسوب لطلبة الإعدادية، بالاشتراك مع الأستاذ كريس ليدبتر (Chris Leadbetter) والأستاذة باتريكيا غريغ (Patricia Greig).

(ديوان القرن الثامن)

دموع على المأساة

تعتبر قضية الإمام الحسين حدثاً مشهوداً في تاريخ الإسلام، فالحسين هو سبط محمد نبي الإسلام وهو الدين الذي ولد في جزيرة العرب في القرن السابع الميلادي حيث نشأت الدعوة له في مدينة مكة التي كانت في وقتها مركزاً ثقافياً وتجارياً للقبائل العربية، ولا تزال مكة مدينة مقدسة للمسلمين، على أنَّ المسيحية واليهودية كانتا معروفتين في الجزيرة العربية إلا أن أغلبية السكان كانت تمارس الوثنية، وكانوا يعبدون آلهة مختلفة، كانت قبيلة بني أمية من بين القبائل ذات النفوذ في مكة وكانت على رأس المعارضين للدين الجديد. وبعد الانتصار النهائي للإسلام أصدر النبي محمد عفواً عن معارضيه، وعلى رأسهم «بنو أمية» الذين يظهر أنهم اعتنقوا الإسلام كُرهاً لا طوعاً وكان رئيسهم أبا سفيان، وسُموا بالطلقاء[1].

---

(١) في العام ٨ هجرية عندما دخل النبي محمد ﷺ مكة المكرمة، وقف بباب الكعبة ثم قال: لا إله إلا الله وحده لا شريك له، صدق وعده ونصر عبده وهزم الأحزاب وحده، ألا كل مأثرة أو دم أو مال يدعى فهو تحت قدمي هاتين إلا سدانة البيت وسقاية الحاج. يا معشر قريش إن الله قد أذهب عنكم نخوة الجاهلية وتَعَظُّمَها بالآباء، الناس من آدم، وآدم خلق من تراب، ثم تلا قوله تعالى: ﴿يَـٰٓأَيُّهَا ٱلنَّاسُ إِنَّا خَلَقْنَـٰكُم مِّن ذَكَرٍ وَأُنثَىٰ وَجَعَلْنَـٰكُمْ شُعُوبًا وَقَبَآئِلَ لِتَعَارَفُوٓا۟ إِنَّ أَكْرَمَكُمْ عِندَ ٱللَّهِ أَتْقَىٰكُمْ﴾ [الحجرات: ١٣]. =

وفي أثناء نمو الدين الجديد وانتشاره تمكن أفراد قبيلة بني أمية من التغلغل في صفوف المسلمين ثم استلام السلطة العليا بعد عقود عدة من ظهور الإسلام، ويبدو أن عادة الثأر التي كانت متأصلة عند العرب ومنعها الإسلام كانت لا تزال متمركزة في نفوس أفراد تلك القبيلة، فظهرت بأشد حالاتها عند يزيد الذي استلم السلطة من أبيه معاوية بن أبي سفيان.

واصل يزيد هذا اضطهاد عائلة النبي بكثير من الإيذاء لفرض البيعة له على الإمام الحسين، نهض عندئذ الإمام للدفاع عن «أهل البيت»[1]، فتصدى جيش يزيد له ولعائلته في واقعة الطف في كربلا، فقتله وأغلب أفراد عائلته الذكور وسبى سائر عياله، فأثار بذلك موجة من الغضب والحزن لدى المسلمين، ولا يزال صدى تلك الفاجعة المؤلمة يتراجع بينهم منذ ذلك الحين، ولا يزال اسم الحسين لتلك القرون الأربعة عشر رمزاً عند المسلمين لمقاومة الظلم والتعسف السياسي والاجتماعي والطغيان.

كانت ولا زالت مأساة الحسين وقضيته التي احتلت مجالاً واسعاً في تأثيراتها في الساحات السياسية والاجتماعية والأدبية في العالم الإسلامي

= يا معشر قريش ويا أهل مكة، ما ترون أني فاعل بكم؟ قالوا: خيراً، أخ كريم وابن أخ كريم، ثم قال: اذهبوا فأنتم الطلقاء، فأعتقهم رسول الله وقد كان الله أمكنه من رقابهم عنوة، وكانوا له فيئاً، فبذلك يسمى أهل مكة الطلقاء. أنظر: تاريخ الطبري: ٢/ ٣٣٧.

(١) لخّص الإمام الحسين عليه السلام أهداف نهضته في وصيته لأخيه من أبيه محمد ابن الحنفية (ت ٨١هـ) عند خروجه من المدينة المنورة، بقوله عليه السلام: «وإني لم أخرج أشراً ولا بطراً ولا مفسداً ولا ظالماً، وإنما خرجت لطلب الإصلاح في أمة جدي صلى الله عليه وآله وسلم أريد أن آمر بالمعروف وأنهى عن المنكر وأسير بسيرة جدي وأبي علي بن أبي طالب، فمن قبلني بقبول الحق فالله أولى بالحق ومن ردّ علي هذا أصبر حتى يقضي الله بيني وبين القوم وهو خير الحاكمين». راجع: المقرم، عبد الرزاق الموسوي، مقتل الحسين: ١٣٩، دار الكتاب الإسلامي، بيروت، لبنان.

خلال القرون مصدر وحي ولّدت أمواجاً متلاحقة من الأدب الرفيع الذي ذرف الدموع على تلك المأساة وهي تشير في الوقت نفسه إلى أن قضيته للإنسانية عامة وللمسلمين خاصة، تلك القضية وذلك التراث الأدبي وليدها مستفيض الجوانب الذي احتوت بعضه موسوعة الشيخ الكرباسي ذات الخمسماية جزء موضوعة البحث[1].

استمر النفوذ السياسي المعادي لقضية الحسين بانتقال السلطة من الأمويين إلى العباسيين لقرون عدة قاسى فيها أنصار تلك القضية الأمرّين من مختلف تلك السلطات المتعاقبة. وباستمرار المطاردة والاضطهاد استمر معه خلال القرون فيض الأدب العالي المؤازر لتلك القضية. ويَظهر التنوع الواسع في مواضيع هذه الموسوعة الحسينية بشكل بارز في كونها قصة مأساة لواحد من رجال التاريخ البارزين، لكون بطل «القصة» هو أحد أوائل أئمة المسلمين الذين حملوا مشعل الرسالة، فاستشهاد الإمام الحسين في اول عهود الإسلام (السابع الميلادي) تلته مباشرة انتفاضة المسلمين على ذلك العهد الأموي المناهض لأهل البيت (بيت النبي) ولا تزال الانتفاضة مستمرة بشكل أو بآخر ضد التعسف السياسي بخاصة ضد المسلمين الشيعة، ذلك الحدث الذي قدح قرائحهم وكان مصدر إيحاء، ولا يزال يوحي بإبداعات أدبية مأساوية عالية يضيف لها كل جيل من الشعراء وأرباب القلم من مختلف أوطانهم وبمختلف لغاتهم مشاعرَ الحزن والرثاء والولاء.

في هذا المؤلَف الكبير قام الشيخ الكرباسي باستعراض تاريخ القضية الحسينية استعراضاً واسعاً بمجمل تفاصيلها المتفرعة عنها بأسلوب أكاديمي اجتمع لديه به حوالى ٥٠٠ جزء لها في جميع فروع المعرفة المتعلقة بنهضة

---

(١) كتب الأستاذ أنجو بيلانيك مقدمته في العام ١٤٢١هـ (٢٠٠٠م)، وصدر الديوان في العام نفسه، والموسوعة فاقت مجلداتها الستمائة.

الحسين، وبين يدينا منها بهذه المناسبة «ديوان القرن الثامن الهجري» (حوالى القرن ١٤ الميلادي)، وهو واحد من دواوين القرون الأخرى، ويتألف من ٤٥ قصيدة لثلاثة عشر شاعراً ينتمون لتلك الفترة، تزيد أبيات بعض القصائد على المائة بيت من الشعر، ووصلت قصيدة منها إلى ١٥٠ بيتاً.

يتكون الكتاب بملحقاته من ٥١١ صفحة من القطع الوزيري بتجليد جيد، تدور مواضيع هذا الديوان حول القضية الحسينية من مديح للإمام الحسين إلى ملامح خصومه الذين افتعلوا قتله، ثم الدعوة لقضية الحسين بالتذكير بمبادئ الإسلام كما أتى بها جده النبي محمد تلك المبادئ التي أخذ الحسين تجديد الدعوة إليها على عاتقه بعد ان ابتعد عنها الحكم الأموي إلى السلطة الدنيوية البحتة.

وبتصفح الديوان مع زميلنا حسين الطيبي[١] اقتطف هذه الأبيات للخليعي[٢] على لسان الحسين يدعو خصومه للسلام وهو محاط بأدوات الحرب (بحر المنسرح):

لم انسهُ ينشد الطغاةَ وقد حفت به السمهريةُ الذبلُ
الا ارجعوا عن قتالنا وذروا سفكَ الدماء واعتزلوا
أبذا أُمرتُم ان تقطعوا رحِمَ الـ ـمختار من بعدِه ولا تصلوا؟

---

(١) إشارة إلى الأديب المعاصر حسين بن محمد بن حسين الطيباوي العاملي، المولود في النجف الأشرف سنة ١٣٤٦هـ (١٩٢٧/٧/٧م) من أب لبناني وأم عراقية، والمقيم في لندن، وهو من الأعضاء البارزين في المنظمة الدولية للمتحدثين بلغة الإسبرنتو والسكرتير السابق لنادي لندن للغة الإسبرنتو، له مصنفات بلغات عدة، منها: الحكمة العربية، The Book of Arabic Wisdom، والرجل ذو العمرين (سيرة ذاتية).

(٢) الخليعي: هو علي بن عبد العزيز بن أبي محمد الخليعي (الخلعي) الحلي، موصلي الأصل حلي المولد وفيها مات نحو ٧٥٠هـ، وقبره في منطقة بساتين الجامعين، اختص شعره في مدح ورثاء أهل البيت عليهم السلام وبخاصة الإمام الحسين عليه السلام، أورد له الكرباسي في ديوان القرن الثامن ١٩ قصيدة ومقطوعتين.

ومن جملة قصيدة للشفهيني[1] حيث يقول فيها مخاطبا بني أمية (بحر الكامل):

أفهل يدٌ سلبت إماءَكِ مثلما ... سلبت كريماتِ الحسين يداكِ؟
أم هل برزن بفتحِ مكةَ حسراً ... كنسائه يومَ الطفوف نساكِ؟
يا أمةً باءت بقتلِ هداتِها ... أفَمَن إلى قتلِ الهداة هداكِ؟

ومن أبيات للحلي[2] يصف إباء الإمام الحسين وصموده على مبدئه (بحر الطويل):

أبى الذلَ لما حاولوا منهُ بيعةً ... وإنّ حسيناً بالإباء جديرُ
وراح إلى البيت الحرام يؤمُهُ ... بعزمٍ شديدٍ ليس فيه قصورُ
فجاءته كتبُ الغادرين بعهدِهِ ... فأقدمْ إلينا فالنصير كثيرُ

والديوان بجملته دموع على المأساة وإدانة للطغاة ودعوة للوقوف بوجه العدوان في كل زمان ومكان.

الأستاذ أنجو بيلانجيك (Anjo Belanjek)[3]
أستاذ الرياضيات في كلية تونتونز (Tauntons College)
ساوث أمبتون ـ انكلترة
١٢/ ٨/ ٢٠٠٠ م

---

(١) الشفهيني: علي بن الحسين الحلي الشفهيني المتوفى في القرن الثامن الهجري في مدينة الحلة وقبره في محلة المهدية، من علماء الإمامية وأدبائها، له ديوان شعر، وأورد له الكرباسي في ديوان القرن الثامن سبع قصائد.

(٢) الحلي: علي بن عبد الحميد بن فخار الموسوي الحلي الحائري، الشهير بالمرتضى، من الفقهاء والمحدثين والأدباء والنسابة، من مصنفاته: الأنوار المضيئة في أحوال المهدي، ومراثي الشهيد، مات نحو ٧٦٠هـ، أورد له الكرباسي في ديوان القرن الثامن قصيدتين.

(٣) ويلاحظ أن اسمه تم تصحيفه إلى لغة الاسبرانتو، والأصل أغنيو بيلانيك (Agneau Belanyek)، على أن اسمه الأول أحمد (Ahmed).

التقلبات السياسية

تنعش حرب المصنَّفات وتضعف قامة الشعراء

تدخل السياسة بوصفها ممارسة بنيوية لإدارة العباد والبلاد، كعامل رئيس أو مساعد في كل مناحي الحياة على المستوى الفردي والمجتمعي، ومظاهرها تعكس قوة المجتمع أو ضعفه، كما تعكس اهتمامات رجالاتها مسار البلد والمجتمع معاً، إن خيراً فخيراً وإن شراً فشراً.

وعلى صعيد الأدب، فإنَّ السياسة لها مدخلية أساسية في بيان مؤشر الأدب من قوة أو ضعف، وعلى علاقة مباشرة برجالات الأدب من شعراء وكتاب، فلطالما قرّبت السلطة شاعراً أو كاتباً فبرز من بين أقرانه، ولطالما أبعدت آخرين، فجهل الناس آثارهم، وبشكل عام فإنَّ السياسة وتقلباتها تمغنط بوصلة الأدب، والأدب في الوقت نفسه تبع مؤشر السياسة، فكل منهما يدل على واقع البلد والمجتمع، ولهذا يقوى الأدب وبخاصة النظم في فترة ويضعف في أخرى، وتعلو في كبد السماء شمس شعراء وتكسف شمس آخرين.

تقلبات سياسية

وفي القرن الثامن الهجري (٦/٩/١٣٠١ ـ ١٢/٩/١٣٩٨م) حيث شهد قيام وموت العشرات من الدول والإمارات الإسلامية، وبعضها استمر إلى ما

بعد القرن الثامن، تماما كما كان الواقع المرير في القرن السابع «الثالث عشر الميلادي»، تعرض أدب نظم القوافي إلى ما تعرضت له الدول من صعود وهبوط، ومن ولادة وانقراض، وهذه الملاحظة يدرسها بإسهاب الدكتور الشيخ محمد صادق محمد الكرباسي في كتابه الجديد «ديوان القرن الثامن» الخاص بما نظم في الإمام الحسين عليه السلام من الشعر القريض والصادر عن المركز الحسيني للدراسات في لندن في ٥٢٠ صفحة من القطع الوزيري، حيث يضع جدولا بـ ٢٣ دولة ودويلة قامت في القرن الثامن الهجري أو قبله مثل الدولة العثمانية، أو انقرضت أو استمرت إلى القرن التاسع مثلما هي في الأندلس، أو ما بعد ذلك، وحسب قناعة الشيخ الكرباسي أنَّ القرن الثامن: «يعد من أكثر القرون التي شهدت تقلبات سياسية في العالم الإسلامي»، ولاحظ أنَّ تسعة من هذه الدول كانت شيعية المذهب والبقية سنية، مما يظهر: «مدى انتشار فكر مدرسة أهل البيت عليهم السلام الذي كان محجوراً عليه أيام حكومة العباسيين وبسقوطها تحرر الفكر الموالي لأهل البيت عليهم السلام والذي كان المؤمنون به يشكلون الأكثرية بين نهري السند والفرات، وكان من القوة بمكان بحيث خضع المغول لفكرهم فأشركوا العديد منهم في وزاراتهم ثم دانوا للفكرة فيما ليصبح المذهب الرسمي لدولتهم».

ولما كان الأدب بشكل عام، لصيقاً بالنظام السياسي، فإنَّ عدداً غير قليل من الدول في العالم الإسلامي لم تكن بعربية، مثل الدولة الإيلخانية في إيران (٦٤٩ ـ ٧٣٦هـ)، والدولة البهمنية في الهند (٧٤٧ ـ ٩٣٣هـ)، والدولة الكركانية (٧٢٦ ـ ٩١١هـ) في أفغانستان، والدولة العثمانية (٦٨٠ ـ ١٣٤٢هـ) في تركيا، وهذا ما أثر بشكل ملحوظ على النتاجات الأدبية من نظم ونثر، ومع أن إسلامية الدولة يجعلها تهتم باللغة العربية وآدابها لدخول العربية كعنصر أساس في فقه العبادات إضافة إلى فقه المعاملات، ناهيك عن عربية

القرآن الكريم التي بها يقرأ كل مسلم، لكن الآداب الفارسية والتركية وغيرهما دخلت إلى اللغة العربية، وعلى أثر ذلك: «ظهر اللحن في العديد من النتاجات الأدبية إلى جانب السرقات التي ظهرت عند الأدباء لضعف مستواهم الأدبي وكانت هذه الظاهرة أكثر شيوعاً في مصر منه في العراق»، وقد ساهم احتكاك المجتمعات وعلى مستوى النظم ظهور الشعر الملمع في القرون الماضية، وفي القرن الثامن برز شعراء عرب ومسلمون ينظمون بأكثر من لغة، مثل الشاعر الإيراني حافظ الشيرازي محمد بن محمد (ت ٧٩٢هـ) الذي نظم بالعربية والفارسية، فأبدع في الشعر الملمع، ومن ذلك قوله في الهزج:

ألا يا أيها الساقي أدر كأساً وناولها
كه عشق آسان نمود أول ولي أفتاد مشكلها

أي ان الحب سهل المراد في أوله ولكن المشاكل تقع فيما بعد.

كساد الأدب

ولاحظ المصنف من خلال متابعته الدقيقة لدواوين عموم الشعراء في هذا القرن انخفاضاً كبيراً في عدد الشعراء: «يدلنا على كساد سوق الأدب بشكل عام والشعر بشكل خاص»، فضلاً عن ظهور كتابات أدبية وثقافية طائفية تدعو إلى الاحتراب الداخلي، أي الانتقال من السلاح الأبيض إلى السلاح الأسود، من شفرات السيوف ونصول الرماح إلى شفرات القصب ونصول الأقلام يحبرون الكلام على أديم الورق، ولعل من مظاهر هذه الحرب تفرّغ الشعراء إلى نظم المطولات، من: «حيث إن النظم كان آنذاك من أفضل الوسائل الإعلامية الناجحة، وحتى يتمكنوا من بيان مرادهم أطالوا في النظم». ويعتقد الكرباسي أنَّ نظم القصائد الطوال ساهم في استخدام الجناس، بل: «ولعلنا

نستشف من إصرار الشعراء على ذلك بإنَّ الشاعر يريد إبراز قدراته الشعرية في وقت تراجع الأدب وانحسر الشعر بل برز اللحن في اللغة العربية، ولعل هذا يعد جزءاً مسببا في التطويل أيضا».

ومن معالم هذا الكساد أنَّ هذا الديوان ضم ثلاثة عشر شاعراً فقط، نظموا في الإمام الحسين، برز منهم خمسة فقط وهم وفق حجم الإنتاج الأدبي: الخليعي علي بن عبد العزيز (ت ٧٥٠هـ) وله ٢١ قصيدة ومقطوعة من بين ٤٥ قصيدة ومقطوعة وبيت وردت في ديوان القرن الثامن أي نحو النصف، ويليه الشفهيني علي بن الحسين المتوفى في الربع الأول من القرن الثامن وله سبع قصائد وهي المشهورة بالسبع الطوال، ويليه المرتضى علي بن عبد الحميد الحلي الحائري (ت ٧٦٠هـ) وله قصيدتان، ويليه المخزومي الحسن بن راشد (ت حدود ٨٠٠هـ) وله قصيدة من ١٨٥ بيتاً، والخامس هو الشيخ النحي (إبن النح) الحسن بن علي من شعراء هذا القرن وله قصيدة نونية من ٤٢ بيتاً وقطعة في قافية الدال.

ووجد المصنف أن عدد الناظمين في مشرق العالم الإسلامي ومغربه تضاءل بصورة كبيرة بحيث بلغ عددهم نحو سبعين ناظماً، وأربعون منهم كانوا شعراء بلحاظ أنَّ الشاعر أعم من الناظم، وانحسرت مساحة الشعر، وانحصرت في العراق وسوريا ومصر والأندلس، وفي العراق توزعت على مدينتي الحلة وكربلاء، وكما يؤكد المحقق الكرباسي: «يظهر من مجمل الديوان أن الحلة بالذات كانت في تلك العصور مهبط الأدباء والشعراء إلى جانب العلماء». ومن إفرازات الاحتباس الشعري وانحساره والجزر فيه الاقتصار على أوزان وبحور رائجة دون التوسع في البقية.

قصّة سلاح

يأخذ السلاح كقطعة حربية وكجهد بشري شهرته تبعاً لصانعه أو المدينة التي صنعت فيه، أو المدينة التي تروّج فيها تجارته، فعلى سبيل المثال، فإن بندقية الكلاشنكوف (AK 47) أخذت شهرتها من صانعها الروسي ميخائيل كلاشنكوف (Mikhail Klashinkov) المولود في العام ١٩١٩م، والتي صنعها في العام ١٩٤٧م، أو قنبلة كوكتيل مولوتوف الحارقة، نسبة إلى وزير خارجية الاتحاد السوفيتي في عهد جوزيف ستالين (١٨٧٩ ـ ١٩٥٣م) فاياشسلاف مولوتوف (Vyacheslav Molotov) (١٨٩٠ ـ ١٩٨٦م) الذي أمر باستعمالها أثناء الحرب العالمية الثانية لمواجهة الدبابات الألمانية، ثم شاع استعمالها في حوادث الشغب.

وقطع الأسلحة القديمة على بساطتها نظراً لعالم اليوم، فإنها هي الأخرى لها شهرتها وصيتها في المعارك، ولطالما تغنى بها الشعراء عوداً على المدينة الصناعية أو إلى مهارة صانع، كما هو الأمر في عالم اليوم، حيث تفتخر الدول بصناعاتها العسكرية وتسوق لها في معارض سنوية، ومن ذلك قول الشاعر علي بن عبد الحميد الحلي الحائري يقول في قصيدة من ١٠٤ أبيات من الطويل في وصف بطولة الإمام الحسين عليه السلام:

يفرون كالمعزى إذا شدّ نحوهم ... أبو أشبُلٍ عبلُ الذراع مُبيرُ

إذا ما سطا شاهدتَ هاماً مُفلّقاً ... وأيدٍ من الضرب الدّراك تطيرُ

يخطُّ بخَطِّيٍّ القنا في ظهورهم ... خُطوطاً لها وقعُ السيوفِ سطورُ

والشاهد في (خَطِّيٍّ) وهو الرمح المنسوب إلى الخط، وهو مرفأ للسفن في البحرين حيث تباع الرماح، وهي من الرماح الجيدة التي يفتخر المقاتل تملكه لها.

ومثله قول علي بن الحسين الشفهيني في قصيدة من البسيط في ٧١ بيتاً في وصف معركة كربلاء عام ٦١هـ، فينشد:

آهاً على حسرةٍ في كلّ جانحةٍ ... ما عشتُ جائحةً تعلو لها شُعَلُ

أيقتلُ السبطُ ظمآناً ومن دَمه ... تروى الصوارم والخطِّيَّةُ الذُبُلُ

أو قول الشاعر حسن المخزومي، في قصيدة من الطويل في ١٨٥ بيتاً في وصف معركة كربلاء يشير إلى احد أنواع السيوف الشهيرة، وهو ينشد في بطولات الإمام الحسين عليه السلام:

فجدَّلَ من فوق الجياد جِيادَها ... فَحيلٌ وقومٌ جافلٌ وقتيلُ

فكم جافلٍ في صدره ظَهرُ ذابلٍ ... وكم قاتلٍ بالمَشرَفيِّ قتيلُ

وموضع الشاهد في (المشرفي) وهو نوع من أنواع السلاح الفائقة الجودة (السيف) وتنسب إلى إحدى قرى اليمن، وقيل نسبة إلى قرى مشارف الشام.

أو قول الشاعر الخليعي علي بن عبد العزيز في قصيدة من البسيط في ٤٤ بيتاً، يصف واقعة الطف في كربلاء، فينشد:

واحسرتا لكريم السبط مُشتهراً ... كالبدر يشرقُ فوقَ الذابلِ اليَزَني

فيا لها محنةٌ عمَّت مُصيبتُها ... ويا لها حسرةٌ في قلبِ ذي شَجَنِ

يُهدى يزيدُ برأسٍ طال ما رشَفَ الـ ... ـمختارُ من ثغرهِ تقبيلَ مُفتَتِنِ

فالشاعر يبدي حسرة وأسفا على حز رأس الإمام الحسين عليه السلام ثم رفعه فوق رمح يزني، مع أن هذا الرأس كان النبي محمد صلى الله عليه وآله وسلم يقبل ثغره ويرشف رضابه. وموضع الشاهد هو الرمح اليزني نسبة إلى «ذو اليزن» وهو من ملوك حِميَر في اليمن.

على قارعة الطريق

لا تخلو قصيدة أو قطعة أو بيت شعر من غرض أو شأن دفعت الشاعر إلى الإنشاء والإنشاد، بخاصة وأنَّ الشعر الحقيقي ما عبر عن شعور داخلي وفيض إحساس، ومن ذلك قول الشاعر الخليعي علي بن عبد العزيز من الوافر:

إذا شئت النجاةَ فزُر حُسيناً لكي تلقى الإلهَ قريرَ عينِ

فإن النارَ ليسَ تمسُّ جِسماً عَلَيه غُبارُ زُوّارِ الحُسينِ

والخليعي ولد لأمٍّ موصلية طاف بها سني الحمل، وقد تملّكها الشيطان من قبل فبغضت أهل البيت عليهم السلام، فنذرت إن هي رُزقت بولد أن ترسله إلى كربلاء المقدسة يقطع على زوار الإمام الحسين عليه السلام الطريق فيسلبهم متاعهم ويقتلهم، فلما تحقق نذرها وكبر ولدها علي، أغرته بما نوت عليه، فقدم إلى كربلاء، ولما وصل مدينة المسيب على نحو ٣٥ كيلومتراً من كربلاء تربص بقوافل الزوار دوائر السوء، لكن النوم استولى عليه واجتازت عليه قافلة الزوار فأصابه منها غبارها المتصاعد، فرأى وهو في النوم أن القيامة قد حانت وسيق إلى النار، لكن النار صارت له برداً وسلاماً بفعل غبار ركب زوار الإمام الحسين عليه السلام، ولما أفاق آب إلى رشده، فأخذ طريقه إلى مرقد الإمام الحسين عليه السلام وهو يترنم بهذين البيتين، ولما وقف أمام القبر الشريف راح ينشد الإمام بقصيدة عصماء، وهو في الأثناء وقع عليه ستار من الباب الشريف فلقب بالخليعي أو الخلعي فصار يفتخر بذلك ويختم به قصائده الحسينية. ومن يومه انقطع الخليعي إلى حب أهل البيت عليهم السلام، وترجم ذلك الحب بعشرات القصائد الطوال وصلنا منها (٣٩) قصيدة، عشرون خاصة بالإمام الحسين عليه السلام إضافة إلى البيتين.

ومن المفارقات أنَّ زمن قطع الطرق على زوار الإمام الحسين عليه السلام عاد من جديد مطلع الألفية الثالثة مع تبدل النظام الحاكم في العراق منذ العام ٢٠٠٣م، وعاد إلى المنطقة نفسها والقريبة منها بشراسة أكبر، واعتقد أنَّ الكثير ممن يشرّع قتل الزائر الحسيني سيقفل راجعاً عما عليه من الجرم الكبير لو أعاد قراءة سيرة الخليعي بقلب سليم.

وما يميز قصائد الخليعي أنَّ كل قصيدة تروي ملحمة كربلاء من أولها إلى آخرها قبل المعركة وأثناءها وفي الأسر، وحسب تقييم الدكتور الكرباسي إنَّ شعر الخليعي: «كله نابع عن إيمان صادق بشخصية الإمام الحسين عليه السلام وقد ملأ كيانه بالولاء، وشعره وجداني قوي التعبير وكأنه لا يريد أن يدع جانبا من مأساة عام إحدى وستين التي نزلت على الإمام الحسين عليه السلام وأهل بيته إلا ويشجو له من كل قلبه ويتفاعل مع المأساة وكأنه حضرها وعايشها، وشعره الحسيني يبلغ سبعمائة وأربعاً وخمسين بيتاً يصلح لأن يكون لوحده ملحمة شعرية حسينية رائعة التصوير لأحداث الطف الحزينة».

وربما لخلفية والديه، فإن كل استشهاداته في فضائل أهل البيت أرجعها إلى الآيات والأحاديث المتواترة والصحيحة: «لحرصه على إسناد حسن اختياره بالدليل ليقطع الطريق على من ليسوا على عقيدته».

ومن شعره في قصيدة من البسيط:

ولست آسى على مَن ظلَّ يُبعِدُني ... بالقُرب منكم ومَن بالغيب يرجُمُني

وإنني واثقٌ أن سوف يلطُفُ بي ... ربّي فيصفحُ عن جُرمي ويَرحمُني

وأن فاطمةَ الزهراءَ تشفَع لي ... والمُرتضى لِجنان الخُلد يقسِمُني

فاز الخليعيُّ كلَّ الفوزِ واتضَّحَت ... بِكُم له سُبُلُ الإرشادِ والسُّنَنِ

المراسل الحربي

يظن البعض أنه لما كانت الصحافة والإعلام بالصورة التي نجدها اليوم من مذياع وتلفاز وفضائيات وانترنت جديدة على البشرية، فإن المراسل الصحافي بعامة والحربي بخاصة، إنما هي مهنة انبثقت مع ظهور الوسائل الإعلامية، بيد أنَّ معركة كربلاء في العام ٦١هـ، تضعف من هذا القول، فالمراسل الحربي الذي نجده اليوم من على شاشات التلفاز بيده المذياع ومتدرعاً بصدرية إعلامية تدل عليه، ينقل وقائع معركة هنا وحربا هناك دون أنْ يتعرض له طرفا النزاع أو القتال بأذى مقصود، إنما هي ظاهرة ممتدة في عمق التاريخ البشري، حيث تبانَ أطراف كل نزاع على تسهيل مهمته لنقل الوقائع والحوادث بحرية ومن قلب المعركة والنزاع.

وفي معركة كربلاء كانت شخصية حميد بن مسلم الأزدي تمثل ذلك المراسل الحربي الذي يتنقل بين جبهتي القتال يرصد حركة الجيشين، فيسجل واقعة هنا وحدثاً هناك، وتؤخذ روايته على محمل الجد والصدق بوصفها رواية شاهد عيان أتاحت له مهنته نقل الوقائع بما رأى وسمع في آن واحد. ويتكرر ذكر حميد بن مسلم في نقل وقائع حركة التوابين في العام ٦٥هـ التي قادها سليمان بن صرد الخزاعي ضد الحكم الأموي ثأراً لشهداء كربلاء، كما يتكرر ذكره في نقل أخبار حركة المختار بن أبي عبيدة بن مسعود الثقفي في العام ٦٦هـ ضد الحكم الأموي وإقامة دولته في الكوفة حتى العام ٦٧هـ.

ومع أن وقعة الطف لم تنقل كلها عن طريق حميد بن مسلم الأزدي (ت بعد ٧٥هـ)، لكنّ تسجيله للحظات حساسة من مسلسل المعركة وبخاصة لحظة استشهاد الإمام الحسين عليه السلام جعلته في مقدمة الرواة والمراسلين الحربيين، وهذا ما يسجله الشاعر علي الشفهيني في لاميته من البسيط في ٧١

بيتاً في مدح الإمام علي عليه السلام ثم يعرج على رثاء الإمام الحسين عليه السلام، في قصيدة ومطلعها:

حلَّت عليك عقود المزن يا حللُ　　وصافحتك أكفّ الطل يا طلَلُ

ثم يقول:

وقد رواه حميدٌ نجلُ مسلمَ ذو الـ　　الصدوق وصدقُ القولِ مُمتَثَلُ

إذ قال لم أرَ مكثوراً عشيرتُهُ　　صرعى فمُنعَفِرٌ منهم ومُنجَدِلُ

يوماً بأربطَ جأشاً من حُسينَ وقد　　حفَّت به البيضُ واحتاطت به الأسَلُ

كأنما قسورٌ ألوى على حُمُرٍ　　عَطفاً فخامَرها من بأسِه ذَهَلُ

فالشفهيني يروي عن حميد بن مسلم مشاهدته للإمام الحسين عليه السلام عندما وقف وحيداً في المعركة بلا ناصر ولا معين يواجه جيش الشام بمفرده، ونص القول: «ما رأيت مكثوراً قط قد قُتل وُلده وأهل بيته وصحبه أربط جأشاً منه ولا أمضى جناناً، ولا أجرأ مقدماً، ولقد كانت الرجال تنكشف بين يديه إذا شدّ فيها ولم يثبت له أحد»(مقتل الحسين للمقرم: ٢٧٥)، وفي بعض المصادر ان القائل هو عبد الله بن عمار بن يغوث.

فهذه شهادة من شاعر في القرن الثامن الهجري يثني فيها على مراسل حربي في القرن الأول، حيث يقف الإثنان على منصة الإعلام، فالأول ينقل الحدث كمادة خام والثاني يشرع بسفينة حسه الشعري وسط بحوره لمعاملة المادة النثرية بكيمياء القوافي، فيصل إلى الساحل الآخر وفي كفه جوهرة موزونة.

مفارقات الدهر!

يرصد الشاعر كأي مراقب حصيف تناقضات الحياة ويتابع مفارقات الدهر، فيتمثلها في قصائده ويضمنها أبيات شعره، ليتناقلها الناس جيلاً بعد

آخر، ويتعظ بها من يتعظ، فهذا الشاعر علي بن المظفر الوداعي (ت ٧١٦هـ)، ينشد من الكامل:

عَجباً لمن قَتل الحسين وأهلَه حرّى الجوانحِ يومَ عاشوراءِ
أعطاهُمُ الدنيا أبوهُ وجَدُّهُ وعليه قد بَخِلوا بِشربةِ ماءِ

فهو يحلق بنا في أجواء مدرستين وخُلقين وحزبين متضادين، وحسبما يعلق الشيخ الكرباسي: «ما أروعه من بيت، ولله در قائله، فقد بيّن عنصر الفريقين وسجيته، وكل إناء بالذي فيه ينضح. وإنما أعطاهم الدنيا بأن ملكوا أمور الناس بدين جده رسول الله ﷺ وأقام هذا الدين سيف أبيه علي بن أبي طالب عليه السلام».

وهذا الشاعر حسن المخزومي، ينشد من الطويل في وصف معركة الطف وما بعدها:

بنو الوحي في أرض الطفوف حواسراً وأبناءُ حربٍ في الديار نزولُ
ويُسرى بزين العابدينَ مُقيّداً على البُزلِ مأسورَ اللّئام عليلُ
ويُصبحُ في تختِ الخلافةِ جالساً يزيدُ وفي الطف الحسينُ قتيل

فالشاعر يظهر أسى كبيراً من هذا الزمان الذي يقتل فيه سيد شباب أهل الجنة، وتقاد نساء أهل البيت عليهم السلام والسجاد علي بن الحسين عليه السلام أسرى إلى يزيد حفيد أبي سفيان الذي عامله جد الحسين عليه السلام النبي الأكرم محمد ﷺ معاملة حسنة عندما دخل مكة عام ٨هـ، وقال له ولأهل مكة الذين أذاقوا المسلمين مر العذاب «اذهبوا فأنتم الطلقاء» وأغدق عليهم من عطاياه!

ومثل هذا الأسى ينضح من بين ثنايا قوافي الشاعر الشفهيني، الذي يقول

في قصيدة من الكامل في ٢٩ بيتاً، في مدح الإمام علي عليه السلام ثم يعرج على ابنه الإمام الحسين عليه السلام ومطلعها:

نمّ العذار بعارضيه وسلسلا　　وتضمنت تلك المراشف سلسلا

إلى أن يقول:

ومن العجائب أن تُقاد أُسودُها　　أسرى وتفترسُ الكلابُ الأشبُلا

نعم إنها من مفارقات الدهر الذي يريك عجبا ما عشت!

دعوة حق

والى جانب الشعراء الذين ورد ذكرهم، فقد ضم الديوان قصائد للشعراء: أحمد بن عبد الملك العزّازي (ت ٧١٠)، أحمد بن محمد الفيومي (ت ٧٧١هـ)، صفي الدين الحلي عبد العزيز بن سرايا (ت ٧٥٢هـ) عمر بن مظفر المعري (ت ٧٤٩هـ) محمد بن أحمد الغرناطي (ت ٧٦٠هـ) محمد بن أحمد الهواري (ت ٧٨٠هـ)، والشاعر محمد بن موسى الصريحي (ت ٧٩٥هـ).

وأنهى المحقق الكرباسي ديوان القرن الثامن كما في الدواوين السابقة بمجموعة فهارس قيّمة تهدي القارئ إلى المعلومة الواردة طي الكتاب، فيتابع من خلال فهارس المتن: فهرس الأعلام والشخصيات، القبائل والأنساب والجماعات، القوافي والروي، والبحور والأوزان. ويتابع في فهارس الهامش: فهرس الأبيات وأنصافها، التأريخ، الناظمون والشعراء، الأعلام والشخصيات، القبائل والأنساب والجماعات، والفهرس اللغوي. وفي الفهارس المشتركة بين المتن والهامش، يتابع: فهرس الآيات، الأحاديث والأخبار، الأمثال والحكم، مصطلحات الشريعة، المصطلحات العلمية والفنية، الطوائف والملل، الوظائف والرتب، الآلات والأدوات، الإنسان ومتعلقاته، الحيوان ومتعلقاته، النبات ومستحضراته، الفضاء ومتعلقاته،

الأرض ومتعلقاتها، المعادن، الأماكن والبقاع، الزمان، الوقائع والأحداث، المؤلفات والمصنفات، المصادر والمراجع، ومؤلفو المراجع.

وفي نهاية الديوان قراءة نقدية بقلم أستاذ علم الرياضيات في كلية (Tauntons College) في مدينة ساوثمبتون (Southampton) البريطانية الأستاذ أحمد أغنيو بلانيك (Anjo Belanjek) البريطاني الجنسية الذي اختار الإسلام معتقدا، حيث يقول في قراءته باللغة الدولية (الإسبرنتو): «من هذا المؤلف الكبير، قام الشيخ الكرباسي باستعراض تاريخ القضية الحسينية استعراضاً واسعاً بمجمل تفاصيلها المتفرعة عنها بأسلوب أكاديمي»، وكان من تقييم بلانيك أن ديوان القرن الثامن: «بمجمله دموع على المأساة وإدانة للطغاة ودعوة للوقوف بوجه العدوان في كل مكان وزمان».

السبت ٢٠٠٧/٧/٢١م
١٤٢٨/٧/٦هـ

القراءات الحسينية في وسائل الإعلام

انبثق مركز (الرأي الآخر للدراسات) عام ٢٠٠١م، وقد استقى اسمه من مجلة الرأي الآخر الشهرية الصادرة في لندن حيث توليت رئاسة تحريرها منذ تأسيسها في العام ١٩٩٦م حتى العام ٢٠٠١م قبل أن تتوقف في العام ٢٠٠٢م.

ولما كان من مهام المركز الإعلامية متابعة الإصدارات الحديثة، فقد قام بتناول أجزاء دائرة المعارف الحسينية الصادرة عن المركز الحسيني للدراسات بالنقد والقراءة والتحليل، وعرض القراءة على وسائل الإعلام المختلفة من مقروءة ومسموعة ومرئية وإلكترونية، ليقف المتلقي على أوسع وأهم موسوعة في التاريخ، تتبنى متابعة النهضة الحسينية بكل حذافيرها.

ولم تتوان الكثير من وسائل الإعلام مشكورة، من نشر ما يردها، حيث ظهر من خلال محركات البحث الإلكترونية المئات من وسائل الإعلام التي تابعت نشر القراءات الحسينية.

وبالطبع إن معظم ما تحصّل لدينا من عناوين وسائل الإعلام هو ما أظهرته محركات البحث، وإلا فهناك الكثير غيرها لم يصلنا خبرها، كما لم ينحصر النشر بوسائل الإعلام الولائية أو الإسلامية، إذ تعدى إلى وسائل إعلام غير إسلامية شريكة في الخلق والإنسانية، نظراً لتنوع متون القراءات بين الأدب

والتاريخ والشريعة والعمارة واللغة وغيرها، فضلاً عن كون النهضة الحسينية حركة إنسانية أممية آمنت بحرية الإنسان وكرامته في العيش بعز وأمان بعيداً عن التسلط والاستبداد.

وهذه سبع قوائم بوسائل الإعلام التي تناولت أجزاء الموسوعة الحسينية العشرين فقط، نضدت حسب الحروف الهجائية، وهي: الجرائد والمجلات، الصحف الإلكترونية، المجلات الإلكترونية، القنوات والوكالات الإخبارية، الشبكات الإلكترونية، المنتديات الإلكترونية، وعموم المواقع الإلكترونية. وقد سعينا ما أمكننا التثبت من مؤسس أو مدير الموقع والدولة.

الجرائد والمجلات

الناشر	الجهة	الدولة
جريدة بدر	مؤسسة الثقافة والإعلام في منظمة بدر	بغداد ـ العراق
جريدة البينة	حركة حزب الله في العراق	بغداد ـ العراق
جريدة الشرق	دار الشرق	الدوحة ـ قطر
جريدة شمس العراق	عماد الكاصد: رئيس التحرير	ميتشغن ـ أميركا
جريدة العدالة	شركة مجموعة العدالة للطباعة والنشر	بغداد ـ العراق
جريدة العرب	محمد أحمد الهوني: رئيس التحرير	لندن ـ المملكة المتحدة
جريدة المواطن	د. إبراهيم محمد بحر العلوم: صاحب الإمتياز	بغداد ـ العراق
جريدة المؤتمر	حزب المؤتمر الوطني العراقي	بغداد ـ العراق
جريدة الوطن الأسبوعية	المعهد العربي الأمريكي	كاليفورنيا ـ أمريكا
مجلة صوت العروبة	www.arabvoice.com	أميركا

الصحف الإلكترونية

الناشر	الجهة	الدولة
صحيفة آرام	نصر المجالي : رئيس التحرير	لندن ـ المملكة المتحدة
صحيفة اتجاهات حرة	مؤسسة اتجاهات حرة للإعلام والثقافة الدولية	بلجيكا
صحيفة إرباك الثقافية	جماعة إرباك الأدبية	اليمن
صحيفة الأضواء	كفاح الحسيني : رئيس التحرير	هولندا
صحيفة ألواح بابلية	رابطة بابل للكتاب والفنانين العراقيين في هولندا	هولندا
صحيفة بابل	دار بابل للنشر الإلكتروني	عراقية
صحيفة بحزاني نت	سفو قوال سليمان : رئيس التحرير	ألمانيا
صحيفة تركمان تايمز	عبد السلام ملا ياسين : المشرف العام	هولندا
صحيفة الحوار المتمدن	رزكار عقراوي : المنسق العام	عراقية عربية متنوعة
صحيفة حوارات الإلكترونية	www.hewarat.dk	الدانمارك
صحيفة دنيا الوطن	مجموعة دنيا الوطن الإخبارية	غزة ـ فلسطين
صحيفة سعوديات نت	نوال موسى اليوسف : المدير العام	عربية
صحيفة السيمر الأخبارية	وداد فاخر : رئيس التحرير	فيينا ـ النمسا
صحيفة شمس العراق	مؤسسة الإعلام العراقي الجديد	ميتشغن ـ أمريكا
صحيفة فضفضة	محمد شعبان الموجي : رئيس التحرير	القاهرة ـ مصر
صحيفة كوردستان تايمز	www.kurdistan-times.com	السليمانية ـ العراق
صحيفة الكتاب العرب	www.arabwriters.net	عربية
صحيفة المثقف	www.almothaqaf.com	عراقية
صحيفة مجلس النواب العراقي	www.irqna.com	عراقية
صحيفة المرايا	مركز المرايا للدراسات والإعلام	النجف ـ العراق
صحيفة المشاهير	www.almshaheer.com	السودان

المجلات الإلكترونية

الناشر	الجهة	الدولة
مجلة أدبيات	علي كريشان : المدير العام	أردنية
مجلة أقلام الثقافية	www.aklaam.net	غزة ـ فلسطين
مجلة أنكيدو الثقافية الحرة	بهاء الدين البطاح : المشرف العام	عراقية
مجلة الجسور (الفصلية)	د. فؤاد بوعلي : رئيس التحرير	وجدة ـ المغرب
مجلة ديوان العرب	عادل سالم : رئيس التحرير	ميتشغن ـ أميركا
مجلة الفوانيس	التيجاني بولعوالي : رئيس التحرير	هولندا
مجلة مستقبلنا الإسلامي	www.majalisna.com/w/majalla	عربي

القنوات والوكالات الاخبارية

الناشر	الجهة	الدولة
قناة الفرات الفضائية	المجلس الاعلى الإسلامي العراقي	بغداد ـ العراق
قناة الفيحاء الفضائية	د. محمد الطائي : المدير العام	السليمانية ـ العراق
الوكالة الإسلامية	www.wikalah.net	عربية
وكالة أنباء براثا	www.burathanews.com	العراق
وكالة العراق برس للأنباء	د. عبد الله الجبوري : المشرف العام	هولندا
وكالة الفرات العراقية للأنباء	حارث محمد الخيون : مدير التحرير	كربلاء ـ العراق

الشبكات الإلكترونية

الناشر	الجهة	الدولة
شبكة ابن الخليج	www.gulfson.com	عربية
شبكة أخبار العمارة المجاهدة	مكتب الشهيد الصدر	الناصرية ـ العراق
شبكة أخبار الناصرية	www.nasiriya.org	الناصرية ـ العراق
شبكة أخبار الناصرية	www.nasiriyeh.net	الناصرية ـ العراق
شبكة أرض السواد الثقافية	www.iraq-sawad.net	عراقية
شبكة الإعلام العراقي في الدانمارك	www.iraqi.dk	الدانمارك
شبكة أقلام الثقافية	www.aqlaam.net	السعودية
شبكة الباب الحرة	www.freebab.com	عراقية
شبكة البتول	www.albatoul.net	عربية
شبكة البرلمان العراقي	www.irqparliament.com	عراقية
شبكة بنات قطر	www.bnatqtr.con	قطرية
شبكة الجش الثقافية	www.aljesh.net	الجش ـ السعودية
شبكة الحرية والحقيقة	www.alhuriya.net	سعودية
شبكة حمدان	www.hammdan.com	عربية
شبكة دهشة	www.dahsha.com	عربية
شبكة الرافدين	حليم سلمان : رئيس التحرير	لندن ـ المملكة المتحدة
شبكة الزوراء الإعلامية	www.alzawraa.net	عراقية
شبكة السماوة العالمية	حسين الربيعي : المدير العام	هولندا
شبكة سوداني أونلاين	www.sudanionline.net	سودانية
شبكة شباب سوفت	www.sh2soft.net	عربية
شبكة الشورى نت	إتحاد القوى الشعبية اليمنية	عدن ـ اليمن

الناشر	الجهة	الدولة
شبكة صحبة نت	www.sohbnet.com	عربية
شبكة صوت السلام	www.soitalsalam.com	ديترويت ـ أمريكا
شبكة صدى الصحافة	www.al9da.net	عربية
شبكة صوت العراق	أنور عبد الرحمن : المدير العام	هولندا
شبكة صوت كوردستان	هشام عقراوي : المدير العام	عراقية
شبكة عازة	www.3aza.com	أم درمان ـ السودان
شبكة العراق الأخضر	www.iraqgreen.net	عراقية
شبكة العراق الجديد الإعلامية	سالم السعيدي : المشرف العام	ديترويت ـ أمريكا
شبكة عراق الغد	د. رياض الأمير : المشرف العام	فيينا ـ النمسا
شبكة الفهد الأخبارية	سليمان الفهد : رئيس التحرير	العراق
شبكة القرية العربية	www.al-garya.com	عربية
شبكة قلعة النوكيا	www.nokiacastle.com	عربية
شبكة المتيم	www.almtym.com	عربية
شبكة المجموعة الأخبارية	www.ro11o7.org	عربية
شبكة المحمل الأدبية الثقافية	www.almhml.com	السعودية
شبكة مرسال	www.mrsaal.com	عربية
شبكة المرصد العراقي	صلاح التكمه جي : المدير العام	لندن ـ المملكة المتحدة
شبكة موسوعة بلاد الرافدين الثقافية	أركان عباس السماوي : المشرف العام	ميتشغن ـ أميركا
شبكة ميدل إيست أون لاين	د. هيثم الزبيدي : رئيس التحرير	لندن ـ المملكة المتحدة
شبكة النبأ المعلوماتية	مؤسسة النبأ للثقافة والإعلام : الشيخ مرتضى معاش	كربلاء ـ العراق

الناشر	الجهة	الدولة
شبكة النجاح	www.alnaja7.org	عربية
شبكة والفجر الثقافية	www.walfajr.net	السعودية
شبكة الوعد الأخباري	www.alw3d	عربية
شبكة ويكيبيديا (الموسوعة الحرة)	www.ar.wikipedia.org/wiki	عالمية

المنتديات الإلكترونية

الناشر	الجهة	الدولة
منتدى البغدادية	الشركة البغدادية للتصميم والإعلان	بغداد ـ العراق
منتدى الديوانية العلمي والثقافي	www.noorgate.com	عراقي
منتدى القرآن الكريم	www.montadaalquran.com	عربي
منتدى شهداء القطيف	www.sh-23.co.cc	سعودي
منتدى مركز الإمام المهدي العالمي	مركز الإمام المهدي العالمي	العراق
منتديات اتحاد كتاب الإنترنت العرب	www.forums.arab-ewriters.net	عربي
منتديات أهازيج القطيف	www.ahazeejqatif.com	سعودي
منتديات البرلمان العراقي	www.drweb4u.net	عراقي
منتديات الحساس الثقافية	www.al7asas.com	عربي
منتديات دار السلام	www.daralsalam,110mb.com	عربي
منتديات الزهرة الملونة	www.colorrose.com	سعودي
منتديات العراق	www.iraq.iraq.ir	عراقي
منتديات ستار تايمز	www.startimes2.com	عربي

الناشر	الجهة	الدولة
منتديات سماء العرب	www.arab-sky.com	عربي
منتديات سواحل	www.swahl.com	الرياض ـ السعودية
منتديات شبكة بني جمرة	حسن غسرة الجمري : المدير العام	المنامة ـ البحرين
منتديات شبكة درة العروس	www.noor225.net	سعودي
منتديات شعاع الزهراء	www.sho3a3-alzahra.yoo7.com	عربي
منتديات مكسرات	www.mksrat.com	مصري
منتديات ملوك الرافدين	www.mlokalrafden.ahlamontada.net	عراقي

المواقع الإلكترونية

الناشر	الجهة	الدولة
موقع آفاق	مؤسسة آفاق للأبحاث والدراسات العراقية	النجف ـ العراق
موقع الأبحاث والدراسات العلمانية	صحيفة الحوار المتمدن	عراقي
موقع أخبار أُنكش	www.onkosh.com	عربي
موقع الأرشيف العراقي	مؤسسة الأرشيف العراقي في الدانمارك	كوبنهاغن ـ الدانمارك
موقع أصدقاء الديمقراطية	www.fodhome.friendsofdemocracy.net	عراقي
موقع أفكا	جمعية أكاديميي الكورد الفيليين	عراقي
موقع الأضواء	حزب الدعوة الإسلامية	بغداد ـ العراق
موقع الأقباط الأحرار	www.freecopts.net	مصري
موقع الإمام الشيرازي الدولي للدراسات	معهد الإمام الشيرازي الدولي للدراسات	واشنطن ـ أميركا

الناشر	الجهة	الدولة
موقع بح بح	www.b7b7.com	عربي
موقع البديل الديمقراطي	www.albadeal.com	عراقي
موقع بنت الرافدين	منظمة بنت الرافدين	الحلة ـ العراق
موقع بوابة الجياش	www.aljayyash.net	عربي
موقع بوابة المتصفح العربي	www.mouha.hypermart.net	تونس
موقع بوك أونلاين	الاتحاد الوطني الكردستاني : تنظيم الخارج	عراقي
موقع بوك ميديا	الاتحاد الوطني الكردستاني : المكتب المركزي	السيلمانية ـ العراق
موقع البيت العراقي	www.albaitaliraqi.com	عراقي
موقع بيت العرب	www.arabshome.com	عربي
موقع التجمع الديمقراطي الأيزدي	Yezidi-community.com	عراقي
موقع التجمع من أجل الديمقراطية العراقي	التجمع من أجل الديمقراطية العراقي	عراقي
موقع تضامن	التجمع الديمقراطي الأيزيدي	عراقي
موقع التعبئة الشعبية العراقية	التعبئة الشعبية العراقية في لندن	لندن ـ المملكة المتحدة
موقع الجزائر فن وهندسة	www.algerie-architecture.com	جزائري
موقع جهينة	www.johaina.sakhr.com	عربي
موقع حزب الاتحاد الاشتراكي العربي الديمقراطي السوري	حزب الاتحاد الاشتراكي العربي الديمقراطي في سوريا	سوريا
موقع حزب الطليعة الديمقراطي الاشتراكي	حزب الطليعة الديمقراطي الاشتراكي	الرباط ـ المغرب

الناشر	الجهة	الدولة
موقع الحزب الليبرالي الديمقراطي العراقي	الحزب الديمقراطي الليبرالي العراقي	العراق
موقع حوار الخيمة العربي	www.hewar.khayma.com	عربي
موقع خرائط مصر	www.egymaps.com	مصري
موقع دليل المواقع الشيعية	www.shiasearch.com	عربي
موقع دليل سندباد	www.sendbad.net	عربي
موقع دليل طع طع	www.t3t3.cc	عربي
موقع دنيا الرأي	مجموعة دنيا الوطن	غزة ـ فلسطين
موقع الركن الأخضر	www.grenc.com	عربي
موقع سميراميس نت	www.samiramis.net	عراقي
موقع سوق الكويت	www.q8soog.com	كويتي
موقع الشباب لكم	www.shabab4u.com	عراقي
موقع الشبكة العالمية	www.al-mosahm.com	عربي
موقع الشبيبة الشيوعية	حزب الشبيبة الشيوعية	عرابة ـ فلسطين
موقع شمال سيتي	www.chamalcity	المغرب
موقع الطريق	الحزب الشيوعي العراقي	بغداد ـ العراق
موقع العراق الجديد	المركز العراقي الجديد للإعلام والدراسات	لندن ـ المملكة المتحدة
موقع العراقي	www.aliraqi.com	عراقي
موقع عراق الكلمة	أسامة العقيلي: المشرف العام	عراقي
موقع عفرين	فوزي شيخو، عارف جابو: الإدارة المشرفة	سوري
موقع الفيدرالية	www.alfedralia.tk	عراقي
موقع قصيمي نت	ناصر حمد الفهيد: المشرف العام	القصيم ـ السعودية

الناشر	الجهة	الدولة
موقع قلعة سكر نت	وليد حميد السعدي : المشرف العام	لندن ـ المملكة المتحدة
موقع قنديل	مركز قنديل نت للنشر والإعلام	عراقي
موقع الكاتب العراقي	فؤاد ميرزا : المشرف العام	أميركا
موقع كتابات	أياد الزاملي : المشرف العام	ألمانيا
موقع كلكامش	مركز كلكامش للدراسات والبحوث الكوردية	عراقي
موقع مأتم السنابس	حسينية قرية السنابس	سنابس ـ البحرين
موقع الماسات	www.almasat.com	عربي
موقع المجلس العراقي للثقافة	المجلس العراقي للثقافة : إبراهيم الزبيدي	عمّان ـ الأردن
موقع مدونة عادل كم	www.adilcom.maktoobblog.com	المغرب
موقع المرصد الإعلامي الحر	المرحوم د. إبراهيم الداقوقي : المشرف العام	النمسا
موقع مركز أخبار صح	www.s77.com	عربي
موقع المركز الإعلامي العراقي	www.iraqmediacenter.com	ميتشغن ـ أميركا
موقع المركز الإعلامي للبلاغ	المركز الإعلامي للبلاغ	النجف ـ العراق
موقع مركز جار القمر	www.jaralqamr.com	عربي
موقع مركز دوحة الإخباري	www.doha1971.com	عربي
موقع ملتقى الدردشات العربية	www.0-09.com	عربي
موقع مملكة شهد	www.v333v.com	عربي
موقع الممهدون	التيار الصدري	عراقي
موقع مؤسسة الرسول الأعظم	مؤسسة الرسول الأعظم	كربلاء ـ العراق
موقع مؤسسة الكوثر	مكتب مرجعية السيد السيستاني	دنهاخ ـ هولندا

الناشر	الجهة	الدولة
موقع مؤسسة الهدف الثقافي	سعيد الوائلي : المشرف العام	ديترويت ـ أميركا
موقع مؤسسة شهيد المحراب	مؤسسة شهيد المحراب	النجف ـ العراق
موقع موسوعة بير عليوي الثقافية	مؤسسة بير عليوي الثقافية للبحوث والدراسات	عراقي
موقع ميسان ماسة العراق	زياد طارق جايد : المشرف العام	العمارة ـ العراق
موقع نادي معهد التنمية الوطنية	نادي معهد التنمية الوطنية	الكويت
موقع الناصرية نت الثقافي	عدنان الشاطي : المشرف العام	أميركا
موقع النخلة والجيران	www.alnakhlawaaljeern.com	عراقي
موقع الندوى	www.nadwaiq.com	عراقي
موقع النور الثقافي	مركز النور الثقافي	مالمو ـ السويد
موقع نون الخبري	تيسير الأسدي : المدير العام	كربلاء ـ العراق
موقع وطن للجميع	الحزب الكردي الفيلي	عراقي
موقع يلا يا عرب	www.yallayaarab.biz	عربي

فهرس الأعلام والشخصيات

العجلي الحلي

ابن باجة = محمد بن يحيى بن الصائغ النجيبي السرقسطي

ابن بديل = عبد الله بن بديل بن ورقاء الخزاعي

ابن البراق = محمد بن علي الوادي آشي

ابن بسام = علي بن حماد البسامي

ابن البطريق الحلي : ٣٦٨هـ

ابن تركان : ٤٤٣هـ

ابن جبر المصري : ١٩١، ١٩٢

ابن جريج = عبد الملك بن عبد العزيز بن جريج

ابن الجوزي = عبد الرحمان بن علي

ابن حاتم الحلي : ٣٩٧هـ

ابن الحجاج = الحسين بن أحمد بن محمد النيلي البغدادي

ابن حنبل = أحمد بن محمد بن حنبل الشيباني

ابن الحنفية = أبو هاشم ابن الحنفية

ابن دريد = محمد بن الحسن بن دريد الازدي

ابن رشيق = الحسين بن رشيق القيرواني

ابن الرومي = علي بن العباس البغدادي

ابن زهرة الحلبي = حمزة بن علي بن زهرة الحسيني الحلبي

ابن زهرة الحلي : ٣٦٨هـ

ابن زياد = عبد الله بن زياد بن أبيه

ابن الساعاتي الخراساني = علي بن

محمد بن رستم الخراساني

ابن السكيت = يعقوب بن إسحاق الأهوازي

ابن سناء الملك = هبة الله بن جعفر بن سناء الملك محمد السعدي

ابن سيرين = محمد بن سيرين البصري

ابن شجرة : ٤٦٦هـ

ابن شهرآشوب = محمد بن علي بن شهرآشوب المازندراني

ابن طاوُس = علي بن موسى (ابن طاوس) الحلي

ابن طباطبا = محمد بن إبراهيم بن إسماعيل

ابن عباس = عبد الله بن عباس المطلبي

ابن عبد القدوس : ١٧٦

ابن عبد ربه = أحمد بن محمد بن عبد ربه القرطبي الأندلسي

ابن عبدون = عبد المجيد بن عبد الله الأندلسي

ابن عربي = محمد بن علي بن محمد

ابن عساكر = علي بن الحسن بن هبة الله الدمشقي الشافعي

ابن العلقمي = محمد بن أحمد العلقمي

ابن عمر = عبد الله بن عمر بن الخطاب العدوي

ابن العميد = أبو الفضل بن العميد بويه

ابن فارس = أحمد بن فارس بن زكريا القزويني الرازي

ابن الفارض = عمر بن علي السعدي
الفارض

ابن قتة = سليمان بن قتة العدوي

ابن قتيبة = عبد الله بن مسلم الباهلي
الدينوري

ابن قريعة البغدادي = محمد بن عبد
الرحمن

ابن كثير = إسماعيل بن عمر الدمشقي

ابن مالك = إبراهيم بن مالك الأشتر
النخعي

ابن مسافر العبادي = عربي بن مسافر
العبادي الحائري

ابن مسعود = عبد الله بن مسعود بن غافل
الهذلي

ابن المعتز = عبد الله بن محمد المعتز
بالله بن جعفر المتوكل على الله العباسي

ابن معد الموسوي = عبد الحميد بن
فخار بن معد الموسوي الحائري

ابن المعز = تميم بن جعد (المعز لدين
الله) بن المنصور

ابن منظور = محمد بن مكرم الأنصاري

ابن ميمون = عمرو بن ميمون بن مهران
الجزري

ابن النح = الحسن بن علي النحي

ابن النديم = محمد بن إسحاق البغدادي

ابن نما = جعفر بن محمد بن جعفر
الحلي الربعي الأسدي

ابن نما الحلي = جعفر بن محمد بن

جعفر الحلي الربعي الأسدي

ابن هرمة = إبراهيم بن هرمة القرشي

ابن هشام = عبد الملك بن هشام
الحميري

ابن واضح = أحمد بن أبي يعقوب
إسحاق بن جعفر اليعقوبي

ابن الوليد = إبراهيم بن الوليد بن عبد
الملك المرواني

ابن يحيى الحلي : ٣٩٧هـ

ابن يقطين = علي بن يقطين العباسي

أبو الأسود الدؤلي = ظالم بن عمرو بن
سفيان بن جندل الكناني

أبو أيوب الأنصاري = خالد بن زيد بن
كليب الخزرجي

أبو بكر = عبد الله بن أبي قحافة عثمان
بن عامر التيمي

أبو بكر الآلوسي : ٤٥٩

أبو بكر الخوارزمي = محمد بن عباس
الخوارزمي

أبو تمام = حبيب بن أوس الطائي

أبو جعفر الطوسي = محمد بن الحسن
الطوسي

أبو حامد = محمد بن إبراهيم بن إسحاق
النيشابوري

أبو الحب الكبير = محسن بن محمد

أبو الحسن = علي العمري

أبو الحسن = محمد بن الحسين الرضي

أبو الحسن = مهيار بن مرزويه الديلمي

أبو الحسن بن إبراهيم بن مير رفيع القزويني : ١٧

أبو الحسن بن محمد الأصفهاني : ٢٦٢

أبو حنيفة = النعمان بن ثابت النعماني

أبو داود المسترق = سليمان بن سفيان

أبو الدرداء = عويمر (عامر) بن زيد أو مالك الأنصاري الخزرجي

أبو ذر الغفاري = جندب بن جنادة الغفاري

أبو سعيد الخدري = سعد بن مالك بن سنان الخزرجي الأنصاري

أبو سفيان = صخر بن حرب بن أمية الأموي

أبو سلمة الخلال = حفص بن سليمان

أبو طالب = عبد الجبار المتنبي الأندلسي

أبو الطيب = أحمد بن الحسين المتنبي

أبو العباس = عبد الله الأصغر ابن محمد بن علي العباسي

أبو عبد الله = جعفر بن عفان الطائي

أبو عبد الله الكنجي الشافعي : ٤٦٩هـ

أبو عبيدة = معمر بن المثنى البصري التيمي

أبو العتاهية = إسماعيل بن القاسم بن سويد العيني

أبو العلاء المعري = أحمد (أبو العلاء) بن عبد الله التنوخي المعري

أبو فراس الحمداني = الحارث بن سعيد بن حمدان

أبو الفرج الأصفهاني = علي بن حسين الأصفهاني

أبو الفضل = أحمد بن الحسين بن يحيى الهمذاني

أبو الفضل = جعفر بن عفان الطائي

أبو الفضل بن العباس بن عبد المطلب : ٧١، ٧١هـ

أبو الفضل بن العميد بويه : ٤٦٦هـ، ٤٦٦هـ

أبو القاسم = حسين بن علي المغربي

أبو القاسم = محمد بن عمر بن محمد الخوارزمي الزمخشري

أبو القاسم الخوئي ابن علي أكبر بن هاشم الموسوي : ١٧

أبو محمد = القاسم بن علي بن محمد الحريري

أبو مخنف = لوط بن يحيى بن سعيد الأزدي

أبو مسلم = عبد الرحمان (إبراهيم) بن مسلم الخراساني

أبو مقاتل = النصر بن نصر الحلواني

أبو نؤاس الحكمي = الحسن بن هاني بن عبد الأول الحكمي

أبو هاشم بن محمد ابن الحنفية بن علي ﷺ : ٩٦، ٩٩

أبو هريرة = عبد الرحمان بن صخر الدوسي

أبو الواثق العنبري : ٤٥٥

٥٢٨

-ح-

راضي بن صالح القزويني : ٣٤٢
الراغب الإصفهاني = الحسين بن محمد الإصفهاني
رام روشن جي بن لالجي كمار : ٣٢، ٢٧١، ٢٧٨، ٢٩٤
رام نرائن جكر : ٢٧٧
الراوندي = سعيد بن هبة الله بن الحسن
الرباب بنت امرىء القيس بن عدي الكندية : ٣٢٨، ٣٢٨هـ
رزكار عقراوي : ٥١١
رسول الله ﷺ = محمد بن عبد الله ﷺ
الرضي = محمد بن الحسين
رضي الدين الحلي : ٤٦٩هـ
رفاعة بن شداد البجلي : ٨١، ٨٧
رقية بنت الحسين بن علي ﷺ : ٣٢٨هـ
رمضان بن شريف : ٣٤٢
روح الله الخميني : ١٧
روز خون : ٢٦١
رومان هيرزوغ : ٢٥٣هـ
الرومي = محمد بن محمد البلخي
رياض الأمير : ٥١٤
ريحانة : ١٣٤

-ز-

الزاهي = علي بن إسحاق بن خلف القطان البغدادي
زاير بن علي الدويعي : ٢١٧، ٢٢٠،

٣٤٢
الزبير بن العوام بن خويلد الأسدي القرشي : ٦٨، ٦٩، ٦٩هـ، ١٥٦، ٣٢٢
زجر بن بدر النخعي : ٣٣٧
زرادشت بن دوردشسب بن قيدارست : ٤٠٣
الزمخشري = محمد بن عمر بن محمد الخوارزمي
الزهري = محمد بن مسلم بن عبد الله القريشي
زهير بن القين البجلي : ٨٧، ١٧٦، ٤٢٦
زياد بن أبيه : ١٥٢
زياد بن معاوية الذبياني : ٤٧٩
زياد طارق جديد : ٥٢٠
زيد البصري : ١٣١
زيد بن ثابت بن الضحاك الخزرجي : ٣٧٠هـ
زيد بن حارثة بن شراحيل الكلبي : ٦٨هـ
زيد بن سهل المرزكي : ١٩٥
زيد بن علي بن أبي طالب ﷺ : ٩٧
زيد الشهيد بن علي بن الحسين السجاد ﷺ : ٩٥هـ، ٩٦، ١٠٨، ١٠٩، ١٤٧، ١٥٣، ١٥٤، ١٥٦، ٣٤٨
زين العابدين ﷺ = علي بن الحسين بن علي ﷺ

عبد الرزاق بن محمد المقرم : ٤٠هـ، ٢٨٦، ٣٢١هـ، ٣٢٧هـ، ٤٩٠، ٥٠٤

عبد الرضا الحجار : ٣٤٢، ٣٦٢

عبد الزهرة الأسدي : ١٥

عبد الزهرة بن محمد السراج : ٣٤٢

عبد السادة بن حبيب الديراوي : ٣٤٢، ٣٦٢

عبد السلام بن رغبان الكلبي : ١٣٢

عبد السلام العاملي : ٣٩٨هـ

عبد السلام ملا ياسين : ٥١١

عبد الصاحب بن ناصر الريحاني : ٣٣٦، ٣٣٩، ٣٤٢، ٣٦٢

عبد العال الرميثي : ٣٤٢، ٣٦٢

عبد العزيز بن الحسين السعدي التميمي : ٤٥٢

عبد العزيز بن سرايا الحلي : ٥٠٦

عبد العظيم بن حسين الربيعي : ٣٣٩، ٣٤٢، ٣٦٢

عبد القادر بن محيي الدين الحسيني الجزائري : ٤٣٣

عبد القادر الكيلاني : ١٨٧

عبد الله (المأمون) بن هارون بن محمد العباسي : ١٠١، ١٠١هـ، ١٠٢، ١٠٢هـ، ١٢٨

عبد الله الأصغر ابن محمد بن علي العباسي : ٩٩، ٩٩هـ

عبد الله بن أبي قحافة عثمان بن عامر التيمي : ٦٨، ٦٨هـ، ٨٤، ١٠٨،

١١٢، ١٥٦، ٢٠١

عبد الله بن بديل بن ورقاء الخزاعي : ١٥٦

عبد الله بن جعفر الطيار : ٢٢٩هـ

عبد الله بن الحسن بن الحسين بن علي عليه‌السلام : ٩٨هـ

عبد الله بن الحسين عليه‌السلام : ٣٢٨هـ

عبد الله بن رواحة بن ثعلبة الخزرجي الأنصاري : ٦٨، ٦٨هـ

عبد الله بن الزبعري السهمي : ٨٣، ١٥٠

عبد الله بن الزبير بن العوام الأسدي القرشي : ٧١، ٧١هـ، ٧٧، ٣٢٦

عبد الله بن عاصم : ٣٦٨هـ

عبد الله بن عباس المطلبي : ٣٢١، ٣٢١هـ، ٣٧٠

عبد الله بن العباس بن عبد المطلب القرشي : ٧١، ٧١هـ، ١٥٦

عبد الله بن عبد العزيزي الدويش : ٢١٦، ٢١٧

عبد الله بن علي بن أبي طالب عليه‌السلام : ٢٤٣

عبد الله بن عمار بن يغوث : ٥٠٤

عبد الله بن عمر بن الخطاب العدوي : ٣٢٥، ٣٢٥هـ، ٣٢٦

عبد الله بن محمد بن علي العباسي : ٩٤هـ، ٩٧هـ، ٩٨، ٩٨هـ، ٩٩، ٩٩هـ، ١٠٠، ٢٩٠

٥٣٩

٥٤١

- غ -

٥٤٤

محمد علي اليعقوبي: ٢٦٣

محمد فاتح العثماني: ٢٨٤

محمد فخر المحققين: ٣٩٧هـ

محمد فيضي بن أحمد بابان: ٣٠٥،
٣٠٦

محمد كاظم شريعتمداري: ١٧

محمد محفوظ: ٢٨٣

محمد مهدي بن عبد الله بن محمد
العباسي: ٩٨هـ

محمود (كشاجم) بن الحسين السندي:
١٥٥، ١٥٧، ١٦٧، ١٧٦، ٤٢٦

محمود آباد: ٢٦٢

محمود بن علي بن رستم الخراساني:
٤٨٤

محمود عبده فريحات: ١٣٦

محيي الدين ابن عربي = محمد بن علي
بن محمد

المختار بن أبي عبيدة بن مسعود الثقفي
الطائفي: ٥١، ٧١هـ، ٧٢، ٧٢هـ،
٧٣هـ،ـ، ٧٧، ٨٠، ٨٢، ٨٣، ٨٧،
٩٥، ٩٥هـ،ـ، ٩٦، ١٤٧، ٢٠٥،
٢٢٨، ٢٤٠، ٢٤٢، ٣٤٧، ٣٤٨،
٥٠٣

المخزومي = الحسن بن راشد

المرتضى = علي بن عبد الحميد الحلي
الحائري

مرتضى بن احمد قاو الكربلائي: ٣٤٢

مرتضى بن محمد أمين الأنصاري

الخزرجي: ٣٩٨، ٣٩٨هـ

مرتضى بن محمد صادق القزويني:
٢٦٢

مرتضى حسين بن سردار حسين
اللكهنوي: ٢٦٢

مرتضى معاش: ٥١٤

مرجانة (أم عبيد الله بن زياد): ٣٩هـ

مرداس بن حدير التميمي: ٢١٤

مرهم: ٢٧٧

مروان بن الحكم بن أبي العاص
الأموي: ٦٩هـ، ٧٢، ٧٢هـ، ٣٢٦

مروان بن محمد الأموي: ٩٤هـ

مروان بن محمد السروجي: ١٩٦

مريم بنت عمران عليها السلام: ٤٠٣، ٤٥٦

المستضيء بالله = حسن بن يوسف

المستعصم بالله العباسي = عبد الله بن
منصور العباسي

المسعودي = علي بن الحسين

مسلم بن الحجاج النيسابوري: ١٧١

مسلم بن عقيل بن أبي طالب: ٣٩،
٣٩هـ، ٢٢٩، ٢٤٣، ٣٠٣هـ، ٣٢٧،
٣٩٤

المسيح = عيسى ابن مريم بنت
عمران عليها السلام

مصعب بن الزبير بن العوام الأسدي
القرشي: ٧١، ٧١هـ، ٧٢، ١٤٧

مصعب بن عمير بن هاشم بن عبد مناف
القرشي: ١٥٦

الفهرس

هدية مباركة

إلى رجال الفكر والأدب والمعرفة

من قبل الحكومة المحلية

في محافظة

كربلاء المقدسة

المهندس

آمال الدين مجيد الهر

محافظة كربلاء المقدسة